Wie Sie Ihr Kind
Erfolgreich Fördern

Dipl.-Soz.-Päd. Daniela Liebich
Dipl.-Soz.-Päd. Sylvia Garnett-von der Neyen

Wie Sie Ihr Kind erfolgreich fördern

So stärken und entwickeln Sie die Kompetenzen Ihres Kindes

DIE OBERSTEBRINK ELTERN-BIBLIOTHEK

Die Oberstebrink Eltern-Bibliothek bietet Lösungen für die wichtigsten Eltern-Probleme und gibt Antworten auf die häufigsten Eltern-Fragen. Von Experten, die in ihrem Fachgebiet auf dem neuesten Wissensstand sind und in ihrer Praxis täglich Eltern beraten und Kinder behandeln.
Die Bücher der Oberstebrink Eltern-Bibliothek werden von Kinder- und Jugendärzten, Hebammen, ErzieherInnen, LehrerInnen und Familien-TherapeutInnen laufend eingesetzt und empfohlen. Eltern schätzen diese Ratgeber besonders, weil sie leicht verständlich sind und sich alle Ratschläge einfach und erfolgreich in die Tat umsetzen lassen.
Eine Übersicht über alle Titel finden Sie auf den letzten Seiten dieses Buches.

2. Auflage, 2008
© by Oberstebrink Verlag GmbH
Alle Rechte liegen beim Verlag
Titelfoto: Jörn von Soldenhoff
Fotos: gettyimages
Illustrationen: Petra Liermann
Gestaltung: magellan, düsseldorf
Satz und Herstellung: Aalexx Druck GmbH – printed in Germany
Verlag: Oberstebrink Verlag GmbH
Bahnstraße 44 · 40878 Ratingen
Tel. 02102/771 770-0 · Fax 02102/771 770-21
E-Mail: verlag@oberstebrink.de
www.oberstebrink.de
Vertrieb: Cecilie Dressler-Verlag GmbH & Co. KG
Poppenbütteler Chaussee 53 · 22397 Hamburg
ISBN: 978-3-934333-34-5

Grusswort

Diesem wichtigen Buch gebe ich gern etwas mit auf den Weg.
- Mit großem Respekt vor den Entwicklungs-Leistungen eines jeden Kindes
- Mit Anerkennung für die elterlichen Erziehungs-Bemühungen, die wir heute als aktive Begleitung dieses individuellen Weges sehen

Es wurde üblich, unsere Bildungswelt in die *Zeit vor PISA* und die *Zeit nach PISA* einzuteilen. Seit dem ersten „PISA-Test" (**P**rogramme for **I**nternational **S**tudent **A**ssessment) der meisten OECD-Mitgliedsstaaten im Jahr 2000 haben die alle 3 Jahre stattfindenden internationalen Leistungstests zum Ziel, alltagsrelevante Kenntnisse und Fähigkeiten 15-jähriger Schüler und Schülerinnen zu messen – explizit bezogen auf deren Lesekompetenz, Mathematikverständnis und naturwissenschaftliche Grundbildung.

Diesen wichtigen, aber dennoch inhaltlich eingeschränkten Messungen mit schwer einzuschätzender Aussagekraft für einen späteren Lebenserfolg gelang es, die „Bildungswelt" gewaltig aufzurütteln und anzuregen, unsere Bildungs- und somit auch Förderungsvorstellungen grundlegend neu zu überdenken.

Die Begriffe „Kompetenz" oder gar „Basis-Kompetenzen" werden nun nicht mehr nur in der Forschung oder Wirtschaft benutzt, sondern sind in Kinderzimmer, Krippen, Kindergartenräume und Schulzimmer eingezogen. Es geht dabei um Grundfähigkeiten zur Teilnahme am gesellschaftlichen Leben. Und es sind nicht wenige Kompetenzen, die ein Kind in die Lage versetzen sollen, mit sich, mit seinen Eltern, seinen Geschwistern, mit anderen Erwachsenen, mit Gleichaltrigen und mit Anforderungen unterschiedlichster Art zurechtzukommen.

Nach dem heutigen Stand der Entwicklungsforschung startet jedes Baby mit von den Genen bereitgestellten „Basisbausätzen" für viele, viele Teilkompetenzen. Die beiden Expertinnen, Daniela Liebich und Sylvia Garnett-von der Neyen, nennen über 50 Aspekte der Basis-Kompetenzen, die Eltern bei ihren Kindern wahrnehmen und fördern können. Eine beeindruckende Zahl. Und mit Sicherheit werden in den nächsten Jahren noch weitere entdeckt werden und uns noch mehr in Erstaunen versetzen – wenn der Forschungsblick noch differenzierter wird und es durch raffinierte Forschungsmethoden gelingen wird, noch gezieltere Fragen an die hochkompetenten Babys zu stellen.

Viele dieser Kompetenzen befinden sich zum Zeitpunkt der Geburt in einer unreifen, wenig differenzierten Rohform. Genetische Grundausstattungen sind weit davon entfernt, volle Funktionsfähigkeit zu garantieren. All diese natürlichen Anlagen brauchen ein geeignetes, für sie passendes Angebot an Beziehungen. Ihre eigentliche Entwicklung, Ausdifferenzierung und Funktionstüchtigkeit erhalten sie durch Beachtung, Spiegelung, Beantwortung in Form von Bestätigung oder Korrektur – im Miteinander mit den engsten Bezugspersonen eines jeden Kindes. Sie werden nur im sozialen Miteinander „eingespielt" und weiterentwickelt.

Ein Beispiel dafür ist die Empathie, das Einfühlungsvermögen, das sensible Verhalten im Beziehungsgeschehen. Nur wer bereits im Säuglings- und Kleinstkindalter einfühlsame Reaktionen auf seine Bedürfnisäußerungen erhält, wer also empathische Reaktionen am eigenen Leib verspürt hat, der kann Einfühlungsvermögen entwickeln.

Der Spracherwerb ist ein weiteres beeindruckendes Beispiel für dieses wichtige Miteinander: Kein Kind kann von einer aufgezeichneten Stimme oder einer Person auf einem Monitor sprechen lernen. Es ist das vertraute, lebhafte Gesicht einer Bezugsperson, gekoppelt mit deren Stimme, das die kindliche Aufmerksamkeit und Kommunikationsfreude weckt. Das zugewandte Gesicht vermittelt ihm Emotionen, die mit Sprachlauten verbunden sind. Mimik und akustische Wahrnehmungen bereiten den Säugling auf den Spracherwerb vor. Erst eine gemeinsame Gefühlsbeziehung veranlasst ihn, so auf den Sprechenden zu achten, dass auf neuronaler Ebene die bislang nur genetisch vorbereiteten Voraussetzungen zum Sprechen Lernen tatsächlich gestartet werden können.

Jedes Kind ist von sich aus aktiv, selbstinitiativ und bewusst wählerisch. Es gibt durch seine Bedürfnisse, Interessen, Vorlieben und sich selbst gestellten Aufgaben den Zeit- und Themenrahmen vor, auf den es je nach Alter, Entwicklungsstand und Tagesform zu reagieren gilt. Dazu gehört immer an erster Stelle das Beziehungsangebot, damit das Kind Geborgenheit und Sicherheit erlebt und dann Entwicklungsanreize annehmen kann. Es geht um das Angebot zum Gespräch miteinander, das Angebot anregungsreicher Umgebungen, in denen das Kind von sich aus aktiv werden kann und „Lust auf Welt" bekommt, aber auch um die Beantwortung kindlicher Initiativen, die immer als Fragen an die Welt verstanden werden sollten.

Ich wünsche beiden Autorinnen – und ich bin davon überzeugt, dass es ihnen gelingen wird – Eltern und sicher auch Erzieherinnen den spannenden und hoch kompetenten Entwicklungsverlauf eines jeden Kindes vor Augen zu führen und sie zu motivieren, sich mit Achtung vor dem Kind als Entwicklungsbegleiter einzubringen.

Ihre
Priv.-Doz. Dr. Gabriele Haug-Schnabel
Forschungsgruppe Verhaltensbiologie des Menschen (FVM)

Liebe Eltern

In diesem Buch geht es um die natürlichen Anlagen, die Ihr Kind mit auf die Welt gebracht hat – seine Basis-Kompetenzen. Vor allem aber geht es darum, was Sie als Eltern dafür tun können, dass Ihr Kind das Beste aus seinen angeborenen Möglichkeiten macht. Ihr Kind bringt die „Grundausstattung" mit. Und Sie haben die Chance und die Verantwortung, es in all seinen natürlichen Fähigkeiten zu stärken und in seiner Entwicklung zu fördern.

Kinder kommen auf die Welt und fangen sofort an zu lernen. Von der ersten Sekunde an. Jedes Kind absolviert von selbst ein ständiges Kompetenz-Training. Von Geburt an lernt das kindliche Gehirn: Es vernetzt und speichert, es macht aus Beispielen Muster und Regeln. So entstehen Spuren im Gehirn, die unauslöschlich sind. Jedes Kind – auch Ihr Kind – hat also „von Haus aus" eine enorme Selbstbildungs-Kompetenz. Das heißt: Ihr Kind ist in der Lage, sich selbst zu trainieren und seine angeborenen Fähigkeiten zu entwickeln.

Vielleicht fragen Sie sich jetzt, was Sie als Eltern da überhaupt noch tun sollen – wenn die Natur doch alles schon so wunderbar eingerichtet hat. Gute Frage – klare Antwort: Ihr Kind braucht Sie, um wirklich all das, was in ihm steckt, voll zur Entfaltung bringen zu können.

Bei aller vorhandenen Selbstbildungs-Kompetenz – Ihr Kind braucht Menschen, die es aktiv und bewusst in seiner Entwicklung unterstützen. Menschen, die jeden Tag neue, faszinierende Fähigkeiten an ihm entdecken. Menschen, die es in seinem Tun bestätigen und ihm Anregungen geben. Menschen, die auf sein Verhalten reagieren, damit es sich selbst kennen lernt. Menschen, die eine intensive Beziehung zu ihm aufbauen. Menschen, die auch korrigierend eingreifen, um den richtigen Weg zu weisen. Menschen, von denen es lernen kann, wie andere Menschen sind. Menschen, die ihm das Gefühl geben, wertvoll und wichtig zu sein. Menschen, die es nicht in seinem Entwicklungsdrang bremsen, sondern es zu eigenem selbständigen Handeln ermuntern. Menschen, die es in seiner Neugier auf die Welt bestätigen. Menschen, von denen es sich beschützt fühlt. Menschen, bei denen es spürt, dass sie an seiner Entwicklung interessiert sind. Menschen, die es täglich neu erleben lassen, dass sie sein Bestes wollen und alles dafür tun.

Diese Menschen – das sind in erster Linie Sie, die Eltern. Sie sind die Hauptförderer Ihres Kindes.

Wie Sie Ihr Kind erfolgreich fördern – das erfahren Sie in diesem Buch. Gehen Sie auf Entdeckungsreise. Finden Sie heraus, wo die Stärken Ihres Kindes liegen, und stärken Sie es in diesen Stärken. Erkennen Sie, welche Kompetenzen Ihres Kindes besonders gefördert werden sollten. Und nehmen Sie Ihr Kind ernst – in allem, was es tut. Respektieren Sie es als vollwertigen Menschen – einen Menschen, der mit Ihnen auf „Augenhöhe" ist. Sie brauchen Ihrem Kind nichts vorzuspielen. Seien Sie ehrlich zu ihm, und bleiben Sie authentisch. Dann wird es Sie respektieren.

Sie werden erleben: Es gibt nichts Faszinierenderes und Befriedigenderes, als ein Kind bewusst und liebevoll in seiner Entwicklung zu unterstützen und zu begleiten.

Dabei wünschen wir Ihnen und Ihrem Kind viel Erfolg.

Herzlichst, Ihre

Inhalt

1. Ihr Leitfaden für dieses Buch 17

2. Das alte und das neue Bild vom Kind 23
    Die Entfaltungs-Möglichkeiten Ihres Kindes 24
    Ihr Einstiegstest zur persönlichen Standort-Bestimmung 31

3. Jedes Kind ist kompetent 37
    Allgemeinwissen (Ko) 38
    Alltagsbewältigung (Ich) 44
    Angstbewältigungs-Strategien (Em, Psy) 50
    Autonomie-Erleben (Ich) 57
    Bedürfnisregelung (Ich, Psy) 61
    Benimmregeln (So) 67
    Beziehungsfähigkeit (Em, So) 71
    Bindungsfähigkeit (Em, Ich, So) 78
    Demokratisches Verhalten (Ich) 82
    Denkfähigkeit, Intelligenzentwicklung (Ko) 86
    Emotionale Kompetenz (Em) 92
    Empathie, Einfühlungsvermögen, Sensibilität (Em, So) 101
    Entspannen können, zur Ruhe finden (Kö) 105
    Feinmotorik, Geschicklichkeit (Kö) 109
    Frustrationstoleranz (Psy, Re) 113
    Gedächtnisentwicklung, Merkfähigkeit (Ko) 118
    Gesundheitsbewusstsein, Körpergefühl, physische Kompetenzen (Kö) ... 122
    Gewaltlosigkeit, Gewaltverzicht, Aggressionsbewältigung (Em) 132
    Grobmotorik (Kö) 138

Hilfsbereitschaft (So)	145
Individuelle Interessen entwickeln (Ich, Ko)	150
Kohärenz (Ich, Psy)	154
Kommunikationsfähigkeit (So)	158
Kompetenz erleben (Ich, Ko)	168
Konfliktfähigkeit (Psy, So)	176
Kontaktfähigkeit (So)	180
Konzentrationsfähigkeit (Ko)	186
Kooperationsfähigkeit (So)	193
Kreativität, Phantasie (Ko)	196
Kritikfähigkeit (Ich, So)	202
Lernmethodische Kompetenz (Le)	210
Moralische Urteilsbildung (Em, Ko)	219
Motivation (Ich, Le)	224
Navigationskompetenz (Ko)	235
Neugier-Verhalten (Ich, Ko)	242
Optimismus, Lebensfreude (Em, Psy, Re)	246
Perspektive-Übernahme (Ko, So)	251
Problemlösefähigkeit (Ko)	255
Regeln einhalten (Ich, Le)	260
Resilienz, Unverletzbarkeit (Em, Ich, Re)	263
Respekt, Rücksichtnahme (Ich, So)	273
Selbständigkeit (Ich)	277
Selbstwertgefühl, Selbstkonzept (Ich)	283
Selbstwirksamkeit, Selbstregulation (Em, Ich)	293
Sinnlichkeit, Genussfähigkeit (Ich, Kö)	301

Spielfähigkeit (Ich, Le, Psy) 310
Sprachliche Kompetenz (Ko) 316
Toleranz (So) 324
Übergänge bewältigen (Ich) 328
Verantwortungsübernahme (Ich, So) 333
Wahrnehmungsfähigkeit (Ko, Kö) 328
Werte-Bewusstsein (Ich) 346
Zivilcourage (Ich, So) 354
Zuverlässigkeit (Ich) 357

4 Ihre Rolle als Eltern 365

5 Info-Magazin 371
Nützliche Adressen 372
Literatur-Verzeichnis 376
Stichwort-Verzeichnis 378

Ihr Leitfaden für dieses Buch

In diesem Kapitel erfahren Sie, ...

- wie Sie die Themen finden, die für Sie und Ihre Familie am wichtigsten sind
- welche acht Kompetenz-Bereiche zur „Grundausstattung" jedes Kindes gehören – und unter welchen Abkürzungen Sie sie im Buch finden
- welche Begriffe für die verschiedenen Altersgruppen verwendet werden

Ihr Leitfaden für dieses Buch

In **Kapitel 2 *„Das alte und das neue Bild vom Kind"*** lesen Sie, welche Fortschritte die Entwicklungs-Forschung in jüngster Zeit gemacht hat – und was das für Sie als Eltern bedeutet.

Außerdem finden Sie in diesem Kapitel einen Fragebogen, mit dem Sie feststellen können, wo Ihr Kind im Moment gerade in seiner Entwicklung steht. Daraus ergibt sich, welche der in Kapitel 3 behandelten Basis-Kompetenzen für Sie und Ihr Kind besonders wichtig sind. Suchen Sie sich zuerst einmal diese Themen heraus, bevor Sie sich im zweiten Schritt mit den anderen Kompetenzen beschäftigen.

In **Kapitel 3 *„Jedes Kind ist kompetent"*** finden Sie 54 Basis-Kompetenzen.
Zu jeder Kompetenz erfahren Sie, ...
... was diese Kompetenz bedeutet
... warum es wichtig ist, diese Kompetenz bei Kindern zu fördern
... wie Sie diese Kompetenz in Ihrer Familie fördern können.
Die Basis-Kompetenzen sind alphabetisch geordnet.

Am Rand neben der Überschrift sehen Sie Abkürzungen, die Ihnen sagen, zu welchem Kompetenz-Bereich die jeweilige Basis-Kompetenz gehört:

- **Em: Emotionale Kompetenzen**
  Dieser Bereich beschreibt die Anfänge eines bewussten, angemessenen Umgangs mit und Ausdrucks von positiven und schwierigen Gefühlen. Außerdem geht es um die Entwicklung von Beziehungsfähigkeit.

- **Ich: Ich-Kompetenzen**
  Hier geht es um Selbstbewusstsein, Autonomie, Selbständigkeit – im weitesten Sinne um die Fähigkeit, sich selbst als abgegrenzte eigene Person in sozialen Systemen zu bewegen.

- **Kö: Körperliche Kompetenzen**
  Dieser Bereich beschreibt die grob- und feinmotorischen Fähigkeiten Ihres Kindes. Bewegt es sich altersentsprechend? Ist es geschickt mit den Händen?

- **Ko: Kognitive Kompetenzen**
  In diesem Kompetenz-Bereich geht es um die geistigen Potentiale, die bei Kindern gefördert werden können: von Sprache über Wissen, Denk- und Merkfähigkeit bis zu Konzentrationsleistungen.

- **Le: Lernmethodische Kompetenzen**
  Man weiß heute, dass man umso intensiver lernt, je bewusster der Lernprozess einem selbst ist. Auch bereits kleinen Kindern kann man die Fähigkeit des Gehirns „zu lernen" – und wie es das macht – bewusst machen (Metakognition). Um diese Kompetenz geht es hierbei, außerdem um Lernmethoden als solche.

- **Psy: Psychische Kompetenzen**
  Hier werden Aspekte wie Angstbewältigung, Stressresistenz, Gelassenheit und Selbstvertrauen beschrieben.

- **Re: Resilienz (Unverletzbarkeit)**
  Resilienz ist heute ein sehr wichtiger und spezieller Bereich. Sie beschreibt die Fähigkeit, mit belastenden, schlimmen Erfahrungen konstruktiv umzugehen – jedenfalls nicht daran zu scheitern.

- **So: Soziale Kompetenzen**
  Das Verhalten in allen sozialen Zusammenhängen ist das Thema bei diesen Kompetenzen. Wie man Beziehungen herstellt, Konflikte löst, Einfühlungsvermögen erwirbt, gehört beispielsweise dazu.

Bei den Altersangaben werden die gängigen Bezeichnungen für die Altersgruppen verwendet:
- 0-1 Jahr: Säugling
- ½-1 Jahr: Krabbelkind
- 1-2 Jahre: Kleinstkind
- 1½-3 Jahre: Kleinkind (auch „Trotzalter")
- 3-6 Jahre: Kindergartenkind
- 5-7 Jahre: Vorschulkind
- 6-8 Jahre: Kleines Schulkind

Im Text erscheinen die Experten, aus deren Werken zitiert wird, mit ihrem Namen und einer Nummer. Unter dieser Nummer finden Sie im Info-Magazin am Schluss des Buches den Titel, aus dem zitiert wurde.

Im Info-Magazin finden Sie außerdem nützliche Adressen und ein Stichwort-Verzeichnis.

Das alte und das neue Bild vom Kind

In diesem Kapitel erfahren Sie, ...

▶ wie sich das Bild vom Kind in den letzten Jahrzehnten verändert hat
▶ welche Chancen Sie als Eltern haben,
  Ihr Kind bei der Entfaltung seiner angeborenen Fähigkeiten zu unterstützen
▶ welche Fähigkeiten Ihres Kindes in welchem Alter besonders gut gefördert werden können
▶ welche Kompetenz-Bereiche bei Ihrem Kind besonders ausgeprägt sind
  und wo noch Förderungs-Potentiale „schlummern"

Die Entfaltungs-Möglichkeiten Ihres Kindes

Bis in die zweite Hälfte des vorigen Jahrhunderts hinein wurden Kinder als „Mängelwesen" betrachtet – als entwicklungsbedürftige Wesen, die man von außen mit Fähigkeiten, Fertigkeiten, Wissen, Kulturtechniken etc. füttern und „füllen" muss. So entstanden pädagogische Methoden wie das „Eintrichtern" von Wissen. Das war **das alte Bild vom Kind** – aus der Sicht der Erwachsenen und ihrer scheinbaren Überlegenheit.

Inzwischen haben Entwicklungsforscher herausgefunden, dass schon die Kleinsten äußerst kompetent sind. Zum Beispiel ist die Lernfähigkeit bei Zweijährigen viel größer als bei Zehnjährigen. Bei Zehnjährigen ist sie wiederum viel größer als bei 20-Jährigen – und weiter lassen Sie uns lieber nicht hochrechnen.

Prof. Gerald Hüther aus Göttingen (2) sagt dazu: *„Das Kind hat Eigenschaften, die uns Erwachsenen längst fehlen. Das, was wir für Entwicklung halten, ist eigentlich zu großen Teilen ein Verlust. Ein Verlust an Neugier, Lernfähigkeit, Begeisterungsfähigkeit, Lebendigkeit, etc."*

Solche Erkenntnisse haben inzwischen beispielsweise dazu geführt, dass in unseren Schulen das frühere „Eintrichtern" von Lernstoff immer mehr verschwunden ist und einem Lernstil Platz gemacht hat, der auf das Selbsterarbeiten des Stoffes durch den Lernenden setzt.

Das Kind nutzt seine eigenen Kompetenzen und benutzt dazu *„die Mittel, die ihm seine jeweilige Umwelt vorgibt, wie ein Bastler die Materialien in seinem Sinn verwandelt, die ihm gerade zur Hand sind. Selbstbildung erfolgt daher im Rahmen der Möglichkeiten, die dem Kind von außen zugetragen werden."* (Dr. Gerd Schäfer in 4). Und das gilt nicht nur für Schulkinder, sondern für alle Kinder. Schon von frühester Kindheit an.

Durch diese Forschungs-Ergebnisse entstand mit der Zeit **das neue Bild vom Kind** – das Bild des sich aus eigenen Mitteln bildenden kompetenten Kindes.

Wir wissen also, dass Kinder über eine hohe Selbstbildungs-Kompetenz verfügen. Darauf müssen wir Erwachsenen uns einstellen. Und zwar alle: Erzieherinnen, Lehrer – und vor allem die Eltern. Das heißt aber nicht, dass wir die Kinder sich selbst überlassen (weil sie ja so kompetent sind). Im Gegenteil: Die Selbstbildungs-Fähigkeiten müssen von uns Erwachsenen gefördert werden, damit sie voll zur Entfaltung kommen können.

Und das schaffen wir am besten, wenn wir **die Basis-Kompetenzen unserer Kinder** erkennen und ihnen helfen, ihre Kompetenzen zu entwickeln.

Was sind die sogenannten Basis-Kompetenzen?

Es sind die Kompetenzen – also die Grundfähigkeiten –, die der Mensch für ein gutes Selbstwertgefühl und für das lebenslange Lernen braucht. Sie sind Grundlage für alle weiteren Wissens- und Förderbereiche. Man unterteilt sie in acht Kompetenz-Bereiche (siehe Abb.: Baum).

Bildlich gesprochen bringt Ihr Kind die Wurzeln mit, aus denen sich im Laufe seines Lebens ein kräftiger Baum entwickeln kann. Sie als Eltern übernehmen die Rolle des „Gärtners":
- Sie geben dem „Baum" in Ihrem „Garten" Familie einen guten Platz, an dem er wachsen und gedeihen kann.
- Sie versorgen Ihren „Baum" mit guter Muttererde.
- Sie achten darauf, dass er an seinem Platz genug Sonne bekommt.
- Sie hegen und pflegen Ihren „Baum" von Anfang an.
- Sie geben ihm Wasser, wenn das Wetter zu trocken ist.
- Sie geben ihm Nährstoffe, die sein Wachstum fördern.
- Sie achten darauf, dass er nicht von Schädlingen befallen wird.
- Sie freuen sich, dass der Stamm sich so gesund und kräftig entwickelt.
- Sie sorgen dafür, dass Äste, Zweige und Blätter genug Luft zum Atmen und Wachsen haben.
- Sie haben Freude an jeder Blüte und an jeder Frucht.

Ein Baum, der so gepflegt wird, wird ein prächtiger Baum.
Ein Kind, das so gefördert wird, wird ein geistig, seelisch und körperlich gesunder Mensch.

Das alte Bild vom Kind

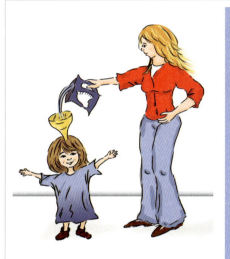

Das „Trichterkind" – ein hohles Gefäß

„Ich muss dich mit Wissen füllen."

Schade nur, dass das meiste wieder herausfließt ...

Das unselbständige, lebensunfähige Kind

„Ich weiß, was für dich gut ist. Darum führe und steuere ich dich."

Wenn das nicht mehr so ist, bricht das Kind zusammen, ist unfähig, sich selbst zu steuern.

Was kommt Ihnen bekannt vor?

Das eigen-willige Kind

„Du bist ein böses Kind, weil du nicht tun willst, was ich sage."

Bei Kindern, die so behandelt werden, haben „Rattenfänger" leichtes Spiel.

Das instinkthafte, „wilde" Kind

„Ich muss dich dressieren, damit die Leute uns gut finden."

Wenn Zuckerbrot und Peitsche wegfallen, wird das Kind gar nichts mehr tun (null Bock).

Wir wissen heute, dass die Grundfähigkeiten (Basis-Kompetenzen, Wurzeln) eines Kindes schon sehr früh gefördert werden können und müssen. In Kapitel 3 finden Sie dazu jede Menge Anregungen, Tipps und Anleitungen. In Kindertagesstätten aller Art wird heute schon sehr viel dafür getan. Die Kinder werden dahingehend beobachtet, und diese Beobachtungen werden den Eltern rückgemeldet. Aber die wichtigsten Förderungen geschehen natürlich – gerade bei kleinen Kindern – im Elternhaus. Die Alterszielgruppe der Kinder in diesem Buch liegt zwischen dem Babyalter und 8-9 Jahren. Vieles tun Sie als Eltern sicherlich bereits, um die Grundfähigkeiten Ihres Kindes (die Wurzeln des Baumes) anzuregen und auszubauen. Vielleicht könnten und möchten Sie jedoch in einzelnen Bereichen noch manches etwas intensiver, etwas bewusster tun.

Bei allem, was Sie für Ihr Kind tun, denken Sie auch immer daran, dass der Mensch seine eigenen Kompetenzen subjektiv betrachtet. Das heißt: Nicht immer leistet ein Mensch tatsächlich das, für was er sich kompetent hält. Umgekehrt glaubt oft jemand, etwas nicht zu können, obwohl er erhebliche Fähigkeiten dafür hat. Sie als Eltern können Ihrem Kind helfen, seine Kompetenzen richtig einzuschätzen. Indem Sie seine Entwicklungs-Schritte bewusst beobachten und ihm durch Ihre Reaktionen zeigen, in welchen Bereichen seine Stärken liegen und in welchen Bereichen noch weiteres Potential „schlummert". Entsprechend gezielt können Sie Ihr Kind durch Anregungen und gemeinsame Aktivitäten unterstützen und damit seine Entwicklung fördern.

Beachten Sie dabei das Grundprinzip jeder Förderung: die Entwicklungs-Angemessenheit. Jede Anregung, die Sie Ihrem Kind geben, sollte seinem Entwicklungsstand entsprechen. So stellen Sie sicher, dass Sie Ihr Kind weder überfordern noch unterfordern.

Die Entfaltungs-Möglichkeiten Ihres Kindes

Das neue Bild vom Kind: Ein Kind mit starken Wurzeln

Förderbereiche

z. B.:

Fremdsprachen

Medien

Sport, Bewegung

Umwelt

Mathematik

Chemie

Musik

Naturwissenschaft und Technik

Bildnerisches Gestalten

Themenübergreifende Perspektiven

Kontinuierlicher Bildungsverlauf

Interkulturelle Erziehung

Geschlechter-sensible Erziehung

Förderung bei Hochbegabung

Förderung bei erhöhtem Entwicklungsrisiko

Basis-Kompetenzen

Soziale Kompetenzen

Emotionale Kompetenzen

Resilienz (Unverletzbarkeit)

Ich-Kompetenzen

Psychische Kompetenzen

Lernmethodische Kompetenzen

Körperliche Kompetenzen

Kognitive Kompetenzen

„Sensible Phasen" und „Zeitfenster"

Es gibt gewisse Zeiten im Kinderleben, in denen sich einzelne Entwicklungs-Bereiche besonders intensiv im Nervensystem verankern. In den letzten Jahren wurde zum Beispiel am Max Planck-Institut für Gehirnforschung in Frankfurt/Main weiter dazu geforscht. Die Untersuchungen sind noch nicht im Detail abgeschlossen. Man ist sich aber klar darüber, dass die verschiedenen Entwicklungs-Bereiche zu unterschiedlichen Zeiten im Gehirn besonders intensiv angelegt werden. Man nennt diese Zeiten „Zeitfenster".

Maria Montessori hat dieses Phänomen bereits in den zwanziger Jahren des vorigen Jahrhunderts gesehen. Sie bezeichnete die „Zeitfenster" als „sensible Phasen". Hier die „sensiblen Phasen" nach Montessori (3):

0–3 Jahre:	Gesteigerte Aufmerksamkeit für alle Umwelteinflüsse und Sinneserfahrungen. Sensibilität für Grundformen der Grobmotorik. Entwicklung der Muskulatur
8 Monate – 4 Jahre:	Sensibilität für Sprachentwicklung. Interesse an Gegenständen
2–4 Jahre:	Entwicklung der Vorstellung von Raum und Zeit. Sensibilität für die Verfeinerung von Bewegungen
2½–6 Jahre:	Verfeinerung der Wahrnehmungsfähigkeit (auch noch im kleinen Schulalter)
3–4½ Jahre:	Entwicklung des Tastsinnes
3½–6½ Jahre:	Entwicklung der feinmotorischen Fähigkeiten im Schreiben und Zeichnen
4–8 Jahre:	Entwicklung von Empathie und Perspektive-Übernahmefähigkeit
6½–13 Jahre:	Entwicklung des logischen, abstrakten Denkens, der Fähigkeit des Generalisierens von Regeln (z. B. in der Rechtschreibung)

Ihr Einstiegstest zur persönlichen Standort-Bestimmung

Wenn Sie die folgenden Fragen beantworten, stellen Sie schnell fest, welche Kompetenz-Bereiche für Sie und Ihr Kind (3 – 8 Jahre) besonders wichtig sind. Anhand Ihrer Antworten können Sie entscheiden, mit welchen Basis-Kompetenzen in Kapitel 3 Sie sich zuerst beschäftigen wollen. Die 8 Kompetenz-Bereiche entsprechen den Wurzeln des Baumes in diesem Kapitel. Die Abkürzungen finden Sie in Kapitel 3 bei jeder Basis-Kompetenz wieder. So können Sie schnell herausfinden, welche Basis-Kompetenz zu welchem Kompetenz-Bereich gehört. Viel Spaß beim Test!

Kompetenz-Bereich   **Bewertung:**
                             1 (kaum, wenig, selten, schlecht)
                             6 (sehr, viel, oft, gut)

1) Ich-Kompetenzen (Ich)

- Verhält sich mein Kind dem Alter entsprechend selbständig?   1 2 3 4 5 6
- Inwieweit vertritt es altersentsprechend seinen Standpunkt?   1 2 3 4 5 6
- Ist es in der Lage, eigene Bedürfnisse zu formulieren?   1 2 3 4 5 6
- Kann es sich verteidigen, wenn es von anderen angegriffen wird?   1 2 3 4 5 6
- Kann es ausdrücken, was es selbst schon alles kann?   1 2 3 4 5 6
- Wie selbstbewusst und sicher tritt es in neuen Situationen auf?   1 2 3 4 5 6

Punkte-Summe: _____

2) Emotionale Kompetenzen (Em)

- Ist mein Kind in der Lage, mit seinen Ängsten umzugehen?   1 2 3 4 5 6
- Kann es Kontakte knüpfen, Freundschaften aufbauen?   1 2 3 4 5 6
- Wie zärtlich, liebevoll verhält sich mein Kind?   1 2 3 4 5 6
- Wie gut kann es eigene Gefühle ausdrücken?   1 2 3 4 5 6
- Wie „sozialverträglich" geht es mit Wut und Ärger um?   1 2 3 4 5 6
- Wie sehr kann es sich in andere einfühlen (Mitleid, Trost, Freude)?   1 2 3 4 5 6

Punkte-Summe: _____

3) Kognitive, intellektuelle Kompetenzen (Ko)

- Hat mein Kind ein oder wechselnde spezielle Wissensgebiete?   1 2 3 4 5 6
- Wie gut spricht es für sein Alter?   1 2 3 4 5 6
- Beschäftigt es sich gern mit praktischen oder theoretischen Problemlösungen?   1 2 3 4 5 6
- Hat mein Kind viele Einfälle und Ideen?   1 2 3 4 5 6
- Ist mein Kind neugierig? Fragt es viel?   1 2 3 4 5 6
- Schaut mein Kind gern Bücher an und hört Geschichten zu?   1 2 3 4 5 6

Punkte-Summe: _____

4) Psychische Kompetenzen (Psy)

- Wie gut kann mein Kind eigene Bedürfnisse, Wünsche formulieren?   1 2 3 4 5 6
- Wie sehr ist es in der Lage, mit kleinen Enttäuschungen umzugehen?   1 2 3 4 5 6
- Ruht es in sich? Wirkt es sicher und geborgen in der Familie, der Welt?   1 2 3 4 5 6
- Zeigt mein Kind Humor, ist es meist lustig und fröhlich?   1 2 3 4 5 6
- Finde ich, dass mein Kind gut mit Ängsten umgehen kann?   1 2 3 4 5 6
- Traut es sich Dinge zu, die schwierig erscheinen?   1 2 3 4 5 6

Punkte-Summe: _____

5) Soziale Kompetenzen (So)

- Wie kann sich mein Kind in ungewöhnlichen,
  neuen Situationen verhalten? 1 2 3 4 5 6
- Kann es Spiele initiieren, die für andere interessant sind? 1 2 3 4 5 6
- Kann es sich ein wenig in andere Personen hineindenken? 1 2 3 4 5 6
- Zeigt es Verständnis für schwierige Situationen oder
  Stimmungen von Erwachsenen? 1 2 3 4 5 6
- Hilft es gern oft und freiwillig anderen Kindern? 1 2 3 4 5 6
- Ist es zu gemeinsamen Spielen oder Aufgabenlösungen
  in der Lage? 1 2 3 4 5 6

Punkte-Summe: _____

6) Körperliche Kompetenzen (Kö)

- Wie gut kann mein Kind sich bewegen? 1 2 3 4 5 6
- Wie viel Interesse hat es an Sport? 1 2 3 4 5 6
- Wie geschickt ist es mit den Händen? 1 2 3 4 5 6
- Wie differenziert malt es Menschen? (im Vorschulalter) 1 2 3 4 5 6
- Interessiert es sich für seinen Körper? 1 2 3 4 5 6
- Interessiert es sich für körperliche Vorgänge
  (z. B. Fieber, Verdauung, o. Ä)? 1 2 3 4 5 6

Punkte-Summe: _____

7) Lernmethodische Kompetenzen (Le)

- Für wie neugierig halte ich mein Kind? 1 2 3 4 5 6
- Ist es in der Lage, begleitend zu kommentieren, was es macht? 1 2 3 4 5 6
- Ist es interessiert und fragt viel? 1 2 3 4 5 6
- Wie effektiv und konzentriert geht es an neue Aufgaben
  heran? 1 2 3 4 5 6
- Wie gut, kreativ, intensiv kann es spielen? 1 2 3 4 5 6
- Kann es sich altersangemessen lange freiwillig konzentrieren? 1 2 3 4 5 6

Punkte-Summe: _____

8) Resilienz (Re)

- Kommt mein Kind damit zurecht, wenn vorher festgelegte Dinge (Ausflug, Kinobesuch, Tagesablauf etc.) plötzlich spontan geändert werden? 1 2 3 4 5 6
- Ist es in der Lage, negative Erfahrungen konstruktiv zu verarbeiten, kann es sich relativ schnell nach belastenden Erlebnissen erholen? 1 2 3 4 5 6
- Wie geht es mit inneren Spannungen um, bleibt es z. B. ansprechbar? 1 2 3 4 5 6
- Kann es seine negativen Gefühle und schwierige Anliegen mitteilen? 1 2 3 4 5 6
- Wie viel Optimismus und Lebensfreude besitzt es? 1 2 3 4 5 6
- Besitzt es Kompetenzen, die Frustrationen und Belastungen ausgleichbar machen? (z.B. Kreativität, Sinnlichkeit, kognitive Interessen) 1 2 3 4 5 6

Punkte-Summe: _____

Ergebnisse zu den einzelnen Bereichen

In jedem der 8 Kompetenz-Bereiche sind maximal 36 Punkte zu ereichen.

- 30 – 36 Punkte: Hervorragend! Anscheinend fördern Sie Ihr Kind in diesem Bereich in optimaler Weise.
- 20 – 30 Punkte: Auch das ist ein gutes Ergebnis. Suchen Sie sich unter den entsprechend gekennzeichneten Kapiteln die heraus, die für Sie noch interessant erscheinen.
- 10 – 20 Punkte: Die entsprechenden Kapitel sollten Sie lesen und sich die Anregungen heraussuchen, die Ihnen für Ihr Kind geeignet erscheinen.
- Unter 10 Punkte: Wir empfehlen Ihnen, die diesbezüglichen Kapitel zu lesen und die Anregungen dazu möglichst umzusetzen. Vielleicht mögen Sie einmal darüber nachdenken, welche Bedeutung dieser Kompetenz-Bereich generell in Ihrer Familie hat.

Ein weiterer Tipp: Lassen sie auch Ihren Partner, die Großeltern oder gute Freunde diesen Test für Ihr Kind machen. Vielleicht kommen die noch zu anderen Ergebnissen. Und: Fragen Sie unbedingt die Erzieherinnen im Kindergarten nach ihren Eindrücken. Kinder verhalten sich in der Kindertagesstätte oft noch anders als zu Hause.

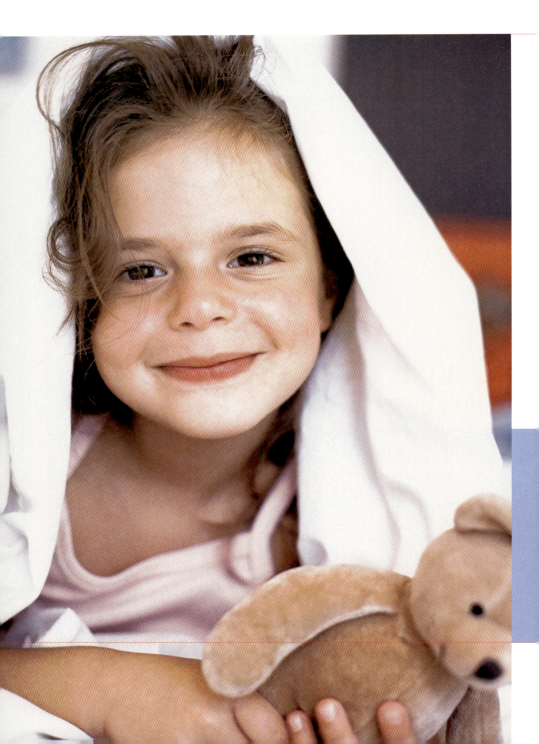

Jedes Kind ist kompetent

In diesem Kapitel erfahren Sie, ...

- welche 54 Basis-Kompetenzen Kinder mit auf die Welt bringen – und zu welchen Kompetenz-Bereichen sie gehören
- was jede einzelne Kompetenz bedeutet
- warum welche Fähigkeiten bei Kindern gefördert werden sollten
- wie Sie die einzelnen Kompetenzen in Ihrer Familie fördern können

KO **ALLGEMEINWISSEN**

Was bedeutet Allgemeinwissen bei kleinen Kindern?

Vorschulkinder sollen heute „Weltwissen" haben. In ihrem Buch „Weltwissen der Siebenjährigen" (6) beschreibt Donata Elschenbroich Wissen und Fertigkeiten, über die Kinder heute schon vor der Schule und im kleinen Schulalter mehr oder weniger verfügen sollten. Sie sollen möglichst viel darüber wissen, was es auf der Welt gibt und wie man in unserer Welt lebt. Dies natürlich abhängig vom Ort, der Zeit, dem Lebensalter etc. Es geht um praktisches Wissen (Wie backt man einen Kuchen? Wie kauft man ein?) und um abstraktes Wissen (Wie lebten die Ritter? Was ist das Weltall? Was sind Länder und Kontinente?). Interessant ist, dass das Gehirn sich dabei nicht einzelne Fakten merkt, sondern daraus Regeln ableitet, die es behält. Es behält nicht, wie der Apfel aussah, den das Kind vor zehn Tagen um 15 Uhr gegessen hat. Aber es lernt allgemein, dass Äpfel gut schmecken, rot, gelb oder grün sind, man sie mit oder ohne Schale essen kann, sie zu den gesunden Lebensmitteln gehören usw.

Durch neue Erkenntnisse der Hirnforschung weiß man, dass schon kleine Kinder sehr viel mehr lernen und das Gehirn mehr aufnehmen kann, als man bisher wusste. So entsteht der Forschungsbereich der „Neurodidaktik": Sie beschäftigt sich mit der Frage, wie man die Erkenntnisse aus der Gehirnforschung praktisch und pädagogisch umsetzen kann.

Prof. Ernst Pöppel (7) unterscheidet drei Formen des Wissens:
- Begriffliches und explizites Wissen (Benennen und Sagen)
- Implizites oder Handlungswissen (Schaffen, Tun)
- Bildliches oder Anschauungswissen (Sehen und Erkennen)

Diese drei Formen des Wissens eignet sich das Kind in den ersten Jahren an. Gestaltung und Anlegung dieser drei Wissensbereiche im Gehirn geschehen hauptsächlich in der Familie.

Warum es wichtig ist,
diese Kompetenz bei Kindern zu fördern

Eine strahlende **Intelligenz und Neugier** – so sagte schon Sigmund Freud – sind charakteristisch für Kinder im Vorschulalter. Daher ist das auch die Zeit, die mit am geeignetsten erscheint, Neugier auf die Welt entstehen zu lassen, die das ganze Leben lang anhält.

Die frühe Förderung von Wissen ist deswegen so wichtig, weil man dadurch das Gehirn trainiert, mehr und mehr zu lernen, vernetzt zu denken, Kreativität zu entwickeln. Nur mit bereits vorhandenem Wissen kann man mehr lernen. **Wissen macht selbstbewusst und glücklich.** Wissen macht Spaß – und man kann viele Schwierigkeiten damit lösen oder kompensieren. Wissen macht Neugier auf mehr als die Welt – es macht neugierig auf das Leben – zum Beispiel auf die Komplexität des Umgangs mit Geld oder wie Stadtleben funktioniert etc.

Wie Sie Allgemeinwissen
in der Familie fördern können

- Mit die schönste Aufgabe für Eltern ist es, Kindern die Welt zu zeigen, sie mit ihnen zu erleben, sie zu erläutern und zu erklären.
- *„Menschen lernen, indem sie ihr bisheriges Können und Wissen benutzen, verändern und erweitern."* (Manfred Spitzer in 4). Neue Erfahrungen werden dabei die alten unterstützen, variieren, differenzieren. Das ist durch die heutige Gehirnforschung deutlich belegt.
- Oft verpasst man dabei jedoch gute Chancen. **Eltern sollten genau und aufmerksam darauf achten, was Kinder alles fragen.**
  Hören Sie genau hin! Sie werden erleben, wie lernbereit und neugierig Kinder sind. Aber wie oft verstehen wir sie einfach nicht ...

Pauline und Cinderella

In der Straßenbahn. Die Lautsprecherstimme: „Nächste Haltestelle Nationaltheater."

Die fünfjährige Pauline runzelt die Stirn: „Was ist denn das?"
Die Mutter: *„Da hält die Straßenbahn."*
Pauline: *„Ja ich weiß schon, da steigen die Leute ein und aus. Aber ... ist da Cinderella?"*
Mutter: *„Wieso Cinderella? Das ist glaub ich eine Geschichte ..."*
Pauline: *„ Nein, das ist ein Kind mit so Haaren ..." (deutet eine Frisur an). „Steigt die da ein?"*
Mutter: *„Ach Pauline, was redest du für Unsinn?"*
Pauline *denkt nach. Es vergehen eine, anderthalb Minuten. „Im Kindergarten war ein Cinderella-Theater, aber kein Natal-Theater."*

Was glauben Sie, wonach das kleine Mädchen gefragt hat?
Was eine Haltestelle ist? Nein, dieses Wort kennt ein fünfjähriges Stadtkind.
Sie fragte nach dem Begriff „Nationaltheater" und vielleicht nach dem Zusammenhang mit der Haltestelle.
Die Mutter hat nur oberflächlich zugehört und deshalb versäumt, Pauline das wunderbare, große Gebäude zu zeigen, es beschreibend zu betrachten und ihr das Wort „National" und den Kulturort Theater als Gebäude, als Erlebnisraum zu erklären. Vielleicht auch noch, dass im Theater viele verschiedene Geschichten gespielt werden und nicht nur Cinderella.

Eltern können versuchen, alles aufzugreifen, was ihnen ihre Kinder neugierig anbieten. Aber es geht nicht nur darum, gut zuzuhören. Sondern vor allem – vorausgesetzt, Sie wollen Ihren Kindern viel Wissen vermitteln – Ihr Kind zunächst wirklich zum Fragen zu ermuntern: *„Frag immer alles, was du nicht weißt oder was du wissen willst."* – *„Toll, dass du so viel fragst!"*
Vermeiden Sie Sätze wie: *„Sei nicht so neugierig"*, *„Frag doch nicht so viel."*, *„Nerv mich doch nicht dauernd mit deiner Fragerei."*, *„Ich weiß es auch nicht, du fragst mir noch mal ein Loch in den Bauch."*.
Wenn Sie selbst nicht wissen, wie die Löcher in den Käse kommen oder wie Ritter auf die Toilette gingen, ob Elefanten in einem Stück begraben werden, sehen Sie am besten gemeinsam mit Ihrem Kind im Internet oder im Lexikon nach. Man muss nicht alles wissen als Mami oder Papa, aber man muss wissen, wie man sich das Wissen aneignen kann bzw. wie man zu dem Wissen kommt.

Geschickte Eltern lassen ihre Kinder so viel wie möglich selbst herausfinden, erkunden und erforschen.

Schaffen Sie möglichst viele differenzierte Spiel- und Erlebnismöglichkeiten für Ihr Kind. Kinder bilden sich selbst und lernen im Spiel. Prof. Dr. Gerd Schäfer (2) sagt: *„Kinder verbinden immer einen Sinn mit dem, was sie spielen. Sie können nicht sinnlos spielen, wohl aber sinnlos und oberflächlich etwas lernen ... Im Spiel folgt das Kind dem Rhythmus des subjektiven Erfahrungsprozesses, seiner eigenen Zeitgestaltung ..."*

Schaffen Sie konkrete Lernmöglichkeiten: Ausflüge, Reisen, Bilder, Museen, Zoo, Waldspaziergänge, Konzerte, Bücher, Lexika, Internet, Fernsehen (Wissens- und Lernsendungen, wie z. B. Die Sendung mit der Maus, Felix und die Tiere usw.). Es gibt heute jede Menge Möglichkeiten, sich Wissen aller Art anzueignen. Alles, was Ihr Kind selbst herausgefunden hat, wird es besonders gut behalten.

Einer der zentralen Aspekte für den Wissenserwerb im Kleinkindalter ist die differenzierte **Schulung der Wahrnehmung**: Die Umgebung, die Dinge und Materialien, Verhalten und Gegebenheiten der Welt müssen erforscht und entdeckt werden. Man nennt diesen gesamten Vorgang heute ästhetische Erziehung und Bildung.

Unerlässlich ist dabei **die entwicklungsgemäße Vermittlung in individuell verkraftbaren Lernschritten**. Das heißt: Inhalte müssen in altersentsprechenden Portionen angeboten werden. Viele Wissensbereiche müssen darum für Kinder aufbereitet werden, damit sie überhaupt erfasst werden können. Das ist wie beim Füttern eines Babys: Wenn die Portion zu groß ist, verschluckt sich das Kind und spuckt das Essen wieder aus.

Eltern können heute – ohne Bedenken – schon dem Vorschulkind zeigen, wie es sich aus dem Internet Informationen beschaffen kann. Der Umgang mit Internet und EDV-Grundlagen gehört inzwischen bereits zur „Allgemeinbildung" (siehe Navigationskompetenz).

In allen großen Städten gibt es heutzutage Kindermuseen. Hier gibt es meist themenbezogene Ausstellungen, in denen die Kinder „mitarbeiten", alles anfassen, ausprobieren und selbst erforschen können.

Wichtig, wenn man mit Kindern lernen möchte, ist **Informationen vernetzt anzulegen**. Das Kind lernt dadurch, in Zusammenhängen zu denken. In der Praxis bedeutet das z. B., nicht nur die Gemälde des Blauen Reiters zu zeigen, sondern sie nachmalen zu lassen; Geschichten über den Inhalt zu erfinden; die Namen der Maler häufig zu nennen; von der Zeit zu erzählen, in der die Bilder gemalt wurden *(„Da waren Oma und Opa noch kleine Kinder..."*); darüber zu sprechen, welche Farben Pferde in Wirklichkeit haben (siehe das Blaue Pferd von Franz Marc) und was den Maler veranlasst haben könnte, die Natur so zu verändern; daneben auch beispielsweise, wo die Maler gelebt haben, wie wenig Geld sie mit diesen heute so teuren Bildern damals verdient haben usw. Das Gehirn lernt und behält nur vernetzte Informationen.

KINDGERECHTE WISSENSVERMITTLUNG

- Etwas, dessen Erforschung gefährlich ist, sollte aus sicherer Distanz erlebt werden können (Raubtiere im Zoo).
- Etwas, was so klein ist, dass unser Auge es nicht erkennen kann, muss mit einem Gerät (Mikroskop) sichtbar gemacht werden.
- Etwas, was groß und komplex ist (z.B. ein Flusslauf) muss extrem verkleinert abgebildet werden (evtl. im Spiel mit Spielfiguren nachgebaut werden etc.).
- Ein abstrakter Begriff, wie z. B. das Wort „Gegensatz", muss durch zahlreiche Beispiele verdeutlicht werden: hoch - tief, jung - alt, groß - klein.
- Etwas, was nur in komplexem Zusammenhang funktioniert, z. B. der Blutkreislauf, muss mit dem Kind auch als Zusammenhang erforscht werden.
- Etwas, was nur erkannt werden kann, wenn man es selbst erlebt hat (z. B. Emotionen), muss für Kinder in ausgestalteter Weise, z. B. in Büchern, Filmen, Bildern angeboten und im Gespräch nochmals erläutert werden.
- Und vieles Weitere ...

Man kann bereits Vorschulkinder motivieren, sich für **Spezialwissensgebiete** zu begeistern. Es ist egal, ob das Technik, Autos, Insekten, Ritter, Angeln, Fußball, Indianer oder Musik sind. Oft wechseln diese „Phasen" auch. Die intensive, vertiefte Beschäftigung mit einem Wissensgebiet bringt, neben dem Stolz auf ein Spezialistentum, immens große, weitere Lernbereitschaft und Interesse.

Kinder machen dabei die Erfahrung, dass Wissen Spaß macht und ein klein wenig Überlegenheit zur Folge haben kann. Allerdings auch, dass es teilweise anstrengend ist, sich das Wissen zu erarbeiten, aber diese Anstrengung durch Erfolg belohnt wird.

Wichtig beim Thema Allgemeinwissen ist, dass die Hauptaufgabe einer derartigen „Wissensgrundlage" sein sollte, **neugierig auf die Welt zu werden**.

Zunächst sollte man daher Basisinformationen vermitteln: Zum Beispiel gibt es verschiedene Menschen mit verschiedener Hautfarbe, unterschiedliche Sprachen, Schriften, Musik, Religionen und Gebräuche. Menschen durchleben verschiedene Altersstufen und brauchen sich gegenseitig. Es gibt viele Länder, Sonne, Mond und Sterne, Tiere und Pflanzen. Unsere Erde besteht schon seit langer Zeit, und die Lebewesen bzw. Bewohner, die sie bevölkerten, lebten anders als wir heute.

Es gibt ein Gestern, ein Heute, ein Morgen und Jahreszeiten. Außerdem Feste, Feiern und Rituale. Es gibt die Technik, die Mathematik, die Physik und die Chemie, natürlich auch die Medizin oder die Kunst.

Es gibt Formen, Regeln, Gewohnheiten, nach denen wir hier zusammen leben, und die man unsere „Kultur" nennt: Man trägt mehr oder weniger ähnliche Kleidung, putzt sich die Zähne, wäscht sich, kocht und isst nach unserer Art. Man kauft mit Geld ein, das wir durch Arbeit verdienen müssen usw., usw.

Man kann diese Reihe hier noch weit fortsetzen, und es ist schier unglaublich, was 0- bis 8-Jährige alles aufnehmen müssen, können – und vor allem wollen! Nie mehr ist die ehrliche Neugier auf die Welt und unsere Kultur so groß wie in diesen ersten Jahren.

Befriedigen Sie diese Neugier, damit Ihr Kind freundlich, offen und wissbegierig auf die Schule, auf weitere Erfahrungen und andere Informationsquellen zugeht. Denn wenn man bereits ein grundlegendes Wissen über die Welt und deren Aufbau hat, kann und möchte man jederzeit neue Informationen dazu aufnehmen und einordnen.

Ein 7-Jähriger, der noch nie gehört oder gesehen hat, dass es Kontinente und Nationalitäten mit verschiedenem Aussehen und unterschiedlichen Sprachen gibt, wird sehr befremdet sein, wenn ein farbiges Kind in seine Klasse kommt, das vielleicht kaum Deutsch kann. Er wird womöglich denken, dass es ein dummes, hässliches, seltsames, vielleicht gar bedrohliches Kind ist und es im günstigsten Fall unsicher ignorieren.

Gute Fach- und Sachbücher für Kinder:
Bambusch/Liebers: **„Kinder Universitas"** (ab 6) • Budde/Kronfli: **„Regenwald und Dschungelwelt"**, Moses • Colemann/Bogdanowicz: **„Wenn du aus Geld wärst, Mama"**, Saatkorn • Galloway/Newbiggin: **„Alchimist, Bogenschütze und 92 andere Jobs im Mittelalter"** • Holtei/Jakobs: **„Zu Besuch bei den Indianern"**, Sauerländer • Müller: **„Ein Waldspaziergang"**, Sauerländer (3-6) • Parisi: **„Wunderbare Sterne – wie die Wissenschaft erfunden wurde"**, Fischer • Reuys/Viehoff: **„Wir erforschen die Welt"**, Don Bosco (4-7) • Schneider: **„Das Schlau-mach-Buch"**, Christophorus (ab 4) • **„Weshalb, wieso, warum?"**, Ravensburger Reihe (Alles über Insekten, Steinzeit, Piraten usw.) • **„Faszination Wissen: Unsere Erde"**, Ravensburger • **„Grundschullexikon"**, Ravensburger • **„Mein großes Bilderlexikon"**, Ravensburger • **„Willi will's wissen"**, Reihe (Polizei, Autos, Geld, Astonauten etc.), Baumhaus Verlag (ab 4) • **„Achtung Baustelle"**, Kinder Brockhaus • **„Expedition Natur"**, Moses, (Reihe: Steine, Bäume, Pferde ...) ganz kleine Blöcke (ab 4) • „Der Kinder Brockhaus", **Brockhaus** • **„Tiere füttern"**, Ravensburger (Spiel, zuordnen: Was frisst welches Tier)

ICH # ALLTAGSBEWÄLTIGUNG

Was bedeutet Alltagsbewältigung?

Es bedeutet, wie Kinder heute lernen können, ihren kindlichen Alltag selbständig zu meistern. Es hat also auch viel mit dem Thema der Selbständigkeits-Erziehung zu tun. Und damit, was man als Eltern in welchem Alter an Selbständigkeit ungefähr erwarten kann. Trotzdem ist Alltagsbewältigung etwas anderes als Selbständigkeit. Selbständigkeit hat etwas mit Handeln zu tun, Alltagsbewältigung etwas mit **Können und Wissen.**

Alltagsbewältigung ist zum Beispiel:
- Alles, was mit Verkehrserziehung zu tun hat
- Das Wissen, dass man nicht mit Feuer spielen kann
- Die Geschicklichkeit, die man braucht, um ein Zündholz anzuzünden
- Der Umgang mit den heutigen technischen Geräten, etwa das Bedienen des Telefons, später auch des PCs
- Die Fähigkeit Ordnung zu halten
- Der erste Umgang mit Geld
- Kulturtechniken wie das Essen mit Messer und Gabel
- Worte, Zahlen oder Zeichen schreiben und lesen können

- Gefahren zu erkennen, wenn das Kind allein in der Wohnung ist.
- Flexibilität
- Entscheidungsfähigkeit
- Navigationskompetenz
- Ein gewisses Maß an sozialer Kompetenz

Das alles sind Fähigkeiten, den Alltag zu bewältigen – ab ca. 4 Jahren bis ins Erwachsenenalter.

Warum es wichtig ist, diese Kompetenz bei Kindern zu fördern

Die Kompetenz ist nötig, um neben der praktischen Selbständigkeit – allein zur Toilette gehen zu können, den Anorak selbst schließen zu können etc. – unabhängiger und lebenstüchtiger zu werden. Die Fähigkeit, alltägliche Dinge allein meistern zu können, verschafft gutes Selbstbewusstsein und Sicherheit. Jeder Mensch muss in seinem kulturellen Kontext lernen, den modernen Alltag zu bewältigen, um in der jeweiligen Gesellschaft leben zu können.
Es sind zahlreiche kleine Lernschritte notwendig, bis man mit 9 oder 10 Jahren dann die Fahrradprüfung macht und gelernt hat, sein Taschengeld einzuteilen, bis man später allein im Zug fahren darf, selbst ein Zugticket im Internet bucht, Moped fahren darf, ein Girokonto besitzen kann und bis man schließlich den Auto-Führerschein macht und das Wahlrecht hat.

Wie Sie Alltagsbewältigung in der Familie fördern können

Als erstes dadurch, dass man es als Eltern zulässt, sein Kind selbst derartige Kompetenzen erwerben zu lassen.
Dabei ist es wichtig, das Kind **seine eigenen Erfahrungen und auch Fehler machen zu lassen**. Nehmen Sie ihm nicht alle Vorgänge ab. Auch falls nicht gleich alles ganz perfekt klappt – wenn es zum ersten Mal einkaufen geht, allein mit der Straßenbahn fährt, sich dazu selbst eine Streifenkarte aus dem Automaten besorgen muss, in der Telefonzelle selbständig telefoniert etc.

> **Fünf Schritte zur Alltagsbewältigung**
>
> 1) Zeigen und sagen Sie Ihrem Kind, was Sie als Erwachsener tun.
> 2) Lassen Sie Ihr Kind nach und nach dasselbe tun: Es soll selbst sagen und zeigen, was es tut.
> 3) Lassen Sie Ihr Kind es selbst machen. Seien Sie wohlwollend dabei. Schauen Sie ihm nicht zu intensiv und kritisch auf die Finger. Lassen Sie Ihr Kind anschließend erzählen, was es gemacht hat.
> 4) Seien Sie jetzt nicht mehr dabei. Lassen Sie Ihr Kind vorher erzählen, was es tun wird. Schenken Sie ihm Vertrauen, dass es sein Vorhaben schafft.
> 5) Lassen Sie sich erzählen, wie es geklappt hat.

Der dritte Aspekt ist der Lehrende. Er sollte besonders behutsam und feinfühlig vorgehen. Von Erwachsenen, die zu dominant, penetrant, besserwisserisch und belehrend auftreten, wird das Kind bald nichts mehr lernen wollen. Weder mit Gängelband, Zuckerbrot und Peitsche, wie bei einer Dressur, noch durch einen Trichter lässt sich diese Kompetenz vermitteln.

Um im Umgang mit Alltagsdingen geschickt zu werden, muss man **angstfrei üben dürfen.** Kleine Missgeschicke gehören zum Kinderleben. Es ist liebevoll, wenn Sie freundlich und großzügig versuchen, über vergossenes Wasser, zu kurzstielig gepflückte Blumen, zerbrochene Tassen oder Ketchup-Kleckse auf dem T-Shirt hinwegzusehen.

Ein gutes Maß an **Gelassenheit, Fehlerfreundlichkeit und Humor** hilft Eltern hier oft weiter.

Man kann als Eltern Tipps geben – aber nicht zu viele! Umsichtigkeit und Geschicklichkeit lernt man durch **Übung und Erfolgserlebnisse.**

Das **Thema Flexibilität** gehört auch in diesen Kompetenzbereich. Der Alltag heute verlangt, dass man kurzfristig umdisponieren kann. Flexibilität – also die Möglichkeit kurzfristig umzudenken, Pläne spontan zu verändern, anders als gewohnt auf Aufgaben zu reagieren – ist meistens keine besondere Stärke von Kindern vor dem Schulalter: Sie schaffen das nicht! **Sie lieben Regeln und Verlässlichkeit.** Loben Sie Ihr Kind besonders, wenn es in einer schwierigen

Situation ohne Ärger von seinem eigentlichen Vorhaben abweicht. Erwarten Sie aber nicht zu viel. Wahrscheinlich wird es eine Zeit lang vor sich hin schimpfen, wenn es sich auf einen anderen Platz setzen soll als gewohnt oder wenn der Nachmittagsplan kurzfristig vom Zoo-Spaziergang in einen Besuch bei den Großeltern umgeplant wird, zum Beispiel, weil sie Hilfe brauchen. Auch wenn Ihr Kind ganz gern beim Opa ist, es hatte sich auf den Zoo eingestellt.
Alltagsbewältigung hat neben **Erfahrung** auch viel mit **Wissen** zu tun. Hier kann man wirklich schon bei einem Dreijährigen beginnen, ihn zum Beispiel auf Verkehrsregeln aufmerksam zu machen, auf das Rechts-und-links-Schauen, bevor man über die Straße läuft, auf die Funktion von Ampeln usw. Ein Kind sollte wissen, wie Geldmünzen aussehen und was sie wert sind usw. Es geht bei dieser Kompetenz darum, das Kind langsam in die Welt, in unsere Kultur einzuführen. **Als Grundregel** kann gelten: Je mehr man von der Welt weiß, umso mehr kann man selbst in ihr tun und bewirken (siehe Autonomie). Umso interessanter wird auch das Kinderleben ...

Zum Weiterlesen:
Elschenbroich: **„Weltwissen der Siebenjährigen"**, Kunstmann • Schneider: **„Das Schlau-mach-Buch"**, Christophorus (ab 4)

Elternaufgabe

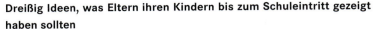

Dreißig Ideen, was Eltern ihren Kindern bis zum Schuleintritt gezeigt haben sollten

(Nach Donata Elschenbroich „Weltwissen der Siebenjährigen" und Sylvia Schneider „Das Schlau-mach-Buch")

Nach diesen beiden Autorinnen geht es hier mehr um eine **Ideen-Checkliste für Eltern,** was sie den Kindern alles anbieten sollten, als um bei Kindern abprüfbare Fähigkeiten. Bitte prüfen Sie, welche und wie viele Dinge Ihr Kind bereits kann bzw. erlebt hat.

Ein 6- bis 7-jähriges Kind sollte:
- drei bis vier Aufgaben im Haushalt erledigen können (z. B. den Abfall ausleeren, Wäsche aufhängen, die Treppe kehren, das Waschbecken putzen ...)
- von zwei bis drei Tierarten wissen, was sie fressen und wie man sie füttert, und Blumen gießen können
- dabei geholfen haben, ein Baby zu wickeln
- aufgeklärt sein, wissen wie neues Leben entsteht
- mal auf einem Friedhof gewesen sein und Gräber betrachtet haben
- mindestens einmal in einem Gottesdienst (egal welcher Religion) gewesen sein
- einige Rätsel und Witze erzählen können
- etwas sammeln oder eine Sammlung anlegen wollen
- einen Fremden ansprechen können, um z. B. nach Zeit oder Weg zu fragen
- auf einer Art Bühne vor anderen etwas (erfolgreich) vorgemacht haben
- mehrere Begrüßungs- und Verabschiedungsformeln, evtl. auch in der einen oder anderen Sprache kennen
- eine Nachtwanderung in der Natur mit Taschenlampe oder gar Fackel gemacht haben
- in einer Bücherei gewesen sein
- einige Ereignisse aus seiner Familiengeschichte kennen
- einiges über das Leben der Eltern und der Großeltern wissen
- einen Streit aus zwei Positionen heraus erzählen können

- gewinnen wollen und verlieren können
- wissen und formulieren können, was zum Beispiel „schlecht drauf sein" bedeutet
- wenn möglich gereist sein und seine Familie im fremder Umgebung erlebt haben
- mal in anderen Familien übernachtet haben, um andere Familiengebräuche kennen zu lernen
- krank gewesen sein und wissen, was da im Körper passiert
- einem Bettler etwas gegeben haben
- Hilfssysteme kennen: Notruf-Nummern zum Beispiel
- einfache technische Geräte anschließen und umstecken können, damit umgehen können
- erste Fotografien gemacht haben
- einen Nagel einschlagen, eine Batterie wechseln, ein Glühbirne wechseln, ein Zündholz anzünden können etc.
- eine Nachricht am Telefon aufnehmen und ausrichten oder aufschreiben (in welcher Form auch immer) können
- über Regeln verhandelt, sich durchgesetzt und sie verändert haben
- wichtige abstrakte Worte und deren Bedeutung kennen – zum Beispiel: Was ist ein Geheimnis? Was ist die innere Stimme? Was ist Geiz? Was ist Heimweh? Was ist ein Missverständnis oder ein Kompromiss? Was bedeutet Gastfreundschaft? Was ist mit dem Wort „angeben" gemeint? usw.

EM
PSY

ANGSTBEWÄLTIGUNGS-STRATEGIEN

WAS BEDEUTEN ANGSTBEWÄLTIGUNGS-STRATEGIEN?

Angstbewältigung bedeutet immer auch Lebensbewältigung. Angst ist zunächst eine positive Kraft, ein Zeichen von Intelligenz und ein Schutzfaktor. Es ist eine Frage des Umgangs damit und der Bewertung, ob sie dienlich ist oder lähmt. Angst ist eine der ersten Empfindungen und ein „Grundgefühl", das alle Lebewesen kennen. Meistens wird Angst bereits vor und während der Geburt erlebt. Ängste sind in der Entwicklung des Menschen immer wieder anzutreffen und normal. Das Baby hat vor etwas anderem Angst als das Kleinkind, das Kindergartenkind, das Schulkind, der Jugendliche, der junge Erwachsene, der Vierzigjährige und der alte Mensch. Der sinnvolle, hilfreiche Umgang mit diesen Ängsten ist mit einem mehr oder weniger großen Reifungsschritt verbunden.

WARUM ES WICHTIG IST, DIESE KOMPETENZ BEI KINDERN ZU FÖRDERN

Die Fähigkeit zu besitzen, Ängste konstruktiv zu verarbeiten, ja zu nutzen, ist daher ein hohe Kompetenz, die jeder Mensch erst erlernen muss.
Ein Problem, das man aus der Hirnforschung kennt, ist, dass die Angst unsere Problemlösefähigkeit und Kreativität ausschalten kann. Und zwar wenn der „Mandelkern" „an" ist. So nennt man den Bereich im Gehirn, in dem Angst aktiv ist und der Mensch Angst fühlt. Bei Klassenarbeiten, die angstbesetzt sind, schaltet sich zum Beispiel jede Problemlösefähigkeit aus. Das kann man heute neurologisch nachweisen.
Daher ist es extrem hilfreich, wenn man bereits als kleines Kind gelernt hat, **Strategien zu entwickeln**, wie man mit Ängsten umgehen kann. Dazu gehören die „normalen" Lebens- und Entwicklungsängste und die weiteren dazukommenden Ängste (vor Krieg, Leistung, Bedrohungen durch andere Menschen, vor Krankheit, Verlusten usw.). Als Kind muss man lernen, an Angst zu wachsen. Mann muss lernen, sich nicht selbst in seiner Problemlösefähigkeit zu lähmen bzw. an seinen Ängsten zu verzweifeln.

Wie Sie Angstbewältigung in der Familie fördern können

Das Wichtigste für ein Kind ist, dass es sich **geliebt, beschützt, geachtet und geborgen fühlen** kann. Eltern können sich fragen, ob das in ihrer Familie gegeben ist.
Weiter entscheidend ist, dass man als Eltern **die Angst der Kinder bemerkt**, sensibel dafür ist und sie **ernst nimmt!** Auch wenn Ihnen als Erwachsene die Angst lächerlich und absurd erscheint. Der Staubsauger brummt und schreit so laut, die Toiletten-Spülung zieht alles hinunter. Für Erwachsene ist das kein Thema, für Ihr Zweijähriges aber kann es höchst beunruhigend sein.
Es ist hilfreich, wenn Eltern ungefähr **wissen, welche Ängste Kinder in welchem Alter haben.** Zum Beispiel:

- **Babys und Kleinkinder bewältigen Ängste nur durch Nähe.** Hauptängste sind hier Trennungsängste. Kleinkinder bekommen dadurch Sicherheit, dass jemand kommt, wenn sie sich ängstlich fühlen, für sie da ist, sie beschützt in dieser Welt. Das bedeutet: Lassen Sie Ihr Baby nicht allein, sehen Sie nach, wenn es weint, und helfen Sie ihm beim Einschlafen.
- Eltern sollten nicht erwarten, dass ihr 1-Jähriges freiwillig in einer fremden Kindergruppe bleibt, während sie im Fitnesstraining nebenan sind. Das überfordert ein so kleines Kind. Es wäre in so einem Fall besser, das Kind einem – auch ihm selbst – gut bekannten Erwachsenen anzuvertrauen. Kleinkinder bewältigen Ängste also durch enge beschützende Beziehungen zu Erwachsenen, an die sie gebunden sind, die sie lieben und die ihnen Geborgenheit geben.
- **3- bis 6-Jährige haben weiterhin diffuse Lebens-Ängste,** Trennungsangst und Angst vor Liebesverlust. In keinem Alter wird so viel geschimpft und bestraft wie in der Kindergartenzeit. Schimpfen und Strafen bedeutet für Kinder schnell: *„Sie hat mich nicht mehr lieb ..."* Eltern können und sollten das unbedingt bedenken.
- **Kindergartenkinder leben in einer magischen Welt** und sind, wie auch Kleinkinder, noch stark egozentriert: *„Ich bin der Mittelpunkt der Welt."* Sie besitzen viel Phantasie – was Ängste oft noch bedrohlicher und unberechenbarer macht.

- Aber sie bewältigen Ängste mit den gleichen Mitteln, durch die sie häufig entstehen: durch Magie, Religion und Symbole. Schutzengel, Heiligenbilder und Gebete helfen in diesem Alter. Aber auch zauberhafte „Angst-Püppchen" und „starke" Stofftiere, ein Bär, ein Löwe oder ein Fuchs können Sicherheit geben. Der Polizeihund Rex im Arm – und schon hat man nachts im Bett weniger oder keine Angst oder geht mutig in den Kindergarten.

Phantasien der Angst

Es könnte sein, dass Ihr Kind Angst vor dem Baden in der großen Wanne hat. Es hat nicht etwa Angst vor Wasser, vor der Seife, die ihm mal in die Augen gekommen ist, vor der Temperatur oder der Rutschgefahr im öligen Schaumbad. Es hat möglicherweise Angst, mit dem Wasserstrudel im Ausguss zu verschwinden. Die physikalische Tatsache, dass es da nicht durchpassen würde, imponiert ihm nicht besonders. Es glaubt Ihnen nicht recht. Die kleine Spinne neulich, das Gummibärchen und das Playmobil-Baby sind ja auch letztens hineingerutscht und waren für immer weg. Nehmen Sie am besten seine Befürchtungen einfach ernst, duschen Sie es, baden Sie in einer anderen Wanne, lassen Sie jedenfalls das Wasser drin, bis es ausgestiegen ist.

Kleine Kinder denken anders. Sie haben Phantasien und verbinden Eindrücke und Erfahrungen in unrealistischer Weise miteinander. **Die magischen Phantasien des Kindes** bieten verschiedene Möglichkeiten, mit der Angst umzugehen. Wenn Sie es für richtig halten, schubsen Sie den Wolf, der unter seinem Bett sitzt, imaginär aus dem Fenster, aber sagen Sie dann liebevoll: *„Maxi, ich glaub, ein richtiger Wolf war gar nicht da."* Oder verhauen Sie die Hexe, die in Form des Jogging-Anzugs auf dem Sitzkissen herumlungert, um sie zu verscheuchen. Sagen Sie dann freundlich, verständnisvoll, aber eindeutig: *„Das sieht wirklich aus wie eine Hexe. Aber es gibt hier keine Hexen, mein Schatz. Schau, das ist nur deine Hose und der Pulli."*
Allerdings können Sie später dann, zum Beispiel tagsüber, mit Ihrem Kind über den Wolf und die Hexe sprechen, es auffordern zu erzählen. **Greifen Sie also die Phantasie dieser Monster auf, ohne deren reale Existenz zu unterstützen.**

"Erzähl mir doch mal was von der Hexe, von der Du heute Nacht gedacht hast, dass sie in deinem Zimmer herumsitzt und böse Sachen macht. Wie sah sie denn aus, hat sie was zu dir gesagt? Was wollte sie? Was machte sie?" Vielleicht erfahren Sie so eine Menge über die Hintergründe der wirklichen Angst, für die die Hexe das Symbol darstellte.

Eine weitere Möglichkeit mit Angst umzugehen ist **das Umgehen, Spielen, Hantieren mit Spielfiguren, die eigentlich die Angst einflößen.** He-man, Dinos, Transformers – schreckliche Gestalten. Das durchaus wilde und aggressiv anmutende Agieren damit ist eine konstruktive Angstbewältigungsstrategie. Meist kleine Jungs spielen damit, schmeißen sie in die Ecke, überwältigen sie und haben so Macht über diese Gruselgestalten.

Auch die in diesem Alter meist unumgänglichen Spielzeugwaffen dienen zum Teil zur Angstbewältigung. Wenn man bewaffnet ist, hat man Macht: *"Andere haben Angst vor mir. Ich kann mich verteidigen."* Eltern tun gut daran, diese „bösen", für Mütter meist schrecklichen Spielfiguren und Spielzeugwaffen ruhig in Maßen zu genehmigen. Ihr Kind ist nicht böse oder aggressiv. Es braucht dieses Spielmaterial, um sich stärker und sicherer zu fühlen. Zeigen Sie ihm einen für Ihren Geschmack angemessenen Umgang mit dem Blinkschwert und dem Cowboygewehr. Es ist ja nicht nötig, Panzer und etliche Maschinengewehre anzuschaffen.

Auch Angst erregende Filme erfüllen bei etwas größeren Kindern in gewisser Weise diesen Zweck – durch das „Wonnegrausen", eine Art „Angstlust", die sie in einem hervorrufen. Kinder trainieren es, Spannung aushalten zu können. Und sie wollen unbedingt selbst bestimmen, wie lange sie es aushalten können. Beobachten Sie Kindergartenkinder, die aufregende Filme ansehen. Wenn die Spannung nicht mehr auszuhalten ist, gehen sie hinaus, halten sich die Augen zu, klettern auf Ihren Schoß, beschäftigen sich mit anderem,.

Mädchen gehen mit Ängsten meist anders um: Sie konfrontieren sich nicht damit, sie vermeiden sie. Beobachten Sie: Kleine Mädchen spielen nur ganz selten „beängstigende Spiele". Und sie liefern sich möglichst keinen gruseligen oder Kampf-Situationen aus. Mädchenspielzeug – von Barbie über Lilli-Fee bis zu Tieren – ist fast ausschließlich Spielzeug zum „heile Welt" Spielen.

Im kleinen Schulalter kommt für viele Kinder nochmals eine neue Angst dazu: die Angst vor dem „Großwerden", vor der neuen Aufgabe, und die Angst vor Leistung. Das Beste, was Eltern jetzt tun können, ist dafür zu sorgen, dass ihr Kind ein Gebiet hat, auf dem es wirklich erfolgreich ist. Das kann Judo, Tanzen, Fußball, Musik oder Mathe sein. Irgendetwas „sollte man" jetzt gut können. Das ist jetzt wichtig für das Selbstbewusstsein. Manche Kinder haben auch – obwohl sonst recht selbstbewusst – vor speziellen Aspekten des Lebens Angst, zum Beispiel sich vor einer Öffentlichkeit zu präsentieren, „Auftritte" zu haben. Das ist normal. **Lassen Sie Ihrem Kind für jede Entwicklung seine persönliche Zeit.**

Im **Schulalter**, der Phase des so genannten „naiven Realismus", beginnt auch die Zeit, in der Sie versuchen können, Ihrem Kind **Dinge rational zu erklären**. Es lernt jetzt, sich durch Wissen und Nachdenken vor Gefahren zu schützen. Man kann sich vor Unfällen und Krankheiten schützen, man kann gefährliche Dinge meiden, oder Sicherheitsmaßnahmen – zum Beispiel gegen Diebe oder Betrüger – anwenden. Mit 5-6 Jahren wird Ihr Kind aufnahmefähig dafür sein.

Vier Schritte bei Gesprächen über Ängste

Die Situation: Laura will den Schulweg nicht allein gehen. Sie sagt, sie hat „einfach Angst".

Schritt 1: Nehmen Sie die Angst ernst: *„Oh, mein Mädchen, da müssen wir ja mal sehen, was wir da machen."*

Schritt 2: Reden Sie miteinander. Fragen Sie und hören Sie zu: *„Erzähl doch mal von deinem Schulweg. Was ist es, was dir Angst macht? Wie genau sieht das aus? Wie wäre es, wenn du keine Angst hättest – was müsste da anders sein? Ist schon mal etwas geschehen? War es schon mal besonders schlimm? Was war da? Malst du mir mal ein Bild davon?"*

Schritt 3: Entwickeln Sie gemeinsam eine Strategie: *„Was wäre hilfreich? Was könntest du tun? Was könnte ich tun? Was gäbe es für Möglichkeiten? Wer könnte dir sonst noch helfen? Was bräuchtest du, um keine Angst mehr zu haben?"*

Schritt 4: Besprechen Sie jeden Tag, wie es heute war, wie sich die Angst verändert hat. Machen Sie Ihrem Kind seine eigenen Ressourcen bewusst.

Allgemeine Tipps für Eltern:

- **Sprechen Sie** auch außerhalb einer akuten Situation mit Ihrem Kind **über das Thema Angst.**
- Lassen Sie Ihr Kind seine Ängste und auch seine Befürchtungen **malen**. Und lassen Sie sich dann das Bild **erklären**. Aber stellen Sie dann nur Fragen. Interpretieren Sie nichts hinein. Bewerten Sie das Bild nicht.
- Erzählen Sie Ihrem Kind **Märchen**. Märchen machen nämlich keine Angst, sondern greifen Ängste auf, um sie so bearbeitbar zu machen.
- Eine sehr einfache Methode gegen die Angst ist Singen (Spitzer, 4). Es ist heute gehirnphysiologisch nachgewiesen, dass Singen das Angstzentrum im Gehirn entlastet. Das bedeutet, dass Kinder, die viel singen, womöglich selbst viel Musik machen, weniger Angst haben. Und es wird auch verständlich, warum man singt, wenn man allein in den dunklen Keller muss.
- Bieten Sie Ihrem Kind **Sportarten** an, die die Selbstsicherheit fördern und unterstützen: Judo, Schwimmen etc.
- Zeigen Sie Ihrem Kind, wie man **schrittweise an ängstigende Situationen herangeht,** zum Beispiel an ein beängstigendes Tier: erst näher kommen – auf Papas Arm – dann ganz nah, dann streichelt der Papa, dann streichelt Ihr Kind selbst usw. Üben Sie solche Situationen mit Ihrem Kind.
- Erlauben Sie **Symbole**: von Waffen über Zauberstäbe und Angst-Püppchen bis zum Schutzengel. Man kann auch „Der Riese Mut tut gut" auf ein Taschentuch malen und immer dabei haben etc.
- Bringen Sie Ihrem Kind **Gebete** bei.
- **Rituale** können Ängste bannen (zum Beispiel vor dem Einschlafen).
- Über das Thema „Tod" sollten Eltern, sobald sie das Gefühl haben, es ist für ihr Kind ein Thema (meist irgendwann im Kindergartenalter), ausführlich und so natürlich wie möglich sprechen – auch wenn es ihnen selbst schwer fällt. Sie können sagen, **dass der Tod zum Leben gehört.** Jedes Lebewesen das lebt, stirbt irgendwann. Wichtig: *„Du aber noch ganz, ganz lange nicht. Und Papa und ich sterben auch nicht, solange du uns brauchst!"*
- Zur Frage, wo man nach dem Tod hingeht, könnte man sagen, dass man es auch nicht ganz sicher weiß. Fragen Sie Ihr Kind, was es selbst denkt. Wahrscheinlich werden Sie eine interessante Antwort bekommen. (Es gibt gute Bilderbücher dazu, die bei solchen Gesprächen unterstützen können.)

> **REFLEXION: WIE GEHEN SIE ALS ERWACHSENER MIT ANGST UM?**
>
> - Wovor, vor wem und in welchen Situationen haben Sie selbst Angst?
> - Auf einer Skala von 0-10: Wie stark sind Ihre Ängste?(10 = extrem stark, lähmend)
> - Wie gehen Sie damit um?
>   - Ich vermeide Angst machende Situationen.
>   - Ich habe Gegenstände und Hilfsmittel, um mich zu schützen.
>   - Ich informiere mich genau, ich will alles über die Gefahren wissen.
>   - Ich spreche viel mit anderen Menschen darüber.
>   - Ich verdränge meine Angst meist, denke möglichst nicht daran.
> - Wie ging es Ihnen als Kind mit Angst? Wovor hatten Sie Angst und wie lernten Sie damit umzugehen?
> - Was von alledem könnte sich Ihrer Meinung nach durch „Modell-Lernen" auf Ihr Kind übertragen?

Zum Weiterlesen:

Alber-Klein/Hornberger: **„Das Bach-Blüten-Buch für die Familie"**, Herder • Butollo: **„Angst ist eine Kraft"**, Beltz • Friedrich/Friebel: **„Entspannung für Kinder"**, rororo • Kast: **„Wege aus Angst und Symbiose"**, dtv • Krenz: **„Was Kinderzeichnungen erzählen"**, Herder • Ortner: **„Märchen die Kindern helfen"**, dtv • Preuschoff: **„Kleine und große Ängste bei Kindern"**, Kösel • Richer: **„Umgang mit Angst"**, ECON • Rogge: **„Kinder haben Ängste"**, rororo • Rogge: **„Ängste machen Kinder stark"**, rororo • Zulliger: **„Die Angst unserer Kinder"**, Fischer

Bücher für Kinder:

Baumgart: **„Lauras Stern und die Traummonster"**, Baumhaus • Boie Kirsten: **„Vom Angst haben"**, Rowohlt • Ende: **„Das Traumfresserchen"**, Carlsen • Engelman: **„Die kleinen Riesen im Alltag"**, Reinbek • Kahlert/Glinke: **„Vorsicht Gespenster"**, Reinbek • Maar: **„Das kleine Känguruh und der Angsthase"**, Rowohlt • Merz: **„Lea Wirbelwind fürchtet sich nicht"**, Kerle, Herder • Unger: **„Drei Räuber"**, Diogenes • Wippersberg: **„Julias Hexe"**, Rowohlt

Autonomie-Erleben

ICH

Was bedeutet Autonomie-Erleben?

Es bedeutet, dass das Kind erkennt, ein eigener Mensch zu sein, sich selbst als Ursache jeden Handelns zu erleben. Ein eigenes „Ich" zu entwickeln, im Unterschied zur symbiotischen Einheit mit der Mutter in der Baby-Phase.

Das Autonomie-Erleben ist ein Teil der ersten „Ich-Entwicklung". Das „Eigenwillige Kind" symbolisiert die Autonomie-Entwicklung. Es ist sehr wichtig, dass man versucht, die vehementen und teilweise explosiven Abgrenzungsversuche der 2- bis 3-Jährigen nicht als aggressiv wahrzunehmen, das Kind nicht deswegen zu „verteufeln". Sein Verhalten entspricht seinen eigenen Wahrnehmungen und Werten, nämlich selbst zu wollen – und es ist ihm selbst wichtig, das zu zeigen.

Warum es wichtig ist, diese Kompetenz bei Kindern zu fördern

Autonomie ist eines der drei Grundbedürfnisse des Menschen – neben sozialer Eingebundenheit und Kompetenz-Erleben (Deci/Ryan 2002 BEP, in19).

Autonomie ist die Voraussetzung, sich selbst als Person und damit auch ein „Du", also andere Menschen als andere Personen, wahrzunehmen. Sich als autonome Person zu erleben, ist die Grundvoraussetzung, um mit anderen Menschen in Beziehung zu treten, zu lernen, sich zu entwickeln, ein erstes kleines Selbstbewusstsein aufzubauen. Die Hauptphase der ersten Autonomie-Entwicklung geschieht im Trotzalter durch die Abgrenzung gegenüber engen Bezugspersonen.

Ich bemerke, dass ich eine eigene Person bin – dadurch, dass ich etwas anderes will als Du. Ich erlebe, dass ich selbst entscheide. So erlebe ich Autonomie. Im deutschen Sprachraum wird diese Phase als „das Trotzalter" beschrieben. Auch das Thema Entscheidungsfähigkeit und der unbedingte Wunsch danach ist eine wichtige Komponente von Autonomie.

Dass das Selbstentscheiden, neben Macht, dem Aspekt des „Bestimmens", auch noch das Thema der Verantwortungsübernahme und des Ausschlusses anderer Möglichkeiten enthält, lernt man als Kleinkind in jeder Entscheidungs-Situation: Wenn ich mich für die Sandalen und gegen die Gummistiefel entscheide, muss ich aushalten, ein wenig nasse Füße zu bekommen und eventuell auch nicht in die riesige Pfütze tappen zu können. Aber man sieht meine neuen „Lilli-Fee"-Socken und ich kann besser rennen. Das ist Autonomie.

Die erste Ich-Entwicklungsphase

Schenk-Danzinger beschreibt in ihrer Entwicklungspsychologie die erste Ich-Entwicklungsphase, die mehrere Aspekte aufweist:
- *„Ich habe"* (und darf es auch behalten)
- *„Ich kann handeln und aktiv sein."* (Beobachten Sie Kleinkinder: Sie agieren, schaffen, arbeiten ohne Unterlass)
- Die erste Abgrenzung zu den Eltern – oft vorrangig zur Mutter als der engsten Bezugsperson. Meist wird dadurch deutlich, dass man – egal, um was es geht – etwas anderes will als die Mami. Bieten Sie die Gummistiefel an – Ihr Kind wird die Halbschuhe anziehen wollen. Geben Sie ihm roten Tee, es wird Wasser oder Saft wollen.

Wie Sie Autonomie in der Familie fördern können

Am wichtigsten ist, Ihr Kind in seinen ersten Versuchen, eine autonome Persönlichkeit zu werden oder sich abzugrenzen, nicht zu behindern. Das heißt: Eltern dürfen allen „Trotz" (wie dieses Phänomen bei uns abwertend genannt wird), **alle Abgrenzungsversuche** seitens der Kinder ruhig und möglichst gelassen **zulassen.** Ein Kleinkind ist dabei weder böse oder aggressiv noch unnormal, noch will es den Bezugspersonen zeigen, dass es sie nicht mehr mag oder sie gar provozieren. Es will nur **sich selbst beweisen, dass es eine eigene kleine Person** mit einem eigenen Willen ist.

Wie können Sie auf trotziges Verhalten reagieren?

Wann immer es geht, lassen Sie Ihrem Kind ruhig seinen Willen. Wenn es nicht geht oder Sie es absolut nicht wollen, können Sie konsequent freundlich und eindeutig handeln. Halten Sie aus, dass Ihr Kind weinen und schreien, evtl. toben wird. Bleiben Sie ruhig dabei. Zur Not verändern Sie die Situation. Gehen Sie zum Beispiel selbst aus dem Zimmer. Oder – wenn Sie es in dem Moment überhaupt nicht ertragen – bringen Sie das wütende kleine Bündel in sein Zimmer und sagen ihm klar und sachlich, dass Sie das Getobe im Moment nicht aushalten (es ist nicht günstig, das immer zu machen!). In der bekannten Supermarkt-Situation tragen Sie Ihr Kind trotz vieler kritischer Blicke hinaus. Wenn Sie selbst wütend sind, dürfen Sie Ihr Kind auch ruhig laut anreden und in Ich-Form schimpfen: *„Verdammt nochmal, ich will das jetzt nicht, ich pack das nicht, wir gehen jetzt, ich möchte das nicht machen!"* Wichtig ist, dass Sie **echt bleiben,** ehrlich auch **Ihre Grenzen zeigen.** Diese Grenzen, speziell auch Ihrer Person, möchte Ihr Kind kennenlernen. Papa und Mama brauchen ihm nichts vorzuspielen. Das Einzige, was Sie auf jeden Fall vermeiden sollten, ist Bestrafung**,** im Sinne von: *„Weil du heute Nachmittag so böse warst, lese ich dir jetzt nichts mehr vor."* Schlagen, Einsperren, Verspotten oder Auslachen geht natürlich gar nicht.

Bei Kindergarten- und Schulkindern fördert man Autonomie vor allem **durch Respekt und Wertschätzung** gegenüber der kleinen Person (siehe auch Werte). Unterdrücken oder beschämen Sie Ihr Kind nicht!

Fragen Sie Ihr Kind nach **seiner Meinung** und lassen Sie es möglichst viele Dinge **selbst entscheiden.** Sprechen Sie anschließend mit ihm den Entscheidungsprozess durch: *„... und dann hast du erst überlegt und erst einen Gummistiefel angezogen, aber der erschien dir dann zu warm, und dann wolltest du die Sandalen. Außerdem sieht man bei denen die Lilli-Fee-Socken natürlich besser, und du kannst schneller darin rennen ..."* (Metakognition = verbalisieren, was man tut, entschieden und gelernt hat).

Schaffen Sie weitere **Freiräume.** Ihr Kind muss **Spielorte für sich allein** haben. Kinder brauchen Zeiten, Situationen, Orte, an denen sie allein oder mit Freunden unkontrolliert und unbeobachtet spielen und sich beschäftigen dürfen. Vor 40 Jahren gab es diese Räume fast überall. Heute behüten, beobachten, bespielen wir unsere Kinder möglicherweise zu viel.

> ### ICH BIN EIN RIESE – EINE PHANTASIEREISE
>
> Ihr Kind sollte es sich bequem machen, entspannen, sich am besten hinlegen und wenn möglich die Augen schließen. Leichter Körperkontakt zu Ihnen ist möglich. Sprechen Sie sehr langsam und mit Pausen.
>
> *„Stell dir vor, Sebastian: Du bist ein Riese. Ein richtig großer Riese ... Du hättest ganz lange Arme und ganz lange Beine. Deine Hände wären so groß wie unsere große Bratpfanne, die Füße so groß wie die Babybadewanne. Auf deinem großen Körper, der bis an die Decke reicht, sitzt noch ein großer Kopf. Du musst dich tief bücken, wenn du durch die Tür gehen willst. Auch deine Augen sind riesig groß, größer als Papas Tennisbälle. Die riesengroße Nase kann alles riechen, fast so wie ein Hund. Mit dem breiten Mund kannst Du zwei Geburtstagskuchen auf einmal essen. Du bist groß, sehr, sehr stark, mutig und mächtig. Alle Kinder und Erwachsenen hätten Respekt vor Dir. Niemand könnte dir etwas tun. Du könntest alles selbst bestimmen. Versuch dir vorzustellen, wie das wäre ... Was würdest du machen, wenn du ein Riese wärest? Wie würdest du dich fühlen? Wäre es gut, ein Riese zu sein? Lass dir ein wenig Zeit zum Nachdenken ...*
>
> *Was wäre vielleicht nicht so gut daran, ein Riese zu sein?*
> *Versuche nun, dich so zu sehen, wie du heute bist.*
> *Versuche, dich so stark und mutig zu fühlen, wie du es eben als Riese getan hast. Das kannst du immer tun, wenn du glaubst, mehr Mut und Kraft zu brauchen.*
> *Wenn du jetzt noch immer im Riesenkörper steckst, schlüpfe zurück in deinen Körper – und mach die Augen wieder auf und bewege dich."*

Halten Sie sich, wenn möglich, mit allzu großem Kontrollbedürfnis zurück. Sie können Ihrem Kind ruhig **Verantwortung für sich selbst überlassen**. Man braucht zum Beispiel nicht jeden Abend in einen „Machtkampf" zum Thema Zähneputzen einzusteigen. Wenn das Fünfjährige weiß, dass man durch Putzen kaputte Zähne und Schmerzen vermeiden kann, dürfen Sie ihm ruhig die Verantwortung dafür – jedenfalls ein Stück weit – selbst überlassen. Beobachten

Sie, aber kontrollieren Sie nicht jeden Tag. Die Mama muss auch beim kleinen Schulkind nicht jede Hausaufgabe überprüfen. Überlassen Sie Ihrem Kind ruhig die Verantwortung dafür. Es soll sich am nächsten Tag mit der Lehrerin darüber auseinandersetzen. So wie es auch seinen Schulranzen für den nächsten Tag sehr gut selbst packen kann.

Zum Weiterlesen:
Erikson: **„Identität und Lebenszyklus"**, Suhrkamp • Liebich: **„So klappt's mit dem Familienleben"**, Oberstebrink • Reuys/Viehoff: **„Das bin ich"**, Don Bosco

Bedürfnisregelung

Was bedeutet Bedürfnisregelung?

Es bedeutet in der Lage zu sein, eigene Bedürfnisse (das Verlangen, der Wunsch nach etwas) zu regeln. Das heißt im Allgemeinen, sie wahrzunehmen, auszudrücken oder oft auch, sie aufzuschieben. Mit Bedürfnissen in Gesellschaft umgehen zu können, ist eine Grundvoraussetzung für menschliches Zusammenleben. Hier sind damit zunächst einmal die Grundbedürfnisse gemeint – wie Hunger, Durst, Schlaf, angemessene Wärme und Kälte, die Sicherheit, wahrgenommen zu werden, geliebt zu werden, Bewegung und Ruhe.

Warum es wichtig ist, diese Kompetenz bei Kindern zu fördern

Kleinkinder (1-3 Jahre) sind meist schon in der Lage, eigene Bedürfnisse wahrzunehmen. Sie zu regeln, das heißt vor allem sie aufschieben zu können, geht meist noch nicht. Das muss erst gelernt werden, wenn man sich in sozialen Gefügen, von der Familie über Kindertagesstätten, in der Schule, in Sportvereinen, Freundeskreisen und Ähnlichem aufhalten möchte; wenn man an Kultur- und Freizeitveranstaltungen teilhaben will. Mit Trotz, Weinen, Schreien und Aufstampfen eigene Wünsche durchsetzen zu wollen, ist bis zu 3 bis 4 Jahren in Ordnung. Ab dann erwarten andere Kinder und Erwachsene, dass man mal abwarten kann, bis man etwas zu trinken bekommt oder man beim Spiel an der

Reihe ist, oder dass man einmal 15 Minuten vor dem Kasperle-Theater sitzen bleiben kann, auch wenn man eigentlich gern herumsausen würde.

Wie Sie Bedürfnisregelung in der Familie fördern können

Bereits bei Ihrem Baby können Sie als **Eltern üben, die richtigen Bedürfnisse wahrzunehmen,** zu spüren und zu erkennen. Das ist evtl. gar nicht so leicht. Was hat ein Baby oder Kleinkind, wenn es weint? Ist ihm kalt oder zu warm, hat es Durst oder ist es müde? Der erste Schritt heißt also: Lernen Sie selbst, die aktuellen Bedürfnisse Ihres Kindes wahrzunehmen und zu erfüllen. Es ist auf Dauer sehr schwierig, verwirrend und deprimierend für ein Kind, wenn es Durst hat, eine Mütze aufgesetzt zu bekommen, wenn ihm kühl ist, einen Schnuller in den Mund gedrückt zu bekommen, wenn es müde ist, in die Luft geworfen zu werden, und Ähnliches.

Ein etwas anderer Aspekt ist, dass wir oft das Kind nicht als Menschen mit eigenen Bedürfnissen anerkennen, auch wenn wir diese wahrnehmen. Wenn ein Baby zum Beispiel nichts mehr essen will und energisch den Kopf abwendet, fangen viele Mütter an, Flugzeuggeräusche zu machen und mit dem Löffel auf den Mund zuzufliegen. „Ein Löffelchen für Omi, ein Löffelchen für Papi ..." Abgesehen davon, dass man für sich selbst und nicht für andere isst – so manipuliert man schon Kleinkinder. Das ist keine Anerkennung von Bedürfnissen, sondern deren Missachtung. Man könnte stattdessen einfach sagen: *„Oh, du bist also schon satt. Okay."* Dann würde das Kind lernen, wie sich Hunger und satt sein anfühlen und dass seine Bedürfnisse wahrgenommen werden.

Oft missbrauchen wir unsere „Macht" als Eltern, indem wir meinen zu wissen, was unser Sohn/unsere Tochter braucht. Wir dominieren sie – gut gemeint natürlich – allerdings trotzdem (siehe: Das Marionetten-Kind).

Ein erster Schritt für das Kleinkind selbst ist, eine **eigene bewusste Wahrnehmung von Bedürfnissen zu lernen.** Eltern können über „Metakommunikation" – also über Gespräche darüber – beginnen, Kindern ein Bewusstsein dafür zu vermitteln. Man kann das Bedürfnis einfach benennen (siehe oben: *„Du bist also satt.", „Du magst jetzt nichts mehr essen.")*. Man kann günstigerweise immer wieder die Bedürfnisse aussprechen, die man an seinem Kind wahrnimmt. Oder man fragt danach: *„Ich glaube, du frierst doch, Simon, oder?", „Bist* du müde, mein Schatz?", „Möchtest du auf meinen Schoß und kuscheln?", „Ich könnte mir vorstellen, dass du Durst hast?", „Ich glaube, du möchtest dich etwas ausruhen/etwas herumtoben, bevor wir im Auto fahren.", „Ist dir nicht zu heiß, Helena? Zieh doch die Mütze aus."

Wichtig für Mütter und Väter ist es zu wissen, dass **Kleinkinder ihre Bedürfnisse noch nicht zurückstellen können.** Auch wenn sie bereits gelernt haben, das Bedürfnis wahrzunehmen. Bis zum Alter von etwa 3 Jahren kann man das nicht erwarten. Wenn Sie auf einer Bergtour sind und Ihr 2-Jähriges hinten in der Kraxe (Tragegestell) Durst hat, wird es Ihnen bis zur Berghütte in den Nacken weinen und jammern *(„Nina Tee, Tee haben.")*. Es kann sein Trinkbedürfnis nicht zurückstellen. Wenn die 3-jährige Marie müde ist, wird sie einschlafen – egal ob in der S-Bahn, im Zoo, wo sie extra wegen ihr hingefahren sind, weil sie Giraffen anschauen wollte, im Theater oder in der Turnstunde. Wenn sie müde ist, wird sie quengeln, auch wenn sie der Mama versprochen hat, heute in der S-Bahn ganz lieb zu sein. Sie tun gut daran, sich als Erwachsene auf diese Tatsache einzustellen.

Sie brauchen nicht zu schimpfen, nicht zu bestrafen, sondern Sie können nur versuchen, Ihr Kind liebevoll zu begleiten. **Spiegeln Sie das Bedürfnis,** das beruhigt am ehesten: *„Mein armer Schatz hat so Hunger, der Bauch will so gern eine Brezel haben."* Oder: *„Du kannst nicht mehr still sitzen, willst hopsen, klatschen, stampfen, springen* (machen Sie dazu die Bewegungen). *Mein Schatz, gleich darfst du loslaufen."*

Gegebenenfalls sollten Sie es auch nicht verpassen, **klar Grenzen zu setzen.** Bei Kleinkindern meist, indem Sie die Situation verändern, wenn etwas zu weit geht, das Geweine oder Gequengel unerträglich wird. Die Grenzen sind immer da, wo Sie es nicht mehr ertragen können oder andere Leute sehr gestört werden.

Der nächste Schritt zur Bedürfnisregelung für ein Kind ist, dass es lernt, Bedürfnisse und Wünsche auszudrücken.

Es ist ein gar nicht so einfacher Schritt von der Wahrnehmung, der Bewusstwerdung des körperlichen Gefühls *„Ich friere"* zu der Aussage *„Mir ist kalt"* zu gelangen. Noch ein Schritt weiter ist dann: *„Können wir kurz anhalten, damit ich meine Jacke aus dem Rucksack holen und anziehen kann?"* – also das Bedürfnis zu benennen und die Lösung mit zu formulieren. Das können meist erst Vorschulkinder. Und es beweist gleichzeitig ein gutes Stück Alltagsbewältigungskompetenz und Selbständigkeit.

Kinder lernen das dadurch, dass die Eltern sein Bedürfnis – wie so oft – zunächst selbst formulieren. *„Der Kevin hat Hunger, deswegen halten wir jetzt an, setzen uns auf die Bank und holen die Banane aus dem Rucksack."*

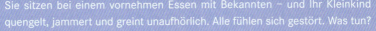

SITUATIONSGERECHT REAGIEREN

Sie sitzen bei einem vornehmen Essen mit Bekannten – und Ihr Kleinkind quengelt, jammert und greint unaufhörlich. Alle fühlen sich gestört. Was tun?

- Erstens: Bedenken Sie die Situation vorher. Sie hätten es wissen können, denn eine solche Situation überfordert Kleinkinder. Überlegen Sie sich bei allen Unternehmungen in dieser Zeit (zwischen 1 und 3½ Jahren), was man einem Kleinkind zumuten kann oder wo es wirklich einfach überfordert sein wird.
- Zweitens können Sie für solche Situationen Ablenkungsspielzeug dabei haben. Besonders spannende Dinge, die Ihr Kind sonst nicht bekommt, zum Beispiel eine Rolle Tesafilm, Ihren Geldbeutel, eine kleine Taschenlampe, den Gameboy vom großen Bruder etc.
- Drittens kann ein Elternteil mit dem Kind die Runde verlassen. Vielleicht stellen Sie sich auf diese eventuelle Notwendigkeit schon vorher ein.
- Viertens: Sie organisieren einen Babysitter für dieses Event. Möglicherweise findet sich ja auch eine oder ein Jugendliche(r), der/die für eine halbe Stunde mit dem Kleinen rausgeht.

Ab etwa 3 bis 4 Jahren können Kinder ihre eigene Bedürfnisregelung langsam üben. Auch hier eignet sich wieder ein schrittweises Vorgehen. Lassen Sie es zu, dass Ihr Kind es wirklich probiert. Lassen Sie Ihr Kind üben, üben, üben und akzeptieren Sie Versuch und Irrtum.

Lassen Sie es üben, erst kurz etwas zurückzustellen, und testen Sie dann immer längere Phasen. Und spiegeln Sie Ihrem Kind immer wieder: Sprechen Sie an, welches Bedürfnis Sie an ihm wahrnehmen. So lernt es, sie selbst zu formulieren. Weiterhin kann man beobachten: Je sicherer ein Kind ist, dass seine Bedürfnisse grundsätzlich befriedigt werden, umso leichter kann es sie gelegentlich zurückstellen.

Sie können Ihr Kind also mit gutem Gewissen ein wenig verwöhnen und nicht mit Entzug von Grundbedürfnissen bestrafen, drohen oder erpressen *(„Wenn du nicht ..., dann gibt's heute keinen Nachtisch.", „... dann spielt Papa heute nicht Fußball mit dir ...")*.

Wenn es Ihrem Kind gelingt, ein Bedürfnis zurückzustellen, können Sie das durch **Lob und Anerkennung belohnen**: *„Heute darfst du noch ganz lange toben, weil du so lange stillsitzen musstest. Du bist einfach jetzt schon ein ganz großer Junge.", „Wenn du möchtest, bekommst du noch ein zweite Portion Eis, weil du so lange und tapfer darauf warten musstest."*

Weiter muss ein Kind im Umgang mit Bedürfnissen lernen, dass es mit Situationen angemessen umgehen muss. Wenn man in der Kirche oder im Kino sitzt, muss man leise flüstern, wenn man Durst hat. Wenn man im Garten spielt, kann man es der Mama zurufen. Zu Hause fragt man freundlich, wenn man zu Besuch ist, sollte man wirklich ein *„Bitte"* nicht vergessen. Das lernen Kinder durch Vorbilder, dadurch dass auch die Eltern und Geschwister zum Beispiel höflich um etwas zu trinken oder noch ein Stück Kuchen bitten. Man kann sagen, dass man sich ausruhen oder bewegen möchte, dass einem zu kalt oder zu heiß ist.

Wichtig ist jedoch auch, dass es Dinge gibt, die einfach in der einen oder anderen Situation nicht möglich sind. Hier können Eltern die Situation erklären, das Kind auffordern zu beobachten und gegebenenfalls klar und kurz Grenzen setzen: *„Das geht hier nicht, mein Schatz.", „Nein, das geht nicht, komm bitte."* Beispiel-Situationen sind, dass man nicht laut schreien und toben darf, wenn jemand schlafen möchte, dass man anderen nicht alles wegessen kann, dass man in der Schule ruhig sitzen bleiben muss, schmusen oder sich nackt ausziehen besser nur zu Hause tut, und Ähnliches (siehe auch Benimmregeln).

> ### MAMA HAT KEINE AHNUNG
>
>
> Aus England kommt folgender Dialog zweier Kinder:
> Kind 1: *„Ich glaube, meine Mama versteht nicht viel von Kindern."*
> Kind 2: *„Wie kommst Du denn darauf?"*
> Kind 1: *„Sie bringt mich immer ins Bett, wenn ich hellwach bin.*
>   *Und aufstehen soll ich immer, wenn ich todmüde bin."*

Elternaufgabe

Üben Sie, Aktivitäten, Termine, Situationen aller Art, in die Sie Ihre Kinder bringen, im Voraus zu planen:
- Wie bereiten Sie Ihr Kind darauf vor?
- Mit welchen Bedürfnissen Ihres Kindes werden Sie konfrontiert werden? (Hunger/Durst, Bewegungsdrang, Langeweile, Angst, zu wenig Aufmerksamkeit, Müdigkeit, ...)
- Welche Momente dabei werden es überfordern? (Zum Beispiel lange stillzusitzen, leise zu sein, sehr ordentlich zu essen, sich nicht schmutzig zu machen etc.)
- Auf was sollten Sie sich also einstellen?
- Was sollten Sie mitnehmen, bereitstellen?
- Welche Zeitpuffer planen Sie ein?
- Was kann schlimmstenfalls passieren? Was tun sie dann?

Üben Sie jetzt das Vorausplanen anhand der folgenden drei Beispiele.

Beispiel 1:
Sie müssen Ihren 4-jährigen Sohn zum Augenarzt mitnehmen, bei dem Sie selbst eine größere Untersuchung haben.
- Wie bereiten Sie Ihr Kind vor?
- Wie kommen Sie hin?
- Was nehmen Sie mit?
- Mit was müssen Sie rechnen (bei vollem Wartezimmer)?
- Mit was rechnen Sie während der Behandlung?
- Was ergibt sich daraus an Vorbereitungen und Dingen, die Sie mitnehmen sollten?

Beispiel 2:
Sie erwarten zu Hause ein wichtiges Geschäftstelefonat.
- Wie bereiten Sie Ihr 2½ Jahre altes Kind darauf vor, dass Sie gleich länger telefonieren werden?
- Was möchte Ihr Kind während des Telefonats tun? (Es ist nicht sicher, dass es das dann auch macht, aber Sie könnten es versuchen.)

- Wie stellen Sie sicher, dass Sie während Ihres Gesprächs mit Ihrem Kind in Blickkontakt bleiben?
- Welches begehrte Spielzeug legen Sie vorher zurecht? (Suchen Sie etwas aus, was es sonst seltener gibt, einen tollen Stift zum Schreiben und Papier oder Ähnliches)
- Wie können Sie Ihr Kind sonst noch beschäftigen beziehungsweise ablenken? (Sie können es zum Beispiel auf Ihrem Fuß wippen lassen. Oder es kann gleichzeitig mit seinem Kindertelefon telefonieren.)

Beispiel 3:
Ihr 10-Jähriges hat Erstkommunion. Es soll ein großes Familienfest werden. Seit Wochen laufen die Vorbereitungen. Wie, glauben Sie, geht es dem 7-jährigen Bruder?
- Wie empfindet er wohl die Situation?
- Was wird er für ein Verhalten zeigen?
- Was könnte er eventuell von Ihnen brauchen?
- Was könnte sein Beitrag zu dieser Feier sein?

Zum Weiterlesen:
Bensel: **„Was sagt mir mein Baby, wenn es schreit?"**, Oberstebrink • Biddulph: **„Das Geheimnis glücklicher Kinder"**, Heyne • Largo: **„Kinderjahre"**, Piper • Neumann: **„Lass mich Wurzeln schlagen in der Welt"**, Kösel

BENIMMREGELN   SO

WAS BEDEUTEN „BENIMMREGELN"?

Unter Benimmregeln verstehen wir hier das, was man heute von 2- bis 8-jährigen Kindern an Höflichkeitsverhalten erwartet. Ein „Kinder-Knigge", wenn Sie so wollen. Es ist wichtig dabei zu beachten, dass das Kind nicht zur von den Eltern gesteuerten Marionette wird. Eltern, die ihre Kinder „dressieren",

um auf andere Leute Eindruck zu machen, werden nicht weit kommen. Höflichkeitsregeln und Benimmformen müssen aus Überzeugung angewendet werden. Nur ein Kind, das weiß und begreift, warum eine bestimmte Regel gilt, akzeptiert diese Regel und baut sie in sein Verhalten ein.
Gutes Benehmen hat etwas mit Stil, Kultur und respektvoller Haltung Menschen, Dingen und Situationen gegenüber zu tun. Beim Kind muss dafür eine innere Haltung geschaffen werden.

Warum es wichtig ist, diese Kompetenz bei Kindern zu fördern

Die Fähigkeit, sich angemessen zu verhalten, ist eine Basis-Kompetenz, weil man es bereits als kleines Kind leichter hat, wenn man diese Fähigkeit in unterschiedlichsten Situationen beherrscht. Dem Kind werden Wohlwollen und Freundlichkeit entgegengebracht werden. Und zu wissen, wie man sich in verschiedenen Situationen verhält, gibt Selbstvertrauen und Sicherheit.

Wie Sie Benimmregeln in der Familie fördern können

Die Art, wie man sich in gesellschaftlichen Situationen, von Familienfeiern bis Kindergarten, auf dem Spielplatz, im Theater, in der Schule, in der Sportgruppe verhält, lernt man, indem man die **Eltern, Großeltern** und eventuell die größeren **Geschwister beobachtet.** Karl Valentin sagt dazu: *„Kinder kann man nicht erziehen, sie machen einem alles nach."* Teilweise beobachten Kinder auch andere Menschen genau, Erwachsene, die ihnen etwas bedeuten. Auch in der Gruppe der Gleichaltrigen beobachten sie natürlich deren Verhalten und schauen sich wahrscheinlich das eine oder andere positive oder eher ungünstige Benehmen ab. Benehmen wird durch Modell-Lernen gelernt.

Zunächst zur Frage, wann ein Kind welche Verhaltensregeln beherrschen sollte.

- **Kleinkinder brauchen weitgehend noch keine.** Ein 2-Jähriges, das nicht grüßt oder sich entschuldigt, wenn es im Bus mit seinem dreckigen Stiefel den Mantel der gegenüber sitzenden Frau beschmutzt, braucht nichts zu sagen. Gut ist aber, wenn die Mama sich für ihr Kind entschuldigt. Und das Kleine freundlich darauf aufmerksam macht, dass man darauf Obacht geben muss. Ohne es deswegen anzuschimpfen, das erwartet niemand. Wenn Ihr Kind jemandem die Zunge rausstreckt, können Sie ihm sagen, dass das nicht geht, Sie das nicht möchten: *„Es ist mir unangenehm, peinlich, weil der Mann dann vielleicht gekränkt ist."*

- Bereits von **3- bis 4-Jährigen** aber wird erwartet, dass sie zumindest **eine Formel der Begrüßung und der Verabschiedung kennen** und auch verwenden. Man muss sie ihnen eventuell wirklich ausdrücklich beibringen: Was kann man alles sagen oder tun, wenn man jemanden Bekannten trifft? Und Sie können Ihrem Kind sagen, dass es Ihnen sehr wichtig ist, dass es andere Menschen begrüßt, *„Guten Tag", „Guten Morgen", „Grüß Gott"* (in Bayern) usw. oder wenigstens *„Hallo"* sagt. Es gibt außerdem viele Möglichkeiten, jemanden nonverbal zu begrüßen. Zum Beispiel anlächeln, die Hand heben und vor allem immer Blickkontakt aufnehmen, winken, die Hand geben oder in den Arm nehmen und einen kleinen Kuss auf die Wange drücken. Im körperlichen Bereich ist dabei bei aller Höflichkeit sehr wichtig, dass Sie als Eltern darauf achten, dass Ihr Kind nur das tut, was es möchte. Es muss nie jemanden küssen oder umarmen, den es nicht auf diese Weise begrüßen will! Auch wenn Tante Sabine dann enttäuscht ist. Ein *„Hallo"* und das Heben der Hand müssen ihr dann genügen.
- Man kann Kindern auch **erklären, warum das wichtig ist**. Man kann vermitteln, dass der Andere vielleicht recht traurig ist, wenn man ihn nicht begrüßt, weil er das Gefühl hat, dass man ihn nicht sieht oder er nicht wichtig ist oder man ihn nicht mag. In dieser Weise kann und sollte man ruhig schon mit **4- bis 5-Jährigen** reden. Auch kann man ihnen sagen, dass es einem selbst, also der Mama, dem Papa, unangenehm ist, wenn „der große Junge" nicht *„Guten Tag"* sagt.
- Ein weiterer Punkt, den **5- bis 6-Jährige** können sollten, ist **sich zu entschuldigen**, wenn man beispielsweise jemanden gestoßen oder jemandem wehgetan hat. Fordern Sie Ihr Kind ruhig dazu auf: *„Bitte sag Frau Maier, dass es dir leid tut."* Wenn Ihr Kind das nicht schafft, sollten Sie es auch hier für Ihr Kind tun. Die dazu notwendigen Formeln sind: *„Bitte entschuldige"* oder *„Es tut mir leid".*

- Für **5- bis 6-Jährige** gibt es noch einige **weitere wichtige Regeln** – zum Beispiel:
  - Man hält sich beim Husten die Hand vor den Mund.
  - Man putzt sich die Nase mit einem Taschentuch, wenn sie läuft oder wenn man geniest hat (siehe auch Alltagsbewältigung).
  - Man spricht nicht laut vor anderen Leuten über sie. 4-Jährige tun das noch: *„Sag mal, Mami. Warum sieht dieser Mann da so komisch rot aus im Gesicht?"* Das ist ein Aspekt, den Kinder häufig zu Hause vorgemacht bekommen: Es wird vor anderen über sie geredet. Versuchen Sie als Eltern, das wenn möglich zu vermeiden. Oder fragen Sie Ihr Kind, ob es okay ist, wenn Sie der Oma erzählen, was heute auf dem Spielplatz geschehen ist.
  - Zu Formulierungen: Man sagt *„Wie bitte?"* oder *„Bitte?"*, wenn man etwas nicht verstanden hat – und nicht *„Was?"* Man sagt *„Bitte"*, wenn man etwas haben möchte, *„Danke"*, wenn man etwas bekommen hat. Man fragt freundlich, wenn man bei fremden Leuten etwas haben möchte: *„Kann ich bitte ein Glas Wasser haben, Frau Meier?"*
  - Das Thema Essen ist natürlich wichtig. 5-Jährige sollten mit Löffel, Gabel und teilweise mit dem Messer umgehen können. Sie sollten aus der Tasse und aus dem Glas trinken können.
  - Dass man beim Essen nicht auf dem Tisch liegt, die Ellbogen nicht aufliegen, man den Löffel zum Mund und nicht den Mund zum Teller führt, sollte ein Kind bei seinen Eltern sehen.
  - Auch dass es unappetitlich ist, wenn man schmatzt, schlürft oder mit offenem Mund kaut. Manche Kinder übernehmen dieses Verhalten selbstverständlich, andere muss man immer wieder darauf hinweisen. Der Grund? *„Es graust viele andere Menschen, es ist eklig, keiner mag mit dir essen."*
  - Weiterhin wissen sollte Ihr Kind auch schon mit 4 und 5 Jahren, dass man nicht in Gesellschaft anderer Leute onaniert. Sie können Ihrem Kind erklären, dass das in Ordnung und ja auch angenehm ist, aber etwas sehr Intimes, was man nur macht, wenn man allein ist.
  - Besonders gut erzogene 4- und 5-Jährige kennen noch anderes Knigge-Verhalten. Zum Beispiel, dass man, wenn einem älteren Menschen etwas herunterfällt, es für ihn aufhebt. Dass man älteren Menschen in Bus oder Bahn seinen Sitzplatz anbietet. Dass es höflich und freundlich ist, wenn man jemandem die Tür aufhält. Diese und ähnliche Verhaltensregeln gehen bereits in das Thema Hilfsbereitschaft hinein.

> **ELTERNAUFGABE**
>
> Besorgen Sie sich ein Knigge-Buch, und machen Sie in Ihrer Familie ein Rätselspiel daraus. Befragen Sie sich abwechselnd, was wohl das korrekte Benehmen ist. Wer es weiß, bekommt Punkte.
> Natürlich sollten Sie die richtigen Lösungen dann auch gemeinsam mit Ihren Kindern in die Tat umsetzen.

Buchtipps zum Beispiel:
von Au: **„Knigge für Kinder"**, Urania • Bonneau: **„300 Fragen zu gutem Benehmen"**, Gräfe und Unzer • Nagiller: **„Klasse mit Knigge – stilsicher in allen Lebenslagen"**, Goldmann

Für Kinder:
Merz/Gotzen/Beck: **„Gutes Benehmen ist hüpfe-leicht"**, Kerle Herder • Scheffer/Timm: **„Upps, benimm dich!"**, ars edition

BEZIEHUNGSFÄHIGKEIT

EM
SO

WAS BEDEUTET BEZIEHUNGSFÄHIGKEIT?

Die Definition des Begriffs „Beziehung" aus dem Lexikon (dtv 9) lautet: „... Beziehung ist der Grad der Verbundenheit zwischen Individuen, die in einem sozialen Prozess vereint sind. Es ist ein eingeführter Grundbegriff zur Beschreibung sozialer Systeme."
Beziehungsfähigkeit bedeutet hier, Beziehungen aus eigenem Antrieb heraus positiv zu knüpfen und erhalten zu können.
Wichtige Aspekte dabei sind Distanz und Nähe und der angemessene Umgang damit. Nicht alle Beziehungen – auch dann, wenn sie positiv sind – haben dieselbe Nähe und Stärke. Eltern-Kind-Beziehungen haben meist die größte Nähe. Geschwisterbeziehungen sind oft die längsten Beziehungen im Leben und haben durch die starke Vertrautheit, die große Intimität, die entsteht, wenn man

über Jahre zum Beispiel im gleichen Zimmer lebt, die größte Intensität. Geschwister prägen und beeinflussen sich lebenslang in ihrer Persönlichkeit. Diese Basis Kompetenz, fähig zu sein in engen oder auch lockeren Beziehungen zu leben, beruht auf einigen anderen Sozialkompetenzen, zum Beispiel Kontakt- und Kommunikationsfähigkeit, Wertschätzung, Respekt vor anderen, Hilfsbereitschaft, Freundlichkeit, Ehrlichkeit, zurückstehen können, Kompromissfähigkeit etc.

Warum es wichtig ist, diese Kompetenz bei Kindern zu fördern

Positive Beziehungsfähigkeit ist die Summe vieler anderer Sozialkompetenzen. Ohne Beziehungsfähigkeit fällt das Leben in jeder Gemeinschaft, jeder Partnerschaft, von der Familie über den Kindergarten bis zur Schule und dem Sportverein sehr schwer. Man wird isoliert, wird ignoriert, bis hin zum Mobbing. Die Fähigkeit, sogenannte Sekundär-Beziehungen einzugehen (außerhalb der Eltern, Großeltern, Geschwister), ist eine der zentralen Voraussetzungen, um eine eigene Identität und Persönlichkeit zu entwickeln. Denn einen Großteil der Persönlichkeit erfährt man im Spiegel anderer Menschen.

Wie Sie Beziehungsfähigkeit in der Familie fördern können

„Erziehung ist Beziehung" schreibt Martin Buber, und er nennt damit einen der wichtigsten Grundsätze des Familienalltags. Auch Thomas Gordon (10) beschreibt Beziehungsfähigkeit als Grundlage jedes Zusammenlebens und jeder Konfliktlösung in der Familie. Die Grundlage jeder Beziehungsfähigkeit wird also in der Familie, durch Eltern und Geschwister gelegt.
Zwischen Eltern und Kindern besteht ein Beziehungsgefälle. Eltern haben Autorität und Macht – emotional, finanziell, intellektuell, körperlich, sozial. Daran geht kein Weg vorbei. Es geht darum, sich die Macht bewusst zu machen, ohne sie auszunutzen. Es sollte daher auch heute, bei aller Gleichwertigkeit der Beziehungen zwischen Eltern und Kindern, klar sein: **Ich bin der Papa, die Mama – du bist das Kind.** Es geht nicht um Gleichheit, sondern um die gleiche Würde. Alles andere ist unwahr. **Eltern haben eine überlegene Rolle.**

Und sie müssen sich trauen, diese Rolle anzunehmen. Jedenfalls solange die Kinder klein sind. Sie werden mit ihrem eigenen Umgang mit Macht und Autorität konfrontiert werden.

„Loslassen, aber leiten" nennt der dänische Familien-Therapeut Jesper Juul wichtige und nicht immer einfache Bausteine im Erziehungsalltag.

Es gibt Werte, die Beziehungen unterstützen. Die Haltungen, die erste Beziehungen gut, tragfähig und stabil machen, sind **Achtung und Respekt voreinander,** schon vor der Persönlichkeit des Kleinkindes. Weiter eigene Authentizität (Echtheit), Wertschätzung des anderen, Zuverlässigkeit und Verantwortung füreinander, Humor und Toleranz und das beruhigende Wissen, dass jeder hier Fehler machen darf, auch die Eltern.

Der erste Schritt ist also, das Kind **intensive Beziehungen erleben zu lassen.** Dadurch kann es spüren, **durch was sie getragen werden.** Das sind Nähe, Freundlichkeit, das Wissen voneinander und vieles miteinander zu machen. Da sind Zärtlichkeit und Auseinandersetzungen, Grenzen, Verlässlichkeit und Ehrlichkeit.

Wie Kinder lernen, Beziehungen nach außen zu knüpfen

Zunächst gibt es formal soziale Strukturen, die Beziehungsgefüge vorgeben. Das Kindergartenkind einer Gruppe, das Mitglied im Fußballverein, der Schüler der Klasse 2b. Das allein reicht selbstverständlich nicht. Um Freundschaften muss man sich bekanntlich bemühen. Zu manchen Menschen fällt es einem leichter, Verbindungen und Freundschaften aufzubauen, zu anderen findet man zunächst fast gar keinen Zugang. Bei Kindern ist das nicht anders. Außer den gleichen Gruppennamen (Kind der Bärengruppe, Schüler der Klasse 1b) gibt es zunächst keine Beziehungen. Im Grunde ist das auch nicht nötig, man muss nicht alle Menschen sehr gern haben.

Im Allgemeinen sagt man, **Beziehungen entstehen und erhalten sich dadurch, dass man etwas miteinander macht, und dadurch, dass man etwas übereinander weiß.**

Zusätzlich reagieren alle Menschen, und Kinder im Besonderen, sehr stark auf persönliche Sympathie. Dass heißt, ein Kind sucht sich Kinder oder auch Erwachsene, die ihm in irgendeiner Weise bekannt sind, an jemanden positiv erinnern. Anders als bei Erwachsenen, deren Sympathie oft neben Bekanntheit durch Ähnlichkeit geleitet wird (die Chemie stimmt, derjenige hat irgendetwas Ähnliches), ist bei Kindern ein weiteres Kriterium: die Bewunderung. Kinder suchen sich häufig als Freunde Kinder aus, die andere Eigenschaften als sie selbst haben. Der kleine, schüchterne Leon spielt am liebsten mit dem großen, starken, wilden Yassin. Die selbstbewusste 5-jährige Lisa ist am liebsten mit der kleinen, zarten Lilli, der sie alles zeigen kann, in der Puppenecke. Daraus ergeben sich Lernmöglichkeiten, aber natürlich auch Konflikte.

Unter anderem entwickelt sich Beziehungsfähigkeit wieder **durch Modell-Lernen.** Kinder sind hier fast ein Spiegel der Familie. Sie erleben durch ihre Bindungsfähigkeit, wie unterschiedlich nah man sich auf Freunde und fremde Erwachsene einlassen kann.

Ganz **konkrete Unterstützungen, um Beziehungen (zu Kindern und Erwachsenen) aufzubauen und zu erhalten,** können sein:

- Ihrem Kind einfach Mut machen auf andere zuzugehen, *„Komm trau dich doch, soll ich mit hingehen?"*
- Mit ihm darüber sprechen, wie man sich Freunde macht – so wie im folgenden Beispiel mit Jonas.

Jonas

Jonas *(5 Jahre alt, weinerlich): „Der Matti soll mein Freund sein, aber der spielt immer mit dem Tim."*
Mama: *„Du hättest den Matti so gern für dich allein als Freund."*
Jonas: *„Mhm ... der ist so lustig und kann so gut Parkhaus spielen."*
Mama: *„Parkhaus ist super."*
Jonas: *„... und Polizei ... der soll mit mir spielen!"*
Mama: *„Was könntest du denn tun, damit er mit dir spielt?"*
Jonas: *„Er soll mein Freund werden."*
Mama: *„Was könntest du tun, damit er dein Freund wird?"*
Jonas *(zuckt die Schultern): „Du sollst ihn einladen."*
Mama: *„Das ist eine gute Idee. Aber das kannst du doch gut selbst tun."*
Jonas: *„Und dann zeig ich ihm mein großes Polizeiauto!"*
Mama: *„Und lässt ihn auch damit spielen?"*

Jonas: *„... Mhm ... und dann mal wieder ich. Er kann dann mit dem Parkhaus spielen! Und ich will der Chef sein."*
Mama: *„Ich kann mir gut vorstellen, dass der Matti auch gern der Chef wäre. Ich würde ihn fragen, ob er der Chef vom Parkhaus sein möchte oder lieber die Polizei."*
Jonas: *„Mhm"*
Mama: *„Freunde wechseln sich immer ab in so was."*
Jonas: *„Okay, dann ist der Matti aber mein Freund!"*
Mama: *„Mal sehen, vielleicht mag er dann gern mit dir spielen."*
Jonas: *„Frag du ihn doch, ob er kommt!*
Mama: *„Wir fragen ihn zusammen. Gut?"*

- Man kann seinen Kindern konkret sagen, dass sie sich mal zurückhalten sollen und nicht immer „der Bestimmer" sein können.
- Kinder die selbst gelobt werden, loben und wertschätzen auch andere Kinder: *„Hast du einen schönen Turm gebaut ..."*
- Ihr Kind kann seinen Freunden mal ein kleines Geschenk machen, etwas für sie basteln oder backen. Dazu können Sie es ab und zu auch anregen.
- Wichtig ist, dass Ihr Kind andere Kinder einladen und besuchen darf.
- Organisieren Sie Ausflüge oder andere Unternehmungen, an denen Freunde teilnehmen, mit denen Ihr Kind gemeinsame Erfahrungen und Abenteuer erlebt. Das verbindet.
- Führen Sie zum Beispiel beim gemeinsamen Essen mit Kindergästen Gespräche. Lassen Sie sich erzählen, erzählen Sie selbst.
- Man kann Kindern, sehr zurückhaltend und gerecht, als Moderator (nicht als Richter) helfen, Streit zu schlichten.
- Man sollte sich verkneifen, Kinder miteinander zu vergleichen *(„Schau, wie der Fredi das schon super kann, und du kleiner Angsthase traust dich immer noch nicht.")*
- Für manche Kinder ist es schwieriger, für manche leichter, Kontakt zu Erwachsenen zu knüpfen. Man kann dazu auffordern zum Beispiel zu den Erzieherinnen, der Lehrerin Kontakt aufzunehmen, sie um Hilfe zu bitten, selbst Probleme mit ihr zu lösen.

Paula

Die 7-jährige Paula kommt in die Schule. Durch Wohnungswechsel kommt sie in eine ganz fremde Umgebung. Ihre Sorge ist, dass sie dort keine Freunde hat und niemanden kennt.

Paula: „Mama, ich will doch wieder lieber in meinen alten Kindergarten gehen."
Mutter: „Hast du Sorge, dass du da ganz allein sein wirst? Ist es das, was du nicht magst? Du sagst doch eigentlich, dass du dich auf die Schule freust?"
Paula: „Ich kenn ja dort niemanden."
Mutter: „Aber du lernst doch viele Kinder dort kennen."
Paula: „Aber wie denn? Die kennen mich ja alle nicht."
Mutter: „Ich kenn das auch ganz gut, wie das ist, wenn man so fremd ist. Das war bei mir auch so, als ich in dem neuen Büro angefangen habe. Ich hab dann erst mal beobachtet, wer mir gut gefallen hat und mit wem ich mir vorstellen könnte, eine Freundschaft zu beginnen. Zuerst hab ich mir überlegt: Warum gefällt mir die eine Frau eigentlich gut? Und dann ..."
Paula: „Ich will gern eine Freundin haben."
Mutter: „Was könntest du zu ihr sagen?"
Paula: „Weiß auch nicht ... dass ich Paula heiß."
Mutter: „Sehr gut, damit kann man immer anfangen. Und sie dann fragen, wie sie heißt. Lass uns noch weiter überlegen, was du sie dann fragen könntest."
Zusammen: „Gehst du mit mir in die Pause? Gehst du mit mir in die Turnhalle? Hast du auch eine Schwester? Habt Ihr einen Hund? Wo wohnst du denn? Ist Euer Haus auch in der Hauptstraße? Magst Du auch Bibi Blocksberg so gerne? Was machst du denn nach der Schule? Besuchst du mich mal? Soll ich dir meine Telefonnummer aufschreiben? Mit wem warst du im Kindergarten? usw."
Mutter: „Wenn das Mädchen wenig Interesse hat, was mit dir zu machen, dann kannst du dir noch eine andere aussuchen und sie auch diese Sachen fragen.. Meinst du, du kannst das mal versuchen morgen?"
Paula nickt.
Mutter: „Du schaffst das ganz sicher. Ich bin schon neugierig, was du mir morgen nach der Schule erzählst."

Elternaufgabe

Zwei Übungen, um sich die Familienbeziehungen klarzumachen

Übung 1:
Aufstellung mit kleinen Gegenständen, Münzen, Spielfiguren

Wenn Sie einmal Lust und Zeit haben, beispielsweise wenn Sie mit Ihrer Familie im Restaurant auf Essen warten, können Sie mit Münzen mal ein Bild Ihrer Familie aufstellen. Das heißt: Suchen Sie sich im ersten Spielschritt für jedes Familienmitglied eine Münze aus. Schon die Diskussion darüber ist sehr aussagekräftig. Wer ist ein 1-Euro- oder 2-Euro-Stück? Wen stellen die 50 Cent dar, die 20er-Münze oder das Kupfergeld? Dann darf jeder – Kinder ab ca. 5 Jahren könnten anfangen – die Münzen zu einer kleinen Familien-Gruppe legen. Wer ist wem nah? Vielleicht zu nah? Wer steht neben wem? Wer schaut wen an? Wer ist im Zentrum, wer eher draußen? Wie geht es jedem dabei? Geht es jemandem nicht gut mit seiner Position? Wie könnten die anderen helfen, dass er/sie sich wohler fühlt? Wie sehen die anderen Familienmitglieder die Familien-Gruppe? Vielleicht bietet diese kleine 15-Minuten-Übung viel Diskussionsstoff, viel Nachdenkliches, oder alle sind zufrieden, nichts müsste verändert werden.

Dasselbe Spiel können Sie auch mit Spielfiguren oder anderen kleinen Gegenständen spielen.

Übung 2:
Familie oder Kindergruppe in Tieren malen lassen

Wenn Sie mal Lust und Zeit haben, nehmen Sie sich alle in der Familie ein Blatt Papier, und alle malen die ganze Familie als Tiere verzaubert, in einer Gruppe zusammen. Wenn Papa ein Tier wäre – was wäre er? Wenn Mama, Oma, Tante Lene ein Tier wären – was wären sie? Alle wichtigen Familienmitglieder sollten gemalt (skizziert) werden.

Auch hier sind wieder zwei Aspekte interessant: Wer wird von wem als welches Tier wahrgenommen? Und wie stehen die Tiere? Wo ist der Platz von jedem in der Familie?

Das ist auch lustig und bietet Diskussionsstoff. Seien Sie nicht beleidigt, wenn sie der Karpfen sind und lieber ein Hecht gewesen wären …

Für Kinder:
Boehme/Völker: „**Lukas im Kindergarten. Oder: Wie man Freunde findet**", Baumhaus • Helme Heine: „**Freunde**", Middelhauve • Janosch: „**Oh wie schön ist Panama**", Beltz & Gelberg • Janosch: „**Kleiner Bär und kleiner Tiger**", Beltz & Gelberg • Lindgren: „**Wir Kinder aus Bullerbü**", Oetinger • Sidjanski/Burg: „**Kleines Huhn – kleine Ente**" • Ungerer: „**Wir können noch soviel zusammen machen**", Sauerländer

Für Eltern:
Bachmann: „**Kinderfreundschaften – Start ins Leben**", Herder • Liebich: „**Mit Kindern richtig reden**", Herder

BINDUNGSFÄHIGKEIT

WAS BEDEUTET BINDUNGSFÄHIGKEIT?

Bindung ist existentiell entscheidend für die gesunde psychische und soziale Entwicklung eines Kindes. Babys binden sich automatisch an ihre Hauptbezugspersonen. Bindungsverhalten ist genetisch angelegt. Besonders intensiv entwickelt sie sich, wenn Sie Ihrem Baby mit großer Fürsorge und Liebe, mit viel Körperkontakt und inniger Ruhe begegnen. Die Responsivität der Eltern und Erzieherinnen – das sind die Art und die Qualität, auf die Bedürfnisse des Kleinstkindes sensibel und angemessen zu reagieren – ist extrem bedeutsam zur Anregung von Bindungsverhalten. Schon kleine Säuglinge sind in der Lage, unterschiedliche Formen von Bindungen zu Familienmitgliedern, aber auch zu Personen außerhalb des familiären Bezugssystems aufzubauen. Zum Beispiel zu Erzieherinnen in der Kinderkrippe oder zu Tagesmüttern. Die Bindung der Mutter an ihr Kind nennt die englischsprachige Literatur „Bonding" (John Bowlby). Sie beginnt schon mit dem engen Körperkontakt in der Schwangerschaft, bei der Geburt und beim Stillen. Die primäre Bindung fängt in den ersten Lebensmonaten an und endet etwa am Ende des zweiten Lebensjahres.

Warum es wichtig ist, diese Kompetenz bei Kindern zu fördern

Ein sogenanntes „ungebundenes" Kind ist nur schwer in der Lage, eine normale Entwicklung zu durchlaufen. Primäre Bindung ist eine der wichtigsten Voraussetzungen, für die Entwicklung jeglichen sozialen Verhaltens. Auch ein sicheres Explorationsverhalten (die Erforschung der Umwelt, Selbständigkeit, Abgrenzung) basiert auf sicherem Gebundensein. Fühlt sich das Kleinkind sicher gebunden und ist die Qualität der Bindung gut, dann kann es sich aufmachen, die Welt zu erkunden. Bindung ist weiterhin die Voraussetzung für jegliche Lern- und Bildungsprozesse. Ohne Bindungsfähigkeit ist der Mensch krank. Autismus oder schizoide Krankheitsformen beschreiben das. Bindung generiert „Urvertrauen" in andere Menschen, das Leben und sich selbst.

Wie Sie Bindung in der Familie fördern können

Bindung entsteht einmal durch die sogenannte **Mutter-Kind-Symbiose**. Damit ist ein symbiotisches, sich als eine Einheit erlebendes Gefüge zwischen der Bezugsperson und dem Neugeborenen gemeint. Oft besteht dabei eine bioenergetische Verbundenheit zwischen den beiden. Wenn das Kind ermüdet ist, und innig in Mamas Arm ruht, lädt sich meist nach kurzer Zeit die Energie – von beiden übrigens – wieder auf.

Aber auch der Vater kann Bindung aufbauen – durch **viel körperliche, zärtliche Zuwendung,** durch seinen Geruch, durch seine Stimme, durch nackten Körperkontakt mit dem Säugling, zum Beispiel in der Badewanne.

Wenn Ihr Baby oder Kleinkind weint, sollten Sie immer hingehen und nachschauen, was es hat. Sie können sich dabei abwechseln, es trösten, schaukeln, es streicheln, tragen, beruhigend mit ihm sprechen. Ihr Kind spürt Ihr Wohlwollen. Es fühlt sich angenommen und spürt die unvoreingenommene Zuwendung und Geborgenheit, die es braucht. Sie können sicher sein: Ihr Baby weint nur, wenn es wirklich ein Bedürfnis hat. Meist können nur Eltern ihrem Baby diese innige Nähe geben. **Jede Minute Zuwendung, die Mutter und Vater ihrem Kind, vor allem in Angst- oder Stress-Situationen, schenken, festigt die tiefe Bindung zwischen ihnen.** Es ist eine anstrengende, aber recht kurze Zeit. Zeit, die gut investiert ist – Ihr Kind wird sie Ihnen sein Leben lang danken!

> ### Zuwendung, die Bindung schafft
>
> - Lassen Sie Ihr Kind in Ihrem Bett schlafen, wenn es schlecht schläft.
> - Helfen Sie beim Einschlafen in Phasen, in denen es Angst hat.
> - Wachen Sie in Fiebernächten beruhigend an seinem Bettchen.
> - Seien Sie da, wenn es Schmerzen oder Kummer hat.
> - Gehen Sie Wege mit ihm, die es sich noch nicht allein zu gehen traut
> - Bleiben Sie, wann immer möglich, bei ihm, wenn es gar mal in die Klinik muss, wenn schwierige medizinische Eingriffe anstehen.
> - Unterstützen Sie es bei Konflikten mit Lehrern und Hausmeistern solidarisch.
> - Trösten Sie es und machen ihm Mut bei den ersten Pleiten, Pech und Pannen, die das Leben so mit sich bringt.
> - Lassen Sie ihm zu allen Entwicklungsschritten seine eigene Zeit.

Ein sehr wichtiger Aspekt ist: Versuchen Sie als Eltern – vielleicht müssen Sie es erst lernen – **die Bedürfnisse Ihres Kindes wahrzunehmen**: Was könnte es haben wollen, wenn es weint? Hat es Durst oder Hunger? Möchte es nur Körperkontakt? Ist ihm langweilig? Schmerzt es eine schmutzige Windel am leicht wunden Popo? Ängstigt irgend etwas? Zwickt etwas im Bauch oder im Ohr? Ist es einfach müde und quengelig? Ist es zu warm oder zu kalt? Drückt ein Kleidungsstück? Oder – will es einfach so mal weinen? Es gibt viele, viele Möglichkeiten. Ihr Kind will Sie nicht ärgern, wenn es weint. Es will Sie nicht austricksen. Das ist das einzige, dessen sie sicher sein können. Solche Vermutungen sind Erwachsenen-Ideen. Kinder versuchen einfach, ihre Bedürfnisse kundzutun und durchzusetzen.

Eine wichtige Aufgabe für Eltern heißt also, gute Sensibilität, **gutes Einfühlungsvermögen für ihr Baby und Kleinkind zu entwickeln.** Teilweise muss man das als Erwachsener wirklich erst lernen. Sehen Sie sich Ihr Kind genau an, hören Sie auf die Art seines Weinens, spüren Sie es an Ihrem Körper. Was möchte es? Was braucht es?

Vier Bindungstypen

Die Kinderpsychologie unterscheidet vier Bindungstypen, die Auswirkungen auf das gesamte Leben haben können und nur partiell durch andere Kompetenzen ausgeglichen werden können.

- **Sicher gebundene Kinder**
  Die Eltern sind einfühlsam, freundlich, fröhlich, zuverlässig, beschützend, körperlich zärtlich mit einer positiven Grundeinstellung zum Kind. So entstehen durch die Sicherheit des Kindes ein positives Selbstbild, gutes Selbstwertgefühl und gutes Sozialverhalten.
- **Unsicher vermeidend gebundene Kinder**
  Die Bezugspersonen zeigen nur relativ wenig Interesse am Kind und bieten wenig körperliche Nähe. Auf Bedürfnisse wird kaum eingegangen bzw. diese gar nicht erst wahrgenommen. Diese Kinder entwickeln oft ein geringes Selbstbewusstsein, sind unsicher, störanfällig und zeigen Stress-Symptome. Sie sind wenig in der Lage, Gefühle zu äußern.
- **Unsicher ambivalent gebundene Kinder**
  Die Eltern zeigen dem Kind gegenüber ein für es schwer einschätzbares Verhalten. Die Echtheit der Fürsorge ist schwer zu erkennen. Das macht unsicher und ängstlich. Auch viel Ärger entsteht gegenüber den Eltern. Trennungen werden mit sehr viel Angst und Stressreaktionen erlebt. Kommen die Bezugspersonen wieder, lassen sich die Kinder meist nicht beruhigen und zeigen deutlich Wut. Diese Kinder haben meist wenig Selbstbewusstsein und trauen sich wenig zu.
- **Desorganisiert gebundene Kinder**
  Die Bezugspersonen verhalten sich den Kindern gegenüber Angst machend bis hin zu Gewalt, Missbrauch und Vernachlässigung. Die Folgen sind Verhaltensauffälligkeiten aller Art und natürlich ein extrem geringes Selbstwertgefühl.

(nach Kurt Vollmer,
Fachwörterbuch für Erzieherinnen, in 5)

Man weiß aus der Forschung, dass es einen Zusammenhang zwischen dem Einfühlungsvermögen der Eltern in der Baby-Zeit und der späteren Intelligenz und Sprachfähigkeit der Kinder gibt (M. Spitzer in 4). Gutes Einfühlungsvermögen der Eltern ist also eine weitere Voraussetzung der Bindungsfähigkeit, die der Säugling und das Kleinstkind entwickeln sollten.

Die oben bereits erwähnte **Responsivität, die Art des Antwortgebens** auf die Bedürfnisse des Kindes, ist der zweite dazugehörende Schritt. Es geht nicht nur um das Einfühlen in die Bedürfnisse, sondern auch um das sensible Eingehen darauf. Es geht darum, dass Sie spüren, was Ihrem Kind jetzt gut täte.

Beispiel: Ihr Kind hat wahrscheinlich Bauchweh. Was tun Sie? Was tut ihm gut? Ein Kamillentee? Eine kleine Bauchmassage? Eine kleine Wärmflasche? Die homöopathischen Tropfen? Herumgetragen werden? (Wie, von wem, in welcher Position?) Ein warmer Wickel?

Nicht nur Wickeltechniken, Arten der Ernährung, Rezepte für Babypflege sollten junge Eltern lernen. Was Mütter und Väter viel notwendiger brauchen, sind Aufmerksamkeit und Sensibilität, die Einfühlung in ein kleines Menschlein, das einem anvertraut ist. Dazu muss man wirklich bereit sein, sich das zu erarbeiten, wenn man seinem Kind eine grundlegende Stabilität und die Wurzeln einer sicheren Bindung mitgeben möchte.

Zum Weiterlesen:
Bensel „**Was sagt mir mein Baby, wenn es schreit?**", Oberstebrink" • Largo: „**Babyjahre**", Piper • Liebich: „**So klappt's mit dem Familienleben**", Oberstebrink • Mahler: „**Die psychische Geburt des Menschen**", Fischer • Neumann: „**Wenn Kinder klein sind, gib ihnen Wurzeln. Wenn sie groß sind, gib ihnen Flügel**", Kösel • Neumann: „**Lass mich Wurzeln schlagen in der Welt**", Kösel

ICH ## DEMOKRATISCHES VERHALTEN

WAS BEDEUTET DEMOKRATISCHES VERHALTEN?

Es bedeutet, dass Kinder in der Familie lernen sollen, eigene Meinungen zu entwickeln, zu äußern und in Maßen mitentscheiden zu können. Demokratische Beteiligung von Kindern bedeutet, sie als Betroffene in Entscheidungsprozesse einzubeziehen. Das muss heute als alltägliche Selbstverständlichkeit eingeübt werden. Es geht also konkret darum, Kindern Zeit und Raum zur Äußerung von Bedürfnissen und Meinungen zuzugestehen und es ihnen zu ermöglichen, ihre Lebens- und Sozial-Räume aktiv mitzugestalten. Sie sollen erleben und wahrnehmen, dass sie Einfluss nehmen können. Ein wesentlicher Teil dabei ist es sie anzuregen, sich sowohl zu theoretischen Dingen als auch zu ihren persönlichen Belangen eine eigene Meinung zu bilden und dazu zu stehen.

Warum es wichtig ist, diese Kompetenz bei Kindern zu fördern

Die Fähigkeit, sich an der gemeinsamen Lebensführung zu beteiligen, bündelt alle Basiskompetenzen, die eine eigenverantwortliche und gemeinschaftsfähige Persönlichkeit auszeichnen. Es ist wichtig, um von klein an mündige, selbstbestimmte, autonome Menschen zu erziehen, um schon früh ein demokratisches Grundverständnis zu entwickeln, das letztlich die Basis einer Demokratie darstellt.

Durch Kinderbeteiligung am Familienalltag entsteht auch eine Mitverantwortung. Schon Kindergartenkindern können eigene Verantwortungsbereiche übertragen werden.

Wie Sie demokratisches Verhalten in der Familie fördern können

Zunächst dadurch, dass Eltern sich um einen demokratischen Erziehungsstil bemühen. Sogenanntes **autoritäres Verhalten sollte man vermeiden und einen respektvollen Umgang miteinander pflegen.** Wichtig ist dabei, zu erkennen, dass Eltern und Kinder nicht gleich sind. Sie können nicht die Freundin ihres 5-Jährigen sein. Er braucht eine Mama, einen Papa. Eltern sind immer überlegen. Es geht nicht um Gleichheit oder völlige Gleichberechtigung, sondern um die gleiche Würde.

Das bedeutet zum Beispiel:
- Entscheidungen zu diskutieren, also Macht transparent zu machen
- Keine ständigen Befehle und Kommandos zu geben

- Körperliche Züchtigung jeder Art zu unterlassen
- Strafen – wenn überhaupt – stets als abgesprochene, nachvollziehbare Konsequenz des Verhaltens auszuführen
- Liebevollen, freundlichen Umgangston
- Harsches, kühles, Angst machendes Klima, Zynismus, Ironie zu vermeiden
- Knappe, klare, freundliche Grenzen zu setzen
- Das Wort „Bitte" und Entschuldigungen nicht zu vergessen.
- Ich-Botschaften, statt Du-Botschaften zu senden („*Ich halte das nicht aus, es macht mich ärgerlich*" statt: „*Du bist böse, ungeschickt, dumm*")
- Kinder nicht zu beschämen und abzuwerten. Auch Kinder haben das Recht, ihr Gesicht stets wahren zu dürfen.

Sprechen Sie mit Ihren Kindern über „Macht". Immer wieder einmal. In den meisten Auseinandersetzungen, die Eltern mit ihren Kindern haben, geht es letztlich um Macht. Fragen Sie eventuell: „*Wer ist bei uns der Bestimmer, wer ist in unserer Familie der Chef?*", „*Ist das unangenehm für dich?*", „*Bestimme ich zu viel?*", „*Was möchtest, könntest du mal bestimmen?*"

Was können kleine Kinder (zwischen 3 und 8 Jahren) **bestimmen?** Das verlangt immer einen **Balanceakt** zwischen Überforderung und Unterforderung und der Möglichkeit der Kleinen, Verantwortung dafür zu übernehmen.
Einige Ideen was Kinder entscheiden könnten:
- ob sie baden oder duschen möchten
- was sie anziehen möchten
- teilweise oder gelegentlich, was sie essen möchten
- teilweise, wie es in ihrem Zimmer aussehen soll
- welche Freunde sie sich aussuchen
- mit was sie sich beschäftigen möchten
- und Ähnliches

Man kann als Eltern von klein auf **nach Wünschen fragen**. Bei kleinen Kindern empfiehlt es sich, zwischen zwei Dingen wählen zu lassen: „*Möchtest du den Schlafanzug oder das Nachthemd mit dem Bärchen?*", „*Soll ich heute abend für dich einen Grießbrei kochen, oder möchtest du lieber ein Brot und ein Ei zum Eintunken?*"

„*Was möchtest du essen?*" überfordert 3-Jährige eventuell. Außerdem: Wenn Sie Ihrem Kind zwei Alternativen anbieten, geben Sie Ihre Vorstellungen dabei nicht ganz auf.

Wichtig: Bieten Sie ihm nicht die Wahl zwischen „*Ja*" und „*Nein*" an (zum Beispiel: Schlafanzug oder nicht?), sondern immer die Wahl zwischen zwei „*Jas*" (zum Beispiel: Schlafanzug oder Nachthemd).

Demokratische Beteiligung verlangt natürlich **Verbindlichkeit**. Das bedeutet: Wenn Entscheidungen (beispielsweise „*Was planen wir zum Wochenende?*") mit den Kindern getroffen sind, ist es wichtig, sich auch daran zu halten. Das Interesse bei Kindern mitzuentscheiden, schwindet nämlich in dem Maße, in dem die Diskussionen folgenlos bleiben, weil die gemeinsamen Entscheidungen nicht in die Tat umgesetzt werden.

Weiter wichtig ist natürlich, Kinder früh zu lehren, dass **jeder Mensch eine eigene Meinung** und eigene Ansichten zu verschiedenen Gegebenheiten haben kann und dass es in Ordnung ist, diese zu äußern. Schon Vorschulkinder können in der Familie erleben, dass Themen diskutiert, dass Meinungen ausgetauscht werden. Auch lernen sie dabei, dass versucht wird, den anderen zu überzeugen – und wie das geschieht. Kinder realisieren auch, dass kontroverse Meinungen stehen gelassen werden können. Das 5-Jährige kann durchaus erleben, dass die Mami lieber ans Meer fahren würde und der Papa ins Gebirge. Es lernt an der Art, wie wir uns darüber auseinandersetzen, wie Kompromisse ausgehandelt werden können. Es lernt durch **unser Vorbild** eine Streit- oder gar **Konfliktlösungskultur**.

Ein nächster Schritt ist, **auch Vorschulkinder nach ihrer Meinung, ihren Ideen zu theoretischen Themen zu fragen**. „*Hör mal, was heute in der Zeitung steht ...*" Fragen Sie ruhig ihren 5-Jährigen mal, was er davon hält, dass wir den Müll trennen, es ein Tempolimit auf den Straßen gibt oder dass Fußballspieler so viel verdienen. Diskutieren Sie mit ihrer Tochter, was sie dazu sagt, dass Kinder nicht zu viel fernsehen sollen, dass alle Kinder in die Schule gehen müssen usw. Wenn man das mit Kindergartenkindern übt, kann man erstaunliche Erfahrungen machen, zu welchen theoretischen Gedanken Vorschulkinder fähig sind.

Erklären Sie Kindern ruhig auch bereits im Vorschulalter die Grundlagen einer demokratischen Struktur. Das bedeutet: freie und geheime Wahlen des Bundestages und des Kanzlers, ein Parteien-System, ein unabhängiges Rechtssystem, eine freie Presse etc. Zu Wahlen zum Beispiel kann man Kinder auch mitnehmen und ihnen zeigen, wie das vor sich geht. Man erklärt dann sinnvollerweise auch, dass man sich informieren muss, um wählen zu können: Zeitung lesen, Nachrichten hören etc. Fragen Sie Ihr Kind auch hierzu zu seiner Meinung und was es von all dem hält.

Wichtig ist hier, dass Sie **alle Gedanken und Vorstellungen,** die Ihr Kind formuliert, **wertschätzen** und nicht pauschal abwerten – auch wenn sie Ihnen objektiv als Unsinn erscheinen. *„So ein Quatsch, was du dir da wieder ausdenkst ..."* führt dazu, dass Ihr Kind nichts mehr beiträgt. Sagen Sie lieber *„Sehr interessant, Jan.", „Glaubst du, dass ...?", „Aha, vielleicht wäre das ja wirklich eine gute Idee."*

Ein gutes Modell ist, wenn Sie sich selbst als Elternteil in der Schule oder im Kindergarten, beispielsweise im Elternbeirat, engagieren, wenn Sie im Gemeinde- oder Kirchengemeinderat mitarbeiten. Ihr Kind lernt so, dass man bei seinen eigenen Belangen auch mitentscheiden und etwas darauf Einfluss nehmen kann – wenn vielleicht auch nur wenig.

Zum Weiterlesen:
Gordon: **„Familienkonferenz",** Heyne • Gordon: **„Die neue Familienkonferenz",** Heyne • Liebich: **„Mit Kindern richtig reden",** Herder • Liebich: **„So klappt's mit dem Familienleben",** Oberstebrink

KO
Denkfähigkeit, Intelligenzentwicklung

Was bedeuten Denkfähigkeit und Intelligenzentwicklung?

Unter Intelligenz versteht man die Fähigkeit zu denken, wichtige Aspekte einer Situation schnell zu erfassen. Auch kreative Problemlösungsfähigkeit und sich dadurch mit den Anforderungen der Umwelt erfolgreich auseinandersetzen zu können, gehört dazu (Lateinisch: intelligentia = Einsicht, Erkenntnis, Denkvermögen). In der pädagogischen Psychologie wird seit langem diskutiert, inwieweit Intelligenz und Denkvermögen anlage- oder umweltbedingt ist. Man weiß heute, dass sich alle genetischen Anlagen nur durch förderliche Umweltbedingungen entwickeln. Und das ist wichtig, damit auch genetisch weniger stark entwickelte Bereiche durch intensive Förderung wachsen können (siehe zum Beispiel Gerald Hüther, 2).

Warum es wichtig ist, diese Kompetenz bei Kindern zu fördern

Alle Eltern wollen intelligente Kinder. Immer zahlreichere Ergebnisse aus der Hirnforschung bestätigen die Möglichkeit und damit die Notwendigkeit, die Entwicklung unseres Gehirns lebenslang, aber besonders in der frühen Kindheit aktiv zu stimulieren. Bereits im Mutterleib und sofort nach der Geburt entwickeln sich aus einer angelegten Grundstruktur Verbindungen (Synapsen) der Nervenzellen im Gehirn. Diese ermöglichen erste Wahrnehmungsprozesse. Das geschieht durch alle Anregungen aus der Umwelt, durch Aktivitäten und Sinneswahrnehmungen. Sie werden von Beginn an alle abgespeichert. Besonders intensiv auf die Ausbildung weiterer Synapsen wirken Reize, die durch Interaktionen mit den nächsten Bezugspersonen entstehen.

Die Hirnforschung geht weiterhin von sogenannten Entwicklungsfenstern oder sensiblen Phasen für bestimmte Gehirnentwicklungsbereiche aus. In diesem jeweiligen Zeitraum ist das Gehirn besonders empfänglich für Entwicklungsanregungen des entsprechenden Bereichs. Zum Beispiel liegt die sensible Phase für Sprachentwicklung zwischen dem 8. Monat und dem 4. Lebensjahr. Zwischen dem 2. und 3. Lebensjahr findet ein prä-logisches, hauptsächlich anschauliches Denken statt. Man be-greift Vorgänge, die man anfassen und sehen kann. Dazu kommen ein grundlegender Egozentrismus und anthropomorphisches Denken (die Vermenschlichung von Dingen: Die Puppe hat Ohrenschmerzen. Der Tisch ist böse, weil ich mir daran weh getan habe usw.). Ab etwa dem 6. Jahr entsteht der sogenannte „naive Realismus". Erste abstrakte Denkformen werden möglich. Erst ab dem 10. bis 12. Lebensjahr ist wirklich generalisierendes, abstraktes Denken möglich. Erst jetzt versteht ein Kind zum Beispiel differenzierte Rechtschreibregeln.

Wichtig zu wissen ist, dass man **Denkfähigkeit** also **ab der Geburt durch Sinnesreize und Anregungen** aller Art **fördern und entwickeln** kann (siehe auch Sinnlichkeit). Das Gehirn lernt ständig und verändert sich im Detail jeden

Tag. Es kann nicht anders als lernen. Jeden Tag kommt Neues dazu, entstehen andere Verbindungen und Verknüpfungen der Synapsen. Deswegen sind früheste Anregungen von großer Bedeutung.

Wie Sie Denkfähigkeit und Intelligenzentwicklung in der Familie fördern können

Aus welchen Teilen setzt sich die Fähigkeit zu denken zusammen?

- Die wesentliche Grundlage, um „denken zu lernen", ist **eine möglichst ausdifferenzierte Wahrnehmungsfähigkeit.** Die Genauigkeit der Wahrnehmung entscheidet mitunter über die Qualität des rationalen Denkens (Gerd Schäfer, in 3): *„Man könnte sagen, Denken beginnt mit der Frage: Was nehme ich überhaupt wahr?"*
- Daneben hat wahrscheinlich die **Sprachentwicklung** die größte Bedeutung für Denkfähigkeit. Erst durch den Prozess, in dem ein Kind lernt, dass es für Gegenstände, Gefühle und Handlungen abstrakte Symbole/Begriffe gibt, entstehen im Gehirn erste Denkvorgänge. Erst mit Worten ist man also in der Lage, abstrakte Gedanken zu denken.

Witzige Beispiele, die die Koppelung von Denkentwicklung und Sprachentwicklung zeigten, konnte man früher in der TV-Sendung „Dingsda" mit Fritz Egner sehen. Kinder erklärten und umschrieben Wörter, die Erwachsene (Prominente) dann raten sollten.

Neben der Wahrnehmung und der Sprache gehört zur Denkfähigkeit ganz entscheidend das **Gedächtnis.** Das weiß jeder, der versucht hat, sich Vokabeln und Grammatikregeln einer Fremdsprache zu merken. Eltern sollten daher unbedingt viel vorlesen und Geschichten erzählen. Das fördert Gedächtnis, Sprach- und Denkvermögen. Es gibt eine ganze Reihe an Möglichkeiten, das Gedächtnis in jedem Alter zu trainieren.

Selbst geschaffene Bilder im Kopf, die mit verschiedenen Begriffen und Situationen verknüpft werden, erleichtern ebenfalls das Merken. Beim Lesen oder Geschichten Hören entstehen beispielsweise solche Bilder wie ein Film im Kopf. Deswegen kann man sich Geschichten aus Büchern meist besser merken als Filme, die vorgefertigte Bilder liefern.

Ein weiterer sehr wesentlicher Teil von Denkfähigkeit sind **Kreativität und Phantasie**. Zum Beispiel zur Lösung von Problemen, zur Ideensammlung, zur Schöpfung eigener Gedanken etc.

> ### PARALLELENTWICKLUNG VON LOGIK UND SPRACHE
>
> Frage: „Was ist ein Sonnenhut?"
> Das 2-jährige Kind – wenn es sprachlich schon weit ist – sagt: „Der ist böse und kratzt, und ich mag den nicht haben."
> Das 3-Jährige sagt: „Meine Tante Lisa hat einen ganz schönen, mit Blumen und so." – und fasst sich dabei an den Kopf.
> Das 4-Jährige sagt: „Ich hab den immer, wenn die Sonne da ist, weil ich sonst Kopfweh bekomme und spucken muss – aber bei uns scheint nicht oft die Sonne."
> Das 5-Jährige sagt: „Es ist was zum Anziehen, das man braucht, wenn die Sonne stark scheint, damit man Schatten bekommt."
> Das 6-Jährige sagt: „Es ist eine Kopfbedeckung, die man bei starker Sonne aufsetzt, damit man keinen Sonnenbrand bekommt.."
> Hier kann man sehen, wie sich parallel zur Logikentwicklung die Sprache ausdifferenziert.

Wie das Gehirn lernt – und was es daher zur Förderung braucht

Im Allgemeinen braucht das Gehirn mindestens eine **Wiederholung,** die kurz nach dem ersten Mal Hören oder Sehen den Inhalt im Gehirn fixiert. Das gilt für neue Wörter oder neue Abläufe. Kinder lieben Wiederholungen. Wie viele Male hören sie die gleichen Kassetten, dieselben Geschichten? Sie hören sie so oft, bis sich die Worte, die Gedanken, die Formulierungen und die gesamte Geschichte wirklich im Gehirn „eingespurt" haben. Prof. M. Spitzer, der bekannte Neurophysiologe, verwendet hierzu das Bild der Spuren im Schnee (in 4): Eine einmalige Spur, die im Hirn durch die Synapsen-Verbindungen zwischen den Nervenzellen gelegt wird, „verweht im Wind, wird mit Neuschnee wieder bedeckt". Aber wenn man oft und oft dieselbe Spur von A nach B läuft, also wiederholt, gräbt sich ein richtiger kleiner Weg ein, der tatsächlich auch bleibt. Genauso entsteht festes, abrufbares Wissen im Gehirn durch Wiederholungen. Ein weiteres sehr interessantes Forschungsergebnis aus England zeigt, was die größte Bedeutung zur Gehirnentwicklung im Babyalter bis zu 2 Jahren hat. Es sind nicht die kognitiven Fähigkeiten der Mutter, nicht die soziale Situation der Familie, nicht die sprachlichen Kompetenzen der Eltern, sondern **das Einfühlungsvermögen der engsten Bezugsperson** zum Kleinkind. Also, wie stimmig Mütter und Väter die Bedürfnisse des Kindes wahrnehmen und interpretieren können.

Ihr Kind macht täglich sein eignes Kompetenztraining, wenn Sie es lassen. Was alle Eltern kennen, ist zum Beispiel das Baby-Spiel *„Ich lasse etwas fallen, und du, Mami, hebst es auf"*. Das Kind lernt und wiederholt es oft und oft und oft mit verschiedenen Gegenständen. Mit dem Teddy, den hört man beim Fallen kaum. Mit der Klapper, die scheppert auf dem Parkett. Mit der Brezel, die macht ein dumpfes Geräusch. Es wiederholt immer und immer wieder und legt so die „Spur" im Gehirn. Ein Wissen, das sein Leben lang abrufbar sein wird. Das Kind lernt, neben den unterschiedlichen Reaktionen der Mutter, dass sich Dinge unterschiedlich anfühlen, senkrecht fallen, nicht schräg, nicht waagerecht und nicht nach oben. Es erfährt, dass Gegenstände unterschiedlich schwer sind, unterschiedlich schnell fallen. Das ist der erste Physikunterricht im Leben.

Das Gehirn ist dabei zu sehr komplexen Prozessen in der Lage. Sie entwickeln sich in den ersten Monaten:
- Es leitet aus Beispielen Regeln ab.
- Es lernt schnell, Unwichtiges wegzulassen und sich Wichtiges zu merken
- Es kann Vordergründiges von Hintergründigem in der Wahrnehmung unterscheiden. Das ist ein sehr bedeutsamer Prozess.

Wenn Wissen nicht mit anderen Wissensgebieten und Erfahrungen verknüpft wird, liegt es später brach und wird vom Gehirn wieder gelöscht. Das bedeutet, dass man neu Gelerntes nicht nur wiederholen, sondern auch in anderen Zusammenhängen, aus anderen Perspektiven betrachten sollte. Eltern können ihrem Kind zum Beispiel eine lebendige Katze zeigen und die Katze als Lernobjekt nutzen – zum Beispiel kann man:

- die Besitzer fragen, ob man sie streicheln darf
- dem Kind beibringen, dass die Miezekatze „*Miau*" macht
- das Kind darauf aufmerksam machen, wenn die Katze „*Miau*" macht
- verschiedene Katzen in einem Bilderbuch anschauen
- beschreiben, wie Katzen aussehen
- erzählen, mit wem oder mit was sie spielen
- Katze spielen
- ein Katzen-Fingerspiel oder ein Gedicht dazu mit dem Kind üben

Auf diese Weise gräbt sich die Spur im Gehirn ein. Mit größeren Kindern sollte diese Art der Vernetzung natürlich noch differenzierter und weitreichender sein: Welche Arten von Katzen gibt es? Was können Katzen alles? In welchen Ländern gibt es welche Katzen? Welche Sinnesorgane sind bei Katzen besonders ausgeprägt? usw.

Ein weiteres interessantes, eindeutiges Forschungsergebnis (Spitzer in 4): **Die Vielfältigkeit der vor der Schulzeit gemachten Erfahrungen steigert die Intelligenz und allgemeine Lernfähigkeit.** Untersuchungen beweisen eindeutig: Je länger ein Kind im Kindergarten war, also ein oder vier Jahre, umso bessere Ergebnisse erzielt es mit fünfzehn in der Schule. Das bedeutet, dass die Anzahl der zusätzlich zu den von zu Hause gemachten Anregungen, die dadurch erworbenen Sozial- und Wissenskompetenzen sich intensivst auf die spätere abstrakte Denkleistung auswirken.

„Last, but not least" können Eltern ihr **Kind von 2 bis 9 Jahren altersentsprechend immer wieder auffordern, selbst nachzudenken, zu überlegen.** Nehmen Sie sich bewusst vor, Ihrem Kind nicht alle Lösungen vorzugeben. Fragen Sie es entsprechend der Situation:

- *„Was denkst du, wie könnte das funktionieren?"*
- *„Was meinst du, auf welche Art könnten wir es versuchen?"*
- *„Was, glaubst du, wäre hier eine Lösung?"*
- *„Wie könnte man diese Schwierigkeit angehen?"*
- *„Was fällt dir dazu alles ein?"*
- *„Hast du eine Idee, wie wir das schaffen könnten?"*
- *„Mach mal einen Vorschlag, wie du es machen würdest."*

Das Entscheidende im Erziehungsalltag für Eltern ist, viele, **viele sinnliche Anreize** zu bieten. Was immer Ihr Kind erforschen möchte, können Sie im

Rahmen Ihrer Toleranz **zulassen.** Lassen Sie es **selbst untersuchen, auseinandernehmen, arbeiten, werkeln, schieben, beklopfen, räumen, sortieren, schleppen, werfen, wischeln, manschen, fummeln.** Ihr Kind ist selbst sein bester Gehirntrainer – wenn Sie es lassen.

Einer der zentralen Bereiche zur Förderung von Intelligenz und Denkvermögen ist die Musik in allen Varianten. Singen, Instrumente spielen, tanzen, bewusst hören – alles ist geeignet, um die Gehirnentwicklung, die Lernfähigkeit zu fördern. Bitte versäumen Sie nicht, diesen Bereich zu fördern.

Kinderbücher und Spiele ab dem Vorschulalter, die die Intelligenzentwicklung unterstützen:

Schach, Mühle, Dame, Back-Gammon, Solitär, viele Kartenspiele • Raab: „**Mein dicker Spiel- und Spaßblock**", Cornelsen • „**Mein nie wieder Langeweile-Block**", Weltbild „**Bären-Rätsel und Zwergen-Puzzle**", Weltbild • Zauberfolien-Block „**Logisches Denken**", Ars Edition • „**Mein Sudoku Magnetbuch**", für Einsteiger, Weltbild, ab 6 J.

EM EMOTIONALE KOMPETENZ

WAS BEDEUTET EMOTIONALE KOMPETENZ?

Es bedeutet die Entwicklung von Emotionen und Gefühlen, deren Wahrnehmung und angemessener Ausdruck. Emotionen (Lateinisch: emovere = sich herausbewegen, auf- und emporwühlen) sind tiefe Prozesse im Menschen, die sich auf Körper, Psyche und Verhalten auswirken. Die Worte „Gefühl" und „Emotion" werden in der Fachliteratur unterschiedlich verwendet. Man beschreibt, dass ein Gefühl zur Emotion wird, wenn es bewusst wahrgenommen und verarbeitet wird (nach Wiedebusch und Petermann).

Emotionale Schlüsselfertigkeiten bei Kindern sind:
- Sich seiner eigenen Gefühle bewusst sein und diese mimisch und sprachlich angemessen und stimmig ausdrücken können
- Verschiedene Gefühle voneinander unterscheiden können
- Auch mit negativen Gefühlen umgehen und deren Ausdruck kontrollieren können

- Die Gefühlsausdrücke anderer wahrnehmen, interpretieren, nachvollziehen und sich in sie hineinversetzen können (siehe Empathie)

WARUM ES WICHTIG IST, DIESE KOMPETENZ BEI KINDERN ZU FÖRDERN

Emotionale Kompetenz ist eine wichtige Grundlage im Umgang mit uns selbst und im Zusammenleben mit anderen.
Gefühle beeinflussen die kognitive und die emotionale Entwicklung. Alle Interaktionen mit anderen Menschen sind daher von großer Bedeutung. Sie sind die Basis für Bindungsfähigkeit, Ausdauer, Konzentrationsfähigkeit, Leistungsbereitschaft und Neugier. Das alles sind Kompetenzen, die für das ganze Leben unumgänglich sind. Weiter haben Emotionen sowohl eine das Leben schützende und angenehm machende, als auch das Leben erschwerende Funktion. Daher ist ein situationsangemessenes Erleben und entsprechendes Zeigen der Gefühle nach außen sehr wichtig. Der kompetente Umgang mit negativen Empfindungen ist auch ein wesentlicher Faktor im Bereich der Gewalt- und Suchtprävention.

WIE SIE EMOTIONALE KOMPETENZ IN DER FAMILIE FÖRDERN KÖNNEN

Die **vier Aspekte** der emotionalen Erziehung sind die **Sensibilisierung** für Emotionen, deren **Differenzierung**, ihre **Stabilisierung** und die **Kontrolle**. **Grundlage** für eine positive Entwicklung emotionaler Kompetenz ist eine **sichere Bindung** des Kindes zu seinen Bezugspersonen.
Vor allem ist es sehr wichtig, die Gefühle von Kindern überhaupt deutlich wahr- und unbedingt ernst zu nehmen. Das ist nicht immer einfach.
Trotzdem sollten Sie als Eltern die Emotionen Ihrer Kinder – auch wenn sie als heftig und vielleicht störend empfunden werden – als normale Reaktionen betrachten und sie nicht als schlimm, lästig, dumm oder überflüssig abtun. Auch sie abzuwerten oder unterbinden zu wollen, ist nicht sinnvoll. Vermeiden Sie auf jeden Fall solche oder ähnliche Sätze: *„Hör sofort auf, so wütend zu sein!"* oder *„Wie kann man sich denn darüber bloß so ärgern."* oder *„Also, so traurig ist das ja jetzt auch nicht."* oder *„Ich möchte nicht, dass Du so wütend wirst und*

dich so benimmst!" oder „Da darfst Du dich jetzt nicht ärgern. Das muss jetzt so sein.", „Da braucht man doch keine Angst zu haben.", „Du brauchst überhaupt nicht neidisch zu sein.", „Du freust dich wohl auch noch darüber, dass ...", „Jetzt sei nicht traurig.", „Das braucht einen doch nicht zu kränken.", „Ich will nicht, dass du diese Zicke so gern magst.", „Es gibt überhaupt keinen Grund, jetzt hier zu heulen!" Oh doch, es gibt einen! Über Gefühle lässt sich nämlich nicht streiten, sie sind bei jedem Menschen real da. Nehmen Sie Ihr Kind in den Arm und fragen nach: „Erzähl mir: Was ist los, mein Schatz?"

Wenn es sich wieder beruhigt hat, können Sie ihm sagen, wie das für Sie ist, wenn es so herumtobt: „Weißt du, es ärgert mich, es nervt mich, es ist mir peinlich, wenn du ..." usw.

Eine andere Ungeschicklichkeit, die uns Erwachsenen auch immer wieder passiert, ist, dass wir – wenn uns dieses wütende „kleine Bündel" gegenübersteht und die Mama mit Schimpfworten bombardiert – über den Inhalt und nicht über die dahinterstehenden Gefühle sprechen.

Drei Beispiel-Situationen
- „Blöde, böse Kuh, Mama! Ich will nicht!"
- Ihr Kind donnert absichtlich die volle Tasse auf den Steinboden. Sie zerbricht, der Kakao fließt unter die Schubladen der Einbauküche.
- „Scheiß-Aufräumen! Böse Mama! Scheiß-Wasserfarben!"

Natürlich sind jetzt in allen drei Fällen Grenzen nötig.
- **Reaktion zu Beispiel 1 (**„*Blöde Kuh*"**):** „*Mein Lieber, so geht's nicht!*" oder „*Das will ich nicht!*" Kurz, knapp, ernst. Aber dann versuchen Sie, ihn das Gefühl benennen zu lassen und nicht über den Inhalt zu sprechen. Also nicht: „*Ich bin keine blöde Kuh, Julian! Kühe sind dumm und dreckig. Wehe, du sagst das nochmal zu mir!*" Sondern eher: „*Ich versteh, dass du stocksauer bist. Aber so reden wir nicht miteinander. Sag mir, wenn du dich über mich ärgerst. Hast du mich verstanden? Lass uns überlegen ...*"
- **Reaktion zu Beispiel 2 (Kakao-Tasse):** „*Das geht wirklich nicht, Lisa! Was ärgert dich so? Sag, wenn du wütend bist, aber das geht nicht! Hilf mir bitte jetzt, das aufzuwischen!*" (Strenge, eindeutige Stimme, nah an ihr dran im Kontakt, auf Augenhöhe, evtl. ohne weh zu tun am Arm fassen.) „*Deinen Ärger kannst du in den Boden stampfen, die Tasse herunterdonnern geht nicht!*"

- **Reaktion zu Beispiel 3 („*Scheiß-Aufräumen*"):** „*Aufräumen nervt. Das verstehe ich. Trotzdem können die Farben hier nicht bleiben, auch wenn du wütend auf mich bist.*"

Gefühle hat jeder Mensch. Sie sind begründet und für den, der sie hat, Realität. Sie sind nicht gut oder schlecht. Nehmen Sie die Gefühle Ihres Kindes ernst. **Versuchen Sie nicht, ihm seine Empfindungen auszureden oder gar zu verbieten.**
Ungünstig ist es auch, seinem Kind Gefühle zu empfehlen oder einzureden. Sie lassen sich nicht verordnen. Verzichten Sie also grundsätzlich auch auf solche oder ähnliche Sätze:
„*Jetzt freu dich doch mal.*", „*Jetzt musst du dich aber schämen.*", „*Hier muss man wirklich sehr vorsichtig sein. Das ist sehr gefährlich.*", „*Sei immer kritisch und skeptisch. Vertraue niemandem.*", „*Man muss seinen Bruder doch liebhaben.*", „*Da würde ich mir wirklich langsam Sorgen machen an deiner Stelle.*", „*Jetzt könntest du aber endlich zufrieden sein.*"
Je sensibler Sie als Vater und Mutter mit ihren eigenen Emotionen umgehen – in der Wahrnehmung und im Ausdruck – umso hilfreicher ist es! Versuchen Sie, Ihre eigenen Gefühle auch auszudrücken. **Sprechen Sie in Ich-Botschaften. Formulieren Sie Ihre eigene Befindlichkeit.** So können Ihre Kinder das von Ihnen übernehmen (siehe Modell-Lernen).

Vier Aspekte der Emotionalen Erziehung
- **Sensibilisierung für Gefühle**
  Damit ist eine Steigerung der Wahrnehmung und Empfindung der Gefühle, bei sich und bei anderen Menschen gemeint. Wir Erwachsenen vermeiden es im Alltag meist, in Kontakt mit unseren eigenen Empfindungen zu treten. Wenn Sie Ihr Kind für Gefühle sensibilisieren wollen, können Sie es fragen, was sein Gefühl zu einer bestimmten Situation ist: „*Wie ist das jetzt für dich?*", „*Wie geht's dir damit?*", „*Was macht das bei/in dir, wenn ...?*", „*Wie empfindest du denn das, wenn ...?*", „*Wie fühlst du dich dabei?*", „*Kannst du spüren, was da passiert?*" etc.
- **Schulung des Einfühlungsvermögens**
  Versuchen Sie, Ihr Kind in realen Situationen immer wieder darauf hinzuweisen und es selbst sagen zu lassen, was ein anderes Kind jetzt wohl empfindet.

Zum Beispiel: Bei einem Streit im Kinderzimmer; wenn sich ein Kind auf dem Spielplatz verletzt hat; wenn ein Kind von seinen Eltern geschimpft wird; wenn es bei Größeren nicht mitspielen darf. Das alles sind gute Gelegenheiten, über Emotionen zu sprechen. Wenn ein anderes Kind zum Beispiel ein kleines Geschenk bekommen hat, können Sie sagen: *„Oh, jetzt ist der Hannes aber stolz und freut sich, dass die Großen ihn mitnehmen und der Jonas ihm auch noch sein Überraschungsei geschenkt hat."* Das geht bereits mit 3-Jährigen. Genauso kann man auch darüber nachdenken, wie das Verhalten und Empfinden der Figuren in Bilderbüchern, Medien etc. wohl ist: *„Was glaubst du, wie geht's dem kleinen Bären da jetzt?"* Besonders nachhaltig lernen Kinder Empathie auch **in Rollenspielen,** wenn sie praktisch erleben und selbst spüren, wie sich eine Mama oder ein großer Bruder fühlt. Wenn Ihr Kind viel und gern Rollenspiele macht – egal ob mit Spielfiguren oder mit Freunden und Geschwistern – versäumen Sie nicht, **über die Empfindungen** in der anderen Rolle **zu sprechen.**

- **Differenzierung von Gefühlen**
Sie wird besonders durch die Fähigkeit erzielt, Gefühle in Worte zu fassen, über Abstufungen nachzudenken und diese detailliert auszudrücken. Das bedeutet für Sie als Eltern im Alltag, Ihrem Kind **ein Spektrum an Worten und Begriffen anzubieten,** mit denen sie ihre eigenen Empfindungen differenziert beschreiben können – zum Beispiel nicht nur als Wut oder Freude, nicht nur als angenehm oder unangenehm, genauer. Die deutsche Sprache bietet für jedes Gefühl eine differenzierte Vielfalt von Worten an. Für Wut beispielsweise: verärgert sein, hassen, aggressiv sein, enttäuscht sein, genervt sein, gestresst sein, ablehnend sein, unangenehm berührt sein, irritiert sein, verwirrt sein, Widerwillen empfinden, gespannt sein, sauer sein, angefressen sein (umgangssprachlich), Abscheu empfinden usw.

- **Stabilisierung und Kontrolle von Emotionalität**
Seine Gefühle zu kontrollieren, lernt man als Kind zunächst durch die **ruhige Gelassenheit,** die Mama und Papa an den Tag legen, wenn man selbst **im Trotzalter** die ersten emotionalen Ausbrüche zeigt. Es hilft Ihrem Kind nicht, diese verzweifelten Trotzausbrüche (bei denen es um Abgrenzung und Ich-Findung geht) zu bestrafen oder darüber zu schimpfen. Trotz ist nicht gleich Aggressivität. Trotz ist, den eigenen Willen zu spüren und leben zu wollen. Das ist eigentlich etwas Positives. Versuchen Sie, gelassen und verständnis-

voll zu bleiben: *"Musst du dich so ärgern, Anna ...", "Armer Sven, musst du aber schimpfen und schreien ..."* Wenn Sie selbst sehr wütend sind in der Situation, können Sie das knapp, klar und kurz mit ruhiger, ernster Stimme formulieren: *"Ich bin stocksauer, Hannah, wenn du hier wieder so laut schreist. Es ist mir unangenehm."* Nehmen Sie dann die Kleine zur Seite und verändern Sie die Situation. Sie wird weiterbrüllen. Dann können Sie sagen: *"Ja, ich versteh, dass das ärgerlich ist – aber so geht das nicht!"*

Je ehrlicher, also echter Eltern sich in diesen Trotzsituationen ihrem Kind gegenüber zeigen, umso schneller wird diese für viele Eltern mühsame Phase vorübergehen. Die Kinder lernen viel über den angemessenen Umgang mit Gefühlen in dieser Phase (meist zwischen 1½ und 3½ Jahren), aber natürlich noch nicht alles. In der Vorschulzeit gelingt es dann schon oft, bewusst Empfindungen zu beherrschen. Unter kontrolliertem Umgang mit Gefühlen versteht man, dass man diese bewusst ausdrückt. Dass es einem nicht passieren kann, einfach hemmungslos zu explodieren, oder dass man zerstörerisch oder gewalttätig wird. Das bewusste Ausdrücken der Gefühle geht entweder mehr oder weniger laut durch Worte: *"Ich bin stocksauer!"* Oder man kann seine Wut in irgendwelchen vorher besprochenen Aktionen „abarbeiten", die in der Familie toleriert werden. Zum Beispiel kann man Ärger aus dem Fenster pusten oder werfen, in der Toilette herunterspülen. Oder man haut mit einem Kochlöffel auf die Couch, macht einen „Stampftanz", malt ein „böses" Bild, zerreißt es und schmeißt es in den Müllcontainer. Man kann auch einen Brief an denjenigen schreiben, auf den man wütend ist, auf einen Box-Ball schlagen, auf ein Kissen trommeln, vielleicht bis zur Erschöpfung ...

Nochmals: **Entscheidend wichtig ist, dass Kinder erfahren, dass alle Gefühle da sein dürfen,** Platz haben und auch – in irgendeiner Form – ausgedrückt werden dürfen. Jede Familie kann sich überlegen, wie das bei ihr speziell am besten möglich ist (siehe Gewaltlosigkeit).

Entwicklung von Emotionalität

Etwa ab dem 3. Monat entwickeln sich Basisemotionen: Wut, Angst, Freude, Trauer, Ekel.

Etwa ab 18 Monaten differenzieren sich die Grundemotionen, und zwar im Kontakt mit den Bezugspersonen und in der kognitiven Entwicklung.

Etwa zum Ende des 2. Lebensjahres treten zum ersten Mal soziale Emotionen auf. Das bedeutet, dass die Kinder beginnen, sich auf Gefühle anderer zu beziehen. Sie lernen zwischen den eigenen und den Gefühlen anderer Menschen zu unterscheiden (zum Beispiel Angstreaktion auf den Ärger von Papa).

Ab ca. 2½ Jahren beginnt die Empathieentwicklung. Kinder werden damit dann zum Beispiel fähig, Mitleid zu empfinden. Voraussetzung dafür ist allerdings, dass sie bereits ein erstes Selbstkonzept entwickelt haben, um zwischen sich und dem anderen Kind zu unterscheiden.

Mit etwa 3 Jahren sind Kinder zu sogenanntem „pro-sozialem", sprich helfendem Handeln fähig (Mädchen oft mehr und früher als Jungen). In dieser Zeit ermöglicht die Sprachentwicklung es auch, die gefühlten Emotionen zu benennen. Kinder erleben hier also auch bewusst die erste Selbstwirksamkeit ihrer Äußerungen – dass beispielsweise, wenn ich als Kind sage: *„Claudia traurig ..."* der Papa zum Trösten kommt.

Mit etwa drei Jahren (manchmal auch schon ein halbes Jahr früher) sind wirkliche Gespräche über Emotionen möglich.

Mit zunehmendem Alter werden Kinder immer sicherer und sind immer häufiger in der Lage, die Gefühle anderer wahrzunehmen und zu benennen. Sie sind mehr und mehr zur emotionalen Perspektive-Übernahme fähig. Das heißt: Sie können sich in einen anderen Menschen und seine Gefühle hineinversetzen und dessen Perspektive übernehmen. Das ist eine dringende Voraussetzung für jede soziale Kompetenz und Konfliktfähigkeit. Auch sind sie jetzt fähig, ihre Gefühle weitgehend zu kontrollieren beziehungsweise den Gefühlsausdruck gegebenenfalls gezielt einzusetzen (Beispiel: *„Ich habe Angst"* – um Hilfe und Unterstützung oder Trost zu bekommen).

Elternaufgabe

Die fünf Grundemotionen:

Man unterscheidet fünf Grundemotionen, aus denen sich alle weiteren Emotionen entwickeln. Wenn Sie Spaß daran haben, können Sie eine kleine Übung dazu machen – eventuell mit Ihrem Partner oder einer Freundin.

Die fünf Grundemotionen (der Mensch wird mit ihnen geboren) sind: Angst - Wut - Trauer - Ekel/Überraschung - Liebe/Freude. Scham und Schuld entwickeln sich erst etwas später (Oerter/Montada in 26).

Überlegen Sie nun einmal – gemeinsam mit jemand Vertrautem – zu jedem dieser Gefühle einzeln jeweils im Fünf-Minuten-Gespräch (im Austausch: erst der eine, dann der andere):

- Wo überall erleben Sie Angst oder haben als Kind Angst erlebt? Wie gehen sie damit um, woher kennen Sie das Gefühl?
- Wann und wo kennen Sie Wut? Was macht Sie wütend? Wie gehen Sie damit um? Wie erlauben Sie sich, dieses Gefühl auszudrücken?
- Woher kennen Sie Trauer, Traurigkeit?
- Wo beziehungsweise bei was empfinden Sie Freude?
- Was ekelt Sie? Welche Erfahrungen haben Sie damit? Kann man Ekel überwinden?
- Was erstaunt oder überrascht Sie? Woher kennen Sie Überraschung?
- Wen oder was lieben Sie in Ihrem Leben zurzeit? Wo gibt es Liebe in Ihrem Leben?

Sie werden interessante Erfahrungen machen – zum Beispiel, dass Ihnen einzelne Gefühle sehr bekannt sind, andere momentan eher unbekannt.

> **ELTERNAUFGABE**
>
> Nehmen Sie sich vor, einmal ein paar Tage lang bewusst auf Ihre Gefühle zu achten, in Kontakt mit ihnen zu kommen. Versuchen Sie, sie in Worte zu fassen.
>
> Morgens beim Aufstehen: _____
>
> _____
>
> Am Vormittag: _____
>
> _____
>
> Mittags: _____
>
> _____
>
> Nachmittags: _____
>
> _____
>
> Abends: _____
>
> _____
>
> Wenn Sie beobachten, dass wenig positive Empfindungen da sind, sollten Sie vielleicht etwas an Ihrem Alltag verändern, um nicht krank zu werden.

Zum Weiterlesen für Kinder:
Aliki: **„Gefühle sind wie Farben"**, Belz • Enders/Wolters: **„Li Lo Le Eigensinn"**, Anrich (Ein Bilderbuch über die eigenen Sinne) • Enders/Wolters: **„Schön blöd"**, Anrich (Bilderbuch über schöne und „blöde" Gefühle) • Georg/Mai: **„Dann hau ich dich, sagte der kleine Fuchs"**, Ravensburger • Mai/Geisler: **„Vorlesegeschichten vom Freuen, Streiten und Liebhaben"**, Ravensburger • de Saint-Exupéry: **„Der kleine Prinz"** Snunit/Golomb: **„Der Seelenvogel"**, Carlsen

Zum Weiterlesen für Erwachsene:
Baum: **„Da bin ich fast geplatzt"**, Kösel • Baum: **„Ist Oma jetzt im Himmel? Vom Umgang mit Tod und Traurigkeit"**, Kösel • Biddulph: **„Das Geheimnis glücklicher Kinder"**, Heyne • Gottmann: **„Kinder brauchen emotionale Intelligenz"**, Heyne • Solter: **„Wüten, toben, traurig sein. Starke Gefühle bei Kindern"**, Kösel • Solter: **„Auch kleine Kinder haben großen Kummer"**, Kösel

Empathie, Einfühlungsvermögen, Sensibilität

EM
SO

Was bedeutet Empathie?

Empathie bedeutet Einfühlungsvermögen, was soviel heißt, wie die Fähigkeit, die Emotionen anderer Menschen nicht nur wahrzunehmen, sondern nachfühlen zu können. Zum Beispiel Mitleid zu empfinden, sich mitzufreuen. Empathie geschieht aber nicht nur auf der emotionalen Ebene, sondern auch im Kopf – indem man sich bewusst in jemand anderen hineinfühlt. Zum Beispiel seine Angst oder Unsicherheit, eventuelle Verzweiflung, Skepsis etc. wahrnimmt. Wichtig ist dabei, bei sich und seinen eigenen Gefühlen bleiben zu können, sich nicht ganz zu identifizieren. Empathie ist eine der wichtigsten Sozialkompetenzen.

Warum es wichtig ist, diese Kompetenz bei Kindern zu fördern

Ohne Empathie ist fast kein intensives Zusammenleben in einer Gemeinschaft möglich. Sie ermöglicht gutes Sozialverhalten, was wiederum wichtig ist, um Freunde zu gewinnen, in Gruppen anerkannt zu werden, Wertschätzung und Liebe zu erfahren. Empathische Kinder sind beliebt und haben weniger Schwierigkeiten in sozialen Gemeinschaften. Empathie ist unerlässlich bei allen Konfliktlösungsprozessen, sowie notwendig zum Erlernen der Perspektivenübernahme (siehe Emotionale Kompetenz).

Wie Sie Empathie in der Familie fördern können

Um Empathie entwickeln zu können, muss das **Selbstkonzept** des Kindes, seine Ich-Entwicklung, so weit sein, dass es in der Lage ist, seine eigenen Gefühle wahrzunehmen und zwischen dem eigenen „Selbst" und der Persönlichkeit anderer Menschen zu unterscheiden.

Eltern können Einfühlungsvermögen dadurch fördern, ...

- **dass sie eigene Gefühle äußern.** Sowohl auf das Kind bezogen – *„Wenn du das und das machstm Steffen, hab ich einfach Angst.", „Ich werde wirklich sauer, wenn du ...", „Ich bin so stolz, wenn du ..."* – als auch allgemein: *„Ich bin wirklich traurig und enttäuscht, dass unser Wochenendausflug nicht geklappt hat.", „Entschuldige, ich bin gerade total gestresst durch diese Situation bei mir im Büro.", „Ich bin so froh und erleichtert, dass ich ..."*
- **dass sie Kindern ihre Empfindungen spiegeln.** Dabei ist es jedoch sehr wichtig, sehr behutsam vorzugehen. Es ist sehr unangenehm, wenn man immerzu in Form von Du-Botschaften Gefühle gesagt bekommt, die man angeblich haben soll: *„Du bist sauer, das merke ich genau.", „Du hast sicher schon wieder Angst.", „Du bist doch nur eifersüchtig, dass dein Bruder ..."* Solche Sätze haben nichts mit Empathie zu tun. Sie sind eher etwas respektlos. Spiegeln Sie fragend oder im Konjunktiv oder als Ich-Botschaft – zum Beispiel so: *„Hast du ein bisschen Angst davor, mein Schatz?", „Könnte es sein, dass du dich furchtbar ärgerst?", „Ist dir das peinlich, wenn wir hier ...?", „Das hört sich an, als ob du den Onkel Klaus nicht leiden kannst.", „Ich glaube, du hättest jetzt so gern den Ball.", „Ich kann gut verstehen, dass das schwierig für dich ist, wenn deine Schwester ..."*
- **dass sie ihr Kind immer wieder dazu auffordern, sich in andere Menschen hineinzuversetzen.** Egal ob real oder in einem Film oder Bilderbuch – etwa so: *„Was glaubst du denn, wie es dem kleinen Hasen jetzt geht?", „Was denkst du denn, wie das für deinen Bruder ist, wenn du ihn immer zwickst?", „Was, glaubst du, fühlt die Oma, wenn du ihr sagst, dass du nicht gerne zu ihr kommst?"* (siehe Emotionale Kompetenz)
- **dass sie zurückhaltend und nicht empfindlich reagieren**, wenn ihr Kind ihnen gegenüber seine Emotionen äußert. Grundlegend liebt Ihr Kind Sie über alles in der Welt. Die Emotion beschreibt nur einen aktuellen Aspekt Ihrer Beziehung, über den es sich wahrscheinlich zu sprechen lohnt. Einige mögliche Beispiele:
    - *„Ich hasse dich!"* kann bedeuten: Ich hasse nicht dich, sondern (wahrscheinlich) deine Macht, meinen Willen zu brechen.

- *„Du bist gemein"* kann bedeuten: Ich bin wütend, dass du meine Bedürfnisse nicht akzeptierst.
- *„Ich hab dich so lieb!"* kann bedeuten: Ich bin so abhängig von dir und froh, dass du es nicht ausnutzt.
- *„Ich habe Angst vor dir"* kann bedeuten: Ich spüre, dass du keinen Respekt vor mir hast.
- *„Hast du mich noch lieb?"* kann bedeuten: Ich habe so Angst, deinen Ansprüchen nicht zu genügen.

Es ist wichtig, **Emotionen differenzieren zu können**. Es gibt mehr Emotionen als Angst, Wut und Freude. Vielleicht kann man versuchen, Gefühle bei sich und anderen differenziert wahrzunehmen und auszudrücken. (in K. Vollmer, 5). D. Goleman unterteilt in seinem Modell zum Beispiel verschiedene Emotionen in „Emotions-Familien":

- **Zorn:** Wut, Ärger, Verletzbarkeit, Feindseligkeit etc.
- **Trauer:** Kummer, Leid, Melancholie, Verzweiflung, Depression etc.
- **Angst:** Furcht, Nervosität, Besorgnis, Entsetzen, Schrecken etc.
- **Freude:** Glück, Vergnügen, Zufriedenheit, Stolz etc.
- **Liebe:** Freundlichkeit, Wertschätzung, Güte, Hingabe, etc.
- **Überraschung:** Verblüffung, Erstaunen, Schock, Verwunderung etc.
- **Ekel:** Verachtung, Abneigung, Geringschätzung etc.
- **Scham:** Verlegenheit, Kränkung, Bedauern, Peinlichkeit etc.

Mit das Entscheidendste bei der Förderung von Empathie ist natürlich, dass sich Mutter und Vater selbst gegenseitig um Empathie bemühen und so wieder ein **Modell** für ihr Kind geben.

Um als **Erwachsener selbst Einfühlungsfähigkeit zu lernen, muss man es zunächst wollen**. Es bedarf sich zu öffnen – für die Wahrnehmung der Aura des Anderen. Sehen Sie Ihr Kind wirklich an. Spüren Sie es. Was geht in ihm vor, was ist gerade sein Thema? Was ist seine Angst, was beschäftigt es? Ist es glücklich? Vielleicht denken Sie an den bekannten Satz des kleinen Prinzen (Antoine de Saint-Exupéry): „Man sieht nur mit dem Herzen gut." Das ist die Grundlage für Einfühlungsvermögen.

Was ist Emotionale Intelligenz?

Im Gegensatz zur emotionalen Kompetenz liegt die Herkunft des Konzepts der emotionalen Intelligenz im Bereich der Intelligenzforschung. Die Bezeichnung enthält – neben der differenzierten Fähigkeit zur Wahrnehmung, dem Umgang mit und dem Ausdruck von Gefühlen – auch den Begriff der Empathie (Einfühlungsvermögen) und die Fähigkeit, soziale Beziehungen zu entwickeln und gestalten zu können. Somit gelingt es dann auch, Krisen und Konflikte zu managen. Der EQ (der emotionale Intelligenzquotient) ist heute mindestens ebenso wichtig wie der IQ (der rein kognitive Intelligenzquotient).

Spiele, die Empathie fördern

- **Rollenspiele** mit echten Menschen oder auch kleinen Spielfiguren, Teddys, Puppen usw. Hier lernen Kinder andere Menschen praktisch in ihren formalen Rollen und in ihren Gefühlen kennen.
- Jede Form des **Theaterspiels**, bei dem man sich in verschiedene Rollen und in vorgeschriebene Emotionen hineinversetzen muss.
- Das **Ratespiel**: *„Was wäre derjenige, wenn er ... eine Blume, ein Vogel, ein Auto, eine Farbe, ein Musikinstrument etc. wäre?"* Um wen handelt es sich?
- Das **Spiel**: „Knowing me, knowing you" (Parker)

Zum Weiterlesen:
Biddulph: **„Das Geheimnis glücklicher Kinder"**, Heyne • Biddulph: **„Jungen! Wie sie glücklich heranwachsen"**, Heyne • Chapman/Cambell: **„Die fünf Sprachen der Liebe für Kinder"**, Francke • Haug-Schnabel: **„Kinder von Anfang an stark machen"**, Oberstebrink • Liebich: **„So klappt's mit dem Familienleben"**, Oberstebrink

Entspannen können, zur Ruhe finden KÖ

Was bedeutet die Fähigkeit zu entspannen?

Kinder lernen heute jeden Tag eine riesige Menge. Eine Fülle von Reizen von mehr oder weniger bekannten Personen, der Umwelt, den Medien, den Kindertages-Einrichtungen wirken auf das Kind ein.
Entspannen zu können bedeutet: Möglichkeiten zu haben, sich bewusst und aktiv zu beruhigen, in Entspannung zu kommen.

Warum es wichtig ist, diese Kompetenz bei Kindern zu fördern

Entspannen zu können, in der Lage zu sein, sich bewusst zu beruhigen, ist eine entscheidende Kompetenz, die Kinder heute sehr notwendig brauchen, um mit dem Stress, der Hektik und den großen Anforderungen des modernen Alltags umgehen zu können – und nicht erst als Erwachsener nach einem Herzinfarkt in einer Reha-Klinik zu landen. Es ist hilfreich, wenn man schon als Kind lernt, die Zeit zu „entschleunigen".
Kinder lernen, dass es nötig ist, sich für verschiedene Aufgaben körperlich und geistig anzustrengen, sich zu konzentrieren. Um nicht ärgerlich, grantig, müde und übellaunig zu werden oder bei intensiver Forderung und Anstrengung gar krank zu werden, muss man sich wissentlich entspannen können. Man braucht Möglichkeiten, die man einsetzen kann, um zur Ruhe zu finden.

Wie Sie Entspannungsfähigkeit (Stressmanagement) in der Familie fördern können

Zunächst ist entscheidend, dass **wir Erwachsenen selbst möglichst ruhig und gelassen** sind. Leise Stimme, aber kurze und klare Sätze, sanfte, weiche langsame Bewegungen, freundliche, entspannte Mimik.
Kinder entspannen sich meistens durch Körperkontakt. Von den Eltern gehalten zu werden, beruhigt: Hand halten, die Hand auflegen, streicheln, massieren, kraulen, fest im Arm halten. So können Kraft und Ruhe zurückfließen.
Zu den wichtigsten Arten der Entspannungstechniken für kleine und größere

Kinder gehören **Sportarten mit vertrauten Bezugspersonen**. Ohne Leistungs- oder Gruppendruck, ohne Zwang, nur aus Lust. Das bedeutet zum Beispiel: mit Papa Fußball spielen, mit dem großen Bruder Schlitten oder Ski fahren, mit Mama Schlittschuhlaufen oder Schwimmen üben.

Ein weiterer Aspekt ist **Langeweile**. Langeweile ab und zu tut gut und entspannt. Lassen Sie sie zu. Sie müssen Ihr Kind nicht dauernd „bespielen" und beschäftigen. Aus Langeweile kann Kreativität entstehen. Junge Menschen sollten schon als kleine Kinder gelernt haben, sich selbst aus Langeweile herauszuholen, Phantasie zu entwickeln, Ideen zu finden. Das ist ein Teil der Suchtprävention.

Weiter können Eltern selbst viele **verschiedene konkrete Entspannungstechniken** mit ihren Kindern ausprobieren und darüber sprechen.

Es ist wichtig, dass Kinder lernen, in ihren Körper hineinzuhören, zu fühlen, was der Körper braucht und was ihm gut tut.

Dadurch wird Eltern und Kindern deutlich, wie man gemeinsam lernt, sich nach einer anstrengenden Sache wieder zur Ruhe zu bringen und was neue Kraft gibt. Hier einige Beispiele:

Spazierengehen an Papas Hand oder als kleines Kind in der Rücken-Kraxe an seine Schulter gelehnt sein. Mit Mama oder Papa in der warmen Schaumbadewanne, vielleicht sogar bei Kerzenlicht entspannen. Auf dem Sofa liegend eine CD oder eine unaufregende vorgelesene Geschichte anhören, Gummibärchen lutschen, während Mami den Rücken krault. In der Hängematte mit Mama liegen, nur ihre Wärme spüren – und beide kauen schweigend einen Apfel und genießen die leichten Schaukelbewegungen. Überhaupt ist Schaukeln entspannend, ausdauernd, ruhig, mittel, hoch und gleichmäßig. Unter dem großen alten Nussbaum im Garten auf dem Rasen liegen und durch die Zweige in den Himmel gucken. Vielleicht darf man ja ausnahmsweise, obwohl man schon fünf Jahre alt ist, dabei an einer Kakao-Flasche nuckeln? Eng aneinander gekuschelt schöner Musik lauschen. Gemeinsam malen, kneten – in ruhiger Atmosphäre. Oder einfach ganz eng auf Mamas Schoß, an sie gedrückt, leicht hin und her geschaukelt werden.

Beispiel einer konkreten Entspannungsübung, die man schon mit Kindergartenkindern machen kann:

Legen Sie sich bei Entspannungsmusik mit Ihrer Lieblings-CD nebeneinander – bequem auf dem Rücken. Wandern Sie durch den Körper und entspannen

jedes einzelne Körperteil: Eine leise, warme Stimme führt durch den Körper:
"Den linken Fuß entspannen, locker lassen, schwer werden lassen ... die Wade ... die Oberschenkel ... den rechten Fuß ... die Wade ... die Oberschenkel ... alles wird schwer und warm, sinkt in den Boden wie in eine Wattewolke, dann den Po und die Hüften ... die Wirbelsäule, langsam in Gedanken hinaufklettern ... schwer und warm werden lassen ... die Brust ... die Schultern ... den Nacken ... alles wird schwer, entspannt und sinkt in den Boden ... der Hinterkopf ... die Stirn .... das Gesicht ... der Mund und der Kiefer, alles bewusst lockern ... noch eine Weile der Musik lauschen ... langsam die Augen öffnen, sich ein wenig bewegen, zurückkommen ..."
Es gibt heute zahlreiche direkte Entspannungsübungen, Yogatechniken, meditativen Tanz, Phantasiereisen, Meditationen für Kinder auf CD oder DVD. Vielleicht liebt Ihr Kind ja das besonders.

Eine Phantasiereise für Kinder (ab ca. vier Jahren)

Lassen Sie Ihr Kind es sich so bequem wie möglich machen. Es sollte liegen – wenn es möchte, in leichtem Körperkontakt mit Ihnen – und wenn möglich die Augen schließen. Lesen Sie ihm dann den Text langsam, mit weicher, warmer Stimme vor. Lassen Sie immer wieder kleine Pausen:
„Stell dir vor, du bist auf einer wunderschönen Wiese ... Mit nackten Füßen läufst du durch warmes, weiches Gras ... Etwas vor dir flattert ein wunderbarer kleiner Schmetterling. Er fliegt über die Blumen und Gräser. ‚Ach wenn ich doch auch fliegen könnte', so träumst du ... Da, auf einmal stupst dich jemand von der Seite an. Es ist eine kleine, ganz weiße, freundliche Wolke. Sie sagt mit heller Stimme: ‚Wenn du magst, kannst du es dir auf mir bequem machen. Dann fliegen wir zusammen' ... Natürlich kletterst du gleich auf die Wolke und kuschelst dich hinein. Es ist ganz weich und gemütlich und es duftet herrlich. ‚Wir starten', sagt die Wolke leise. „Mach dich ganz schwer und sinke in mich hinein, damit du sicher bist ... Achte darauf, dass deine Beine ganz schwer werden ... deine Arme ... dein Rücken ... dein Kopf.' Jetzt wird wirklich dein ganzer Körper ganz schwer und warm, sinkt tief in die Wolke ein, hält dich von unten fest. Langsam und behutsam hebt die kleine Wolke ab. Sie schwebt immer höher und höher über die schöne Sommerwiese dahin. Dein Körper fühlt sich

> angenehm und schwer an. Du lässt dir die Sonne auf den Bauch scheinen und genießt das Gefühl zu fliegen. Man fühlt sich so frei und unbeschwert da oben. Aller Ärger, alle Sorgen, alle Streits sind ganz weit unten, ganz klein. Es gibt ein kleines Loch zum Durchschauen. Es ist lustig, wie klein die Welt von hier oben aussieht. Unser Haus, unsere Straße, der Kindergarten, unsere Stadt. Schau mal genau, wen du da unten alles ganz klein siehst. Was tun sie? Siehst du dich selbst auch? Was tust DU?
> Eingekuschelt in die Wolke fliegst du weiter und weiter über Felder, Wiesen, Wälder. Was siehst du alles noch von da oben?
> Schließlich fliegt die Wolke langsam nach Hause. Sie schwebt weiter runter und immer tiefer und landet wieder zwischen all den Blumen auf der Wiese. Du fühlst dich vollkommen ausgeruht und voller Kraft. du bist ganz stark und fröhlich.
> Verabschiede dich nun von deiner Wolke. Du kannst sie dir immer wieder herzaubern.
> Wenn du möchtest, kannst du die Augen langsam wieder öffnen. Recke und strecke dich einmal – und dann setz dich wieder auf "
>
> (nach Sabine Seyffert, 25).

Zum Weiterlesen und -hören:

Bennett: **"Die Traumschaukel"** (Phantasiereisen), Herder • Erkert: **"Kinder brauchen Stille"**, Don Bosco • Gürteler/Kammerer: **"Still werden und entspannen"**, Herder Jackel: **"Ausgeglichen und entspannt – Stress bei Kindern erkennen und abbauen"**, Kösel • Kreusch: **"Jakob, Lieder aus der Stille"**, Kösel • Montessori: **"Wie Kinder zu Konzentration und Stille finden"**, Herder • Preuschoff: **"Kinder zur Stille führen. Meditative Spiel-Geschichten"**, Herder • Seyffert: **"Komm mit ins Regenbogenland"**, Kösel • Seyffert: **"Entspannte Kinder lernen besser"**, Herder • Seyer Sauke/Lochner: **"Olli Krachmacher entdeckt die Stille"**, Kaboni • Weidemann-Böker: **"Das neue Ein- und Durchschlafbuch"**, Oberstebrink

Feinmotorik, Geschicklichkeit KÖ

Was bedeutet Feinmotorik?

(Lateinisch: Motor = der „Beweger") Alle Bewegungen des Körpers sind vom Gehirn aus gesteuert. Bei der Feinmotorik geht es um die Beweglichkeit der Finger und Hände, gegebenenfalls auch um die der Fußzehen in der weiteren Koordination mit den Augen.

Warum es wichtig ist, diese Kompetenz bei Kindern zu fördern

Es gibt eine direkte physiologische Verbindung zwischen der Hand und dem Gehirn. Das wird schon sprachlich durch einige Begriffe deutlich, die sich sowohl auf die Hand als auch auf das Gehirn beziehen: etwas begreifen, etwas erfassen, etwas behalten, ... Maria Montessori sagt: *„Die Hand ist das wichtigste Organ. Die Hände sind die Werkzeuge der menschlichen Intelligenz."*
Aber auch im Alltag gibt es zahllose Beispiele, die beweisen, welche Bedeutung die Feinmotorik im Zusammenhang mit dem Gehirn und dessen Entwicklung hat. Zum Beispiel beim Klavierspielen, beim Schreibmaschine-Schreiben oder bei allen sonstigen automatisierten Bewegungen, die unsere Finger im Hundertstel-Sekunden-Wechselspiel mit dem Gehirn haben.
Förderung der Feinmotorik ist also immer auch gleichzeitig Gehirnförderung. Auch die Sprachentwicklung ist eng mit der Feinmotorik gekoppelt. Außerdem entwickeln sich andere Kompetenzen wie Selbständigkeit, Alltagsbewältigung, das Beherrschen verschiedener Kulturtechniken (Schreiben, Zeichnen, Handarbeiten etc), Selbstbewusstsein usw.

Wie Sie Feinmotorik in der Familie fördern können

Die ersten **differenzierten feinmotorischen Übungen,** die Ihr Baby macht, sind im Krabbelalter zu finden: Jetzt krabbelt es über den Teppichboden. Mit zwei kleinen spitzen Fingern, dem Daumen und dem Zeigefinger, sucht es mit dem sogenannten „Pinzettengriff" Krümel unter dem Esstisch. **Lassen Sie es gewähren.**

Im gleichen Alter, also zum Ende des 1. Lebensjahres, hantiert Ihr Kind gezielt mit kleinen Stofftieren, versucht sich an Rasseln und anderem Babyspielzeug. Ab jetzt empfiehlt es sich, die Steckdosen zu sichern. Denn ein inneres Bedürfnis treibt Kleinkinder, ihre kleinen Zeigefinger in alle möglichen sich bietenden Löchlein zu stecken.

Mit 2 Jahren sind Kinder schon recht geschickt. Es gibt sehr viel **Spielzeug, das sich eignet, schon bei Kleinkindern feinmotorische Fähigkeiten zu fördern.** Von Steckspielen aller Art, Ausnähkarten, über große Perlen mit Schnüren. Es gibt hierzu ein reichhaltiges Angebot auf dem Spielzeugmarkt.

Man kann als Eltern aber auch jede Menge „**Zeug zum Spielen**" zur Unterstützung der Feinmotorikentwicklung bereitstellen. Meist beschäftigen die Kleinen sich damit noch lieber. Kleine Dosen und Deckel zum Zusammenfinden und Auf-und-zu-Schrauben, Wäscheklammern, in die man etwas einzwicken kann, ein Brett mit 4-6 darauf geschraubten Schlössern und Schlüsseln dazu, Münzen, die in ein Sparschwein gesteckt werden sollen, Reißverschlüsse, die geschlossen und geöffnet werden sollen, Knöpfe, die auf- und zugeknöpft werden, Schnüre, aus denen Zöpfe und Kordeln gedreht und geflochten werden können. Sehr beliebt bei 2- bis 3-Jährigen ist es, mit alten CDs zu spielen, zum Beispiel sie auf einen Kochlöffel „aufzufädeln".

Ein weiteres wichtiges Fördermittel für Feinmotorik, kombiniert mit der Sprachentwicklung, sind **Fingerspiele**. „Das ist der Daumen, der schüttelt die Pflaumen, ..." Kleinkinder lieben diese Unterhaltungen. Sie bieten auch gute Ablenkungen, wenn Eltern unterwegs sind, beispielsweise im Zug oder im Wartezimmer.

Das alles sind erste Schritte auf dem Weg zu den feinmotorischen Fähigkeiten. Doch bald wird es noch komplexer. Das Schneiden lernen mit einer kleinen abgerundeten Schere zum Beispiel verlangt: **Koordination der unterschiedlichen Bewegungen** beider Hände und Finger plus der Augen. Bei einem derart komplexen Lernprozess ist es sinnvoll, schrittweise vorzugehen. Das Kind wird hier die Hilfe eines Erwachsenen brauchen.

Bei allen komplexeren Vorgängen, die nun zu lernen anstehen, ist es wichtig, **mit viel Geduld und in geeigneten kleinen Teilschritten** vorzugehen – zum Beispiel beim Erlernen von Schleifen Binden, beim Zähne Putzen, beim Schmieren eines Leberwurstbrotes usw.

Schneiden lernen in zehn Schritten

1) Untersuchen der Schere, damit auf den Tisch, auf den Stuhl und aufs Bein klopfen, daran lecken etc
2) Damit hantieren, sie in der Luft auf- und zuklappen etc.
3) Die beiden Scherengriffe in zwei Händen halten. Die Mama hält ein Blatt Papier so, dass ein erster Schnitt entsteht.
4) Sie schneiden auf diese Weise eine Reihe von Fransen in ein Blatt Papier.
5) Der Erwachsene steckt dem Kind die Schere richtig auf die Hand.
6) Das Kind übt in der Luft Schneidebewegungen mit einer Hand.
7) Der Erwachsene hält nochmals ein Papier im geeigneten Winkel so, dass Schnitte, Papierteile und Fransen entstehen – jetzt mit einer Hand geschnitten.
8) Das Kind versucht die Schnitte allein an einem auf dem Tisch liegenden Blatt. Seine andere Hand liegt auf dem Blatt.
9) Es schneidet mit einer Hand und hält das Papier in der anderen (beobachten Sie mal: eine lange Zeit bewegt sich die Zunge dazu mit).
10) Ab jetzt kann es üben, bewusst Konturen auszuschneiden

Bastelarbeiten aller Art sind natürlich wunderbare Übungen für feinmotorische Fertigkeiten. Versuchen Sie auch immer wieder, in der Familie gemeinsam zu basteln – wenigstens vor Fest- und Feiertagen. Das sind unvergessliche Erinnerungen für Ihr Kind, wobei es natürlich auch um das gemeinschaftliche Erlebnis geht.

Im Vorschulalter sollte Ihrem Kind eine Menge feinmotorischer Fertigkeiten geläufig sein.

Was jetzt geübt, ja trainiert werden kann, ist, wenn Ihr Kind das gern macht, das **Ausmalen von vorgemalten Bildern** (zum Beispiel Mandalas). **Wichtig:** Mit Kreativität und künstlerischem Gestalten hat diese Form des Malens kaum zu tun. Es ist Feinmotorik-Training und Übung für die Auge-Hand-Koordination. Auch das Hintergrundsehen wird dadurch geschult.

Elternaufgabe

Feinmotorische Entwicklung im Vorschulalter.
Ein kleiner Test: Was macht Ihr 5- bis 6-Jähriges gern und gut?

Fähgkeit	Ja	Teil-weise	Nein
• Hält Stift wie ein Erwachsener			
• Kopiert Buchstaben erkennbar			
• Schreibt seinen eigenen Vornamen deutlich			
• Schreibt die meisten Zahlen bis zehn			
• Fädelt in eine große Nadel einen Faden ein und näht große Stiche			
• Zeichnet ohne äußere Anregung differenzierte Bilder mit mehreren Einzelheiten und unterschiedlichen Motiver			
• Kann Einzelheiten detailliert zeichnerisch erkennbar darstellen			
• Legt einen Gegenstand (eine Tasse verkehrt herum, eine Schere) oder eine Schablone und zeichnet die Umrisse nach, oder paust zum Beispiel Geld durch			
• Benutzt zum Beispiel beim Bauen die Hände unabhängig voneinander			
• Kann einen Holzbohrer bedienen			
• Schlägt einen Nagel mit dem Hammer in einer Hand in die Wand			
• Gießt Flüssigkeit aus verschiedenen Behältern um			
• Trägt ein volles Glas durch den Raum, ohne etwas zu verschütten			
• Formt „erkennbare" Tiere aus Knete			
• Schneidet mit einer Schere differenzierte Details aus			
• Beherrscht alle gängigen Verschlüsse und Öffnungen an seiner Kleidung			

Weitere Übungsfelder im Vorschulalter sind zum Beispiel das Knüpfen von „Seemannsknoten", das Arbeiten mit Werkzeugen (Schrauben und Muttern). Ihr Kind baut differenzierte Bauten mit Lego® oder Fischer-Technik®, es näht differenzierter, mit kleinerer Nadel. Manche Mädchen üben mit Strickliesel oder wollen Häkeln lernen. Das alles sind feinmotorische Übungen, die gleichzeitig konstruktive, werkschaffende und kreative Fähigkeiten fördern.

Zum Weiterlesen:
Austermann/Wohlleben: „**10 kleine Krabbelfinger**", Kösel • Austermann/Wohlleben: „**Krabbelfinger werden größer**", Kösel • „**Kunterbunte Fingerspiele**", Belz • „**Papier-Basteln für kleine Hände**", Christophorus

Frustrationstoleranz

Was bedeutet Frustrationstoleranz?

Frustration ist die Bezeichnung für erlebte Enttäuschung, Versagung oder Spannung. Der Begriff Frustrationstoleranz beschreibt demnach die Fähigkeit, mit kleinen und größeren Enttäuschungen in konstruktiver oder zumindest angemessener Weise „tolerant" umgehen zu können.

Warum es wichtig ist, diese Kompetenz bei Kindern zu fördern

Jeder Mensch erlebt Enttäuschungen. Und es ist fast lebensnotwendig – für sich selbst und andere – damit selbst- und sozialverträglich umgehen zu können. In der Schule zum Beispiel wird diese Fähigkeit unumgänglich werden. Demütigungen, oder zumindest als solche empfundene Situationen, Beschämungen, schlechte Noten muss man wirklich selbstbewusst und souverän aushalten. Gut, wenn ein Kind bis dahin gelernt hat, selbstbewusst oder sogar konstruktiv auf negative Erfahrungen zu reagieren. Aber auch kleineren Kindern können Eltern schon liebevoll beibringen zum Beispiel mit umgekippten Türmen, missglückten Bastelarbeiten, verlorenen Spielen oder nicht funktionierenden Experimenten umzugehen. Mann kann Fehler nämlich nicht nur bestrafen, sondern auch nutzen, um davon zu lernen. Wenig konstruktive Reaktionen auf Frustrationen sind Aggression, Zurückfallen auf eine schon überstandene Entwicklungsstufe, Passivität oder Depressionen.

Wie Sie Frustrationstoleranz in der Familie fördern können

Das erste und grundlegendste Beispiel für Frustrationstoleranz kann man beim Kind beobachten, wenn es laufen lernt. Unaufhörlich steht es wieder auf und versucht es aufs Neue. Die erste Chance für Eltern, begeistert nicht nur die Lauf-Fortschritte zu loben, sondern auch die ausdauernden Versuche. Das Kind lernt: Es gibt Dinge, die muss man wieder und wieder üben, bis sie gelingen – und das ist gut.

Diese Kompetenz, das weiß man schließlich von sich selbst, hat viel mit dem grundlegenden Selbstwertgefühl zu tun, vor allem aber mit der allgemeinen Befindlichkeit, der Tagesverfassung. Manchmal ärgert man sich über alles, jede Kleinigkeit bringt einen aus der Fassung. Und manchmal erschüttert einen gar nichts.

Trotzdem kann man größeren Kindern beibringen und sie daran erinnern, nicht nur „cool" und akzeptierend mit Enttäuschungen umzugehen, sondern auch daraus zu lernen und Dinge, die nicht klappen, wieder und wieder zu versuchen, die Fehler zu analysieren und den Inhalt dadurch besonders intensiv im Gehirn zu verankern.

Sebastian

Sebastian will aus Holzbausteinen eine Hochgarage für seine Autos bauen. Das ist ein komplexe Sache. Immer wieder stürzt das Gebäude – wie man sich vorstellen kann, aus statischen Gründen – ein. Mama kann jetzt Schritt für Schritt helfen, ihn motivieren, ihm sagen, dass er auf dem richtigen Weg ist, fragend mit ihm das Problem analysieren: Weshalb fällt die eine Wand immer um? Muss die Grundmauer dicker oder breiter sein? Liegt es daran, dass die Holzbausteine nicht ganz gleich groß sind? Rutscht die Holzlasur zu sehr? Sollte man als Dach eventuell etwas anderes nehmen? Was könnte das sein? etc.

Eltern sollten Kinder **unterstützen, vorsichtig Hilfe geben und Ideen mit ihnen sammeln**, dabei natürlich optimistisch und freundlich bleiben. Schimpfen ist ganz verboten. Denn das Kind ist schon unglücklich genug, dass etwas nicht klappt. Schwierig ist oft, das richtige Maß des Eingreifens zu finden. Und: Alles, was die Erwachsenen zu perfekt vormachen, demotiviert eher, weiter dran zu bleiben: *„So schön kann ich es eh nicht."*

Luisa

Mama und Luisa blasen gemeinsam Ostereier aus. Jedes Mal, wenn es fast geschafft ist, Luisa mit hochrotem Gesichtchen nur noch die letzten Reste herauspusten will, zerdrückt sie vor Anstrengung die labile Eierschale, in der schon glitschig gewordenen kleinen Hand. Beim ersten Ei war es noch lustig, beim zweiten ärgert sie sich schon leicht und schimpft vor sich hin, beim dritten will sie aber weinend aufhören, „diesen Eier-Quatsch nicht mehr mitmachen." Es gibt jetzt verschiedene Möglichkeiten für die Mama zu reagieren:
- *Sie schimpft ihr Kind wegen seiner Ungeschicklichkeit aus und macht die restlichen Eier selbst.*
- *Sie tröstet die Kleine und lobt sie, dass sie es ja immerhin fast geschafft hätte, aber sie sei eben doch noch zu klein.*
- *Oder sie überlegt mit ihr, an was es liegen könnte und welche Hilfe sie, die Mama, ihr geben könnte.*

In diesem Beispiel müsste sich Luisa zuerst die Hände waschen und gut abtrocknen. Denn mit glitschigen Händen muss man die Eierschale viel zu fest drücken, um sie zu halten. Als Nächstes kann die Mama versuchen, ihr zu helfen die beiden Eierlöcher oben und unten etwas größer zu machen. Dann bläst es sich leichter, und das weiche Ei kann leichter herausfließen. Als drittes kann Mama dabei bleiben, loben, anspornen und eventuell in der letzten kritischen Phase das Ei selbst halten, während Luisa den Rest herauspustet. Es ist selbstverständlich, wie intensiv das Lob und die Begeisterung dann sein sollten.

Die Mutter kann auch bewusst ansprechen, dass sie nicht nur begeistert ist, dass ihr Kind diese schwierige Sache geschafft hat, sondern auch, dass es nicht aufgegeben hat, es immer wieder probiert hat.

Eltern können den Kindern **auch erklären,** dass es viele Dinge im Leben gibt, die man wieder und wieder versuchen muss, bis man sie kann oder geschafft hat. **Lernen kann auch mühsam sein.** *„Weißt du noch, wie du schwimmen gelernt hast oder mit Papa Rad fahren geübt hast? Weißt du noch wie schwierig es war, bis du deine Skier allein anziehen konntest? Das hat lange gedauert, und du hast es immer wieder ganz toll versucht und – auf einmal war`s geschafft."*

Ohne Ausdauer und ohne **Lernen aus Misserfolgen und Fehlerfreundlichkeit** wird man nie eine weitere Sprache lernen. Die Vokabeln müssen eben nochmals und nochmals wiederholt werden, wenn es beim Abfragen nicht klappt, und man wird nie eine wirklich komplexe Rechenaufgabe lösen, wenn man nicht immer wieder übt. Viele Aufgaben im Leben lösen sich nur durch **Versuch und Irrtum.** Wenn man da nach dem ersten Mal aufgibt, kommt man nicht weit. Auch das kann bewusst kommunizierte Erfahrung sein.

Ein anderer Aspekt dabei ist, wie man lernen kann, Frustrationen wirklich bewusst auszuhalten.

Moritz

Moritz (3½) bekommt in einem Geschäft einen Luftballon geschenkt. Begeistert spielt er damit. Nach zwei Minuten – ein lauter Knall – er hält ein kleines rotes Fetzchen in der Hand. Moritz erschrickt sehr und weint. Was können die Eltern jetzt tun? Nochmals die paar Meter zurücklaufen und fragen, ob man noch einen Ballon haben kann? Oder ihr Kind trösten, in den Arm nehmen? „Der hat aber auch laut geknallt, bist erschrocken, gell? Und der schöne Ballon ist weg. Luftballons platzen eben so leicht. Weißt du was? Jetzt versuchen wir, was man alles mit dem geplatzten Luftballon machen kann. Hast Du Ideen?" Sie können jetzt mit Moritz ausprobieren, was man alles mit dem zerplatzten Plastikgummi machen kann: Man kann ihn anspannen, versuchen Löcher hineinzubohren, das Weiterreißen beobachten. Man kann ihn um die Hand wickeln, diese zeichnet sich genau ab. Man kann nussgroße Bläschen damit machen (im Mund), diese auf einem Gegenstand reiben, Töne entstehen lassen oder sie knallend platzen lassen. Man kann ihn in die Länge ziehen, ihn klatschend zurückschnalzen lassen etc., etc.

12 Sätze, die die Frustrationstoleranz fördern

- „Ich weiß, dass du das schaffen kannst. Versuch es nochmal!"
- „Ich bin sicher, du lernst das bald. Probier es wieder."
- „Das war jetzt schon sehr gut. Mach weiter so!"
- „Versuch's noch einmal. Diesmal klappt es bestimmt!"
- „Die Aufgabe (welche auch immer) ist auch seeehr schwer. Das muss man einfach immer wieder üben (versuchen)."
- „Du darfst Fehler machen. Durch Fehler lernt man."
- „Du hast wirklich schon viel gelernt. Wenn du es noch mal versuchst, wird es bald perfekt sein."
- „Ich bewundere wirklich, mit welcher Ausdauer du übst."
- „Ich habe viel länger gebraucht, bis ich das geschafft habe."
- „Was könnte man/könnten wir besser (geschickter, sinnvoller) machen?"
- „Welche Hilfe bräuchtest du von mir, damit du es schaffen kannst?"
- „Ich bin so stolz auf dich! Das müssen wir gleich dem Papa erzählen."

Man muss nicht immer gleich nach dem Ex-und-hopp-Prinzip sofort etwas Neues bereitstellen, sondern wirklich üben, die Frustration auszuhalten und überlegen, was man mit der Enttäuschung machen kann. Begleiten Sie Ihr Kind emotional. Und versuchen Sie, die Situation zu wenden und etwas daraus zu machen. Nach dem Motto: *„Frage dich nie: Was kann ich dagegegen tun? Sondern frage dich immer: Wie kann ich die Situation nutzen?"*

Sehr wesentlich, um Frustrationstoleranz zu entwickeln, ist es, dass man **Eltern hat, die an einen glauben** und die einem dies immer wieder vermitteln. Eltern, die bei Misserfolgen Mut machen, Selbstvertrauen geben, unterstützen, Erfolge mit dem Kind feiern. Das ist die Grundregel. Ein allgemein gutes **Selbstbewusstsein, Fröhlichkeit, Ausdauer und Optimismus** gehören ebenfalls zu einer ausgeprägten Frustrationstoleranz.

Es gibt Spiele, die unter anderem speziell die Frustrationstoleranz fördern. Dazu gehören im Prinzip alle Glücksspiele und Geschicklichkeitsspiele. Das

Thema **"verlieren können"** gehört in den Bereich der Sozialkompetenzen und zur Frustrationstoleranz.
Konkrete Beispiele: Kartenhäuser bauen, Mikado, Mensch-ärgere-Dich-nicht, der Jenga-Turm etc.

Ein schönes Bilderbuch zur Thematik:
Lionni: **"Tilly und die Mauer"**, Middelhauve

KO
Gedächtnisentwicklung, Merkfähigkeit
Was bedeutet Gedächtnisentwicklung?

Das Gedächtnis hat die Fähigkeit, Sinneswahrnehmungen, Erfahrungen, Informationen und innerpsychische Vorgänge (später verbunden mit Worten und Begriffen), zu einem späteren Zeitpunkt willentlich und unwillentlich im Gehirn abrufen zu können.

Wichtig zu wissen ist dabei, dass die im Gedächtnis gespeicherten Informationen und Erfahrungen die aktuellen, neuen Erlebnisse – und damit das Verhalten – auf einer gefühlsmäßigen Ebene beeinflussen. Man erlebt etwas oder nimmt etwas wahr und verbindet damit eine Empfindung aufgrund früherer gespeicherter Erfahrungen. Manchmal handelt man auch bewusst und rational aufgrund dieser Erinnerung. Wenn man zum Beispiel von einem Hund gebissen wurde, wird man in Zukunft eventuell einen Bogen um Hunde machen oder Abneigung gegenüber den Vierbeinern empfinden.

Die Fähigkeit des Gehirns, erlebte Inhalte zu speichern, beginnt beim Neugeborenen und entwickelt sich ständig weiter, so dass beispielsweise Kindergartenkinder schon zu sehr hohen Gedächtnisleistungen fähig sind. Eine Forschergruppe aus Neuseeland hat herausgefunden, dass wir uns als Erwachsene an die frühe Kindheit genau so weit zurückerinnern können, wie wir die Situation damals sprachlich ausdrücken konnten. Das bedeutet, dass eine entsprechende Sprachentwicklung zur Gedächtnisleistung gehört.

Warum es wichtig ist,
diese Kompetenz bei Kindern zu fördern

Die Tatsache, dass das Gedächtnis Erfahrungen mit den dazugehörigen Empfindungen speichert und dadurch weiter das Verhalten beeinflusst, zeigt, dass die Entwicklung des gesamten Sozialverhaltens durch das Gedächtnis mit definiert wird.

Erst durch die Kompetenz des Sprachzentrums im Gehirn (Broca'sches Zentrum), sich Worte und abstrakte Begriffe zu merken, wird logisches und theoretisches Denken möglich.

Die gesamte Lernfähigkeit eines Menschen wird entscheidend durch seine Gedächtnisleistungen unterstützt. Menschen mit „gutem Gedächtnis" fällt es natürlich unendlich viel leichter, sich ein großes Wissensspektrum anzulegen und dieses auch abrufbar zu speichern.

Wie Sie die Gedächtnisentwicklung
in der Familie fördern können

Kinder merken sich praktische und sinnliche Erfahrungen, etwas später Bilder im Kopf, die sich anhand von Geschichten, Erklärungen theoretischem Lernstoff einstellen. Bilder schreiben sich im Gehirn fest. Die meisten Menschen können sich Bücher, die sie gelesen haben, besser merken als Verfilmungen des Stoffes. Das kommt daher, dass sich selbst geschaffene Abbildungen, die beim (Vor)Lesen im Kopf entstehen, noch besser verankern als vorgefertigte. Besonders wenn Sie **wiederholt** werden, wieder und wieder und wieder. Kinder speichern ein Abbild im Kopf, das sie sich durch sinnliche Erfahrungen und praktisches Tun zu eigen gemacht haben.

Diese praktische Denk- beziehungsweise Gedächtnisleistungs-Erfahrung machen wir alle immer und immer wieder. Der Vorgang wiederholt sich, das Gehirn generalisiert. Das heißt, der Speichervorgang ist übertragbar – auf Nachthemden, Unterhemden, Pullis, Kleider, Ähnliches. Das Gehirn speichert die Regel, das Muster – zum Beispiel: Kleidungsstücke, die den Oberkörper bekleiden, haben vier Löcher.

Durch derartige praktische Erfahrungen, auf sinnliche Weise, lernen kleine Kinder. Je älter der Mensch wird, desto mehr wird er fähig, auch ohne praktische und Sinnes-Erfahrungen Informationen aufzunehmen. Dazu müssen aber abstrakte Grundbegriffe, Worte und vor allem Bilder gespeichert sein. Erinnern Sie sich an ganz frühe Bilder aus Bilderbüchern, aus Ihrem Lieblingsbuch? Wie sah Ihr erstes Lesebuch in der Schule aus? Die meisten Menschen können sich an Kindheits-Bilder erinnern. An einzelne Bilder oft besser als an Ereignisse.

WIE VIELE LÖCHER HAT EIN T-SHIRT?

Sie überlegen? – Was geht in Ihrem Kopf vor?
1) Was für eine Art von Löchern ist gemeint? Ihre T-Shirts haben keine Löcher!
2) Dann fällt es Ihrem Wort-Gedächtnis ein: *„Vielleicht ist der Begriff ‚Öffnungen' gemeint."* Sie überlegen neu.
3) Richtig: Es sind vier.
4) Woher wissen Sie das? Das Bild eines T-Shirts erschien in Ihrem Kopf, und/oder Sie gehen in Sekundenschnelle die Erfahrung durch, dass man zunächst mit dem Kopf durch das untere große Loch (1) schlüpft, dann durch den Halsausschnitt (2), dann rechts (3) und links (4) durch die Armlöcher.
5) Gut gemacht! Ergebnis: vier Löcher.

Blättern Sie doch einmal im Kopf in den Bildern Ihrer Kindheit. Fast zu jeder Phase werden Sie erstaunlich detaillierte **„Fotos im Kopf"** finden. Schaffen auch Sie Ihren Kindern schöne Bilder, die sie mit sinnlichen, emotionalen Erinnerungen verknüpfen können.

Noch nachhaltiger kann man das Gedächtnis fördern, indem man Kinder **Erfahrungen machen und dann diese nacherzählen lässt.**

Wenn Sie nachmittags im Zoo waren und Ihr Kind besonders beeindruckt von den Löwen war, fragen Sie beim Abendessen: *„Wie hat es gerochen?", „Was war zu hören?", „Was hast du gesehen?", „Wie haben die Löwen ausgesehen?", „Wie haben sich die Tiere verhalten?", „Was haben sie gemacht?", „Wie bewegen sie*

sich?", "Wie hast du dich dabei gefühlt?", "Wie, glaubst du, haben sich die Löwen gefühlt?", "Der Löwen-Papa, das niedliche kleine Baby?"
Es ist also hilfreich, **nach sinnlichen Erinnerungen zu fragen und sie emotional zu verknüpfen.**

Wenn man Erinnerungen vernetzt, werden sie noch intensiver gespeichert: Sehen Sie gemeinsam ein Buch mit einer Löwengeschichte an. Man kann im Tierlexikon nachsehen, was da noch über diese Tiere drinsteht. Spielen Sie Löwe mit den Kindern: körperlich, auf allen Vieren, die Haare zu einer Löwenmähne machen, brüllen wie Löwen, Löwen malen usw.

Man kann auch weitere Begriffe aus dem Bereich dazu einführen. Sie werden sich mit dem starken sinnlichen Ereignis verknüpfen: Mähne, Tatze, Käfig, Raubtierfütterung, Tierpfleger, Löwendressur, Wildkatze. Oder auch andere damit zusammenhängende „Löwenwörter": Was sind Löwenmäulchen? Was ist Löwenzahn? Eine Münchener Fußballmannschaft heißt: „Die Löwen" – warum wohl? Was ist ein Löwenanteil, was ist Löwenbräu? Welches Auto hat einen Löwen als Symbol? Was ist ein Symbol?

Versuchen Sie gelegentlich, **„eine Lupe"** auf einen kleinen Erfahrungsausschnitt zu legen (das Löwenhaus beim Tierparkbesuch). Daraus lässt sich eine Unmenge an Lernerfahrungen machen.

Durch **Vernetzung der Begriffe** und Sinn-Erfahrungen wird auch die Vernetzung der Synapsen, der Nervenverbindungen im Gehirn, gefördert.

Lehren Sie Ihre Kinder **Reime, kleine Gedichte, Lieder.** Am leichtesten geht das mit Bewegung – der Finger, der Arme oder des ganzen Körpers. Kreisspiele, Sing- und Tanzspiele prägen sich am besten ein.

Nachdem Sie eine Geschichte erzählt haben, lassen Sie sie **nacherzählen.** Sie können dabei zwei Aspekte beobachten: Das Gedächtnis, die Sprachfähigkeit und das verstehende Denken.

Lehren Sie Ihr Kind **Zahlen, Farben, die Bedeutung von Symbolen, von Piktogrammen**: Ampel, Zebrastreifen, Verkehrszeichen, U-Bahn-Schild, Bushaltestellen, Toilettenzeichen. Erklären Sie Zeichen: Dass man nicht rauchen darf, dass man hier nicht hineinfahren darf, dass man hier kein Eis essen darf, dass man hier telefonieren kann. Wiederholen Sie das immer wieder und **verbinden Sie es möglichst mit einer emotionalen oder sinnlichen Erfahrung.**

Spezielle Spiele zur Gedächtnisschulung:
• **Memory** • **Lauf-Memory** (die Karten auf dem Zimmerboden verteilt) • Koffer packen: „**Ich packe meinen Koffer und packe hinein**", der Nächste muss immer alle Gegenstände wiederholen und einen Gegenstand hinzufügen • Dinge (oder Bilder davon) auf dem Boden ausbreiten und mit einem „**Zaubertuch**" zudecken (Was liegt alles darunter? Aufzählen und dann gemeinsam kontrollieren. Hokus pokus: Der Erwachsene nimmt einige Dinge darunter weg. Das Kind soll sagen, was fehlt) • Ravensburger Spiel: „**Nanu, wo ist der Schuh**" (ab 4) • Ravensburger: „**Der Maulwurf sucht seine Freunde**" (ab 5) • Ravensburger: „**Lotti – ein Merkspiel**" (ab 4) • Ravensburger: „**Think**" (verschiedene Trainings für Gedächtnis und Konzentration)

KÖ GESUNDHEITSBEWUSSTSEIN, KÖRPERGEFÜHL, PHYSISCHE KOMPETENZEN

Was bedeutet Gesundheitsbewusstsein bei Kindern?

Damit ist gemeint, dass Kinder bereits in kleinem Alter in der Lage sind, ein gewisses Maß an Bewusstsein für ihre eigene Gesundheit, für ihr Wohlbefinden zu erlernen und altersentsprechende Verantwortung dafür zu entwickeln.

Warum es wichtig ist, diese Kompetenz bei Kindern zu fördern

„Die Bedingungen für Gesundheit sind neben äußeren Faktoren, die kurzfristig nicht veränderbar sind, im persönlichen, gesundheitsorientiertem Verhalten zu sehen. Dies gilt es zu stärken!" (Ottawa Charta)
Gesundheit ist mehr als die Abwesenheit von Krankheit. Es ist sinnvoll, weniger danach zu fragen, was Kinder heute alles krank macht, sondern vielmehr, wie man Gesundheit erhalten kann. Ein guter Gesundheitszustand ist eine entscheidende Voraussetzung für positive seelische und intellektuelle Entwicklung.
Neben rein gesundheitsspezifischen Kompetenzen, wie zum Beispiel gesunde Ernährung oder Wissen über Grundlagen der Hygiene, ist auch eine Reihe anderer Basiskompetenzen hierfür von Bedeutung. Nach der WHO-Konzeption

sind das zum Beispiel: Selbstwahrnehmung, Selbstverantwortung, Stressresistenz, Problemlösungskompetenz, positive Angstbewältigung, Selbstbewusstsein. Wichtig ist auch, dass bei Kindern, die seelisch und körperlich gesund sind, das Risiko für Suchtverhalten deutlich geringer ist.
Grundlegende Einstellungen und Gewohnheiten für gesundes oder ungesundes Verhalten entwickeln sich bereits in den ersten vier Lebensjahren und bleiben ein Leben lang aktiv.

Wie Sie das Gesundheitsbewusstsein in der Familie fördern können

Man unterscheidet hier verschiedene Bereiche:

- **Erstens: Das Fördern des Bewusstseins der eigenen Person.** Dazu gehört alles, was unter der **Kompetenz der Autonomie** beschrieben ist. Dass **das Kind als eigene Person** mit eigenen Empfindungen und eigenem Willen, einer eigenen Meinung, eigenen Bedürfnissen behandelt wird. Dass dem Kind ein gewisses Maß an Selbstverantwortlichkeit zugestanden wird und es das ausprobieren darf. Es soll beispielsweise probieren, wie es sich bei minus 10 Grad im T-Shirt draußen anfühlt, wenn es sich weigert, sich warm anzuziehen. So entsteht Einsicht. Auch dass alle anderen Familienmitglieder Respekt vor ihm haben, fördert das Bewusstsein, des Kindes, eine eigene, eigenverantwortliche Person zu sein (siehe alle anderen Kompetenzen).
- **Der zweite Förderaspekt bezieht sich auf den Körper, das Aussehen,** die Wahrnehmung der körperlichen Unterschiede zu anderen Menschen. Eltern können das mit den Kindern real (Mama hat einen Busen, die 4-jährige Lena noch nicht) oder anhand von Fotos und Bildern immer wieder aufgreifen und besprechen.
  Man kann den Kindern sagen, dass sie schön sind, **körperliche Vorzüge bewusst machen** – bei Buben und Mädchen!
  Es ist wichtig, die **körperliche Empfindungsebene zu schulen** (warm, kalt, satt, hungrig, müde, wach). Es geht darum, die Wahrnehmung für die eigenen körperlichen Empfindungen zu schärfen.
  Man kann Kinder immer wieder anregen, **eigene Gefühle wahrzunehmen** und die **körperlichen Reaktionen darauf zu beobachten.** Bei Angst, Wut, Traurigkeit (Herzklopfen, Röte im Gesicht, Tränen etc).

Man kann an einer geeigneten Stelle (am Türrahmen, einer Schranktür oder einem extra dafür bestimmten Brett) **das Körperwachstum alle paar Monate festhalten** und so das eigene Großwerden verfolgen. Ein zentrales Moment zur Gesundheit von Kindern ist natürlich körperliche Bewegung. **Sorgen Sie für ausreichend Bewegung!** Man kann auch darüber mit den Kindern sprechen, wie super man sich fühlt, wenn man sich so richtig an der frischen Luft ausgetobt, ausgepowert hat: *„Jetzt hast du wieder ganz rote Backen und ganz viel Sauerstoff im Körper."*
Wenn Sie dem Kind **die Entwicklung seiner sportlichen Fähigkeiten** bewusst machen, motiviert das zusätzlich.
Doktorspiele eignen sich zum Kennenlernen des eigenen Körpers und dazu, eine eventuelle Angst vor dem Kinderarzt zu nehmen. Wenn Sie bemerken, dass Ihre Kinder viel „Doktor" spielen, können Sie sie ruhig weiter dazu ermuntern. Allerdings sollten Sie einige Regeln dazu aufstellen: Sich nicht weh zu tun. Nur das tun, was für das „kranke Kind" okay ist. Nicht mit Gegenständen in Körperöffnungen hineinfahren.
Wenn Kinder oft Doktorspiele machen, bei denen sie die Unterhöschen ausziehen und mit den Geschlechtsteilen spielen, könnte es sein, dass das eine indirekte Frage nach mehr Aufklärung ist. Sprechen Sie darüber!
Eltern können mit ihrem Kind **spielerisch physiologische Übungen** machen: Die Luft anhalten: Wer kann das wie lange? Spucke sammeln und spucken. Den Herzschlag und den Puls fühlen lassen. Fieber messen, also die Körpertemperatur feststellen, wenn man gesund ist und wenn man krank ist. Die eigenen Muskeln anschauen und fühlen. Bei einer kleinen Wunde das eigene Blut betrachten, eventuell daran lecken. Zum Wissen über den menschlichen Körper gehört auch, ein **Grundverständnis für einfache körperliche Zusammenhänge zu haben.** Wie funktionieren Herz und Blutkreislauf, die Nahrungsaufnahme und die Verdauung? Warum ist Stuhlgang braun und nicht so grün wie die Avocado, die ich gegessen habe. Warum riecht er anders als die Nahrungsmittel selbst? Das sind für Kinder sehr interessante Fragen.
Vielleicht müssen Sie, um sie zu beantworten, ja selbst mal in einem Buch über körperliche Vorgänge nachsehen. Tun Sie es mit Ihrem Kind gemeinsam. **Bücher über den menschlichen Körper** und die physiologischen Vorgänge finden Sie zahlreich in Büchereien und im Buchhandel.

In gewissen **Museen** (zum Beispiel für Mensch und Natur) kann man auch schon mit kleinen Kindern Kenntnisse zum eigenen Körper erwerben. Man kann **die Körperumrisse auf großes Papier malen,** ausschneiden, anmalen lassen, im Kinderzimmer aufhängen, die einzelnen Körperteile benennen. Durch den selbst gemachten Körperentwurf bekommt das Kind ein reales Bild von seinem Körper. Je größer das Kind wird, umso mehr innere Organe kann man einzeichnen und das Körperschema immer mehr ausdifferenzieren (Lippen, Zähne, Augenbrauen, Fingernägel etc).

- **Ein dritter Bereich ist die gesunde Ernährung.** Auch hier kann man schon bei kleinen Kindern sinnvolle Grundlagen schaffen für alles spätere Essverhalten. Eltern können dadurch, dass sie **selbst auf gesunde Ernährung für ihre Familie achten,** natürlich auch hier wieder Vorbildfunktion übernehmen. Man kann mit Kindern darüber sprechen, was gesunde und was ungesunde Lebensmittel sind, und wie sie sich jeweils auswirken.

Sie können Ihrem Kind vermitteln, dass **Essen ein Genuss mit allen Sinnen** bedeutet und dass gerade auch der Geschmackssinn etwas Herrliches ist. Dass man Saures, Scharfes, Salziges, Fruchtiges und Süßes genießen kann. Es gehört dazu, gewisse Vorlieben und Abneigungen gegen Geschmacksrichtungen haben zu dürfen. Bitte zwingen Sie nie ein Kind zum Essen. Oft haben diese Abneigungen einen intuitiven Grund, werden zum Beispiel nicht gut vertragen.

Das Thema Süßigkeiten ist immer umstritten. Im Allgemeinen gilt, dass Kinder Süßes essen dürfen, solange sie auch Obst, Gemüse, Brot usw. zu sich nehmen. Wenn man möchte, kann man den Süßigkeitenverzehr auch ans Zähneputzen koppeln.

Man kann Kindern schon früh den **Unterschied zwischen Hunger, Appetit und Lust auf etwas** erklären, indem man sie danach fragt, es benennt: *„Hast du Hunger?", „Hast Du noch Appetit auf einen Joghurt als Nachspeise? Oder hast du Lust auf Eis, Schokolade, Chips?"* Es ist wichtig, bewusst **wahrnehmen** zu lernen, **wann man satt** ist, oder ob man noch Hunger hat – und wie es sich anfühlt, richtig satt zu sein.

„Man ist, was man isst." Kinder können lernen, dass man, wenn man groß, klug, stark, gesund und fit werden möchte, hauptsächlich gesunde, vollwertige Dinge essen sollte (wie etwa die Comicfigur Popeye, der immer Spinat isst, um stark zu werden).

Sprüche wie, *„Es wird gegessen, was auf den Tisch kommt"* oder *„Ein Löffelchen für ..."* gehören auf den Biomüll. Wichtig ist auch, dass Sie schon Ihrem kleinen Kind **die Vielfältigkeit unserer Lebensmittel** anbieten. Lassen Sie Ihr Kind sich selbst die Menge auf den Teller legen, die es essen möchte. Wahrscheinlich wird es sich anfangs verschätzen („Augen größer als der Magen"). Es lernt nur durch Erfahrung, durch Ausprobieren, selbst Machen.

Wenn Kinder auf gewisse Nahrungsmittel körperliche Reaktionen zeigen, sollte man die natürlich ernst nehmen.

Es gibt zu dieser Thematik gute Bilderbücher, die ein kindgerechtes Grundwissen transportieren.

Zum Thema „Gesunde und ungesunde Nahrungsmittel" können Sie ein Poster anlegen. Und immer wenn Sie Bilder von Esswaren in Zeitschriften oder Prospekten finden, darf Ihr Kind sie ausschneiden, zuordnen und aufkleben – in den Rubriken gesund, mittel gesund, ungesund. Das macht vielen Kindern richtig Spaß. Auch **erste Versuche, selbst zu kochen** und zu backen lieben die meisten Kinder.

Ein letzter pädagogischer Aspekt: Belohnen oder bestrafen Sie nie mit Nahrungsmitteln oder Essen (zur Belohnung Schokolade, zur Strafe keine Eis etc.). Vielleicht ahnen Sie, was man als Kind dadurch lernt: *„Schokolade essen ist gut; ich bin ok."*, *„Wenn ich mich schlecht fühle, darf ich Süßes essen, dann geht es besser"* usw. Oder: *„Kein Eis und Süßes zu essen, ist Strafe."*

- **Der vierte Bereich ist Körperpflege und Hygiene.** Ein Lieblingsthema vieler Eltern ist hier das Zähneputzen. Hilfreich ist es, wenn Sie Ihr Kind diesen Vorgang selbst organisieren lassen. Es ist nicht spannend, mit der fertig hergerichteten Zahnbürste die Zähne zu bürsten. Noch unangenehmer fühlt es sich an, gar festgehalten zu werden, während Mama oder Papa genervt drauf los putzen. Versuchen Sie, dass Ihr Kind selbst ein sinnliches Spiel daraus machen kann (wie möglichst bei allen Lernvorgängen bei 2- bis 5-jährigen Kindern). Beobachten Sie es einmal dabei. Ansonsten lassen Sie das Kind allein. Es kann das!

So schön kann Zähneputzen sein

Schon das Pritscheln mit dem Wasser, das Spritzen, das Auf- und Zudrehen des Wasserhahns, bis der Zahnputzbecher voll ist, ist ein genüsslicher Lernvorgang. Es ist herrlich, dann die Paste auf den Bürstenkopf zu drücken. Natürlich kommt da mal zu viel heraus. Ist egal! Der Rest, der unvermeidlich heruntertropft, wird erst scheinbar gedankenverloren beobachtet, dann, kurz bevor er im Ausguss verschwindet, mit spitzem Zeigefinger verschmiert, möglichst Teile des Waschbeckens damit gleichmäßig eingerieben. Inzwischen ist die ganze Zahnpasta wieder von der Bürste heruntergerutscht. Jetzt muss neu gedrückt werden. Greifen Sie nicht ein. Lassen Sie Ihr Kind machen, so lange, wie Sie als Eltern es ertragen. Es lernt jede Menge dabei – und es bekommt Spaß am Zähneputzen. Und außerdem macht Übung den Meister. Dann beginnt es vorsichtig, meist mit kreisenden Bewegungen und sicherlich nicht zahntechnisch korrekt, mit dem Putzvorgang. Zeigen Sie ihm die Auf- und Ab-Bewegungen ein Mal. Korrigieren Sie nicht zu viel daran herum. Es lernt das schon noch. Spätestens vom Zahnarzt im Kindergarten.

Ihr Kind darf die unterschiedlichen Geschmacksrichtungen verschiedener Zahncremes versuchen und beschreiben. Dann können Sie die Sorte wählen, die am besten schmeckt. Das Mundausspülen, Wasserblubbern, Gurgeln, Gluckern, Spucken ist der herrliche Abschluss bei diesem Abenteuer. Ohne sinnliche Anreize wird Zähne putzen immer ein ungeliebtes konfliktträchtiges Tagesende sein. Stattdessen kann man ein lustiges, genussvolles Lernereignis daraus machen.

Auch die weitere Körperpflege, das Waschen des Bauches, des Pos, des ganzen Körpers eben, kann zum genussvollen Spiel werden: Einseifen, bis man ein „Schneemann" ist.

Körperliche Behandlungen haben viel mit Respekt beziehungsweise Grenzüberschreitung zu tun und sollten nur freiwillig geschehen. Wenn Ihr Kind einzelne Vorgänge sehr ungern macht, können Sie die auch einfach weglassen oder nur selten machen. Zum Beispiel muss man 3-Jährigen nicht jeden Abend das Gesicht eincremen, nicht allzu oft die Fingernägel schneiden, nicht jeden

Tag die Haare waschen, nicht ständig die Ohren ausputzen. Wenn unbedingt nötig, dann behutsam, mit vielen liebevollen Erklärungen und Belohnungen. Vielleicht finden sich ja Alternativen. Zum Beispiel wird ein 1- bis 3-Jähriges sich wahrscheinlich nicht im Po Fiebermessen lassen. Lassen Sie es. Es gibt heute andere Messmethoden.

Nicht 100%ige Körperpflege macht einen zur „guten Mutter", sondern der Respekt vor dem Kind und das Eingehen auf seine Bedürfnisse.

Dass man sich gelegentlich, zum Beispiel immer nach der Toilette, die Hände wäscht, muss man sowohl vormachen als auch immer wieder erklären. Ebenso wie andere Handlungen, die zur täglichen Hygiene gehören – zum Beispiel, dass man sich die Nase putzt wenn Schleim darin ist, dass man beim Husten die Hand vor den Mund hält usw.

Erste-Hilfe-Maßnahmen und Medikamente

Vorschulkinder sind durchaus schon in der Lage, kleine Erste-Hilfe-Maßnahmen bei sich oder bei anderen Kindern durchzuführen: Eine Wunde vorsichtig säubern, ein Pflaster aufkleben, kaltes Wasser auf eine Brandwunde bringen, mit einem kalten, nassen Taschentuch gegen eine Beule drücken, mit einem sauberen Taschentuch gegen blutende Wunden drücken usw.

Medikamente sind ein Thema für sich. Natürlich empfiehlt es sich, bei Kindern sparsam mit Medikamenten zu sein. In der Naturheilkunde, die für Kinder sehr empfehlenswert ist, werden ständig und zahlreich Kügelchen, Lutschtabletten und Tropfen verabreicht. So hilfreich sie auch für körperliche Beschwerden sein mögen – das Kind lernt, dass man sich durch das Einnehmen von Medizin in einen besseren Zustand versetzen kann. Das ist unter Suchtpräventions-Aspekten gar nicht so ungefährlich.

Es gibt eine Reihe guter Bücher, die gerade auch für den Umgang mit und die Verabreichung von Medikamenten viele gute Tipps enthalten. Machen Sie sich kundig darüber. Ein Buch darüber, wie man kranke Kinder zu Hause behandeln kann, lohnt es sich in jedem Fall zu haben.

Aufklärung und Sexualität

Das Thema „Kindliche Sexualität" ist umfangreich. Wichtig ist, **dass Kinder von Anfang an und von den eigenen Eltern aufgeklärt werden.** Das hat etwas mit Beziehung und Vertrauen und Intimität zu tun. Über Geburt, Sexualität und Tod muss man in der Familie reden können. Wo sonst soll ein Kind seriöses, solides, fachlich richtiges Wissen über diese Themen bekommen als von den eigenen Eltern? Wenn es sein Wissen ausschließlich aus Büchern oder dem Biologieunterricht hat, lernt es, dass Mama und Papa, die einem sonst die ganze Welt erklären, über dieses wichtige Thema nicht sprechen. Das macht nachdenklich und natürlich auch selbst zurückhaltend, weiter nachzufragen (siehe Liebich, 11). Wichtig ist, zu vermitteln, dass Sexualität immer etwas mit Liebe – also mit Gefühlen – und mit Intimität zu tun hat.

Ansonsten sollte Ihr Kind …

- … von Anfang an wissen, dass es zweierlei Geschlechter gibt, und worin der Unterschied besteht.
- … wissen, wo die kleinen Babys wachsen, und wie sie da herauskommen (mit 2 bis 4 Jahren) *„In Mamas Scheide ist eine kleine Öffnung. Die dehnt sich bei der Geburt, wird ganz groß und weit – und da krabbelt, rutscht das Baby heraus."*
- … wie sie da hineinkommen (mit 5 bis 7 Jahren): *„Wenn Mama und Papa im Bett liegen und sich sehr lieb haben und schmusen, wird Papas Glied ganz steif. Er kann es dann in Mamas Scheide hineinschieben. Das fühlt sich sehr angenehm an, und Mama und Papa mögen das gern. Es sind gute Gefühle, wenn man so zärtlich miteinander ist. In der Scheide fließt dann Samen aus Papas Glied heraus. Aus diesem Samen kann ein Baby in Mamas Bauch wachsen."*
- … Informationen über alles bekommen, was es fragt, zum Beispiel (ab 6 Jahren): *„Was sind die Eierstöcke und die Gebärmutter?"*, *„Was ist ein Orgasmus?"*, *„Was ist Homosexualität?"*, *„Wozu gibt es verschiedene ‚Stellungen'?"* etc. Diese Fragen betreffen meist Dinge, die Kinder in der Schule oder Kita aufschnappen.
- … wissen, dass Onanieren grundsätzlich erlaubt und in Ordnung ist. Es gibt Kinder oder auch Phasen in ihrer Entwicklung, in denen mehr oder weniger onaniert wird. Sie sollten Ihrem Kind aber auf jeden Fall vermitteln, dass man es nur macht, wenn man allein ist, weil es etwas sehr Intimes ist und andere Leute nichts angeht.

> ### DEN ATEM KENNENLERNEN – EINE KLEINE ENTSPANNUNGSÜBUNG
>
> „Mach es dir richtig bequem. Am besten, du legst dich auf den Rücken. Wenn es dir richtig gemütlich ist, dich nichts mehr stört, schließe bitte die Augen.
> So, nun beginnen wir damit, dass du bitte mal deine Hand auf deinen Bauch legst. Kannst du deinen Atem spüren? Immer wenn du einatmest, hebt sich dein Bauch ein Stückchen. Wenn du ausatmest, senkt er sich. Beobachte das einmal. Dein Atem geht ganz regelmäßig aus ... ein ... aus ... ein ...
> Nun versuche mal, deine Nasenspitze zu spüren – und deine Nasenlöcher. Spüre einmal, wie die Luft durch deine Nase hineinströmt und wieder hinaus ... hinein ... und wieder hinaus ... Das kannst du auch mal durch den Mund probieren. Auch durch den Mund kann man ein- ... und ausatmen ...
> Spür jetzt noch mal, wie die Luft durch deinen Hals hinunter in deine Lunge strömt. Wenn sie vom Körper verbraucht ist, atmet man sie wieder aus, um neue einatmen zu können.
> Versuche jetzt nochmal ganz tief zu atmen – so tief, dass sich die Hand auf deinem Bauch deutlich hebt, wenn du einatmest (ein paar Atemzüge lang).
> Du bist jetzt ganz ruhig und entspannt. Du wirst sehen: Dieses tiefe Atmen macht dich stark. Alle Sportler und Kämpfer atmen diese tiefe Atmung vor einer großen Anstrengung, weil sie dem Körper Ruhe und Kraft gibt. Atme noch zwei bis drei Mal langsam und tief. Versuche die Luft auch mal durch den Mund herauszupusten, bis alles, alles draußen ist ...
> Dann komm wieder zurück, mach deine Augen auf, bewege die Beine und die Arme und steh wieder auf."

Auch kleine Kinder können bereits ein wirkliches Gesundheitsbewusstsein entwickeln. Sie können ein Gespür dafür bekommen, was einem körperlich gut tut und was nicht. Sie können ein **Wissen über ursächliche Zusammenhänge** im Körper aufbauen – zum Beispiel:
- Zu viel Kuchen mit Sahne essen: Einem wird übel, oder der Bauch drückt.
- Zu viel in die Sonne gehen ohne T-Shirt: Die Haut wird rot und brennt fürchterlich.

- Gewisse Cremes, Seifen oder sonstige Stoffe anwenden: Die Haut reagiert mit einem Ausschlag.
- Im Winter keine Mütze und keinen Schal anziehen: Man bekommt Husten.
- Wenn man nachts nicht schläft, oder schlafen kann, ist man am nächsten Tag müde.
- Sehr wichtig ist hier wieder das Vorbild der Eltern (Rauchen, Alkohol).
- etc.

Eltern können mit ihren Kindern über diese Vorgänge sprechen, sie anhand von Büchern nachvollziehen. Weiter kann man gemeinsam überlegen, was man dagegen tun kann. Gerade auch **die alten Hausmittel** (Wickel, Packungen, Bäder, Duftlampen, Tees etc.) sind für Kinder sehr spannend. Und die meisten Kinder lieben das.

Unumgänglich ist es, wenigstens in gewissem Maß **über Gefahren aufzuklären**: Seien es zu gefährliche Spiele (zum Beispiel das Zündeln mit Feuer), sei es Unvernunft in jeder Weise (zum Beispiel bei eisigem Wind lange im nassen Badeanzug herumzulaufen). Seien es wirklich gesundheitsschädliche Dinge, wie starke Sonne ohne Creme, Hut, Brille, T-Shirt. Sei es Rauchen usw.

Zum Weiterlesen:
Busch/Noller: „**Ohne Angst zum Kinderarzt**", Oberstebrink • Chen-Stute/Eiserloh-Lückner: „**Auch Ihr Kind kann abnehmen**", Oberstebrink • Eltern: „**Naturmedizin für Kinder**", Zabert-Sandmann • Lang: „**Wenn Kinder krank sind**", Orell-Füssli • Nase: „**Eltern-Ratgeber Kinderkrankheiten**", Oberstebrink • Stellmann: **Kinderkrankheiten natürlich behandeln**", Gräfe und Unzer (naturheilkundlich) • Thanner: „**Im Notfall: Schnelle Hilfe für ihr Kind**", Oberstebrink

Für Kinder:
Baptiste: „**Mein Papa ist eine Brezel – ein Yoga-Buch für Kinder**", Moses • Colombo: „**Der menschliche Körper in 3D**", Heel • Cuno/Szeny: „**Jetzt sind wir vier**", Ravensburger • Fagerström/Hanson: „**Peter Ida und Minimum**", Ravensburger (Aufklärung) • Floto/Wagner: „**Von Kakaokühen und Rülpsbakterien. Das große Lebensmittel Sach- und Malbuch für Kinder**", Moses • Grönemayer: „**Der kleine Medicus**", Zabert Sandmann • Janosch: „**Mutter sag wer macht die Kinder**", Bassermann • Rübel/Scheffler: „**So ein dicker Hund**", Ravensburger • Schneider: „**Das große Buch vom Körper**", cbj • Wiedemann/Eisenbarth: „**Wo komme ich her? Ein erstes Aufklärungsbuch**", Ravensburger

EM
GEWALTLOSIGKEIT, GEWALTVERZICHT, AGGRESSIONSBEWÄLTIGUNG

WAS BEDEUTET GEWALTLOSIGKEIT?

Gewaltlosigkeit bedeutet, angemessen mit Wut, Ärger, Aggressionen und Frustrationen umgehen zu können, ohne körperlich, verbal oder psychisch gewalttätig zu reagieren. Wut und Ärger sind die Emotionen in diesem Zusammenhang. Gewalt ist eine unkonstruktive, oft hilflose Art, damit umzugehen.

Die Fähigkeit zur Gewaltlosigkeit ist schwierig zu vermitteln. Denn wir erleben Gewalt von den Mächtigen in der ganzen Welt, auf allen Ebenen, von der großen Politik bis in die Familie. Da erscheint es oft schwer, Kinder „Friedlichkeit" zu lehren.

Trotzdem: Nur in der kleinsten gesellschaftlichen Einheit, der Familie, kann – ja, muss es gelingen, friedliebende Menschen zu erziehen.

Bei diesem Thema ist es wichtig zu unterscheiden, dass es körperliche, seelische und verbale Gewalt gibt.

WARUM ES WICHTIG IST, DIESE KOMPETENZ BEI KINDERN ZU FÖRDERN

Die Bedingungen, unter denen Kinder heute aufwachsen, und die zahlreichen Vorbilder in den heutigen Medien machen es leider notwendig und sinnvoll, schon in der frühen Kindheit mit Gewaltprävention zu beginnen. Gewalt ist gefährlich. Sie kann Biografien und Entwicklungen sowohl der Täter als auch der Opfer zerstören.

WIE SIE GEWALTLOSIGKEIT IN DER FAMILIE FÖRDERN KÖNNEN

Wichtig ist es, Kindern zu vermitteln, **dass es aggressive Gefühle gibt und man diese auch haben darf.** Jedes Kind kann schon früh begreifen und reflektieren, dass es helle und dunkle Seiten in jedem Menschen gibt. Es soll lernen, dass es gilt, diese bei sich selbst zu integrieren und zusammenzuführen. Man muss sich „gute und böse" Seiten bewusst machen, und lernen, aggressive

Anteile **sozialverträglich auszudrücken.** So können sie sogar als positive Energien, als Kraft und Stärke für sich und andere nutzbar gemacht werden.
Es gibt verschiedene Theorien, wie Gewaltbereitschaft und Aggressivität entstehen. Man weiß heute, dass es ein Gemisch unterschiedlicher Faktoren ist. Eine psychologische Richtung sagt, dass Aggressionen angeboren sind, eine andere, dass Aggressionen gelernt werden, zum Beispiel durch Vorbilder oder durch positive Verstärkung von gewalttätigem Verhalten, etwa durch Bewunderung von anderen Kindern. Eine weitere Theorie besagt, dass Aggressionen durch Enttäuschungen oder die Nichtbefriedigung von Bedürfnissen entstehen. Es werden auch genetische und hormonelle Faktoren diskutiert, zum Beispiel die Frage, ob Jungen grundsätzlich gewalt- und aggressionsbereiter sind als Mädchen.

„Unterdrückung" (in der Familie) im weitesten Sinne, also sehr strenge, lieblose, strafende Erziehung – verbal, nonverbal oder psychisch (Angst machen, erpressen und Ähnliches) – oder **Unter- beziehungsweise Überforderung** in irgendeiner Weise sind konkret die beiden zentralen Punkte für gewaltbereites, aggressives Verhalten bei Kindern. Wenn dann zusätzlich interessante „Modelle", „Vorbilder" dazukommen, kann jedes Kind phasenweise Aggressions- und Gewaltbereitschaft zeigen.

Zunächst kann man sich also immer einmal **überlegen: Wie könnte dieses Verhalten begründet sein?**

- **Wo sind die Ursachen dafür? Warum tut es das?**
- **Wozu verhält sich das Kind so?** Was bekommt es durch dieses Verhalten?

Eltern könnten sich selbst fragen, wie sie möglicherweise durch ihren Erziehungsstil dieses Verhalten bestärken. Ob sich das Kind unterdrückt, frustriert, lieblos behandelt, haltlos, allein gelassen, benachteiligt, überfordert, oder gar abgelehnt fühlen könnte?

Eine paradoxe Frage, die man sich hierzu stellen kann: Was können wir als Eltern tun, um das aggressive Verhalten des Kindes noch zu verstärken? Vielleicht wundern Sie sich über diese Frage, finden sie unsinnig – aber vielleicht haben Sie Lust, mal eine Weile darüber nachzudenken. (Sollte Ihnen etwas einfallen, ist es natürlich sinnvoll, dieses Verhalten zu unterlassen.)

Wenn man als Eltern auch gelegentlich die Beherrschung verliert, laut wird – was verständlich ist – kann das für Kinder sehr bedrohlich sein. Es ist notwendig, anschließend darüber zu sprechen, sich zu erklären und sich gegebenenfalls zu entschuldigen.

Eine wirkliche Grenzüberschreitung ist es, seine Kinder zu schlagen! Die seelische Verletzung, die dabei geschieht, bewältigen Kinder, egal welchen Alters, nicht wirklich. Heike Baum schreibt: *"Kein Erwachsener hat das Recht, sich so weit gehen zu lassen und sich für so hilflos zu halten, dass dies verzeihbar wäre!"* (Baum, in 13).

Die wichtigste Voraussetzung für Gewaltlosigkeit ist also, dass **alle Familienmitglieder auf Gewalt verzichten.** Wenn in der Familie grundsätzlich über Wut und Ärger, über Enttäuschungen sachlich und freundlich oder ruhig auch mal laut und nachdrücklich gesprochen werden kann, wenn gemeinsame Lösungen für Probleme und Meinungsverschiedenheit gesucht werden, wird im Allgemeinen auch das Kind dieses Verhalten übernehmen.

Kinder, die in einer **Verhandlungskultur** aufwachsen, in der jedes Mitglied der Familie **dieselben Rechte hat**, sind häufig nicht unanstrengend, da sie für alles Erklärungen haben wollen. Doch nur so lernen sie, im Konflikt und in Diskussionen ihre **Sprachfähigkeit zu entwickeln und Kontakt zu ihren Gefühlen herzustellen.** Sie haben dann sprachliche Formulierungen parat, um sich im Streitfall ausdrücken zu können. Sie können daneben Bedürfnisse und Meinungen kommunizieren, und kennen nicht nur Schläge und Boxhiebe als Ausweg. Betrachtet man Gewalt in der Familie genauer, ist sie fast immer ein Zeichen von Hilflosigkeit, Verzweiflung oder Minderwertigkeitsgefühl.

Problematisch kann sein, dass es heute sehr viele „Miterzieher" gibt. Andere Kinder, Medien, die Umwelt. Kinder **sehen und lernen Gewaltverhalten auch außerhalb der Familie.** Um selbst nach dem beobachteten Modell gewalttätig zu werden, braucht es jedoch einen „Boden", eine „Saat" – bestehend aus Frustrationen, Abwertungen, Minderwertigkeitsgefühl, Stress, Halt- und Lieblosigkeit – die Gewaltbereitschaft generiert.

Konkrete Möglichkeiten, Gewaltbereitschaft zu verhindern und zu vermindern:

- Man kann von frühester Kindheit an mit seinem Kind üben, **Gefühle und Emotionen wahrzunehmen und sie zu benennen**. Man kann Kinder immer wieder auffordern, das auszudrücken, was sie bewegt, wie sie sich heute hier und da gefühlt haben.
- Wichtig ist, dass man sich als Eltern und Familie sehr bemüht, das **Selbstbewusstsein der Kinder zu stärken**. Selbstbewusste Menschen, die sich und

andere okay finden, brauchen keine psychische oder physische Gewalt, um sich durchzusetzen oder sich gut zu fühlen.
- Achten Sie gegenseitig darauf, dass **niemand in der Familie jemand anderen demütigt oder beschämt.**
- Klar ist, dass man von Anfang an **Grenzen setzen** muss, wenn das Kind innerhalb der Familie ein zu körperlich-aggressives Verhalten zeigt. Man sollte sich zum Beispiel als Mutter nicht schlagen lassen. Halten Sie die Hand fest, gehen Sie sehr nahe heran. Nehmen Sie Blickkontakt auf: *„Ich will das nicht! Ich schlage dich auch nicht!"* Lassen Sie Ihr Kind los und gehen Sie – geben Sie ihm also keine Zuwendung für körperlich aggressives Verhalten.
- Ebenso muss man zu intensives Raufen unter Geschwistern, bei dem ständig einer ernsthaft verletzt wird, natürlich unterbinden.
- Auch mit wüsten Schimpfwörtern (verbale Gewalt) brauchen sich Eltern nicht konfrontieren zu lassen. Setzen Sie knapp, klar, streng und eindeutig Grenzen. Am besten vermeiden Sie lange Reden darüber. *„Ich möchte das nicht!"*, *„Lass das!"*, *„Ich will das nicht hören!"* reicht aus. Lassen Sie Ihr Kind stehen – und seien Sie danach nicht nachtragend.
- Je nach Situation können Sie **verbale Angriffe auch mal ignorieren.** Die Botschaft ist dann: *„Auf diese Weise höre ich dich gar nicht."*
- **Fragen Sie nach dem Gefühl, das dahinter steht.** Am besten nicht *„Warum?"*, sondern *„Was ist los, Patrick?"*, *„Über was bist du sauer?"*, *„Ärgerst du dich über mich?"*, *„Um was geht es dir?"*
- Grundsätzlich ist es aber auch wichtig, immer wieder theoretische **Gespräche zu führen** (also nicht in oder zu einer konkreten Streitsituation) in denen Gewaltfreiheit, **Gewaltlosigkeit als Wert besprochen** werden. Dabei geht es darum, deutlich auszudrücken, dass Gewalt nicht geht. Dass sie nie ein wirkliches Mittel zur Lösung sein kann oder ernsthaft dazu dienen kann, dadurch Macht oder Ansehen zu bekommen. Kluge Menschen müssen nicht gewalttätig sein.
- Nach einem Wutanfall des Kindes, wenn sich die Gemüter wieder etwas beruhigt haben, sollte ein **sachliches, klärendes Gespräch** folgen. Bitte möglichst ohne Schuldzuweisungen, Vorwürfe, Moralpredigten. Das ist nicht einfach. Man kann darauf achten, dass das Kind sich weder angegriffen noch gekränkt oder in die Ecke gedrängt fühlt. Man kann **vom Frieden und gewaltlosen Widerstandsformen erzählen.**

Spiele und Beschäftigungen, mit denen Aggressionen abgebaut werden können

- Wutbälle basteln. Mit Kleister und Zeitungspapier, etwa tennisballgroße Bälle formen und trocknen lassen. Wer mag, kann sie anmalen. Diese kann man, wenn man wütend ist, gut sogar im Zimmer umherwerfen.
- Spaßkämpfe mit festen Regeln: Kissenschlachten, „Kitzel-Kämpfe" (das Ziel ist, sich gegenseitig zu kitzeln)
- Spiel- und Sportgeräte, an denen man Aggressionen ausleben kann. Vom Fußball über einen Box-Sack, Springseile, ein kleines Trampolin etc.
- „Wie fühle ich mich heute (jetzt)"-Thermometer. Einen langen Papierstreifen basteln und verschiedene emotionale Zustände daraufmalen: sehr gut drauf, ganz gut drauf, genervt, ängstlich, ärgerlich, richtig wütend oder Ähnliches. Dann kann man seitlich mit einer großen Büroklammer oder Wäscheklammer markieren, wie es einem geht. Auf diese Weise reflektiert man seine Gefühlswelt immer wieder und nimmt sie wahr.
- Eine Collage kleben oder ein Bild malen: Was brauche ich, um glücklich zu sein, mich zu freuen? Was macht mich ärgerlich oder traurig?
- Zeitungen zerreißen: Ihr Kind soll eine alte Tageszeitung in kleine Stücke reißen und bei jedem Riss herausschreien, dass oder weshalb es wütend ist (darauf achten, dass es große Zeitungsseiten sind, also eine Ganzkörperbewegung stattfindet). Die einzelnen Fetzen kann es dann – mit der Wut – in den Papierkorb schmeißen und entsorgen.
- Wenn Sie einen dicken Aludraht im Haus haben (zum Basteln und Werken), geben Sie ihn Ihrem wütenden Kind. Es soll ihn biegen, krümmen, formen. Das eignet sich sehr gut, um Ärger loszuwerden.
- Trommeln. Ob Sie eine Trommel haben oder einen Tisch benutzen, lassen Sie Ihr Kind daraufklopfen. Mit einem weichen Trommelschläger oder auf das Möbel auch mit den Fäusten. Wenn mehrere Kinder dabei sind, kann man sie erst nur Stress abbauen lassen – jeder für sich – und dann versuchen, in einen gemeinsamen Rhythmus zu kommen.
- Drüber reden, reden, reden. Das bedeutet für Eltern: zuhören, zuhören, zuhören. Keine Tipps, keine Kritik, keine Interpretationen, keine Ratschläge, kein Trost – nur hören und Interesse haben! (siehe Liebich, 11)

- Andererseits ist es wirklich sinnvoll, Kinder ihre **Wut ausleben zu lassen** und nicht hilfreich, sie zu unterdrücken. Es ist wichtig, dabei zwischen dem Gefühl der Wut und der Art des Umgangs damit zu unterscheiden. Wut ist in Ordnung. Jeder Mensch ist mal wütend. Wie darf Ärger in Ihrer Familie ausgedrückt werden? Vielleicht ist es bei Ihnen möglich zu schreien. Oder ertragen Sie es, wenn Ihr Kind seine Stofftiere wirft oder stampfend herumspringt oder auf ein Kissen einboxt und -schlägt?
- Wenn es dem Kind gelingt, angemessen darüber zu reden, sollte es natürlich bekräftigt und gelobt werden. Zum Beispiel wenn es formuliert: *„Mama, ich ärgere mich so sehr, wenn ...", „Ich bin heute so sauer, dass ..."*
- Auch allgemein **soziales, kooperatives und helfendes Verhalten sollten Sie deutlich anerkennen.**
- Wichtig für Kinder (und übrigens auch für Erwachsene) sind **genügend Raum, Bewegungsmöglichkeiten** und **Beschäftigungen,** bei denen man überschüssige Energien und Aggressionen rauslassen kann.

Literatur zu Gewaltlosigkeit und zum Umgang mit Agressionen:

Für Kinder:
Lionni: **„Das gehört mir"**, Middelhauve • Mai: **„Dann hau ich dich, sagte der kleine Fuchs"**, Ravensburger • Manske/Löffel: **„Ein Dino zeigt Gefühle"**, Donna Vita • Maier-Glitza: **„Wenn Frau Wut zu Besuch kommt"**, iskopress (Therapeutische Geschichten für impulsive Kinder) • McKee: **„Du hast angefangen! Nein du!"**, Sauerländer • Nöstlinger. **„Anna und die Wut"**, Dachs • **„Paula und die Kistenkobolde"**, beta Institutsverlag

Für Eltern:
Baum: **„Starke Kinder haben`s leichter"**, Herder • Haug-Schnabel: **„Aggressionen im Kindergarten"**, Herder • Kaiser: **„Bleib bei mir, wenn ich wütend bin"**, Christophorus • Kaiser: **„Das Wut-weg-Buch"**, Christophorus (Spiele und Traumreisen gegen Wut und Aggressionen) • Krowatschek: **„Wenn Kinder rot sehen"**, Lichtenau • McKee: **„Du hast angefangen! Nein du!"**, Sauerländer • Merz/Korthes: **„Selber doof – richtig streiten ist nicht schwer"**, Kerle Herder • Nitsch: **„Der kleine Wüterich"**, Mosaik • Parens: **„Kindliche Aggressionen"**, Kösel • Smith: **„Hauen ist doof"**, Herder • Sommerfeld: **„Trotz Wut und Aggressionen"**, Rowohlt • Stein: **„Wenn Kinder aggressiv sind"** Rowohlt • Zwenger-Balik: **„Komm, wir finden eine Lösung"**, Reinhardt

KÖ # GROBMOTORIK

Was bedeutet Grobmotorik?

Grobmotorik bedeutet – im Unterschied zu Feinmotorik – die Fähigkeit, Ganzkörper-Bewegungsabläufe auszuführen und zu koordinieren. Grobmotorik steuert die großen Muskeln und großen Gelenke des Körpers. Auch die Entwicklung der Körperpositionen (Sitzen, Stehen, Knien, sich beugen etc.), der Balancefähigkeit und der Stabilität gehören dazu: Das Kind strampelt, krabbelt, steht auf, läuft, rennt, klettert, springt, turnt.

Warum es wichtig ist, diese Kompetenz bei Kindern zu fördern

Unsere Kinder brauchen mehr Bewegung. Die Gesellschaft ist bewegungsfeindlich geworden, was große gesundheitliche Risiken mit sich bringt. Erschütternde Zahlen über Ungeschicklichkeit, mangelnde Ausdauer und Konzentration, zu geringe Körperkoordination und Schnelligkeit in der Bewegung der Kinder geistern durch die Presse. Auch Übergewichtigkeit nimmt dadurch zu (jedes 7. Kindergartenkind ist heute übergewichtig). Mediziner prophezeien schwere gesundheitliche Probleme für später. Schon jetzt hat die Hälfte aller Schüler erhebliche Haltungsschäden.
Neurologen und Verhaltensbiologen haben außerdem herausgefunden, dass besonders Ganzkörperbewegung kleine Kinder intelligent macht. Die Verbindungen im Gehirn vernetzen sich intensiver. Durch gezielte Bewegung lernt man am besten Ausdauer und Konzentration. Schon ein wenig körperliche Bewegung reduziert depressive Verstimmungen und Ängste.
Diese Ergebnisse wiegen auch deswegen so schwer, weil man weiß, dass der Mensch besonders in der Kindheit den größten Bewegungsdrang hat und eigentlich in der Zeit von etwa 12 bis ca. 17 Jahren zu Hoch- und Höchstleistungen fähig wäre. Ganz abgesehen vom Selbstbewusstsein, das körperliche Bewegung an sich und eine gute, gesunde, trainierte Figur mit sich bringen. Atmung, Kreislauf, Gehirndurchblutung, Muskeln und Nerven werden angeregt und kommen durch Bewegung in Gang. Über grobmotorische Bewegung entwickelt sich das Kind in die Welt.

Wie Sie Grobmotorik in der Familie fördern können

Wichtig ist zunächst zu beachten, dass jedes Kind hierzu seinen eigenen Entwicklungsverlauf hat. Die Schritte der Entwicklung sind im Großen und Ganzen gleich. Der Zeitpunkt, wann ein Kind stehen, laufen Treppen steigen etc. lernt, ist jedoch eventuell etwas unterschiedlich.

Der wichtigste Förderungsaspekt ist, dass **die Eltern** sich selbst bewegen, Sport treiben, agil sind, also wieder **Modell** sind.

Eltern sollten einfach darauf achten, dass ihr Kind außer dem „normalen" Alltag zu Hause – Treppen steigen, von einem Zimmer ins andere laufen – ausreichend Bewegung hat. Und zwar jeden Tag. Ein bis zwei wöchentliche Turnstunden in Kindergarten oder Schule reichen nicht. Man kann einfach darauf achten, dass das Kind sich **ein Mal am Tag völlig verausgabt**. Keine Sorge: Bei kleinen Kindern ist das nach 15- 30 Minuten Rennen, Joggen, Toben, Fußballspielen, Fangen schon genug. Das tut auch Ihnen gut und verbraucht viele Kalorien.

Beobachten Sie Ihr Kind genau, was es kann. **Man über- oder unterfordert im Bewegungsbereich leicht.**

Ein Beispiel für Überforderung

Fahrrad fahren – auch mit Stützrädern – ist mit 3 oder 4 Jahren zu früh. Ihr Kind ist noch nicht in der Lage, Gefahren (alte Leute, Hunde, herankommende Autos) angemessen wahrzunehmen, gezielt zu bremsen, differenziert zu lenken, Entfernungen abzuschätzen. Dafür aber wird ein Fahrrad verdammt schnell, die Mama wird kaum nachlaufen können. Dazu kommt – beobachten Sie kleine Kinder auf dem Rad – dass sie zwei Drittel der Strecke nach der Seite oder nach hinten schauen, wenn sie etwas Spannendes gesehen haben. Und Kinder sehen ständig Spannendes.

> **BEWEGUNGS-MÖGLICHKEITEN IN DER STADT**
>
> Lassen Sie Ihr Kleinkind die Bordsteinkante rauf- und runterklettern, lassen Sie 3- und 4-Jährige auf dem Mäuerchen balancieren, über den Zaun klettern. Lassen Sie Ihr Kind auf das Mülltonnenhäuschen klettern, im Park auf Baumstümpfen balancieren, auf Bäume klettern, zehn mal den Schlittenberg rauf und runter rennen und rutschen (auch im Sommer) oder waagerecht herunterrollen. Lassen Sie es sich am Pfosten eines Verkehrsschildes kurz hinaufziehen, es schafft es sowieso nicht bis ganz oben. Lassen Sie es über die kleine Streusand-Kiste klettern und Eingangstreppen rauf- und runtersteigen, auf dem Geländer rutschen, um den Glas- und Papiercontainer rennen. Machen Sie kleine Wettläufe mit ihm, und planen Sie bei Einkäufen und Spaziergängen einfach mehr Zeit ein.

Kinder brauchen ihre Zeit und Geduld bei lustvollen Spielen. Hetzen und Jagen geht mit kleinen Kindern nicht. *„Es dauert, solange es dauert"*, sagt Konfuzius.

Die Grenze der Tobe-Möglichkeiten ist immer nur da, wo es ernsthaft gefährlich wird, etwas beschädigt werden kann und wo andere Leute belästigt werden.

Gehen Sie zu Fuß in den Kindergarten, statt das Auto oder den Bus zu nehmen. Laufen Sie Treppen, statt den Aufzug zu benutzen.

Schön, wenn Eltern auch bei Bewegungsspielen in ihrer Wohnung tolerant sind. Wenn man ein Sofa hat, das sich als Trampolin eignet. Wenn man eine Treppe zum Rutschen hat, einen Tisch, um den man Fangen spielen darf oder unter dem man durchkrabbeln kann. Truhen und Kästen, von denen man springen darf, Schränke oder Kommoden, auf die man klettern kann, vielleicht einen Türrahmen, in dem eine Schaukel hängt. Schön, wenn es Matratzen, Kissen und Matten zum Toben gibt, wenn das Hochbett im Kinderzimmer ein ideales „Tobe-Center" bietet.

Eltern können ihren Kindern Geräte für sportliche Aktivitäten schenken. Laufräder und Dreiräder, Schaukel für Kleinkinder. Roller und Tretcars, Springseil, Bälle aller Arten, Fußball, Stelzen, Hüpfbälle, ein Trampolin, Skier, Schlittschuhe, Schlitten für den Winter für Kindergartenkinder. Ein Fahrrad, Inline-Skates, Tennisschläger usw.

Man kann sich auch in sogenannten Mutter-Kind-Turngruppen anmelden (in Bildungseinrichtungen, Gemeinden usw.) – auch schon mit Klein- oder Vorschulkindern. Allerdings muss man sich bewusst sein, dass es gut sein, kann dass das Kleinkind an diesem Mittwochnachmittag um 16 Uhr gerade keine Lust hat zu turnen und die Mama allein Gymnastik machen muss, während es leicht quengelnd auf der Bank sitzt und an den Bändeln seiner Turnschuhe lutscht.

Mit den Kindern schon im Babyalter zu tanzen, macht viel Spaß. Zum Beispiel zu Hause im Wohnzimmer. Ab 4 bis 5 Jahren ist es auch sinnvoll, Mädchen und Jungen in Ballett- oder Jazztanz-Gruppen zu geben. Tanzen fördert Konzentration und Koordination, es ist gut für die Raumorientierung, für psychische Entspannung, das Selbst- und Körpergefühl und vieles mehr.

Eine differenzierte Darstellung, welche Sportart in welchem Alter geeignet ist, finden Sie zum Beispiel in dem Buch *„So klappt's mit dem Familienleben"* (12).

Das Gehirn lernt nie so viel wie in Bewegung. Die motorische Entwicklung bietet von Anfang an die Grundlage für die kognitive Entwicklung. Bewegung bewegt!

ENTWICKLUNG DER GROBMOTORIK

Diese Verhalten zeigen die meisten Kinder in dieser Altersspanne:

1 Jahr:
- Setzt sich hin und steht ohne Hilfe eines Erwachsenen auf
- Steht allein
- Geht (meist) an der Hand des Erwachsenen
- Gibt einer Hand den Vorzug
- Krabbelt, robbt
- Liegt gern auf dem Bauch mit abgestützten Armen
- Klettert bis zu 2 Treppenstufen hinauf und herunter

1½ Jahre:
- Geht die Treppe hinauf und hinunter, sich am Geländer festhaltend, beide Füße auf jede Stufe setzend
- Hüpft mit beiden Füßen von der Stufe hinunter (springende Bewegung)
- Ahmt Bewegungen von Tieren nach
- Klettert beim Überwinden von Hindernissen
- Verfügt über gute Kontrolle beim Gehen und Rennen
- Wirft einen Ball mit beiden Händen
- Steht auf Zehenspitzen
- Hockt lange in der Hocke
- Klettert auf Stühle und von Stühlen

2 Jahre:
- Läuft fast ausschließlich, ganz selten geht es
- Schafft erste „Turnübungen", zum Beispiel „Brücke" oder „Purzelbaum"
- Hüpft mit beiden Füßen auf der Stelle, etwa 5 cm hoch
- Fängt einen Ball mit beiden Händen mit Körperberührung
- Fängt an, auf Leitern zu klettern

2½ Jahre:
- Passt sich dem Tempo eines Erwachsenen an, wenn es neben ihm geht
- Passt seine Körperbewegung unterschiedlichen musikalischen Rhythmen an
- Schleppt große Gegenstände
- Kickt einen Ball, die Richtung ist meist zufällig
- Macht eine Rolle vorwärts in die Rückenlage
- Kann im Laufen noch nicht abrupt anhalten

3 Jahre:
- Geht Treppen hinunter und benutzt die Beine abwechselnd
- Furchtlos auf Wippe und Rutsche
- Steigt treppauf, ohne sich am Geländer festzuhalten, wobei es sich bemüht, Balance zu halten
- Fährt Dreirad, hat aber noch Schwierigkeiten willentlich anzuhalten
- Springt von einem Stuhl herunter

4 Jahre:
- Steht einen Moment lang auf einem Bein
- Fährt schnell Dreirad und Roller, lenkt diese Gefährte sicher
- Bewegungen werden willentlich begonnen und gestoppt
- Springt mit beiden Füßen von etwas herab und wiederholt das gern
- Kann aus dem Laufen heraus anhalten

4½ Jahre:
- Steht etwa fünf Sekunden auf dem bevorzugten Bein
- Läuft rückwärts
- Sitzt im Schneidersitz

5 Jahre:
- Kann schwimmen und Ski fahren lernen
- Steht und läuft auf Zehenspitzen
- Ist geschickt im Schaukeln, Springen und Klettern (gern am Klettergerüst)
- Balanciert sicher

5½ Jahre:
- Steht sicher auf einen Bein, rechts und links
- Kann „Gänsefüßchen" rückwärts gehen
- Hüpft mit geschlossenen Beinen mehrmals hintereinander
- Fährt Fahrrad mit Stützrädern, kann noch nicht zuverlässig lenken und bremsen

6 Jahre:
- Fährt Fahrrad ohne Stützräder
- Balanciert über einen schmalen Schwebebalken
- Kann mehrmals hintereinander Seilspringen
- Fängt einen weichen Ball mit nur einer Hand auf
- Betreibt vielfältige Sportarten
- Kickt einen großen Ball im Laufen, ohne hinzufallen

(nach Beller, 27)

12 Bewegungsspiele für zu Hause mit Ihrem Kind

- **Pferd und Kutscher:** Ein Seil um die Brust eines Kindes, das andere Kind (oder Mama) lenkt. Das Paar läuft treppauf, treppab durch die Wohnung.
- **Kissen oder Softbälle** aus unterschiedlichen Entfernungen in einen Korb werfen, treffen oder aufeinander werfen, fangen oder damit „kämpfen" (Kissenschlacht)
- **Fußgreiftraining:** Tücher mit den Zehen aufnehmen, auf einem Bein damit hüpfen, dem nächsten Kind weitergeben etc
- **Lauf-Memory:** Wie Tisch-Memory – nur dass die Kärtchen im ganzen Raum verteilt werden
- **Schlittschuhlaufen auf dem Parkettboden** mit Tüchern. Was für Figuren kann man machen?
- **Wir fahren** nach „Hüpfhausen", nach „Rollhofen", nach „Kriechstetten", nach „Springdorf", nach „Krabbelheim" usw. Die Bewegung eine Weile ausführen. Wem fällt noch was ein?
- **Spinnennetz** durch das Zimmer spannen. Um Stuhlbeine, Schrankgriffe, Lehnen. Dazwischen durchsteigen, ohne zu berühren. Wer schafft es, unten durchzurobben? Wer schafft es, in die einzelnen Felder zu schlüpfen? etc.
- **Ampel:** Einer bekommt drei Tücher oder Schilder in Rot, Gelb, Grün. Die anderen sind die Autos und „fahren" herum. Je nachdem, welche Farbe hoch gezeigt wird, dürfen die Autos fahren, den Motor anlassen oder ruhig stehen.
- **„König":** Der König bestimmt und macht vor, welche Bewegungen alle machen: hüpfen, mit den Armen wedeln, den Kopf rollen, Kniebeugen etc. Dann ist der nächste der König.
- **Elefantentanz:** Geeignete Musik heraussuchen und langsam und behäbig, mit schwingendem Rüssel durch die Wohnung tanzen. Dann: Wie tanzen Mäuse, wie Frösche, wie Enten usw.?
- **Überschwemmung:** Alle retten sich vor dem Hochwasser: auf die Stühle; alle retten sich vor dem Regen: unter den Tisch; vor dem Sturm: hinter das Regal; vor dem Hagel: unter das Sofa.
- **Sie bauen einen Parcours** durch die Wohnung auf: Joghurtbecher-Slalom, Stühle zum Unten-durch-kriechen, Tische zum Runterspringen, Kiste zum Drüberklettern, Seil zum Drüberbalancieren und Rechts-und-links-danebenspringen und Ähnliches.

Zum Weiterlesen:
Dunemann/Gulde: **„Yoga und Bewegungsspiele für Kinder"**, Kösel • Erkert: **„Bewegungsspiele für Kinder"**, Don Bosco • Friedl: **„Pi-Pa-Purzelbaum, Bewegungsspiele für kleine Kinder"**, Kösel • Koneberg /Gramer-Roller: **„Das bewegte Gehirn, 7 Übungen für Kinder"**, Kösel • Köckenberger: **„Bewegungsspiele mit Alltagsmaterialien"**, Borgmann publishing GmbH • **„Sport und Spiel in aller Welt"**, GEOlino

Hilfsbereitschaft SO

Was bedeutet Hilfsbereitschaft bei Kindern?

Hilfsbereitschaft bedeutet, anderen Kindern, Erwachsenen, den eigenen Geschwistern, den Eltern zu helfen, ihnen Unterstützung, Entlastung, Erleichterung zu bieten. Und zwar freiwillig, ohne besondere Aufforderung. Hilfsbereit zu sein setzt voraus, dass man die Notwendigkeit von Hilfe, kleinen Gefälligkeiten oder Entlastungen bewusst wahrnimmt, Einfühlungsvermögen beweist und eine Perspektive-Übernahme schafft. Eine andere Voraussetzung ist, im jeweiligen Fall das innere Bedürfnis zum helfenden Handeln in sich wahrzunehmen und praktische Formen des Helfens zu kennen.

Warum es wichtig ist, diese Kompetenz bei Kindern zu fördern

Zunächst ist Hilfsbereitschaft einer der grundlegenden Werte einer Gesellschaft, der leider im Moment zugunsten eines immer größer werdenden Egoismus etwas vernachlässigt wird. Es wäre gut für uns alle, wenn die Entwicklung von sozialem Verhalten wieder ein bewusstes Erziehungsziel werden würde.
Hilfsbereitschaft macht Kinder und Erwachsene beliebt und sympathisch. Hilfsbereite Menschen finden leicht Freunde. Außerdem schafft Hilfsbereitschaft ein positives Selbstbild – *„Ich bin gut und wichtig"* – und nicht zuletzt auch ein gutes Selbstwertgefühl. Wer anderen hilft, ist in gewisser Weise in dieser Situation der Überlegene und der Stärkere.
Hilfsbereite Kinder erwerben schon früh hohe Sozialkompetenz. Hilfsbereitschaft entwickelt emotionale Intelligenz, Teamfähigkeit und Selbstbewusstsein.

Wie Sie Hilfsbereitschaft in der Familie fördern können

Am wichtigsten ist natürlich auch hier wieder das **Vorbild**. Wenn Sie sich als Erwachsener hilfsbereit verhalten – besonders auch der Vater – lernt das Kind diese Eigenschaft, indem es sie sich von Ihnen abschaut.
Beteiligen Sie sich gemeinsam an sozialen Aktivitäten. Weihnachtspäckchen, die in arme Länder verschickt werden (oft vom Kindergarten organisiert), gemeinsam packen, ein Patenkind aus Afrika gemeinsam unterstützen, ab und zu einem Bettler etwas geben, am Wohltätigkeitsbasar in Kindergarten und Schule mitarbeiten.
Genauso kann man den Kindern **von den großen Hilfsorganisationen,** wie Amnesty International oder dem Ärzteschiff Cap Anamur, **erzählen** und wie wichtig deren Arbeit ist.
Weiter ist es förderlich, wenn Eltern ihr Kind ausdrücklich **loben**, wenn es zum Beispiel seinen Geschwistern hilft, etwa der kleinen Schwester die Skischuhe zumacht *("Toll gemacht! Danke, dass du mir das abgenommen hast! Das ist wirklich schwierig.")*, dem Baby den heruntergefallenen Schnuller abwäscht und wieder in den Mund steckt oder die Freundin, die sich wehgetan hat, streichelnd tröstet.
Man kann ruhig auch mit Kleinen **Krankenbesuche** machen und ihnen auf Hin- und Rückfahrt erzählen, wie sehr sich der arme Kranke freut, dass man sich die Zeit für ihn genommen hat, ihn unterhalten hat, ihm etwas mitgebracht hat.
Aufstehen im Bus, wenn alte Leute einsteigen und Ihnen den Platz anbieten, gehört eigentlich zur „normalen" Höflichkeit. Man erlebt es aber kaum noch. Sie können als junge Frau das auch selbst tun und Ihr Kind konkret dazu anhalten.
Es gibt **viele Märchen und Kindergeschichten, in denen hilfsbereites Verhalten** dargestellt ist. Eltern können das mit ihren Kindern **anerkennend besprechen.** *„Wie findest Du denn das, was Pünktchen da für den Anton macht? Ich finde es super, wie sie versucht ihm zu helfen."*
Auf kleine, sozusagen **„Zwei-Minuten-Hilfen" im Alltag kann und sollte man Kinder aufmerksam machen**: Der alten Nachbarin etwas vom Einkaufen mitbringen, einem alten Menschen eine schwere Tasche die Treppe hinauftragen, jemandem eine Auskunft geben, einen Weg beschreiben, einen schwierigen

Automaten erklären, ein Taschentuch geben, Geld wechseln usw. Mit dem alleinstehenden, einsamen 80-jährigen Nachbarn ein paar Worte wechseln.

Man wird wahrscheinlich anfangs sein Kind **auffordern** müssen, sich helfend zu verhalten: *„Bitte hilf Frau Müller mal mit der Tasche, Kai. Du bist doch schon stark."* Kinder sehen das zunächst nicht von allein.

In der Familie muss die Mama anfangs sicherlich **um Unterstützung bitten:** *„Ich brauche heute deine Hilfe bitte."* Das ist ein wichtiger Aspekt. Kinder helfen aus den oben genannten Gründen gern, aber meist muss man sie bitten. Fragen Sie Ihr Kind, ob es den Tisch decken könnte, eine vergessene Kleinigkeit einkaufen gehen, das Waschbecken auswischen *(„Doch, doch mein Schatz, das kannst du schon gut."),* die alten Zeitungen in die Papiertonne werfen, im Garten mit Unkraut zupfen, helfen das Laub zusammenzurechen usw. Ein: *„Bitte hilf mir, ich schaffe es sonst nicht."* wirkt um einiges besser als: *„Du räumst jetzt sofort den Tisch ab!"*

Erst ungefähr im Vorschulalter entwickelt sich die Fähigkeit zu sehen, dass jemand Hilfe braucht.

Sehr wichtig ist, **in jedem Fall zu vermeiden, kleine Hilfsdienste als „Strafe" zu bezeichnen:** *„So – zur Strafe hilfst du mir jetzt, erst die Wäsche aufzuhängen und dann beim Johannisbeeren Pflücken!"* Auf diese Weise werden kleine Gefälligkeiten und sogar eigentlich lustvolle Tätigkeiten, wie Beeren pflücken, als unangenehm erlebt und negativ besetzt.

Erzählen Sie anderen Familienmitgliedern begeistert, wie froh Sie waren, dass Maxi Ihnen heute beim Fensterputzen geholfen hat. **Veröffentlichen Sie Hilfeleistungen.**

Eltern sollten **nicht aus falsch verstandener Rücksichtnahme zögern,** zu bitten oder gar aufzufordern. Nur so entsteht Hilfsbereitschaft. Kinder lernen selbst sehr viel aus Hilfeleistungen. Sie spüren bald die guten Gefühle von Überlegenheit und Selbstbewusstsein, die einem kleinere und größere Hilfeleistungen einbringen. Das motiviert sie, sich von selbst hilfsbereit zu verhalten. Besonders bei Geschwisterkindern kann man das sehr häufig beobachten. Das große Kind kompensiert seine „Entthronung", seine Eifersucht auf das Baby dadurch, dass es selbst extrem bemuttert, sich verantwortlich fühlt und so viel wie möglich um das Kleine kümmert. Das ist die altruistische Variante, mit Eifersucht umzugehen.

Der Prophet und die langen Löffel

Ein Gläubiger kam zum Propheten Elias. *„Bitte zeige mir den Himmel und die Hölle."* Er wollte seinen Lebensweg danach gestalten.

Elias führte ihn in einen großen Saal. Dort drängten sich viele arme, in Lumpen gehüllte, und reiche, mit Edelsteinen geschmückte Gestalten. In der Mitte des Raumes stand auf offenem Feuer ein riesiger Topf mit duftender, brodelnder Suppe. Um den Topf drängten sich viele hohlwangige, tiefäugige, vor Hunger schreiende Menschen, von denen jeder versuchte, sich seinen Anteil an der Suppe zu sichern.

Der Begleiter des Propheten Elias wunderte sich, dass die Löffel, die jeder dabei hatte, reichlich so groß waren, wie er selbst. Nur ganz am Ende hatten die Löffel einen hölzernen Griff. Der übrige Löffel war aus Eisen und durch die kochende Suppe glühend heiß. Gierig stocherten die Hungrigen im brodelnden Kochtopf herum. Doch nur mit Mühe konnten sie ihre schweren Löffel aus der Suppe heben. Da diese aber zu lang waren, bekam selbst der Stärkste seinen Löffel nicht in den Mund. Gar zu Vorwitzige verbrannten sich Arme und Gesicht oder schütteten in gierigem Eifer den Eintopf dem Nächsten über die Schultern. Schimpfend gingen sie aufeinander los und schlugen sich mit den Löffeln, mit denen sie eigentlich ihren Hunger stillen könnten. Der Prophet fasste seinen Besucher am Arm und sagte: *„Das ist die Hölle."* Sie verließen den Saal und hörten noch lange das höllische Geschrei hinter sich.

Nach langer Wanderung durch finstere Gänge betraten sie einen zweiten Saal. Hier saßen viele fröhliche und entspannte Menschen. In der Mitte brodelte wieder ein Kessel mit dem Eintopf. Wieder hatte jeder der Anwesenden einen riesigen, langen Löffel aus Eisen mit einem Holzgriff am Ende. Hier waren die Menschen alle wohlgenährt, und man hörte nur leise, zufriedene Stimmen und das Eintauchen der Löffel. Jeweils zwei Menschen hatten sich zusammengetan. Einer tauchte den Löffel ein und fütterte damit den anderen. Wurde der Löffel zu schwer, half ihnen sogleich ein dritter, so dass jeder in Ruhe essen konnte. War einer gesättigt, kam der Nächste an die Reihe. Der Prophet sagte zu seinem Begleiter: *„Das ist der Himmel."*

(nach 31)

Verschiedene Aspekte von Hilfsbereitschaft

Neben der Erleichterung, die sie demjenigen bringt, dem geholfen wird, entsteht auch eine Abhängigkeit, ein kleine **Art von Machtverhältnis.** Der Helfer ist der Überlegene. Der andere muss (oder sollte) „Danke" sagen. Er ist dem anderen etwas schuldig.

Vor allem viele erwachsene Frauen kennen bei sich **das Phänomen, nicht „Nein" sagen zu können** – vor lauter Hilfsbereitschaft. In diesem Fall hat man eine etwas übertriebene Form des Helfens gelernt und dabei erlebt, was man alles, auch wenn es noch so anstrengend ist, dabei „bekommt": zum Beispiel positiven Kontakt, Anerkennung, Macht, das gute Gefühl, gebraucht werden, wichtig zu sein, geliebt und bewundert zu werden. Wenn man dieses Thema bei sich kennt, und es gern ein Stück weit ablegen möchte, kann man als erstes eine Liste machen, was der „gute Grund" für dieses Verhalten ist. Was bekommt man alles dadurch? Was ist der Vorteil? Wahrscheinlich wird man das „grenzenlose Helfen" erst aufgeben können, wenn man gelernt hat, diese ganzen Aspekte auch irgendwo anders zu bekommen.

In vielen Grimms-Märchen spielt das Thema Hilfsbereitschaft eine Rolle. Zum einen in der oben beschriebenen Variante, dass **Helfen einem Vorteile bringt, belohnt wird,** man sich gut fühlen kann, das Zusammenleben „menschlich" und erleichternd macht (Frau Holle, Schneewittchen).

Aber man erfährt in Märchen auch, dass das Annehmen von Hilfen auch mit Forderungen von der Gegenseite verbunden sein kann, dass der zunächst freundlich und gut auftretende **dafür etwas Großes oder Größeres haben will** (Froschkönig, Rumpelstilzchen).

Der böse Zwerg in „Schneeweißchen und Rosenrot" zeigt uns, dass einem **nicht alle Hilfsbereitschaft gedankt wird,** sondern die Mädchen sogar, nachdem sie den bösen kleinen Gnom befreit haben, übel von ihm beschimpft werden.

Zum Weiterlesen für Kinder:
Kästner: **„Pünktchen und Anton"**, Dressler • Lindgren: **„Pippi Langstrumpf"**, Oetinger • Lionni: **„Tico und die goldenen Flügel"**, Middelhauve • Moser: **„Edy und seine Freunde"**, Picus • Preußler: **„Die kleine Hexe"**, Thienemann • Lindgren: **„Die Brüder Löwenherz"**, Oetinger • Wagner: **„Doktor Wendelins Marzipantour"**, Picus

ICH
KO

Individuelle Interessen entwickeln

Was bedeutet diese Fähigkeit?

Es bedeutet, die Interessen des Kindes aufzugreifen und sie praktisch und kognitiv zu fördern. Das gelingt meistens ab dem 3. bis 4. Lebensjahr und hat bei Vorschulkindern und kleinen Schulkindern seinen Höhepunkt. Hier findet man oft wahre Spezialisten, „Fachleute" zu bestimmten Gebieten – seien es Ritter und das Mittelalter, Angeln, Käfer, Astronauten, ein musischer Bereich, Fußball, Autos, Eisenbahnen oder was auch immer. Interessant ist, dass Jungen hier oft mehr abstrakte Interessen zeigen, während Mädchen sich in diesem Alter schwerpunktmäßig mehr mit Beziehungen verschiedener Art, Sexualität und Lebenskonzepten (in Rollenspielen) beschäftigen.

Warum es wichtig ist, diese Kompetenz bei Kindern zu fördern

Es motiviert zu weiterem Lernen. Wissen macht Spaß, man kann beeindrucken, es gibt Selbstbewusstsein. Die allgemeine kognitive Entwicklung wird wesentlich gefördert, weil man erlebt, wie man sich Wissen erarbeiten kann. Besonders intensiv geschieht das, wenn es gelingt, das Wissensgebiet mit seinem Kind gemeinsam mit anderen Wissensgebieten zu vernetzen. Das bedeutet, alles immer unter verschiedenen Aspekten zu beleuchten und zu ergänzen – dem biologischen, dem geografischen, dem historischen, dem fachlichen, dem musisch-bildnerischen, dem technischen, dem ethischen, dem sozialen usw. Ihr Kind lernt auf diese Weise modellartig, wie man sich ein Wissensgebiet erarbeitet. Und es lernt auch, dass Lernvorgänge anstrengend sein können. Dass Lernen auch nicht immer nur Spaß machen kann. Trotzdem wird es, solange es wirklich seinem Interesse entspricht, motiviert und lustvoll dabei sein.

Wie Sie individuelle Interessen in der Familie fördern können

Zuallererst dadurch, dass man sein Kind diesbezüglich sensibel und sehr genau beobachtet. Was ist sein Thema, was beschäftigt es? Man kann dann das

Thema aufgreifen und gemeinsam mit ihm ausbauen. Wichtig ist dabei, sein Kind nicht zu belehren, zu überfordern mit zu vielen Ideen, Vorschlägen und Anregungen.

Lassen Sie uns ein Beispiel auswählen: Interesse an Hunden.

Die 4-jährige Nora interessiert sich sehr für Hunde. Bei Hunden ist es ratsam, Kindern als erstes zu zeigen, wie man Kontakt mit Hunden aufnehmen kann: *„Hallo, darf ich bitte Ihren Hund streicheln?"* Nora sollte erklärt bekommen, dass Hunde sehr unterschiedliche Charaktere haben und man fremde Tiere nicht einfach so anfassen kann. Die Eltern können mit ihr Hundebücher und Filme (Rex, Lassie, 101 Dalmatiner, Ein Hund namens Beethoven) ansehen. Alle diese Medien bieten gute Gesprächsmöglichkeiten.

Nora kann einen Stoffhund geschenkt bekommen – oder man kann selbst Hund spielen. Die Eltern können über unterschiedliche Rassen, Größen, Aussehen, Farben mit ihr sprechen. Sie könnten gemeinsam Hunde malen, ausschneiden und ein Hundeposter anlegen. Man kann (je nach Alter des Kindes) die Biologie der Hunde genauer erarbeiten (im Tierlexikon). Man kann die Begriffe Rasse, Säugetiere, Haustiere, Rüde, Welpe, Nutztier einführen. Man kann Fragen stellen und sich gemeinsam Antworten dazu erarbeiten:

- Welche Aufgaben haben Hunde für den Menschen?
- Was können sie alles?
- Wie ist die Körpersprache dieser Tiere?
- Was fressen Hunde?
- Wie erkennt man, wenn sie krank sind?
- Welche anderen Tiere sind ihnen ähnlich?
- Welche speziellen Arten von Hunden gibt es in verschiedenen Ländern beziehungsweise Erdteilen?
- Wann haben Menschen angefangen, Hunde als Haustiere zu halten?
- Woran erkennt man Männchen und Weibchen?
- Wie sehen sie aus? (genau betrachten, beschreiben, malen)
- Wie riechen Hunde?
- Wie fühlen Sie sich unterschiedlich an, wenn man sie streichelt oder krault?
- Welche Laute geben Sie von sich?
- Was kann man von Hunden hören?
- Wie bewegen Sie sich? (Nachspielen)
- Wie schmecken sie? (Ach nein, Hunde kann man ja nicht essen.)

- Jeden Tag könnten Sie gemeinsam mit Lexika, Büchern, dem Internet und „Interviews" mit Hundebesitzern einer dieser Fragen nachgehen. Sie könnten eine Hundezucht in der Nähe besuchen, den Besitzer befragen. Bei einer Hundeschule zuschauen. Vorführungen von Polizeihundestaffeln oder Rettungshunde-Vorführungen besuchen etc.
- Irgendwann wird dann das Interesse wieder vorbei sein, und dann ist es auch gut so.
- Das Kind wird sich einem neuen Wissensgebiet zuwenden.

Man kann jedes Wissensgebiet mit Kindern sehr sinnlich angehen. Alles Wissen verankert sich dann intensiver.

Hilfreich ist natürlich auch, wenn die Eltern selbst oder Geschwister Wissensgebiete, Sport oder andere Hobbys intensiv pflegen. Wer sich für nichts interessiert, nur auf dem Sofa liegt und fernsieht, dessen Kinder werden auch keine Lust haben, keine Notwendigkeit verspüren, sich Wissen anzueignen.

Wichtig ist es also, Interessen, die das Kind anbietet, aufzugreifen und einfühlsam mit ihm gemeinsam zu lernen. Sehr gut ist es, wenn die Mama und der Papa nicht zu viel darüber wissen und sich das Thema mit ihrem Kind gemeinsam erarbeiten.

Es gibt zum Beispiel im Internet oder im im Buchhandel heute zu jedem Wissensgebiet Informationen oder Fachbücher für Kinder. Vielleicht suchen Sie gemeinsam mit Ihrem Kind in der Bücherei nach interessanter Literatur.

Die Aufgabe der Eltern besteht also in der Wahrnehmung des Interesses und in der zurückhaltenden Art, spannendes Material dazu zur Verfügung zu stellen, zu zeigen wie man sich Wissensinhalte erarbeiten kann. Man sollte dabei sehr vorsichtig sein, nicht in die Falle zu treten, „Wissen eintrichtern" zu wollen. Das bringt gar nichts. Gehen Sie behutsam mit Ihrem Kind und seinen Bedürfnissen um.

ELTERNAUFGABE

Überlegen Sie sich einmal:

- Welche Wissens- oder Interessengebiete hatten Sie als Kind oder als Jugendliche?

  _____
  _____

- Welche Unterstützung dazu erhielten Sie von seiten Ihrer Eltern?

  _____
  _____

- Oder von anderen Erwachsenen?

  _____
  _____

- Was haben Sie damals außer dem Wissensgebiet durch die Beschäftigung damit noch gelernt?

  _____
  _____

- Was kommt Ihnen davon eventuell heute noch zugute?

  _____
  _____

- Was durften Sie sich nicht erarbeiten, und wie sehen Sie das heute?

  _____
  _____

ICH
PSY

KOHÄRENZ

WAS BEDEUTET KOHÄRENZ?

Kohärenz (lateinisch): zusammenhängend, Zusammenhalt. Das ist das Gefühl, dass es im Leben einen Sinn und einen Zusammenhang gibt, dass das Leben nicht einem unbeeinflussbaren Schicksal unterworfen ist. Die Erfahrung, dass Menschen, man selbst, Dinge und Vorgänge in einem Zusammenhang stehen, einem Zweck dienen, einen Sinn enthalten, gibt Sicherheit, Ruhe und ein Geborgenheitsgefühl in der Welt. Aus diesem Gefühl heraus kann auch eine gewisse Verantwortlichkeit entstehen.

Kohärenzfähigkeit ist also die Kompetenz, sich Zusammenhänge zu erschließen und das eigene Eingebundensein darin zu verstehen: Die Kuh frisst auf der Weide Gras, das wird in ihrem Magen zu Milch umgewandelt, der Bauer melkt die Kuh, und dabei kommt die Milch aus dem Euter. Er füllt sie in Kannen, sie wird mit dem Laster in die Stadt gefahren, dort wird sie in die Tüten gefüllt und in die Supermärkte gefahren. Dort kauft die Mama sie ein, dann kann ich sie trinken und werde groß und stark.

Ein Kohärenzgefühl setzt sich zusammen aus der Kompetenz des Verstehens, der logischen Sinnhaftigkeit – und es endet in der beruhigenden und faszinierenden Überzeugung, ein Teil im Ablauf des Weltgeschehens zu sein. Man kann es nachvollziehen und dadurch mehr und mehr Situationen bewältigen, Verantwortung und Achtsamkeit dafür entwickeln. Gerade auch in Zeiten der Globalisierung existiert eine Sehnsucht nach dem Sinn und einem Platz im Leben.

WARUM ES WICHTIG IST,
DIESE KOMPETENZ BEI KINDERN ZU FÖRDERN

Weil Kinder dieses Gefühl des Eingebundenseins in ein großes Ganzes als Grundlage für Selbstvertrauen, Selbstwirksamkeit und Sicherheit brauchen. Nur das Kind, das sich im großen Ganzen geborgen fühlt, kann auch in sich selbst ruhen. Im UNO-Kontext wird Kohärenz sogar im weitesten Sinne in die Gesundheitserziehung eingebettet.

Wie Sie Kohärenz in der Familie fördern können

Die Fähigkeit entwickelt sich im Alter von 3 bis 7 Jahren.
Kohärenz beschreibt eine Art geistige Haltung:
- Die Welt ist stimmig, geordnet und verständlich.
- Alle Abläufe stehen im größeren Zusammenhang und lassen sich dadurch verstehen.
- Das Leben stellt Aufgaben, die in einem größeren Zusammenhang stehen.
- Ich verfüge über Ressourcen, Kraft und Achtsamkeit, diese Aufgaben zu lösen.
- Viele Dinge und Ziele im Leben sind anstrengend, aber sinnvoll.

Heute sind viele Vorgänge in der Welt sehr abstrakt. Der eigentliche Ursprung und Zusammenhang von Gegebenheiten lässt sich nicht mehr leicht erschließen. Ein Beispiel: Meist kennen unsere Kinder heute: Einkaufen, Tiefkühltruhe, Mikrowelle.
Wenn sich im Bewusstsein kein Zusammenhang zwischen frischem Fisch, den Fischstäbchen in der Tiefkühltruhe des Supermarktes und der Mikrowelle herstellen lässt, stellt sich Kohärenz nicht ein. Das Kind begreift weder, was Fisch mit diesen goldbraunen Teilchen zu tun hat, noch wie sie in diese Schachtel und in diese Kühltruhe gelangen, wieso sie erst so kalt und dann so heiß sein müssen und warum es das dann essen soll – zusammen mit einem gelblichen Matsch aus einer Plastikdose, der wie Fingerfarben aussieht und „Kartoffelsalat" heißt.
Kinder haben aber das Bedürfnis, verstehend die Welt zu erfahren, in sie einzudringen, sie erlebbar und dadurch für sich handhabbar zu machen. **Sie wollen sinnvolle Zusammenhänge und Ordnungen erkennen, um sich selbst einordnen zu können.**
Man kann als Eltern also versuchen, möglichst viele Dinge und **Sachverhalte in ihrem Zusammenhang zu erklären**, besser noch selbst erfahrbar zu machen. Gut, wenn der Zusammenhang mit der Bedeutung des Vorgangs für das einzelne Kind endet – zum Beispiel der Vorgang „vom Schaf zur Socke": Schafe auf der Weide, Schafschur, Waschen des Schaffells, zu Wolle verspinnen, Socken stricken – und damit haben wir dann warme Füße.
Kinder erfahren wirkliche Sinnhaftigkeit für sich im Leben dadurch, dass sie lernen, dass sie selbst auch in Ereignisketten (Nahrungskette, Socken-Produk-

tion) oder in einem System (Familie, Kindergarten) in Sinnzusammenhängen stehen. Dieses Bewusstsein und die Pflicht, die daraus entsteht, gibt dem Leben Bedeutung.

Auf der kognitiven Ebene ist es hilfreich, wenn Eltern nicht müde werden, anhand von Erlebnissen auf dem Bauernhof, im Wald, am Wasser oder auch mit unterstützenden Büchern diese ursprünglichen Zusammenhänge – so gut wie heute noch möglich – **zu erklären.**

Auch **den normalen Tagesablauf soll ein Kind verstehen**, nachvollziehen und seine Sinnhaftigkeit begreifen lernen. Warum stehen wir auf? Warum frühstücken wir, gehen in den Kindergarten oder die Schule? Warum gehen Mama und Papa arbeiten? Warum gibt es Pausen? Warum muss ich Mathe lernen? Warum wird bei uns warmes Mittagessen gegessen? Warum muss ich mich dann ausruhen? Eltern können den Tagesablauf mit ihren Kindern durchsprechen, durchspielen, anhand von Bilderbüchern und Geschichten nachvollziehen oder Unterschiede zu anderen Familien ausmachen etc.

Wenn der Tagesablauf relativ geregelt und gleichmäßig abläuft, ist das für kleine Kinder hilfreich. Auch ein gewisser **Rhythmus**, von zum Beispiel Lernen, Spielen, Entspannen, Schlafen, Essen, Arbeiten, Feiern ist hilfreich. Wir sind eingebunden in den Rhythmus der Jahreszeiten, des Tag- und Nachtwechsels, letztlich des Lebens und Vergehens. Außerhalb der eigenen Familie gehen die Zusammenhänge jedoch weiter.

Der nächste Lernschritt ist also: Wir leben in einer Umwelt, die wir heute mehr denn je schützen und beachten sollten. Und diese **unsere Welt**, der Planet Erde, ist **ein winziges Teilchen in einem unendlichen Kosmos** von Sternen und Planeten.

Zur Kohärenz gehören **auch Verantwortung, Achtsamkeit und Behutsamkeit** im kompetenten Umgang mit Menschen, Tieren, Pflanzen und Dingen. (Wie füttert man ein Baby? Wie nimmt man eine Katze hoch? Wie gießt man welche Blumen?)

Rituale und Alltagshöhepunkte, wie Feste, spannende gemeinsame Reisen oder Ausflüge, helfen auch, Kohärenz zu entwickeln.

Gespräche über oder mit einem lieben Gott, der alles, was aus der Natur kommt, lenkt und steuert, sind vor allem für Vorschulkinder sehr hilfreich. Er erleichtert, naturwissenschaftlich noch nicht nachvollziehbare Dinge einzuordnen. Ängste werden gemindert, wenn man weiß, dass einen jemand Übergeordneter

beschützt. Mich, meine Schwester und auch meine Mama und meinen Papa.
Auch **andere philosophische Gespräche** sind mit vielen kleinen Kindern schon möglich und zeigen uns ihre komplexen und kreativen Gedanken zu vielen Lebens- und Sinnfragen.

Es funktioniert besonders gut, wenn Eltern **hauptsächlich fragen und interessiert und wertschätzend zuhören.** Wichtig: Nicht abwerten oder belehrend unsere naturwissenschaftliche Meinung oder unser Wissen darüber voreilig kundtun.

Fragen Sie Ihr Kind einmal, was es glaubt, wozu die Sonne, der Mond und die Sterne da sind, wie das mit dem Tod ist, warum Menschen krank sind, warum es so viele verschiedene Menschen auf der Erde gibt, warum es arme und reiche Menschen gibt, warum Kinder so klein auf die Welt kommen, warum es Regen und Schnee und schlechtes Wetter gibt usw. usw. Sie werden sich wahrscheinlich wundern, was Ihr Kind für interessante Ideen dazu hat. Und Sie selbst können ruhig sagen, dass Sie auf vieles **auch keine rechte Antwort wissen.** Und natürlich, dass Sie gern weiter mit Ihren Söhnen und Töchtern darüber nachdenken oder nachforschen wollen. Philosophieren Sie über unser Eingebundensein in kosmisches Leben.

ELTERNAUFGABE

Erzählen Sie Ihrem Kind von Ihrer Familiengeschichte: Legen Sie einen Stammbaum an (aufmalen) – bis zu den Urgroßeltern: Wie hießen sie? Wo haben sie gelebt? Was hatten sie für einen Beruf? Wie ist die Verwandtschaftsbeziehung zum Kind? Führen Sie Begriffe wie Onkel, Tante, Cousinen, Schwiegereltern etc. ein.

Zum Weiterlesen
Freese: **„Kinder sind Philosophen"**, Beltz • König: **„Feste feiern, Bräuche neu entdecken"**, Kösel • Krenz: **„Kinderfragen gehen tiefer"**, Herder • Matthews: **„Philosophische Gespräche mit Kindern"**, Freese

Für Kinder (Bilderbücher, die Zusammenhänge erläutern, zum Bespiel:)
Lionni: **„Pezzetino"**, Beltz • Mitgutsch: **„Vom Plan zum Haus"**, **„Vom Maler zum Bilderbuch"** etc., Boje (Reihe)

KOMMUNIKATIONSFÄHIGKEIT

Was bedeutet Kommunikationsfähigkeit?

Der Begriff beinhaltet etwas anderes als rein sprachliche Fähigkeit. Jemand kann in Germanistik promoviert haben und trotzdem nicht besonders kommunikationskompetent sein und umgekehrt. Es gibt Menschen, die ausgesprochen gut kommunizieren können, ohne die Sprache perfekt zu beherrschen.

Die Definition von Kommunikation lautet: „Der verbale und nonverbale Austausch von Informationen." Kommunikation bedeutet, sich verständigen zu können. Darin kompetent zu sein bedeutet, mit unterschiedlichsten Leuten in unterschiedlichsten Situationen sprechen zu können. Kommunikationskompetenz heißt also auch, verschiedene Arten von Gesprächen in sinnvoller, konstruktiver Weise führen zu können: das Gespräch mit dem Freund im Kindergarten, mit der Lehrerin in der Schule, mit dem Opa, der alt ist und schlecht versteht, mit dem Nachbarjungen, der kaum Deutsch kann, mit Mama oder Papa abends beim Kuscheln, mit der fremden Verkäuferin im Spielzeugladen, wenn man erste selbständige Einkäufe tätigt, mit einer vornehmen Tante bei einem großen Familienfest usw. Immer sind verschiedene Gesprächsarten und Sprachformen nötig.

Kommunikative Kompetenz ist die Nummer eins der sozialen Kompetenzen.

Warum es wichtig ist, diese Kompetenz bei Kindern zu fördern

Weil Kommunikationsfähigkeit eine so wichtige Sozialkompetenz ist, erleichtern Eltern ihren Kindern das Leben sehr, wenn sie sie lehren, wie man mit verschiedenen Menschen unterschiedlich spricht. Nur wer dazu in der Lage ist, wird heute wirklich Erfolg haben, in der Schule und im Leben. Wer kommunikativ kompetent ist, hat meist 85 % der Anforderungen und Sympathien gewonnen, bevor es um Inhalte geht.

Wie Sie Kommunikationsfähigkeit in der Familie fördern können

Zunächst einmal dadurch, dass Eltern sich selbst beobachten, ob und wann sie in Gesprächen untereinander **wirklich in Kontakt** sind. In den meisten Fällen spricht einer lange und wortreich – wenn es gut geht, hört der andere zu. Oder einer fragt ständig, und der andere antwortet stereotyp mit „*Ja-ja*" oder „*Nein*". George Bernard Shaw formulierte einmal: „*Kommunikation scheitert hauptsächlich daran, dass sie meist nicht wirklich stattfindet.*"
Beobachten Sie, ob Sie wirklich in Kontakt sind, wenn Sie mit Ihrem Kind sprechen. Das heißt:
- Blickkontakt auf Augenhöhe
- Eine Armlänge Abstand
- Evtl. lockerer Körperkontakt
- Und wirkliches Interesse
- Abwechselndes Sprechen und Zuhören

Der zweite Aspekt, oder man sagt auch „die Hauptkunst der Kommunikation" ist: **gut zuzuhören**. Gut zuhören (aktiv zuhören) bedeutet:
- Selbst nichts von sich aus zu sagen; keinen sofortigen Rat, keine Kritik, keine Bagatellisierung, kein Verhör, keine Interpretation oder Ideen usw. (siehe „*Mit Kindern richtig reden*", 11).
- Nonverbal Interesse zeigen (freundlicher Blick, nicken, „*mh mh*", zugewandte Körperhaltung)
- Nachzufragen, wenn man etwas nicht verstanden hat
- Und paraphrasieren, d.h. zusammenfassend das wiedergeben, was man verstanden hat.

Das muss man wirklich üben, wenn man erreichen möchte, dass Kinder einem etwas erzählen. Beobachten Sie einmal Ihre eigene Art, Ihrem Kind (oder auch anderen Leuten) zuzuhören.
Der dritte und sehr wesentliche Teil, wenn man Kinder kommunikationskompetent machen möchte, ist **Metakommunikation**. Dieser theoretische Begriff von Paul Watzlawick bedeutet, dass man mit den Kindern üben kann, **darüber zu reden, wie man miteinander spricht und umgeht**. Watzlawick sagt, das

sei die einzige Form, schwierige Gesprächssituationen aufzulösen. Und zwar, indem man aus dem Inhalt „aussteigt" und sich gemeinsam anschaut, *wie* man gerade miteinander spricht.

ÜBERS REDEN REDEN

Hier einige Beispiele, wie Sie mit Ihrem Kind über die Art reden können, in der Sie miteinander sprechen und umgehen:

„Der Ton, in dem du mit mir redest, gefällt mir nicht. Bitte sprich ruhig."
„Eventuell wäre eine Pause gut. Ich denke, wir sind beide zu aufgewühlt."
„Wir sollten versuchen, mehr auf den Punkt zu kommen. Ich denke, wir umkreisen das Problem seit einiger Zeit"
„Ich habe den Eindruck, du kannst mir nicht zuhören. Was kann ich tun, damit du mich hörst?"
„Mein Schatz, ich sage das jetzt zum dritten Mal. Was ist los? Hörst du mich nicht?"

Kinder, auch Kleine ab ca. 2½ Jahren, lernen das sehr schnell – und Eltern erleben, dass es eine verblüffende Wirkung hat. Ewige Teufelskreise können so unterbrochen werden. Sich im Ton zu vergreifen, nicht befolgte Bitten, sechsmal gestellte Aufforderungen, Schimpfworte etc. können auf diese Weise vermieden werden.

Ein weiteres Moment, das Kommunikationsfähigkeit fördert, ist, dass die **Eltern selbst sich differenziert und klar ausdrücken.**
Das bedeutet, dass:
- direkt und deutlich gesprochen wird
- Inhalte und Beziehungen auseinandergehalten werden
- bei Missverständnissen nachgehakt wird
- viel gefragt und intensiv zugehört wird
- man eigene Gefühle benennt und ausspricht – und danach fragt
- man Kindern nicht nur zuhört
- man darüber spricht, wie man miteinander spricht

- man sich gegenseitig ausreden lässt
- man sich Zeit lässt
- man sie auch nach ihrer Meinung fragt

Reden Sie mit Ihrem Kind, und geben Sie ihm **Gelegenheit zu sprechen**. Beim gemeinsamen Mittag- oder Abendessen zum Beispiel kann man in der Familie **differenzierte und interessante Gespräche führen** und möglichst nicht nur in den Fernseher starren. Auch bei Spaziergängen, auf Autofahrten usw. Reden lernt man nur durch Reden.
Fast nur von seinen Eltern lernt man, dass man **mit unterschiedlichen Menschen und in unterschiedlichen Situationen unterschiedlich spricht**. Das bedeutet, dass man Kindern unterschiedliche Gesprächsmöglichkeiten bietet und mit ihnen diese Unterschiedlichkeit anspricht (Metakognition).

IN UNTERSCHIEDLICHEN SITUATIONEN UNTERSCHIEDLICH SPRECHEN

- Sie nehmen Ihr Kind in Ihre Arbeitsstelle mit, weil Sie gerade für drei Stunden keinen Babysitter haben. Dazu erklären Sie dem Kleinen vielleicht, dass man hier sehr ruhig, höflich und zurückhaltend und leise reden muss, dass man zu den anwesenden Leuten „*Sie*" sagt oder am besten nur spricht, wenn einen jemand etwas fragt.
- Ihr Kind ist zu einem Kindergeburtstag eingeladen. Wie kommuniziert man da? Am Ende gehört es zur Höflichkeit, wenn man zur Mami der Geburtstagskindes sagt: „*Danke, dass ich kommen durfte.*" Sie sollten Ihrem Kind sagen, dass es das tun soll. Von allein weiß es das nicht.
- Oder in der Schule. Hier redet fast nur die Lehrerin. Die Kinder dürfen eigentlich gar nicht reden – oder nur wenn sie gefragt werden und sich vorher gemeldet haben.
- Oder Sie sind bei der Geburtstagsfeier der 85 Jahre alten Tante Clara. Mit ihr muss man ganz langsam und laut sprechen, damit sie einen versteht.

Kommunikationskompetent ist der, der in verschiedensten Situationen mit verschiedenen Menschen sinnvoll reden kann, so **dass sich beide gut fühlen.**
Wirklich aufeinander eingehen im Gespräch können die meisten Vorschulkinder noch nicht. Dazu gehören ein gutes Ich-Gefühl, Interesse, Empathie. Manche kleinen Schulkinder schaffen es – vor allem Mädchen, die oft verstärkt soziale Kompetenzen besitzen. Im Gespräch aufeinander einzugehen, lernt man ausschließlich durch das Modell der Eltern und Erzieherinnen. Und man sollte endgültig als Jugendlicher dazu fähig sein, zum Beispiel ...

- intensiv zuzuhören: Konzentration auf das, was der andere erzählt
- nachzufragen
- aufzufordern, mehr zu erzählen
- Befindlichkeit zu spiegeln, weiter zuzuhören
- Verständnis zu äußern
- eventuell weiter nachzufragen
- eigene Meinung zu äußern
- zu fragen, ob man etwas tun kann
- eventuell in den Arm zu nehmen, zu trösten, aufzumuntern – zum Beispiel so: *„Mhm , Wahnsinn, mhh ... und was hat er dann genau gesagt? ... Er hat dich also richtig beschimpft? ... Und was war dann weiter? ... Bist echt sauer auf den Typen, oder? ... Was denkt sich der wohl ... Das versteh ich total ... Was, glaubst du, war der Grund? Was könnte gewesen sein? ... Also für mich hört sich das an, als wenn ... Kann ich irgendwas für dich tun? ... Ach, das ist wirklich ärgerlich, möchtest du heute Nachmittag zu mir kommen?"*

In der Modellfunktion, die Sie als Eltern haben, sollten Sie sich auch möglichst über die eigene Körpersprache im Klaren sein. Auch ist gerade bei Gesprächen mit Kindern immer daran zu denken, dass der gesprochene Inhalt, die Worte nur zwischen 7 % und 15 % wahrgenommen werden. Zu 90 % wirken Körpersprache und die Stimme, deren Klang, die Satzmelodie, die Lautstärke, die Geschwindigkeit usw. Am Telefon hört man zum Beispiel an der Stimme des Gesprächspartners, wie es ihm geht – egal was er sachlich erzählt. Schon an Nuancen kann man erkennen, dass sich etwas verändert.

> **ELTERNAUFGABE**
>
> Beobachten Sie sich selbst einmal: Wie ist ...
> - Ihr Distanz- und Nähe-Verhalten?
> - Ihr Blickkontakt (Häufigkeit, Intensität)?
> - Ihre Körperhaltung als Ganzes?
> - Ihre Gestik?
> - Ihre Mimik, der Gesichtsausdruck?
> - Ihr Geruch?
> - Ihr Erscheinungsbild (Pflege, Frisur, Kleidung)?

Dazu gehört noch als sehr wesentlicher Aspekt **das Zusammenpassen von Körpersprache und den Worten, die man ausspricht.** Dass, wenn ich sage, ich bin traurig oder wütend, auch mein Gesicht traurig oder wütend aussieht. Es kann sehr schwierig für Kinder sein, wenn die Mama vordergründig freundlich und zugewandt erscheint und in Wirklichkeit Ärger und Ungeduld zu spüren ist. Kinder haben extrem feine Antennen. Auf Dauer ist das für Kinder nicht auszuhalten, wenn sozusagen ständig zwei Botschaften ankommen und man nicht weiß, woran man ist.

Dialoge mit Hand- oder Fingerpuppen, Theater spielen fördern die Kommunikationsfähigkeit natürlich auch sehr. Hier spielt man sozusagen das unterschiedliche Sprechverhalten der verschiedenen Rollen und Charaktere. Klar, dass der lustige Kasperle anders spricht als die alte liebe besorgte Großmutter, die Hexe, der Polizist.

Wenn **Sie Ihrem Kind vorlesen** oder Geschichten erzählen, können Sie auch darauf achten, **unterschiedliche Stimmlagen und Sprecharten zu verwenden.**

Körpersprache bei Kindern

1-3½ Jahre:
- Physiologischer Bewegungsdrang (das Kind ist immer irgendwie in Bewegung). Das bringt erste physische Stabilität.
- Sensible Phase für grobmotorische Entwicklung. Deshalb Bewegungsgelegenheiten schaffen, wo immer es geht.
- Lutschen und Saugen beruhigt, ebenso der Griff an die Genitalien. Oder es bedeutet Entspannung oder Müdigkeit.
- Arm vor dem Gesicht bedeutet Angst oder weg sein Wollen oder Peinlichkeit
- Kopf gesenkt, Schultern leicht nach oben gezogen, Arme hängen schlaff herunter: schlechtes Gewissen
- Sich auf den Boden werfen und schreien: Sichern des eigenen Standpunktes durch mehr Raum Einnehmen
- Leichtes Schlagen, Schubsen freundliches Gesicht: Kontaktsuche
- Sich an die Mama drücken, Kopf abwenden: Angst, Kontaktabbruch, eventuell Überforderung. Im Gespräch unbedingt auf Kontakt achten: Auf Augenhöhe, Blick- und Körperkontakt, kurze Sätze
- Schreien, um sich Schlagen, heruntergezogene Mundwinkel, gerunzelte Stirn: Wut, Zorn

3-6 Jahre:
- Bewegungslosigkeit ist fast noch nicht zu ertragen.
- Die eigene Geschlechtlichkeit wird entdeckt: Ich bin eine Junge, ein Mädchen.
- Dementsprechend entwickelt sich die Körpersprache in Bewegung und Kleidung. Jungen schubsen, kämpfen, rennen andere um, stoßen, schlagen, haben betont lässige Bewegungen. Bei Mädchen beginnt (über Identifikation mit weiblichen Vorbildern) weibliche Körpersprache: Schräg gelegter Kopf, Spielen mit den Haaren, Kichern hinter vorgehaltener Hand, Augenaufschlag, Bewegung mit Kopf und Oberkörper, während man spricht.

- Röcke, Kleidchen, Ballerinas, Nagellack werden wichtig
- Breiter Stand, Spielen mit den eigenen Fingern bedeutet bei Mädchen Unsicherheit, Koketterie – bei Jungen „männliche Dominanz", Selbstbewusstsein.
- Grimassieren: Unsicherheit, Peinlichkeit. Ebenso Festhalten an den Hosenbeinen, seitliches Umknicken des Fußes
- Intensiver Blickkontakt, weit geöffnete Augen, vorgeneigter Oberkörper, gelegentlich Hand vor dem Mund, bedeutet Konzentration
- Es wird bedeutungsvoll, den Körper zu zeigen, zum Beispiel bei kleinen Auftritten oder im Kindergarten bei Spielen in der Kreismitte. Manche Vorschulkinder machen das sehr gern, andere erst viel später
- Augen weit aufgerissen, Schultern gehoben, Oberkörper zurück bedeutet eventuell Angst, Erschrecken.

6-9 Jahre:
- Nach wie vor großer Bewegungsdrang.
- Langsam entwickelt sich bewusstes Verhalten im Raum.
- Sportliche Höchstleistungen werden möglich – zum Beispiel Bergtouren, Skitouren, Wettkämpfe, Mannschaftssport.
- Viele körpersprachliche Ausdrücke wie beim Erwachsenen, männlich und weiblich unterschiedlich.
- Alles lässig: durch das starke Körperwachstum teilweise staksig und ungelenk.
- „Geile Gestik" (meist extrem männlich oder weiblich), um anzugeben (nicht beachten, nicht strafen).

ELTERNAUFGABE

Checkliste für Ihr eigenes Kommunikationsverhalten

Wie bewusst sind Sie sich Ihrer Art zu kommunizieren? Der erste Schritt, wenn man etwas an seiner Art zu kommunizieren verändern möchte, ist es, sich bewusst zu werden, wie man kommuniziert.

Übung zum Selbst- und Fremdbild

Vielleicht beantworten Sie die Fragen erst für sich selbst und bitten dann eine zweite (oder auch dritte) Person (gute Freundin, Partner), die Fragen aus ihrer Sicht zu beantworten (Selbstbild - Fremdbild).
Bitte kreuzen Sie jeweils 1-2 Punkte an, die am ehesten auf Sie zutreffen.

1) Ich spreche im Alltag, zu Hause eher:
- O viel, bin recht mitteilsam
- O wenig, ich bin eher schweigsam
- O ruhig, leise, sehr zurückhaltend
- O sachlich, distanziert
- O höflich, freundlich
- O sehr schnell
- O langsam und bedächtig
- O _____

2) Ich glaube, mein Tonfall, meine Stimmlage ist:
- O normal
- O zart, unsicher, leise
- O hoch, manchmal schrill
- O tief und melodisch
- O laut, heftig, manchmal schreie ich
- O ehr moduliert, fast wie Singen
- O _____

3) **Ich kann passend und flüssig formulieren, mich sicher und treffend ausdrücken**
    O ja, sehr gut
    O so mittelmäßig. Manchmal fehlen mir Worte
    O nicht gut
    O _____

4) **Wie gut kann ich im Gespräch wirklich mit dem Gesprächspartner in Kontakt gehen?**
    O Ich denke, ich kann mit allen Menschen gut Blickkontakt aufnehmen und halten
    O Ich kann gut auf andere eingehen
    O Ich bemühe mich, anderen zuzuhören, sie zu verstehen
    O Mit manchen Menschen kann ich gut in Kontakt gehen, mit anderen weniger
    O _____

5) **So schätze ich meine Mimik ein:**
    O freundlich und offen, ich lächle oft und viel
    O ich glaube, dass ich manchmal strenger, ernster aussehe, als ich eigentlich will
    O ich kann meinen Gesichtsausdruck schwer kontrollieren
    O _____

6) **Bin ich mir über meine Gestik, Haltung und meinen Gang bewusst?**
    O Ja, ziemlich genau, ich kontrolliere das auch
    O Mir fällt überhaupt nicht auf, wie ich mich bewege
    O Ich weiß schon dass ich…………………., kann es aber nicht ändern
    O _____

7) **Wie sehr zeige ich meine innere Befindlichkeit nach außen?**
    O Sehr stark; jeder sieht, wie ich drauf bin
    O Das ist sehr unterschiedlich
    O Ich kann Gefühle gut verbergen, kann ein „Pokerface" haben
    O _____

> 8) **Bitte kreuzen Sie fünf Kommunikationsstärken von sich an.**
> - O Ich kann knapp und eindeutig formulieren
> - O Ich kann sehr gut zuhören, ohne etwas von mir dazu zu sagen
> - O Ich bin gut im Kontakt bei Gesprächen
> - O Ich kann gut auf den Gesprächspartner (mein Kind) eingehen.
> - O Ich kann gut über meine Gefühle sprechen
> - O Ich denke, meine Gestik und Mimik passen zu meinen Worten.
> - O Ich kann sehr geschickt durch Fragen andere zum Sprechen bringen
> - O Ich kann gut erklären
> - O Ich kann gut und spannend erzählen
> - O Ich bemühe mich im gegebenen Fall darüber zu reden, wie wir miteinander sprechen
> - O Ich bin mir meiner Körpersprache sehr bewusst
> - O Ich kann sehr gut „Small Talk" machen
> - O Es ist mir sehr wichtig, keine Monologe zu halten im Gespräch
> - O _____

Zum Weiterlesen:
Gordon: „**Familienkonferenz**", Heyne • Gordon: „**Die neue Familienkonferenz**", Heyne • Liebich: „**Mit Kindern richtig reden**", Herder • Molcho: „**Körpersprache bei Kindern**", Goldmann

ICH
KO

KOMPETENZ ERLEBEN

WAS BEDEUTET KOMPETENZ ERLEBEN?

Das Wort kompetent (Lateinisch: zuständig, befugt) bedeutet in unserem Sprachgebrauch, sowohl zuständig zu sein für als auch die Fähigkeit zu bestimmtem Verhalten oder Handlungen zu haben. In beiden Fällen geht es um das Vorhandensein gewisser Kenntnisse, von Wissen oder Fertigkeiten, die die Voraussetzung für angemessenes Agieren in verschiedenen Situationen bilden.

Kompetenz erleben bedeutet also, dass Menschen allgemein – und so auch Kinder – das elementare Bedürfnis haben selbst zu erleben und von anderen zu erfahren, dass sie etwas können.

Warum es wichtig ist, das Erleben der eigenen Kompetenz bei Kindern zu fördern

Das Bewusstsein, dass man gewisse Fähigkeiten hat, stärkt das Selbstbild und das Selbstbewusstsein. Es motiviert zu weiterem Lernen und zu Leistung. Man ist stolz auf sich und seine Möglichkeiten. Kompetenzen geben einem Autonomie, Selbständigkeit und partiell auch Überlegenheit, mit subjektiver Erlebnisqualität.

Wie Sie das Erleben der eigenen Kompetenz in der Familie fördern können

Lassen Sie Ihr Kind seine Kompetenz erleben, indem Sie **immer wieder mit ihm über seine Kompetenzen sprechen**. Geben Sie ihm Rückmeldung, teilen Sie ihm Fähigkeiten und Fortschritte mit. Aber loben Sie nicht nur, sondern zeigen Sie auch weitere Entwicklungsmöglichkeiten auf.

Hier einige Beispiele:
- „Ich finde, jedes deiner Bilder wird immer schöner. Ich bewundere wirklich, wie sehr du dir da Mühe gibst und wie wunderschön du jetzt schon malen kannst. Die Bilder werden immer farbiger, und das ganze Blatt ist ausgenutzt. Toll!"
- „Ich freue mich so, dass du jetzt schon so lange allein laufen kannst. Du bist gar kein Baby mehr, das ständig getragen werden muss."
- „Ich bin richtig stolz auf dich, dass du in den Ferien so schnell und gut schwimmen gelernt hast und dass du überhaupt keine Schwimmhilfe mehr brauchst wie noch vor zwei Wochen!"
- „Ich bin richtig stolz auf dich, wie schnell du diese Rechenaufgaben gelöst hast."
- „Ich bewundere dich wirklich, wie schnell du hier in den Ferien einen so guten neuen Freund gefunden hast."

Aber auch:
- *„Ich finde toll, dass du nur noch sechs Fehler in der Nachschrift hast. Wirklich klasse! Wir müssen aber noch weiter üben, dann sind es nächstes Mal noch weniger Fehler."*
- *„Es ist so angenehm für mich, dass du dich schon so gut selbst anziehen kannst. Und morgen schaffst Du auch diese schwierige Strumpfhose richtig herum, gell?"*
- *„Du kannst so wunderschön malen. Ehrlich gesagt gefallen mir deine Bilder sonst besser. Heute ging es auch sehr schnell, nicht wahr?"*

Wichtig beim Loben:
- Bringen Sie Lob und Wertschätzung nicht zu inflationär, zu häufig an. Dann ist es bald nicht mehr viel wert. Lob ist auch ein wenig abhängig vom Alter des Kindes. Ein 2-Jähriges kann man öfter loben als einen 5-Jährigen.
- Weiter ist es wirklich sinnvoll, jede Art von Rückmeldung an eine Ich-Botschaft, also ein persönliches Gefühl vom Lobenden, zu koppeln: *„Ich bin so stolz, so glücklich, ich freue mich so, ich bewundere dich so dafür."* Das wirkt viel intensiver als: *„Das hast du aber toll gemacht."* Du-Botschaften als Lob wirken manipulierend.
- Außerdem sollten Sie sehr detailliert und konkret loben, damit Ihr Lob glaubwürdig ist.
- Und loben Sie nur, wenn das Lob wirklich berechtigt ist.

Beim Erleben von Kompetenzen und Erfolgen müssen die **Messlatten unterschiedlich geeicht sein**. Emma, die von der Lehrerin schon immer unter die Mathe-Arbeiten eine strahlende Sonne gemalt bekommen hatte, ist über eine lachende Sonne ohne Strahlen eher enttäuscht. Für Lisa, die in Mathe immer nur ein *„Bemüh dich mehr!"* unter ihrer Arbeit stehen hatte, ist eine lachende Sonne, auch ohne Strahlen, ein riesiger Erfolg. Eigentlich wäre es gerecht und sinnvoll, wenn sie, weil sie sich so gewaltig verbessert hat, trotz der zwei kleinen Fehler, die noch in den Rechnungen sind, eine lachende Sonne mit Strahlen bekommen hätte.

In Gebieten, in denen Kinder offenbar im Vorschulalter und kleinen Schulalter noch wenig ausgebildete Kompetenzen haben, können Kinder versuchen, über Teilerfolge, **Teilziele** gute Fortschritte zu erzielen. Auch gezielte Auseinandersetzung mit dem Gebiet schafft Steigerungsmöglichkeiten und Erfolgserlebnisse. Denn alles in allem ist es einfach nur der Erfolg, der motiviert, sich weiterhin anzustrengen. Wenn ein Kind zum Beispiel kleine Melodien noch nicht ganz korrekt nachsingen kann, kann es vielleicht sehr gut den Rhythmus dazu klatschen.

Kinder im Vorschul- und Grundschulalter wissen selbst, dass sie durch Bemühungen, Anstrengungen und Training ihre Leistungen auf allen Gebieten, auch der Intelligenz, steigern können. Das bestätigt heute die Gehirnforschung.

Die **ausgewogene Balance zwischen Unterforderung und Überforderung** ist allgemein eine der höchsten Künste in der Erziehung bei allem, was Kinder lernen sollen. Fast nichts demotiviert so stark wie Unterforderung und Überforderung. Eltern können **ihrem Kind immer wieder kleine oder auch größere Aufgaben geben**, die wirklich seinem Leistungsniveau entsprechen oder **ein wenig darüber liegen**.

Kompetenzen erwirbt man durch **altersangemessene Herausforderungen**. Also packen Sie Ihr Kind nicht „in Watte". Stellen Sie ihm Aufgaben und fordern es. Bereiten Sie ihm nicht den Weg (Steine wegräumen, Löcher zuschütten), sondern machen Sie Ihr Kind stark seinen Weg selbst zu gehen.

> ### Erfolgs- und Kompetenzerleben ist subjektiv
>
> Anatol erzählte in der dritten Schwimmstunde überzeugend, er könne jetzt schwimmen. Die Schwimmlehrerin wusste, dass seine Wahrnehmung nicht seiner wirklichen Fähigkeit entsprach. *„Ja, super, dann lass es uns versuchen."* Sie legte die Hand unter den Bauch des Kindes und konnte so sein eigenes Kompetenzerleben aufrecht erhalten, ihn nicht demotivieren.
> Oder: Michi findet gar nichts Besonderes daran, dass er so schnell kopfrechnen kann. Viel lieber würde er so schnell rennen können wie Maxi oder den gelben Judo-Gürtel haben wie der Manuel.

> **FÖRDERN DURCH FORDERN**
>
> - Von 3-Jährigen kann man zum Beispiel fordern, die Klopapier-Rollen, die man besorgt hat, in die Toiletten zu verteilen, das Katzenfutter in den Schrank zu räumen.
> - Von 4-Jährigen kann man zum Beispiel fordern, die Blumen im Garten zu gießen, zu schauen, dass der Wassernapf des Haustieres immer mit frischem Wasser gefüllt ist, die Stiele von den Erdbeeren zu zupfen.
> - Ein 5-jähriges Kind kann man zum Beispiel allein eine Kleinigkeit einkaufen schicken, ihm eine geringe Menge Geld anvertrauen. Man kann ihm (in Mamas Beisein) die Videokamera überlassen, damit es selbst filmen darf.
> - 6-Jährige sollten zum Beispiel ihre Hausaufgaben allein machen und selbst die Verantwortung dafür übernehmen.
> - Ein 7-jähriges Kind sollte seine Schultasche selbst packen und seine Brote selbst streichen können.
> - 8-Jährige kann man zum Beispiel auffordern – nach Vorbesprechung mit der Mama – den kleinen Konflikt mit der Lehrerin selbst auszuhandeln. Sie können sich mal selbst Nudeln oder ein Ei kochen.
>
> Wichtig ist dann natürlich, dass Sie den Erfolg anerkennen, Ihr Kind loben und ihm den eventuellen Entwicklungsschritt dabei bewusst machen: *„Vor drei Wochen hast du das noch nicht so gut gekonnt."*

Entscheidend ist das **Benennen der Kompetenzen und Fähigkeiten und deren Entwicklung.**

Ein ergänzender Aspekt zu allen Kompetenzen, die Kinder entwickeln, ist, den Kindern die angemessene **Möglichkeit zu geben, sich mit diesen Kompetenzen darzustellen.** Das geht vom Aufhängen ihrer Gemälde und Präsentieren der Bastelarbeiten bis zum Vortanzen auf Familienfesten, einem gelegentlichen kleinen Musikkonzert, dem Kinderzirkus im Garten als Geburtstagsfeier – egal ob als Clown, Jongleur oder Turner oder als alles drei – lassen Sie Ihr Kind seinen Fähigkeiten entsprechend agieren. Viele 6-Jährige mögen das allerdings noch nicht. Das ist auch in Ordnung. Lassen Sie Ihrem Kind seine Zeit. Vielleicht liegt es Ihnen selbst ja auch nicht so sonderlich, im Mittelpunkt zu stehen? Man kann wieder mit **Teilschritten** versuchen, sich der Selbstdarstellungskompetenz anzunähern: Zu zweit oder zu dritt auftreten, ganz kurze Sequenzen, nur vor kleinem, bekannten Publikum, nur in einer Nebenrolle etc.

Kompetenzen bringen allerdings auch Verpflichtungen und Verantwortung mit sich.
Vom großen, sozial- und sprachkompetenten Lukas (6 Jahre) wird selbstverständlich erwartet, dass er Streitsituationen nicht durch Schlagen und Raufen löst, dass er hilft, die Kindergarten-Gruppe zu organisieren, dass er Kleineren hilft, sie gegebenenfalls verteidigt etc.

Von Clara, die mit ihren 5 Jahren schon so wundervoll Klavier spielt, wird erwartet, bei jedem Familienfest, bei jeder Besuchssituation ein kleines Konzert zu geben. Das kann einesteils aufbauen, andererseits auch belasten. Eltern sollten wirklich sehr sensibel mit den Kompetenzen ihres Kindes umgehen und es nicht in diese einseitigen Verantwortungen drängen.

Eine andere Gefahr: Ausgeprägte **Fähigkeiten** Ihres Kindes sollten Sie nicht **zu einseitig ausbauen.** Andere Ressourcen werden dann eventuell eher vernachlässigt. Bei starken Kompetenzen ist immer die Gefahr der Vereinseitigung gegeben.

Lilli

Lilli spielt so toll Tennis, sie trainiert winters wie sommers fünf Mal in der Woche. Klar. Am Wochenende ist ja fast immer Turnier. Dass Lilli auch noch wunderbare Aufsätze schreibt, hervorragend singen und tanzen könnte (sie weiß es gar nicht genau), dass sie sehr viel Spaß am Theaterspielen hätte und am liebsten mehr lesen würde etc. – bemerkt niemand.

Besonders bei Schulkindern ist es wichtig, dass Sie als Eltern darauf achten, dass **jedes Kind ein Gebiet hat, auf dem es wirkliche Erfolgserlebnisse hat.** Im Gegensatz zum 2- bis 3-Jährigen, der seine Autonomie im Trotz erprobt, dadurch dass er sich von der Mama abgrenzt, um sich und ihr zu zeigen, dass er einen eigenen Kopf hat, erlebt ein Schulkind sein eigenes Ich über Leistung, über das, worin es kompetent ist (Schenk Danzinger, Entwicklungspsychologie). Egal ob das Fußball oder Handarbeiten, Malen, Theaterspielen oder Mathe ist. Kinder bewerten Inhalte anders als wir Erwachsene. Der beste Fußballspieler ist eher mehr angesehen als der beste „Diktate-Schreiber" in einer Klasse.

Wie ein Kind sich seine Kompetenzen bewusst machen kann

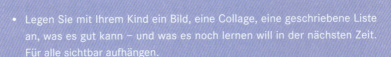

- Legen Sie mit Ihrem Kind ein Bild, eine Collage, eine geschriebene Liste an, was es gut kann – und was es noch lernen will in der nächsten Zeit. Für alle sichtbar aufhängen.
- Sprechen Sie mal auf einer Autofahrt, bei einem Essen, auf einem Spaziergang über „Familienkompetenzen": Was kann Anna sehr gut? Was kann Sabrina sehr gut? Was kann Leon sehr gut? Was kann Papa sehr gut? Was kann Mama sehr gut? Was kann Oma sehr gut?
- Spiel zwischen Mama und Kind, Papa und Kind, Kind und Kind: Was kann ich besser – was kannst du besser? (Zum Beispiel Ballett tanzen, Gameboy spielen, Memory spielen, singen etc.) Es gibt viel, was auch kleine Kinder schon besser können als wir Erwachsenen. Lassen Sie Ihr Kind seine Stärken selbst benennen. Es wird Sie dafür lieben.
- Zirkus fördert und unterstützt vielfältigste Kompetenzen. Organisieren Sie selbst einen Zirkus oder lassen Sie Ihr Kind bei Zirkusaktivitäten und spielpädagogischen Angeboten im Ort oder Stadtteil mitwirken. Hier kann jeder seine Fähigkeiten einbringen – ob als Akrobat oder schnellster Kopfrechner, als Clown, Schauspieler im Löwengewand, als geschickter Zauberer oder Tänzer.

ELTERNAUFGABE

Vielleicht machen Sie sich einmal bewusst, welche Rückschlüsse ein Kind über seine Kompetenzen aus unbedachter alltäglicher Kommunikation ziehen kann:

Die Mutter sagt	Das Kind denkt
• „Fass das nicht an, sonst geht es kaputt!"	• „Ich kann nichts, ich bin nichts Wert, ich mache alles kaputt."
• „Dafür bist du einfach noch zu klein und zu ungeschickt."	• „Mama traut mir nichts zu, ich kann nichts."
• „Ich mag dich, wenn du so ruhig und nett und lieb bist"	• „Ich kann lieb sein. Wenn ich unruhig bin, mag Mama mich nicht"
• „Du bist nicht zornig. Du bist nur übermüdet."	• „Meine eigenen Gefühle sind nicht richtig. Ich sollte Mama trauen, die weiß es besser."
• „Sei endlich leise! Papa bekommt Kopfschmerzen, wenn er sich aufregt."	• „Ich mache andere Menschen fertig, und Eltern sind wichtiger als Kinder."
• „Also, die Müllers sind wirklich schrecklich. Heute ist wieder etwas ganz Schlimmes passiert."	• „Die Welt ist ein böser Platz, und man ist dem ausgeliefert."

(Nach Gabor von Varga, 29)

Vielleicht mögen Sie jetzt einmal notieren, was Sie so alles zu Ihrem Kind sagen. Und denken Sie darüber nach, wie das bei Ihrem Kind ankommen könnte.

Manchmal/oft sage ich:	Mein Kind könnte dann denken:
•	•
•	•
•	•
•	•
•	•
•	•

PSY
SO

KONFLIKTFÄHIGKEIT

WAS BEDEUTET KONFLIKTFÄHIGKEIT?

Konfliktfähigkeit bedeutet, widersprüchliche Meinungen oder Bestrebungen, mit einer oder mehreren Personen wahrzunehmen, auszuhalten, in angemessener Weise auszutragen und zu einer Lösung zu kommen (Lateinisch: conflictus = Widerstreit). Die Lösung sollte bestmöglich ein Kompromiss sein, der zum Konsens – also zum beiderseitigen Einverständnis – führt. Es ist gut, wenn es keinen „Gewinner" und „Verlierer" gibt – siehe den alten Spruch: *„Eine gewonnene Diskussion ist fast immer ein verlorener Freund."* Ergebnisse, bei denen die Parteien sich nicht gegenseitig entgegengekommen sind oder zumindest Verständnis signalisiert haben, sind meist Scheinlösungen und häufig dazu geeignet, neue Konflikte zu provozieren.

Das Wesen von Konflikten ist, dass jede Partei der sicheren und positiven Meinung ist, sie sei im Recht. Die Fähigkeit der Perspektiven-Übernahme ist daher sehr wichtig.

WARUM ES WICHTIG IST, DIESE KOMPETENZ BEI KINDERN ZU FÖRDERN

Ein Konfliktlösungsprozess ist mit die wichtigste Lernsituation für Sozialverhalten. Die Grundlagen für dieses Verhalten werden in der Familie gelegt.
In Kindertagesstätten und in der Schule kann ergänzend dazu diskutiert, geübt oder gar trainiert werden. Die Basis legt jedoch die Familie. Weitere Konfliktmodelle erfährt man über Freunde und Medien.
Zahlreiche andere Fähigkeiten sind nötig, um gut konfliktfähig zu sein (Selbstwertgefühl, Kommunikationsfähigkeit, emotionale Kompetenz, Perspektiven-Übernahme etc.) Auch Gewaltlosigkeit und Kritikfähigkeit gehören dazu.

WIE SIE KONFLIKTFÄHIGKEIT IN DER FAMILIE FÖRDERN KÖNNEN

Unter konstruktivem Konfliktverhalten ist zu verstehen, dass sich die beteiligten Familienmitglieder auf **einen Aushandlungsprozess** einlassen, in dessen

Verlauf die Interessen beider (oder aller) Beteiligten berücksichtigt werden. Es geht darum, Kindern ein echtes **Interesse daran zu vermitteln, dass gemeinsame Lösungen gefunden werden.**

Leider ist es so, dass man als Eltern, nicht besonders viel aktiv tun kann, außer sich selbst im eigenen Konfliktverhalten zu beobachten und es sich bewusst zu machen. Man kann sich überlegen, welche Haltung man zu Konflikten hat.

Man kann also überlegen, was ein Kind aus der Haltung seiner Eltern lernt – beispielsweise:

- *„Wir streiten uns nie vor den Kindern."*
- Wenn zu Hause geschrien und getobt wird
- Wenn geschlagen und körperlich gezüchtigt wird
- Wenn mit Gegenständen geworfen wird
- Wenn eisig geschwiegen wird und höchstens messerscharfe, zynische Sätze hin und her fliegen
- Wenn sachlich und klar, ruhig und freundlich alles angesprochen wird, wenn zugehört wird, jeder ausreden darf, man Kompromisse sucht, freundlich bleibt etc.

Alles, was Eltern ihren Kindern erzählen, wie sie Konflikte – zum Beispiel zwischen den Geschwistern – lösen sollen, **wirkt nur wirklich, wenn die Erwachsenen das auch vorleben.**

In **jeder Familie gibt es eine „typische" Streitkultur.** Sie gehört im Allgemeinen zu den ungeschriebenen Regeln einer Familie – und die übernehmen die Kinder. Grundhaltungen wie *„Harmonie über alles"* bis zu *„Nur Gewalt löst wirklich Streitigkeiten"* verwurzeln sich tief. Es ist hilfreich, sich seine Grundhaltungen einmal bewusst zu machen.

Trotzdem: **Das beste innerfamiliäre Trainingsfeld** für Konfliktlösungskompetenz sind **Geschwister.** Hier kann man alle aggressiven und moderaten, geschickten und ungeschickten, spontanen und geplanten Konfliktlösungsformen erproben, die es so gibt.

Eltern sollten sich so oft wie möglich raushalten. Wenn Sie eingreifen – etwa weil die Konfliktparteien zu ungleich sind – versuchen Sie nie, der Richter oder Anwalt *eines* Kindes zu sein, sondern immer **der Moderator beider Seiten.** *„Was war los? Wie kam es dazu?", „Wie siehst du es? Wie siehst du es?", „Was wollt ihr tun?", „Wie könnt ihr es wieder gut machen?", „Lasst euch was einfallen."*

Als Eltern können Sie Ihre Kinder begleiten, ihnen ihre Gefühle spiegeln, ihnen bei Blockaden fragend weiterhelfen, jedoch möglichst nicht an ihrer Stelle handeln.

Wichtig ist es, **klare, kurze Botschaften zu senden:** *„Was schlägst du vor?"*, *„Was könntet ihr tun?"*, *„Das geht nicht"*, *„Das würde mir auch gefallen"*, *„Das finde ich eine gute Idee."*, *„Welche Idee hättet ihr?"*, *„Bitte überlege dir was anderes"*, *„Bitte verändere das."* usw. Wichtig ist es, keine Partei zu ergreifen und niemanden zu verurteilen. Streben Sie dabei möglichst eine „Win-win-Situation" an. Jeder sollte das Gefühl haben, er habe nur ein kleines Stück nachgegeben – ein Stückchen auch gewonnen.

Wichtig zu bedenken ist auch, dass hinter jedem Konflikt eine **Kernproblematik** steckt beziehungsweise ein Interesse, das die Konfliktpartner leitet. Das klassische Beispiel bei Geschwisterkonflikten ist der Hintergrund – also das Kernproblem – häufig: Eifersucht oder eine unklare Position in der Familie. Das Interesse, seinem Bruder oder seiner Schwester zu beweisen: Mama liebt mich mehr als dich. Bei einem Konflikt, den Sie mit Ihrem 7-Jährigen haben, konnte das Kernproblem sein, dass er sich zu sehr dominiert fühlt und sich von Ihnen abgrenzen will. Es ist also unbedingt wichtig, sich in Konfliktsituationen klar zu machen: Über was reden wir eigentlich? Welche Thematik verdeckt die sachliche Ebene?

In manchen Familien werden **Regeln aufgestellt**, nach denen „gestritten" wird. Zum Beispiel: Die Sichtweise vortragen – zuhören – das Gehörte wiedergeben – den Gegen-Standpunkt darlegen – der Erste hört zu – gibt wieder, was er verstanden hat – dann wieder der Erste usw.

Kleine Kinder werden die Hilfe der Eltern dazu brauchen. Größere sollten es allein schaffen – wenn sie ein Modell dafür bekommen haben.

Bei Auseinandersetzungen, an denen mehrere beteiligt sind, können Eltern ihren Kindern auch beibringen, Probleme und Streits durch Diskussionen und kreative Lösungssuche **„am runden Tisch"** zu bereinigen. Fordern Sie Ihre Kinder immer wieder dazu auf, zu diskutieren, ihre Bedürfnisse deutlich mitzuteilen, statt sich zu beschimpfen und anzuschuldigen.

Wichtig für konstruktive Konfliktlösung ist auch die **Fähigkeit zur Empathie** und **zur Perspektive-Übernahme**. Auch ist es wichtig, **über Gefühle wie Ärger, Wut und Enttäuschung sprechen zu können**. Das bekommt man vorgelebt von Mutter und Vater und kann es selbst immer wieder üben.

Hier ein Beispiel:
Bei Ärger oder Trauer können Sie Ihr Kind zum Beispiel auffordern, **sein Gefühl zu benennen**. Wenn es Sie anschreit: *„Du blöder Hund, Papa!"* sollten Sie nicht anfangen, über Hunde oder sonstige Haustiere zu reden und Vorträge zu halten, dass Hunde stinken und Sie nicht so genannt werden wollen. Das ist ein häufiger Gesprächsfehler. Ein knappes *„So nicht!"* reicht. Sinnvoller ist es, kurz zu fragen, über was Ihr Kind sich so ärgert, so wütend ist. Dann haben Sie das Thema auf dem Tisch, und das Kind hat gelernt, dass man Gefühle haben darf und benennen kann. Dann können Sie darüber sprechen, erklären, Ihr Kind trösten und Verständnis zeigen. Bei allem Verständnis sollten Sie in der Sache natürlich konsequent bleiben.

Wirklich zuhören muss man einander, wenn man den anderen in seiner Sichtweise oder seinem Bedürfnis verstehen will.

Bei **manchem Konflikt** wird man im Gespräch darüber auch zu der Einsicht kommen, dass der Konflikt **unlösbar** ist. Dann kann man ihn einfach stehen lassen. Es muss schließlich nicht über alles Einigkeit bestehen. Man kann auch entscheiden, dass man sich zu einem späteren Zeitpunkt nochmal darüber unterhält.

ELTERNAUFGABE

Überlegen Sie bitte anhand der folgenden Fragen, wie Sie sich in bestimmten Konfliktsituationen verhalten haben, worum es dabei ging und wie sie sich gefühlt haben.
- Erinnern Sie sich an einen Konflikt, den Sie konstruktiv gelöst haben?
- Welches Interesse hat Sie geleitet?
- Was war der Kern des Konfliktes? Um was ging es wirklich?
- Was war Ihr Ziel?
- Wie sind Sie vorgegangen?
- Was war hilfreich zur Lösungsfindung?
- Welche Gedanken und Gefühle hatten Sie danach?
- Welchen langfristigen Gewinn konnten Sie aus diesem Konfliktprozess ziehen?

Wichtig ist in Konflikten zwischen Eltern und Kindern, dass die Eltern sehr **umsichtig mit ihrer Macht umgehen.** Sprechen Sie mit Ihren Kindern auch über Macht. Was bedeutet das? Wer bestimmt hier über wen? Warum ist das notwendig? Ist es eventuell zu viel? Das bedeutet, dass Sie Ihr **Kind mitreden und – wo möglich – auch mitbestimmen lassen sollten.** Hören Sie sich seine Meinung an – und lassen Sie sich auch mal überzeugen.

Wenn Sie als Eltern häufig Konflikte mit Ihren Kindern oder einem Kind haben, sprechen Sie mit ihnen über Macht und über Ihre Beziehung. *„Was ist los mit uns beiden zurzeit?", „Wie kommt es, dass wir uns so viel streiten?"* Meistens sind das die Themen, um die es geht.

Zum Weiterlesen:
Biddulph: **„Das Geheimnis glücklicher Kinder"**, Heyne • Gordon: **„Familienkonferenz"**, Heyne • Gordon: **„Die neue Familienkonferenz"**, Heyne • Liebich: **„Mit Kindern richtig reden"**, Herder • Kaiser: **„Bleib bei mir, wenn ich wütend bin"**, Christophorus

Kontaktfähigkeit

Was bedeutet Kontaktfähigkeit?

Kontakt bedeutet, in Verbindung treten, „berühren". Kontaktfähigkeit ist die Kompetenz, spontan und der Situation angemessen anderen Kindern und Erwachsenen zu begegnen, Verbindung mit ihnen aufzunehmen. Sozial akzeptierter Kontakt zu nicht bekannten Personen findet im Allgemeinen durch die Augen, Kopfnicken oder durch Sprache statt. Einen Unbekannten zu schlagen, zu schubsen, zu küssen oder zu streicheln, ist bei uns nur in Ausnahmefällen sozial akzeptiert. Anders ist es, wenn man sich kennt. Dann gibt es auch zahlreiche nonverbale Formen, in Kontakt zu gehen – Jugendliche zum Beispiel durch freundschaftlich Püffe oder Küsschen auf beide Wangen. In der Familie durch Umarmen, unter Freunden durch Hände schütteln etc.

Häufig versäumen wir Erwachsenen in der Kommunikation mit Kindern, auf wirklichen Kontakt zu achten. Daher bleiben viele Worte, Aufforderungen, ungehört oder unverstanden. Zwischen Erwachsenen und Kindern bedeutet in

Kontakt sein: Blickkontakt, sich auf Augenhöhe herunterzulassen, körperliche Nähe. Wichtig ist es zu wissen, dass Kontaktformen kulturell auch sehr unterschiedlich gelebt werden.

Warum es wichtig ist, diese Kompetenz bei Kindern zu fördern

Kontaktfähigkeit ist die Voraussetzung für fast jede weitere soziale Kompetenz und ist selbst eine der sozialen Schlüsselkompetenzen. Ohne Kontaktfähigkeit ist ein Leben in einer sozialen Gemeinschaft kaum möglich. Kontaktfähigkeit ist ein wichtiger Teil der Persönlichkeit.

Die oben erwähnten sozialverträglichen Formen des Kontaktaufnehmens lernt man als Kind zwischen etwa 1 und 5 Jahren. Und Eltern wissen, dass das für Kinder oft gar nicht so einfach ist. Dabei ist Kontaktfähigkeit die erste Voraussetzung, um Freundschaften zu gewinnen. Kinder-Freundschaften sind überaus wichtig für die geistige, soziale und emotionale Entwicklung. In Freundschaften lernen Kinder zu kooperieren, Hilfsbereitschaft zu zeigen, Konflikte zu lösen und vieles mehr.

Bei den ersten unbeholfenen Kontaktversuchen 2-Jähriger ist der Kleine dann schnell als „Sandkasten-Rocker" verrufen, wenn er versucht, durch Schubsen oder Beißen mit dem blonden, kleinen Jungen in Verbindung zu treten. Schnell wird geschimpft, und das Kind wird wortreich belehrt, wenn es dem kleinen Mädchen immer Sand auf den Kopf wirft oder aus Langeweile dem Simon mit der Schaufel aufs Knie klopft. Keine Sorge: Ihr Kind ist nicht „böse!" Das sind alles etwas ungelenke Kontaktversuche. Denn man schafft es mit zwei Jahren noch nicht, freundlich zu dem anderen Kind zu sagen: *„Hey, lass uns was zusammen spielen.", „Lass uns Matsch aus dem Sand und der Pfütze machen.", „Darf ich mal deinen Bagger ausborgen, ja?", „Möchtest du meine Schaufel?"* Hier gilt es viel zu lernen.

Wie Sie Kontaktfähigkeit in der Familie fördern können

Zunächst **durch allgemeine Sprach- und Kommunikationsförderung.** Ihr Kind braucht Ihre Formulierungshilfe. Dabei können Sie **schrittweise vorgehen.**

Hier ein Beispiel:
Sie sind auf dem Spielplatz. Sehnsüchtig schaut Ihre Kleine zu dem kleinen Mädchen hinüber, das gerade ein tiefes Loch buddelt.
- Gehen Sie zuerst mit Ihrem Kind zu dem anderen Kind. Formulieren Sie für Ihr Kind einen Satz zur Kontaktaufnahme. Im ersten Schritt sagen *Sie* den Satz: *„Darf die Elisa mit dir mitbauen? Du kannst auch ihren Eimer benutzen."*
- Das nächste Mal besprechen Sie vorher mit Ihrem Kind, was es sagen kann. Dann gehen Sie gemeinsam zu dem anderen Kind, lassen Ihr Kind aber selbst sprechen. Bei Bedarf geben Sie ihm Hilfestellung.
- Dann, wenn Ihr Kind das sicher kann, können Sie auf der Bank sitzen bleiben und zuschauen wie Elisa das andere Mädchen allein anspricht. Nicken Sie ihr dabei gegebenenfalls aufmunternd zu.

Noch einmal: Auch wenn Ihr Kind noch in der Beiß-, Schubs- und Haare-zieh-Phase ist, es ist kein kleiner „Rocker"! Es will Kontakt. Helfen Sie ihm in die Sprache: *„Dir gefallen die Haare von Melanie, gell? Frag, ob du sie streicheln kannst."*
Man kann ganz einfach mit sogenannten „Ein-Wort-Sätzen" beginnen: Lehren Sie ihren Sohn zu sagen: *„Tommy haben!"*, *„Bitte haben!"*, *„Hallo, Junge ...!"*, *„Komm, Lisa ...!"*
Eine der sichersten Arten Kontakt zu bekommen, ist zu fragen. Helfen Sie Ihrem Kind eventuell auch außerhalb einer akuten Situation, Fragen zu formulieren, mit denen man andere ansprechen kann – zum Beispiel:
„Darf ich mitspielen?", *„Möchtest du meinen Laster haben, und kann ich mal deine Schaufel ...?"*, *„Möchtest du mit mir spielen?"*, *„Was baust du?"*, *„Wollen wir zum Klettergerüst laufen?"* usw., usw.
Ein nächster Punkt für die Kompetenz Kontaktfähigkeit – vielleicht der entscheidende – ist das **Modellverhalten beider Eltern**. Sind Sie selbst eher „kontaktfreudig" oder eher zurückhaltend? Ihr Kind wird sich mit Ihnen identifizieren.
Wenn der Papa beispielsweise eher ein introvertierter, verschlossener Mensch ist, wird Ihr kleiner Sohn vielleicht auch nicht extrem kontaktfreudig sein.
Kinderpersönlichkeiten sind unterschiedlich. **Das gilt es zu respektieren.** Vielleicht wird sich Ihr kleiner Sohn oder Ihr Töchterchen die ersten Wochen

im Kindergarten am liebsten allein in die Puppenecke verkriechen. Stillere, zurückhaltendere Kinder brauchen grundsätzlich mehr Zeit in neuen Situationen. Erst wenn sie sich sicher fühlen – und das kann einige Wochen dauern – machen sie sich auf Kontaktsuche und Entdeckungsreise.
Es ist nicht hilfreich, hier Druck auszuüben. Sondern Sie können mit Ihrem Kind Lösungsschritte erarbeiten.
Mit Handpuppen können Eltern immer wieder **Kontaktszenen vorspielen**. Was sagt der Kasperl, wenn er das Krokodil trifft, dem Seppel begegnet, die Prinzessin sieht, die Großmutter besucht?
Auch das 3-Jährige selbst kann eine Hand- oder Fingerpuppe auf einem kleinen runden Zeigefinger balancieren und üben, Kontakte zu formulieren. Der Teddy wird begrüßt, ein kleiner Frosch wird bekannt gemacht, der Stofflöwe angesprochen, die Barbie willkommen geheißen, eine kleine Katze freudig empfangen, ein neues Stofftierchen im Kinderzimmer kennengelernt.
Spielen Sie doch mit Ihrem Kind einmal **verschiedenste Kontaktformen durch**: sich zunicken, winken, nur den Arm heben, eine Kuss-Hand, sich verbeugen, die Hand schütteln, die Arme ausbreiten, sich in den Arm nehmen, sich zuprosten, sich zuzwinkern, sich zulächeln etc. Man kann auch spielen, wie man sich in verschiedenen Ländern oder Kontinenten, bei verschiedenen Völkern begrüßt und verabschiedet (Hand locker reichen, Hand schütteln, Küsschen auf die Wange, Handkuss, Nase reiben etc).
Sinnvoll ist es natürlich, wenn Sie das mit Ihrem Kind üben wollen, sich häufig in Situationen zu begeben, in denen man Kontakt machen muss – zum Beispiel auf dem Spielplatz, in Spielgruppen, bei sportlichen Aktivitäten, in Vereinen. Laden Sie Kinder zu sich ein. Im eigenen Umfeld ist es gerade für schüchterne Kinder leichter aufzutauen.
Wichtig ist auch, dass Sie Ihrem Kind vermitteln, wie man zu (fremden) Erwachsenen Kontakt aufnimmt. Wenn es dann größer ist und vielleicht schon mal kurz allein unterwegs ist oder Sie sich im Kaufhaus verlieren, wäre es günstig, ab 4 bis 5 Jahren **vorbesprochen** zu haben, was in solchen Situationen oder bei Problemen zu tun ist. Wen, also welche Leute kann es ansprechen, zu wem Kontakt aufnehmen? (Z. B. Frauen, Leute in Uniform, die Verkäufer mit dem Namensschild.) Was kann man dann sagen? **Wie soll es um Hilfe bitten?** Wie soll es reagieren, wenn eine fremde Person es anspricht? Man kann das wie in einem kleine Rollenspiel üben. *„Entschuldigung, kann ich Sie was fragen?*

Ich weiß nicht mehr, wo meine Mama ist." oder *„Können Sie mir bitte helfen?"* oder *„Hallo, ich finde meinen Papa nicht mehr. Können Sie mir helfen?"*
Kontaktfreudigkeit ist gut und eine hilfreiche Fähigkeit, sie **kann aber auch umschlagen** in zu aufdringliches und undistanziertes Verhalten. Hier gilt es auch, das eigene Kind zu beobachten und ihm ein angemessenes Maß an Distanz- und Nähe-Verhalten, entsprechend unserem Kulturkreis, zu vermitteln. Sie können es einfach besprechen, dass es nicht angebracht ist, fremde Leute anzufassen, sich ihnen auf den Schoß zu setzen etc.

ELTERNAUFGABE

Überlegen Sie selbst einmal: Wie kontaktfreudig sind Sie?
- Halten Sie sich für einen kontaktfreudigen Menschen?
  Notieren Sie eine Zahl zwischen 1 und 10 (1 = sehr wenig kontaktfreudig, schüchtern, 10 = sehr kontaktfreudig, eventuell manchmal aufdringlich).
- Halten Sie sich für fit in Small Talk?   O Ja   O Nein
- Stellen Sie sich vor, Sie sind auf einem Fest eingeladen, auf dem Sie nur den Gastgeber kennen. Wie verhalten Sie sich?
  - O Ich erwarte dass der Gastgeber mich in den Kreis einführt.
    Ich hänge mich an ihn.   O Ja   O Nein
  - O Ich werde selbst aktiv.   O Ja   O Nein
  - O Wenn ja, in folgender Form:
  - O Fragen Sie nach einer Zigarette oder einem Getränk?   O Ja   O Nein
  - O Beginnen Sie mit irgendjemandem einen Small Talk?
    („Woher kennen Sie den Gastgeber?", *„Das ist wirklich ein wunderschönes Haus hier.", „Wie ist denn der Wein, den sie da trinken? Ich mag nur sehr trockenen.", „So ein grausiges Wetter heute!"* usw.)   O Ja   O Nein
  - O Oder gehen Sie auf jemanden Bestimmten zu?   O Ja   O Nein
  - O Gehen Sie auf Einzelpersonen oder kleine Gruppen zu?
                                                    O Einzelne   O Gruppe
  - O Nach welchen Kriterien suchen Sie sich die Leute aus, mit denen Sie Kontakt aufnehmen?
  - O Stellen Sie sich allein in eine Ecke und beobachten?   O Ja   O Nein
  - O Ich würde nie auf ein Fest gehen auf dem ich niemanden kenne.
                                                              O Ja   O Nein

Zusammenfassend: Wenn Sie sich Ihre Antworten nochmal bewusst machen:
Sind Sie eher a) kontaktfreudig?
           b) mittelmäßig?
           c) zurückhaltend?
Wie schätzen Sie (und Ihr Partner) Ihr Kind ein? Was kann Ihr Kind diesbezüglich von Ihnen lernen?

KO   KONZENTRATIONSFÄHIGKEIT

Was bedeutet Konzentrationsfähigkeit?

Konzentrationsfähigkeit bedeutet in der Lage zu sein, sich zu sammeln, seine Aufmerksamkeit zu bündeln (Lateinisch: concentre = zum Mittelpunkt). Bei kleinen Kindern ist das eine Kompetenz, die sich physiologisch und psychologisch erst langsam entwickelt. Eine ungefähre Übersicht: 2- bis 4-Jährige können sich etwa 10-15 Minuten lang konzentrieren, wenn sie etwas wirklich fasziniert. 5 bis 7 Jahre: 15-25 Minuten; 8 bis 9 Jahre: 20-30 Minuten. Nach diesen Zeitspannen muss immer ein kurze Pause sein, dann geht meist dieselbe Zeit noch ein oder sogar zwei Mal.

Warum es wichtig ist, diese Kompetenz bei Kindern zu fördern

Nur konzentriert können Kinder wirklich effizient lernen und Leistungen erbringen. Vor allem natürlich ab dem kleinen Schulalter wird diese Fähigkeit wichtig. Dann ist es entscheidend, sich gelegentlich auch auf Dinge zu konzentrieren, die nicht ausschließlich Spaß machen. Dazu schreibt Focus (2/2005): *„Immer mehr Kinder können heute den Aufmerksamkeitsschalter im Kopf nicht mehr bewusst an- und abschalten. Es gelingt ihnen nicht, aus den zahlreichen Reizen, die täglich auf sie einwirken, die jeweils wichtigen auszuwählen ... Es fällt ihnen immer schwerer, etwas zu tun, was nicht einen sofortigen Kick bietet, ihre Sinne nicht reizt oder sofortige Befriedigung verspricht ..."* Sogar Kinobesitzern fällt auf, dass Jugendliche und junge Erwachsene heute oft nicht mehr in der Lage sind, die Länge eines Kinofilms durchzuhalten. Sie halten es nur mit Unterbrechungen aus, in denen Popcorn oder Cola gekauft wird. Dieses Verhaltensmuster könnte übrigens von den Werbepausen im Privatfernsehen herrühren. Entsprechend wichtig ist es, die Konzentrationsfähigkeit der Kinder konsequent zu fördern.

Wie Sie diese Kompetenz in der Familie fördern können

Konzentrationsfähigkeit ist keine Begabung, die man hat oder nicht. Sie ist nicht angeboren. Man kann sie trainieren und erlernen, wobei zwei wesentliche Grundaspekte notwendig oder zumindest hilfreich dabei sind:
- **Konzentration auf eine Sache und innere Ruhe.**
  Wenn man Jungen und Mädchen beobachtet, kann man spüren, welche Kinder in sich ruhen. Jenseits des Temperaments oder der Lebhaftigkeit kann man wahrnehmen, welches Kind bei sich sein kann, eine gewisse Gelassenheit besitzt. **Voraussetzungen** dafür sind:
  - Sich geliebt und geborgen fühlen
  - Sich wertgeschätzt fühlen
  - Einen regelmäßigen, strukturierten Alltag zu leben
  - Keine Sorgen zu haben (zum Beispiel viele Konflikte, Krankheit oder Trennung der Eltern, Kälte und Härte)
  - Ein gewisses Maß an Autonomie zu haben, das von den Eltern unterstützt wird
  - Zeit und Raum zu haben.

Eltern können dafür sorgen, dass ihr Kind in sich ruhen kann. **Versuchen Sie einmal, Ihr Kind zu spüren.** Ist es bei sich? Kann es auch nach wilden Tobephasen zur Ruhe kommen? (siehe: Entspannen können)
Weiter ist wichtig, dass Sie es **zulassen, dass Ihr Kleinkind sich schon konzentriert**. Bereits 2-Jährige „arbeiten" konzentriert, wenn man sie lässt. Eltern können beobachten und darauf achten: **Unterbrechen wir nicht ständig die schönsten und konzentriertesten Beschäftigungen** unserer Kinder!

So klein – und schon so konzentriert

Einen Tag sortiert das Kleine ausdauernd die Knopfkiste, dann die Schublade mit Kochlöffeln, am anderen Tag putzt es mit Hingabe, auf einem kleinen Schemel stehend, das Waschbecken und die Zahnputzbecher (Zahnbürsten bitte wegräumen!) mit einem Waschlappen, einem Schwamm und der fast leeren Spülmittelflasche,

bei der aufmerksam beobachtet wird, wie die letzten Tropfen herausplatschen, und sogleich durch Reibebewegungen ein duftender Schaum entsteht.
Stören Sie Ihr Kind, wenn möglich, nicht in seiner höchsten Konzentration – beim fast meditativen Sortieren der Kaffee- und Teefilter, bei angestrengtem Durchblättern des Kaufhauskataloges mit gerunzelter Stirn, Seite für Seite, beim interessierten Auf- und Abrollen des Tesafilmstreifens von der Rolle. Es ist fasziniert vom Festkleben des Streifens am Pulli, am Tisch, an der eigenen Hand. Neugierig wird verfolgt, wie es ziept. Was hat sich alles daran festgeklebt – Fusseln, Brösel, Fädchen.

Wir unterbrechen Kinder oft, um „was Schönes" mit ihnen zu spielen oder zum Einkaufen zu gehen.
Versuchen Sie einmal bewusst wahrzunehmen, wie konzentriert Ihr Kleinkind sich viertelstundenweise beschäftigt – wenn Sie es lassen, ihm einfach freundlich zunicken, vielleicht **etwas Lobendes** zum Abschluss sagen: *„Ich finde super, was du da allein alles ausprobiert hast."*

- **Das zweite Thema ist die Motivation.**
  Hier geht es praktisch darum, dass Kinder gelernt haben, dass es Spaß machen kann, sich mit etwas intensiv zu beschäftigen, Wissen und Fertigkeiten anzusammeln. Auch, wenn der Inhalt im ersten Moment langweilig erscheint. **Konzentration ist anstrengend.** Die Aufmerksamkeit muss wie ein Scheinwerfer im Gehirn auf eine bestimmte Sache gelenkt werden und dort bleiben, auch wenn viele andere Eindrücke, Gefühle, Bedürfnisse, Erinnerungen, Reize gleichzeitig und eventuell stärker da sind. Das ist nicht einfach. Je neuer eine Aufgabe oder Sache ist, die das Hirn speichern soll, um so mehr Konzentration ist vonnöten. Das kennt man selbst, vor allem als Hausfrau, mit „Multitasking"-Fähigkeiten. Bei bekannten Dingen kann man gut auch zwei bis drei gleichzeitig tun. Bei Neuem braucht man völlige Fokussierung auf die eine Sache. Dazu muss man Lust haben und sich selbst motivieren können. Bekannte Erziehungsmittel können bei der Förderung von Konzentration hilfreich sein:
  – **Lob und Wertschätzung:** *„Wie sauber unsere Zahnputzbecher jetzt sind ..."*

- **Visionen:** *„Wie toll wird es sein, wenn du das können wirst ..."*
- **Sympathie:** *„Versuche es mal mir zuliebe."*
- **Spielregeln:** *„Nach 25 Minuten Hausaufgaben kannst du kicken gehen, Freunde besuchen"* etc.

Druck zu machen hat sicherlich nur selten Erfolg.

Sie können **auch gemeinsam mit Ihrem Kind überlegen, was es braucht**, um sich dazu motivieren zu können, sich auf ein Ding zu konzentrieren. Sie können Ihrem Kind **erklären, was Konzentration bedeutet** und weshalb sie wichtig ist, um eine gutes Ergebnis zu erreichen. Auch dass es manchmal anstrengend ist, bis man etwas kann oder verstanden hat, können Sie vermitteln. Lernen kann mühsam sein – aber es wird immer irgendwann belohnt.

Konzentrationsfördernd kann es auch sein, wenn Sie Ihrem Kind **selbst die Verantwortung dafür überlassen**, wo und wie es arbeitet. Ob auf dem Bauch liegend im Kinderzimmer zwischen den Legos oder auf dem Hochbett sitzend oder auf dem Bürostuhl in Ihrem Arbeitszimmer. Manches Kind arbeitet vielleicht lieber und aufmerksamer am Wohnzimmertisch oder am Küchentisch als im Kinderzimmer. Lassen Sie es sich den Arbeitsplatz selbst auswählen und selbst gestalten. Wie viele Dinge es dabei um sich herum hat, kann es selbst entscheiden. Es muss nicht für jedes Kind streng aufgeräumt sein, damit es sich konzentrieren kann.

Gina

In ihrer Grundschulzeit hatte Gina viele verschiedene „Arbeitsplätze" für ihre Hausaufgaben – zum Beispiel: Auf den Treppenstufen hockend, auf dem Wohnzimmerteppich liegend, vor einem Küchenhocker kniend, am Küchentisch, an Papas Arbeitstisch, im Schneidersitz im Elternbett. Manchmal verschwand sie auch im Badezimmer. Sie saß dann in der Duschtasse und hatte die Hefte vor sich auf der Stufe liegen, die zur Dusche führte. Sie arbeitete da, wo sie sich gerade am wohlsten fühlte, und war dabei immer voll konzentriert.

Für manches Kind ist es hilfreich, in einem gewissen Rahmen **die Zeit selbst bestimmen** zu können, wann es arbeiten möchte. Viele brauchen nach dem Schulvormittag eine lange Pause, um nochmals kognitiv arbeiten zu können. Sie arbeiten am konzentriertesten zwischen 17 Uhr und 19 Uhr. Vertrauen Sie Ihrem Kind. Versuchen Sie wirklich einmal, es sich selbst organisieren zu lassen.

Für manche Kinder ist besonders **Ruhe** entscheidend, also kein Stress, keine streitenden kleinen Geschwister, keine lauten Geräusche.

Andere brauchen, um aufmerksam arbeiten zu können, unbedingt **eine angenehme Atmosphäre**: Wärme, Freundlichkeit, Harmonie, Helligkeit. **Viel Sauerstoff** – gut gelüftete Räume und Spielen an der frischen Luft – ist unerlässlich, um sich konzentrieren zu können.

Auch **ausreichend zu trinken**, am besten stilles Wasser, ist physiologisch wichtig, um sich konzentrieren zu können (bis zu 2 Litern täglich).

Sehr förderlich für Konzentration ist auch Musik – also das **Erlernen eines Musikinstruments,** auch das Spielen in einem kleinen Orchester.

Weiter unterstützt **Bewegung aller Art** die Konzentrationsfähigkeit. Von Fußballspielen bis zu einfachem Toben. Außerdem gibt es Sportarten, die besonders konzentrationsfördernd sind. Das sind zum Beispiel: Tanzen, Aerobic, Judo (und alle Kampfsportarten), Turnen und Artistik (später Bogenschießen).

Wichtig ist, dass Sie als Eltern Ihrem Kind **zeigen, dass Sie Interesse an seinen Leistungen haben. Stolz auf es sind.** Versuchen Sie in jedem Fall aber **geduldig, locker und fröhlich zu bleiben**, wenn Sie Ihr Kind beim Lernen begleiten. Und das ist vielleicht die schwierigste Aufgabe. Nervöse, gestresste, Druck machende, strenge oder gar strafende Eltern bewirken geradezu das Gegenteil von gelassener Konzentrationsmöglichkeit für Kinder. Sie lösen einen Angststoff im Gehirn aus, der jegliches Denken und die Konzentration blockiert.

Spiele, die die Konzentration fördern, sind: manche Kartenspiele, Schach, einige gute Gameboy-Spiele, alle das Gedächtnis fördernden Spiele, Puzzles aller Art. Es gibt im Buch- und Zeitschriftenhandel viele Spiel- und Arbeitshefte zur Konzentrationsförderung für jedes Alter. Sie sind lustig und spannend aufgemacht und eignen sich gut als kleine Mitbringsel und Geschenke für Autofahrten oder Wartezeiten.

Auch **Vorlesen** fördert die Konzentration. Man kann mit 2½ bis 3 Jahren mit kurzen Geschichten oder Episoden beginnen und die Länge und Kompliziertheit allmählich steigern. Lassen Sie sich vielleicht anschließend erzählen, was Ihr Kind behalten beziehungsweise verstanden hat. Das trainiert auch gleichzeitig seine sprachlichen Fähigkeiten.

Manche Kinder (etwa ab 5 bis 6 Jahren) können zwei Dinge gleichzeitig tun – zum Beispiel malen und ein Hörspiel hören, mit Legos bauen und gleichzeitig die Sendung mit der Maus sehen. Die meisten Kinder können es aber vor dem Schulalter nicht. Besonders bei Kindern, die Schwierigkeiten mit der Konzentration haben, sollten Eltern wirklich darauf achten, dass sie **erstens immer nur eine Sache machen und zweitens das, was sie machen, zu Ende bringen.**

Vermeiden Sie möglichst folgende Konzentrations-Hindernisse:
- **Reizüberflutung:** zu viele Aktivitäten, zu viel Fernsehen, zu viele Computerspiele
- **Reizmangel:** eine langweilige Umgebung, ein zu monotoner Tagesablauf, zu wenig sinnliche Anregungen
- **Zu geringe** oder **zu hohe Anforderungen**
- **Sorgen, die Kinder haben** – welcher Art auch immer
- **Schlafmangel:** Hier sind nur schwer Regeln aufzustellen. Wie viel Schlaf ein 2-, 3-, 4-, 5-, 6-jähriges Kind braucht, kann bis zu zwei, drei Stunden differieren. Jeder Mensch hat ein etwas anderes Schlafbedürfnis. Kinder zwischen 2 und 14 Jahren brauchen im Allgemeinen zwischen acht und zehn Stunden Schlaf, da ihr Organismus durch Wachsen und Lernen besonders beansprucht wird.
- **Einseitige Ernährung und zu wenig trinken:** Es lohnt sich wirklich, sich als Eltern mit gesunder Ernährung zu befassen. Es gibt Studien, die neben der allgemeinen Bedeutung zur gesunden Lebensführung eindeutig beweisen, dass Schulkinder, die frische, unverarbeitete Lebensmittel und Vollwertkost zu sich nehmen, sich wesentlich besser konzentrieren können als Kinder, die schwerpunktmäßig mit „Fast Food" ernährt werden. Und: Kein Auto läuft ohne Benzin – kein Gehirn läuft ohne Flüssigkeit. Also wirklich viel Wasser trinken.

Elternaufgabe

Beobachten Sie einmal täglich mit der Uhr, wann und wie lange sich Ihr Kind mit was konzentriert beschäftigt hat. Und lassen Sie es dabei möglichst in Ruhe. Egal, was es inhaltlich tut – loben und bestätigen Sie es.

Wochentag	Datum	Was tut Ihr Kind?
Montag		
Dienstag		
Mittwoch		
Donnerstag		
Freitag		
Samstag		
Sonntag		

Zum Weiterlesen:

Aust-Claus/Hammer: **„Auch das Lernen kann man lernen"**, Oberstebrink • Diller/Murschall/Peschke: **„Eltern-Kompass 3 – 6 Jahre"**, Oberstebrink • Montessori: **„Wie Kinder zu Konzentration und Stille finden"**, Herder • Seyffert: **„Entspannte Kinder lernen besser"**, Herder

KOOPERATIONSFÄHIGKEIT

WAS BEDEUTET KOOPERATIONSFÄHIGKEIT?

Das ist die Fähigkeit zur Zusammenarbeit, zum Zusammenspiel zwischen Menschen – zwischen Kindern, zwischen Erwachsenen und auch zwischen Kindern und Erwachsenen. Kooperationsfähigkeit, im Erwachsenenleben auch „Teamfähigkeit" genannt, gehört zu den wichtigen Sozialkompetenzen. Die Kompetenz zu kooperieren, sich mit anderen abzusprechen, zu warten, sich im angemessenen Verhältnis unterzuordnen oder zu profilieren, Hilfe zu geben oder anzunehmen, ist eine der Schlüsselkompetenzen.

WARUM ES WICHTIG IST, DIESE KOMPETENZ BEI KINDERN ZU FÖRDERN

Kooperationsfähigkeit wird heute lebenslang gebraucht. Man weiß, dass bei vielen Aufgabenstellungen in Teams und Gruppen wesentlich effizienter und kreativer gearbeitet werden kann als in Einzelarbeit. Ohne Kooperationsfähigkeit ist ein Kind auch nur bedingt Gruppen- und gemeinschaftsfähig – was wiederum unbedingte Voraussetzung für den Schulbesuch ist. Es ist allerdings ein großer Lernprozess, vom egozentrisch empfindenden Kleinkind zum kooperierenden, sozialkompetenten Schulkind heranzuwachsen. Das beste Lernfeld dafür ist – neben der Familie – die Kindertagesstätte.

WIE SIE DIESE FÄHIGKEIT IN DER FAMILIE FÖRDERN KÖNNEN

Ein Großteil dieses wirklich nicht einfachen und großen Lernprozesses findet zwischen dem 3. und 5. Lebensjahr statt.
Je nachdem, wie viele Kinder in der Familie leben, können die Geschwister untereinander Kooperation lernen und üben. Wenn nur ein Kind in einer Familie lebt, kann es Kooperationsfähigkeit erst einmal mit den Erwachsenen einüben. Auch das ist wichtig. Außerdem sollten Sie als Eltern darauf achten, dass Ihr Kind häufig unter anderen Kindern sein kann. Das bedeutet, früh Kinder-Tageseinrichtungen oder Mutter-Kind-Gruppen zu besuchen oder einfach andere Kinder einzuladen und zu besuchen.

Welche Aspekte gilt es zu fördern? Zunächst grundlegende Fähigkeiten, wie: **warten können, sich verbal ausdrücken können, anderen zuhören können.** Dazu kommt dann ein gewisses Maß an **Regelverständnis** (Spielregeln) und deren Akzeptanz, wenigstens **kurzzeitige Konzentration**, daneben die Fähigkeit, **eigene Bedürfnisse und Standpunkte** wahrzunehmen und ihnen angemessen Geltung zu verschaffen und sich allgemein absprechen zu können. Ihr Kind wird lernen müssen, andere Bedürfnisse und Meinungen zu respektieren, ohne dabei seinen eigenen Standpunkt aufzugeben.

Am effektivsten lernen Kinder im Spiel. Im Rollenspiel kann Ihr Kind üben, verschiedene Rollen und deren Aufgaben zu übernehmen (Mutter – Vater – Kind). Am besten lernen Kinder kooperatives Verhalten in sogenannten Spielen ohne Sieger – also kooperativen Spielen. Sie sind frei von Konkurrenz untereinander, vom Ausgeschlossen-werden, von Gewinnen oder Verlieren. Es geht bei diesen Spielen um eine möglichst gute, kreative, gemeinsame Erreichung eines Spielzieles. Aber auch Wett-, Glück- oder Regelspiele fördern natürlich die Zusammenarbeit.

Der wesentliche Punkt bei Kooperation ist, **dass jeder eine eigene Aufgabe oder Funktion hat, die nötig ist, um das Gesamtergebnis zu erreichen** (wie bei Teamarbeit). Es geht also auch um Zuverlässigkeit und Verantwortlichkeit. Wenn ein Kind zu Hause zum Beispiel das Tischdecken übernimmt, kann man ihm auch die ganze Verantwortung dafür überlassen. Es kann schnell lernen, was auf den einzelnen Plätzen stehen oder liegen muss, dass manchmal noch Salatteller gebraucht werden, dass, wenn es Suppe gibt, die Suppenschüsseln und große Löffel nicht fehlen sollten usw. Dass das Ganze nach Möglichkeit auch noch hübsch aussehen sollte, kann es dann ebenfalls lernen. Was könnte den Tisch verschönern? Vielleicht Kerzen oder Blumen, bunte Papierservietten oder was auch immer. Eventuell überlassen Sie es ja der Phantasie Ihres Kindes, die Tischdekoration zu machen. Wenn etwas nicht stimmt oder fehlt, lassen Sie Ihr Kind das auf jeden Fall selbst korrigieren – und zwar ohne zu schimpfen.

Eine andere Art, in der man in der Familie gut kooperieren lernen kann, ist das **Aufräumen.** Kleine Kinder (3 bis 6 Jahre) sind nicht in der Lage, allein ein Kinderzimmer, das den ganzen Nachmittag, womöglich noch mit zwei Freunden, bespielt wurde, wieder ganz in Ordnung zu bringen. Das überfordert sie in diesem Alter noch. Sie brauchen die Hilfe eines Erwachsenen. Auch hier können Mama oder Papa Aufgaben verteilen – zum Beispiel:

„Du sammelst bitte alle Tiere und Autos in ihre Kiste, okay? Die wollen da jetzt gern schlafen. Schaffst du das? Ich räume die Legosteine ein und falte die Decken wieder zusammen. Vielleicht könntest du dann noch die Tücher einsammeln. Leg sie einfach auf den Stuhl, ich falte sie wieder zusammen. Ich glaube, gut lüften müssen wir auch noch mal ..." Benennen Sie die Aufgaben, die zu erledigen sind. Sie können auch Ihr Kind entscheiden lassen, welchen Teil es selbst übernehmen möchte. Ein kurzes freundliches: *„Super gemacht, jetzt sind wir schneller fertig und können noch ..."* rundet den Vorgang ab.

Andere Gemeinschaftsaufgaben, bei denen man Kooperation trainieren kann:

- Ihrem 5- bis 6-Jährigen könnten Sie zeigen, wie man Betten bezieht. Gemeinsam können Sie das Spannbetttuch über die Matratze ziehen, und dann bezieht die Mama die Decke und das Kind das Kopfkissen. Gut, wenn die Mama Benni noch sagt, dass das eine sehr schwierige Aufgabe ist, und sie stolz ist, dass er das schon geschafft hat.
- Eine sehr schöne Gemeinschaftsarbeit in der Familie ist auch Kofferpacken. Einer kann die Sachen holen, der andere packt sie in den Trolley, oder man packt abwechselnd ein.
- Echte Teamarbeit könnte auch sein, wenn man die Möglichkeit hat, ein eigenes Gartenbeet mit seinem Kind anzulegen. Vom Überlegen und Aussuchen der Pflanzen übers Einpflanzen, Beobachten des Wachstums bis zur Pflege gibt es eine Fülle von kooperativen Aufgaben.
- Das Gleiche gilt für die Pflege von Haustieren.
- Wenn man das Kinderzimmer neu streicht, gibt es ebenfalls viel gemeinsam zu tun.
- Natürlich auch bei der Vorbereitung von Familienfesten: Deko basteln, gemeinsames Kochen und Backen etc..
- Ein weites Kooperationsfeld ist natürlich, wenn es Krankheiten oder Pflegefälle in der Familie gibt. Auch hier können Kinder schon Teile übernehmen. Selbst wenn es nur um Aufheitern, Gesellschaft leisten oder gegenseitiges Vorlesen geht.
- Wenn Sie als Eltern zum Beispiel in einer Pfarrgemeinde mitarbeiten, gibt es sicherlich auch in diesem öffentlichen Bereich Aufgaben, die schon kleine Schulkinder übernehmen können, bei Basaren, Festgestaltung etc.

> **KOOPERATIVE SPIELE UND BESCHÄFTIGUNGEN FÜR DIE FAMILIE**
>
> - Gemeinsam eine Höhle bauen, wo auch immer: im Garten, im Wald, im Wohnzimmer, im Kinderzimmer, im Bett (wahrscheinlich von Mama und Papa) oder sonstwo
> - Ein Iglu oder einen Schneemann bauen
> - Sandburgen oder Skulpturen gestalten. (Vorsicht: als Erwachsener nicht zu perfektionistisch sein)
> - Eine Poster-Collage machen – zum Beispiel mit giftigen und ungiftigen Pflanzen, mit gefährlichen und ungefährlichen Tieren, mit gesunden und ungesunden Lebensmitteln etc.
> - Gemeinsam ein Natur-Bild gestalten: Bei einem Spaziergang Naturmaterial sammeln und evtl. mit anderen Bildern, Fotos und gemalten Teilen ein großes Gesamt-Naturbild gestalten
> - Gemeinsam einen Videofilm drehen. Nicht nur über den Urlaub, sondern mit einem Thema – zum Beispiel einen selbst ausgedachten Kurzkrimi, einen Witz oder einen Sketch.

Kinderbücher:
Blyton: **„Fünf Freunde"**, Bertelsmann • Heine: **„Drei Freunde"**, Middelhauve • Janosch: **„Kleiner Bär und Kleiner Tiger"**, Beltz & Gelberg • Lindgren: **„Wir Kinder aus Bullerbü"**, Oetinger • Reuys Viehoff: **„Wir spielen zusammen"**, Don Bosco • Siegner: **„Eliot und Isabella"**, Beltz • Wächter: **„Wir können noch viel zusammen machen"**, Diogenes

KO KREATIVITÄT, PHANTASIE

WAS BEDEUTEN KREATIVITÄT UND PHANTASIE?

Kreativität und Phantasie gehören zwar zu den künstlerischen Kompetenzen, bedeuten aber nicht nur, gut malen oder schön basteln zu können Das ist ein

weit verbreiteter Irrtum. Kreativität (Lateinisch: creare = erzeugen) ist eine Art Lebenshaltung. Es bedeutet Einfälle haben, Ideen finden, Lösungen ausdenken, Neues schaffen, gestalten, und zwar in allen Lebensbereichen.
Kreativität ist also sowohl sichtbares Gestalten von Material, von Sprache, von Tönen als auch vor allem abstrakte Ideen zu finden.

Warum es wichtig ist, diese Kompetenzen bei Kindern zu fördern

„Phantasie ist wichtiger als Wissen. Denn Wissen ist begrenzt." (Albert Einstein) Ideen für Neuerungen – egal in welchem Bereich – und das Finden von Problemlösungen gehören zu den gefragtesten Fähigkeiten in unserer Zeit. Nur mit erheblicher Kreativität wird die Menschheit weiterhin überleben. Kreative Potentiale sind ein wesentlicher Teil der Intelligenz. Und kreative Beschäftigung ist eine der besten Vorbeugungen gegen Depressionen. Unsere Gesellschaft braucht kreative Menschen. Kinder agieren noch nicht nach vorgeschriebenen Denkmustern. Für sie ist noch fast alles möglich. Deshalb kann Kreativität besonders in der Kindheit unterstützt und ausgebaut werden.

Wie Sie Kreativität und Phantasie in der Familie fördern können

Es ist nicht wichtig, ob Sie sich selbst als einen kreativen Menschen einschätzen. Jeder kann diese Fähigkeit bei sich selbst und natürlich auch bei allen Kindern fördern und ausbauen.
Auch hier ist natürlich **die Vorbildfunktion** der Erwachsenen eins der stärksten Momente. Es ist ein Unterschied, ob man in der Familie alles vorgefertigt hat, oder ob man auch mit flexiblen neuen Ideen lebt, ob man Probleme kreativ löst oder nach Regeln und eingefahrenen Schemata.
Ein erster Punkt dazu ist, dass man Kindern **Zeug zum Spielen** statt ausschließlich fertiges Spielzeug anbietet. Ausgesprochen kreatives Spielmaterial sind zum Beispiel: Kisten, Tücher, Watte, Decken, Tuben-Verschlüsse, Kronkorken, Wäscheklammern, Schmusetiere, Dosen, Schachteln, Deckel, Kataloge, Holzstücke, Verpackungsmaterialien, alte Klamotten von Erwachsenen zum Verkleiden, Naturmaterialien, Muscheln, Schneckenhäuser etc. etc.

Überlegen Sie außerdem immer, was man mit **fertigem Spielzeug noch außer seinem eigentlichen Zweck tun kann.** Kinder haben die wundervollsten Ideen, was man mit herkömmlichen Spielen und Spielzeug alles machen kann. Sie ändern Spielregeln. Sie funktionieren Spielsachen nach ihren Ideen um. Das kann man unterstützen. Diese „Zweckentfremdungen" sollten Sie auf jeden Fall zulassen und unterstützen.

Was Kinder mit Spielzeug alles machen können

- Sehr viel kann man mit den Lotto- oder Memory-Kärtchen machen: Man kann Bilder damit legen, man kann sie verstecken, verzaubern, verkaufen, damit Geschichten legen und erfinden, man kann sie sortieren, gruppieren, Worte und Oberbegriffe (Pflanzen, Tiere, Spielzeug) üben, Kartenhäuschen oder Türme damit bauen usw.
- Normale Bilderbücher kann man zum Abmalen, Abpausen benutzen, neue Geschichten dazu erfinden, Tunnel damit bauen, sie als Dach für Bauwerke benutzen oder eine Brücke damit legen, darüberhopsen, einen kleinen Stapelturm damit bauen, daraufsteigen, um größer zu sein, Blumen darin pressen, einen Zaun um einen aufgestellten Zoo damit bauen, etwas damit beschweren etc.
- Perlen kann man auffädeln. Man kann damit kegeln (dazu braucht man dann wieder die Spielkegel von „Mensch-ärgere-dich-nicht"), Mini-Boccia spielen, sie herumwerfen, damit in Dosen Geräusche machen, sie nach Farben sortieren, damit Rechenaufgaben lösen, sie als Geld benutzen etc.

Besorgen Sie **nicht zu viele Spielsachen.** Zu große Fülle lähmt Spielideen oft eher, als dass sie anregend wirkt.

Eine **gute, kreative Geschenk-Idee** ist zum Beispiel ein „Abenteuer-Set" statt eines herkömmlichen Spielzeugs. Das kann bestehen aus einem Seil, einem Karabiner, einer kleinen Lupe, einem Kompass, Schnur, Gummis, einer Taschenlampe, einem Kindermesser, einem Notizbuch.

Zur Förderung von Phantasie sind natürlich auch **Fantasy-Geschichten** empfehlenswert, die man dann gegebenenfalls weiterspinnen oder umändern kann. Zum Beispiel: Pumuckl, das Sams, Jim Knopf, Momo.

Aber auch selbst kann man durch **Phantasiegeschichten,** die man sich gegenseitig erzählt oder anfängt und weitererzählen lässt, Kreativität und Sprache fördern.

Man kann **Phantasiesprachen** erfinden, **Quatschworte und lustige Verse oder auch Nonsens-Gedichte** vorlesen (Krüss, Jandl, Ringelnatz, Morgenstern, Busch, Gernhardt) oder selbst erfinden:

„Schluppi Duppi du,
mein Mausekind bist du.
Ich hab dich ganz doll lieb
sagt der Bär und macht piep piep."

Versuchen Sie einmal, gemeinsam mit Ihrem Kind, **alles mit Farben zu verbinden**: Menschen (zu Oma passt ein dunkles Lila), den Geschmack von Erdbeeren (sie schmecken hellgrün), Namen („Renate" - klingt irgendwie rot, Sabine gelb-grünlich).

Das Wesentliche ist jedoch, **der Kreativität der Kinder Raum zu lassen.** Kinder haben selbst sehr viele Ideen – wenn man sie nur lässt, sie **lobt und bekräftigt,** wenn sie originelle Ideen haben. Einfälle aller Art sollten Sie wertschätzen und nicht abtun, darüber lachen, kritisieren. Die Grenzen dafür liegen eigentlich nur da, wo Sie als Mama oder Papa es nicht mehr ertragen können. Alles andere ist erlaubt. Vielleicht versuchen Sie, Ihre Toleranzgrenzen etwas zu erweitern. Es ist gut verständlich, dass Sie nicht zulassen wollen, wenn Fabian mit ihrem teuren neuen Lippenstift ein Bild malen möchte. Aber wenn er gerne versucht, auf großem Papier, gut abgedeckt, mit dem angekohlten Stück Holz aus dem Kamin zu malen, könnten Sie ihn das ja mal versuchen lassen.

Sehr wichtig ist auch **kreative Lösungen** zu finden, wenn es **Probleme,** Schwierigkeiten oder Konflikte gibt. Eltern können zum Beispiel – statt schlechte Schulleistungen zu bestrafen – mit dem Kind gemeinsam verschiedene Möglichkeiten überlegen:

Mehr üben, anders üben, mit jemand anderem üben, den Inhalt spannender machen, früher ins Bett gehen, um einen anderen Sitzplatz und Banknachbar bitten, eine Belohnung bekommen, Spiele dazu ausdenken und machen, mit der Lehrerin reden, was die meint, eine eigene Lernmethode erfinden, von einem Kind erklären lassen, im Gehen lernen, Konzentrationstechniken trainieren – oder es nicht so schlimm finden und abwarten .

Was Kinder brauchen, um kreativ werden zu können

- Immer wieder Neues erleben dürfen
- Forschen und spielend arbeiten können
- Versuchen und irren dürfen
- All ihre Fähigkeiten erproben dürfen
- In verschiedensten Ausdrucksformen angeleitet werden und sich ihrer bedienen dürfen
- Genügend Zeit und Raum
- Langeweile haben dürfen. Daraus entstehen auch Ideen.
- Lobende Rückmeldungen zu ihrem Handeln und ihren Versuchen

Kinder und Jugendliche sind von sich aus kreativ. Sie wollen in unserer scheinbar schon perfekten Welt selbst etwas gestalten. Sie erfinden Tanz und Akrobatik, Musik und Kunst und versuchen zum Beispiel später durch Graffitis und Medienkunst, Rap etc. neue Wege zu gehen.

Speziell Jugendliche erfinden einen **eigenen Sprachduktus**, über den sich Eltern nicht aufzuregen brauchen: „Voll krass, wie der Oskar die angetextet hat." – „Schon derbe übel, aber egal." – „Keine Ahnung, der chillt doch normalerweise voll." „Woa – aber endgenial, was sie dazu gemeint hat – sie so: ‚Ja, schon' und so." – „Keine Ahnung, Alter." – „Die Reaktion war echt hammergeil, ey! Eben 'ne Proll-Keule – aber er führt sich end auf. Er denkt halt, so was wär hart cool, is es aber nich, weißt du?"

Keine Sorge – dadurch leidet weder der Aufsatzstil Ihres Schulkindes noch die deutsche Sprache im Allgemeinen. Ihr Kind verdirbt damit nicht seine Kommunikationsfähigkeit. Im Gegenteil, Kinder schaffen sich durch derartige „Jugendsprachen" eine kreative und mit ihrer Gruppe solidarische Abgrenzung zu den Erwachsenen. Lassen wir ihnen dieses gestaltende Distanzierungs-Vergnügen. Sie wissen im Allgemeinen sehr gut, wo das hingehört und wo nicht.

Was wir Erwachsenen für die Kreativität unserer Kinder tun sollten

- Unsere engen Schubladen im Kopf verlassen, neugierig sein
- Über den eigenen Tellerrand hinaus schauen
- Gelassenheit und Humor entwickeln
- Uns mit anderen Gedanken auseinandersetzen
- Uns trauen, „quer denken" zu lernen
- In Zusammenhängen und darüber hinaus denken
- Handwerkliche, künstlerische Fähigkeiten ständig erweitern
- Uns mit für uns neuen Gebieten beschäftigen
- Immer für neue Interessen offen sein

Zum Schluss noch zwei kreative Rezept-Ideen für Ihre Kinder:

Alaun-Teig (zum Kneten und Formen):
1 kg Mehl, 500 g Salz
5 Esslöffel Alaun (aus der Apotheke)
9 Esslöffel Öl
1¼ l kochendes Wasser
mit einer (Lieblings-)Lebensmittelfarbe (oder Ostereierfarben oder Pulverfarben aus dem Künstlerbedarf) mit Knethaken verrühren.
Aufbewahren in Tupperdose. Es ist fast unbegrenzt haltbar, schmeckt scheußlich und ist ungiftig.

Fingerfarben-Rezept (zum Malen mit den Händen):
Tapetenkleister anrühren und mit Lebensmittelfarben oder Pulverfarben aus dem Künstlerbedarf verrühren. In leere Joghurtbecher oder Ähnliches abfüllen. (Tapetenkleister eignet sich auch für kleine Kinder allgemein gut für Klebearbeiten, geht gut aus der Kleidung raus.)
Auf großem Papier (zum Beispiel Tapeten-Reste) mit den Händen oder zur Not auch sehr dicken Pinseln damit malen.

Zum Weiterlesen:
Carrer: „**Das verrückte Haus**", Picus (ab 4) • Doehlemann: „**Die Phantasie der Kinder und was Erwachsene daraus lernen können**", Waxmann • Heller: „**Ich bin ein Künstler – ich kann alles malen**", Lappan (Kreative Malschule) • Langner: „**KunstSpielMalBuch**", Prestel • Lionni: „**Matthias und sein Traum**", Beltz (Kindern moderne Kunst nahe bringen) • Seitz: „**Ein Leben für die Phantasie**", Buchendorfer • Seitz: „**Zeichnen und malen mit Kindern**", Don Bosco • Seitz: „**Ästhetische Elementarbildung**", Auer • Seitz/Haberlander: „**Die Schule der Phantasie**", Ravensburger • Wierz: „**Kreative Mal- und Zeichenspiele**", Kösel

ICH
SO

KRITIKFÄHIGKEIT

WAS BEDEUTET KRITIKFÄHIGKEIT?

Zugrunde liegen dem Begriff das griechische Verb „krinein" (scheiden, trennen, entscheiden, urteilen) und das griechischen Hauptwort „kritike" (die Kunst der Beurteilung).

Kritikfähigkeit hat bei uns vier Aspekte:
- Die Fähigkeit, mit Rückmeldungen aller Art von anderen Menschen angemessen umzugehen, sie bewusst anzunehmen, zu reflektieren oder sich dagegen abzugrenzen.
- Die Fähigkeit, Dingen, Sachverhalten, Menschen, Meinungen gegenüber kritisch zu sein und sich selbst eine eigene Meinung zu bilden.
- Die Fähigkeit, Kritik in angemessener Weise auszudrücken, sie dem anderen so zu vermitteln, dass er etwas Hilfreiches davon hat.
- Die Fähigkeit, ein gewisses Maß an Selbstkritik üben zu können, ist die Voraussetzung für ein gesundes „Über-sich-selbst-bewusst-sein".

WARUM ES WICHTIG IST,
DIESE KOMPETENZ BEI KINDERN ZU FÖRDERN

Kritikbereitschaft ist wichtig. Selbstkritikfähigkeit erspart einem viele Peinlichkeiten im Leben, wenn man gelernt hat, sich selbst – mit Stärken und Schwächen – realistisch einzuschätzen.

Kritikfähigkeit – aktiv und passiv – ist für jede intensive Beziehung, die man im Leben führt, wichtig. Die Fähigkeit, Feedback als hilfreich aufzunehmen und daraus zu lernen, ist wertvoll – ebenso wie die Fähigkeit sich abzugrenzen gegen Rückmeldungen, die wirklich nicht hilfreich sind, sondern kränken und abwerten. Man braucht diese Fähigkeiten in der Schule sowohl um zu lernen als auch um sich gegen wenig hilfreiche Rügen, Abwertungen oder schlechte Noten abzugrenzen. In der heutigen Berufswelt ist Kritikfähigkeit einer der wichtigsten „Skills" (Fähigkeiten).

WIE SIE KRITIKFÄHIGKEIT IN DER FAMILIE FÖRDERN KÖNNEN

Die Grundvoraussetzung dafür, dass ein Kind lernt, Kritik anzunehmen und angemessen damit umzugehen, ist **eine gehörige Portion Respekt und Wertschätzung seiner Person.** Ein Kind, das weiß: *„Ich werde gesehen, ich werde geachtet, ich werde geliebt, und ich bin wichtig",* tut sich mit dem Aspekt der Selbstkritik wahrscheinlich leicht. Ein **realistisches Selbst- und Fremdbild zu erwerben** *(„Wie sehe ich mich? Wie sehen mich andere?")* gelingt gut gebundenen und wertgeschätzten Kindern.
Wertgeschätzten, respektierten Kindern fällt es meist leicht, konstruktiv gemeinte Kritik anzunehmen.
Beobachten Sie als Eltern einmal, was geschieht, wenn Sie andere Eltern über deren Kind loben: Fast immer werden diese das Lob einschränken – zum Beispiel so:
- *„Die Anna ist ja wirklich ein liebenswertes, freundliches angenehmes Kind. Sie hat sich so konstruktiv und hilfreich verhalten auf Markus' Geburtstagsfeier."*
 – *„Ach zu Hause ist das meist ganz anders. Da ist sie auch ganz schön muffig und quengelig – gell, mein Mädchen?"*

Oder so:
- *„Also, die Laura hat wirklich diese Rolle in dem Theaterstück wunderbar gespielt. Ich hab sie wirklich bewundert! Ich denke dass sie da sehr begabt ist."*
 – *„ Ach ja, wissen Sie, die hat nur sich selbst gespielt. Die ist einfach immer so zappelig, wie es diese Rolle vorschreibt"*

Was lernen Kinder, wenn sie das hören? Wahrscheinlich:
- *„Was ich auch mache, es ist Mami nie gut genug."*
- *„Andere Menschen finden mich gut, Mami ist nie zufrieden."*
- *„Wenn ich meine Kompetenzen einsetze, finden mich Menschen gut."*
  Wenn sie sich stark mit ihrer Mutter identifizieren, denken sie vielleicht:
- *„Lob von fremden Menschen gegenüber sollte man skeptisch sein."*
- *„Es ist bescheidener, höflicher, Lob abzuschwächen."*
- *„Vielleicht sollte ich ein klein wenig selbstkritischer sein."*

Auf der Kommunikationsebene ist vieles über Modell-Lernen zu vermitteln. Zunächst ist es sinnvoll, in sogenannten **„Ich-Botschaften"** (Gordon, 10) zu sprechen. Das bedeutet, Rückmeldungen jeglicher Art – also sowohl Lob als auch negative Kritik – als meine eigene Empfindung auszudrücken, sie nicht als *„Du bist ..."* dem anderen praktisch überzustülpen. Sogar sehr kleine Kinder nehmen diese Form der Ich-Botschaft viel besser auf. *„Ich fürchte, das wird so nicht halten."* ist besser, als *„Du machst das falsch. Das schaffst du so einfach nicht."*

Das bedeutet also, Kritik zum Beispiel in dieser Weise anzusprechen:
- *„Es ärgert mich wirklich, wenn du ..."*
- *„Ich bin genervt, wenn ..."*
- *„Ich bin traurig, dass du ..."*
- *„Ich bin ganz hilflos, weil du ..."*
- *„Ich habe Angst, wenn du ..."*
- *„Ich fürchte, dass ..."*
- *„Ich bin neidisch und eifersüchtig, wenn du ..."*
- *„Ich halte es nicht aus, wenn ..."*

Kinder übernehmen diese Formulierungen und Sie als Eltern werden erleben, dass es bald nicht mehr *„Du böse, blöde Mama ...!"* heißt, sondern *„Ich bin so sauer, weil ich so viele Sachen nicht darf, die meine Freunde alle dürfen!"* Das hört sich anders an, nicht wahr?

Auf der Gesprächsebene ist es wichtig, *„wie"* Sie Ihre Kritik formulieren. **Beschreiben Sie** möglichst **differenziert**, was für Sie schwierig ist. Sagen Sie nicht pauschal *„Du bist immer so chaotisch"*, sondern: *„Es macht mich ganz nervös, wenn die 200 Spielfiguren am Abend durcheinander auf dem Boden herumliegen, wir drauftreten und ich morgen nicht staubsaugen kann."*

Auch sollten Sie bei Kritik **Abwertungen – zum Beispiel durch die Wortwahl – vermeiden**: *"Also dein Deutsch-Heft sieht ja aus, als wenn ein Schwein drübergelaufen wäre, du alte Schlampeliese."* Ein solcher Satz motiviert niemanden, es ordentlich nochmals zu schreiben. Sagen Sie besser: *"Ich mach mir Sorgen, mein Schatz, ob deine Lehrerin diese Seite sehr schön finden wird. Da hat ja anscheinend auch noch dein Füller so rumgespritzelt. Ich wünsche mir, dass (fände es gut, wenn) du es noch einmal schreibst. Vielleicht kann ich dir dabei irgendwie helfen?"*

Sie können **sachlich, freundlich** und sogar in **liebevollem Ton kritisieren**. Das ist sinnvoll, denn nur so kann Ihr Kind es annehmen.

"Mein Schätzlein, das gefällt mir irgendwie gar nicht. Lass es uns noch mal versuchen." Manchmal hört man sich als Erwachsener nämlich an wie eine keifende Hexe oder ein strenger Polizist. Kalt, hart und befehlerisch wie ein Feldwebel oder Staatsanwalt.

Auch ein wenig **Humor hilft beim Kritisieren. Und in allem das Gute zu sehen** schadet sicher auch nicht, wenn Sie wollen, dass die Rückmeldung gehört und aufgenommen wird: *"Ich find ganz, ganz toll, was du geschrieben hast – und so lustig! Frau Klein fällt sicher fast vom Stuhl vor Lachen, wenn sie den Aufsatz korrigiert. Und es ist fast alles richtig geschrieben. Nur ein paar Worte schreibt man anders, die möchte ich dir gerne zeigen, okay?"* Die Art, in der Eltern formulieren, wird vom Kind wie von einem Löschpapier aufgesogen und übernommen, wenn sie selbst andere kritisieren.

Als nächstes ist wichtig, dass Sie Ihrem Kind **häufig und differenziert Rückmeldungen geben**. Ihm alles, was es kann und gelernt hat, zu spiegeln. Das, was es gut und sehr gut kann, wirklich zu loben. Allerdings nicht zu viel loben, nicht inflationär mit Lob umgehen. Zu den Dingen, die noch nicht so gut klappen, können Sie Ihrem Kind ermunternd sagen, dass es das bald lernt, wenn es sich noch Mühe gibt, dass es hier noch besser werden kann, und ihm eventuell den einen oder andern Tipp geben.

Natürlich gibt es auch Dinge, die wirklich nicht gut sind, und die sollte man eindeutig, aber freundlich und liebevoll etwa so formulieren: *"Das gefällt mir wirklich nicht, mein Schatz.", "Ich habe wirklich Sorge, Natalie, weil das noch gar nicht klappt."*

Entscheidend ist, dass Ihr Kind von Anfang an **weiß, dass es einige Dinge sehr gut** kann, **viele Dinge gut** kann und dass es **einige Sachen gibt, die es** nicht so gut kann, die es üben muss. Und vor allem, dass das auch okay ist, dass es nicht alles ganz phantastisch können muss und dass es trotzdem ein prima großer Junge/Mädchen ist und über alles geliebt wird. Durch ehrliches und wohlmeinendes Feedback in der Familie lernt man, selbstkritisch und dazu „selbst-bewusst" zu werden.

Achten Sie besonders auf folgende drei Aspekte, wenn Sie Kritik üben:
- **Ihr Lob sollte angemessen sein – nicht übertrieben oder inflationär häufig.** Ihr Kind fühlt sich sonst nicht mehr ernst genommen und lernt auch nicht, sich realistisch einzuschätzen. Es ist fast gemein, Kinder zu loben für Dinge, die nicht wirklich gut sind. Ihr Kind wird eventuell in ein tiefes Loch von Enttäuschung fallen, wenn es von anderen Menschen das Gegenteil hört – wenn zum Beispiel andere Kinder oder gar Lehrer, Trainer, Juroren etc. ihm sagen, dass es gar nichts kann in dem Bereich, in dem Sie ihm vorher ein unzutreffendes Lob gegeben haben.
- **Ihr Kind sollte nicht nur auf einen Bereich fixiert sein,** der ausgebaut und in dem es gefördert und anerkannt wird. Kinder sollen lernen, dass sie in mehreren Bereichen fähig und kompetent sind. Wenn nur eine Begabung anerkannt wird und die dann einmal zusammenbricht – aus welchem Grund auch immer – wird sein gesamtes Selbstbild zusammenbrechen. Ob das nun ist, dass es in der ersehnten Fußballmannschaft doch nicht mitspielen darf, im Malwettbewerb nicht einmal zu den Letztplatzierten gehört, in der neuen Schule in Mathe nur traurige Smileys bekommt und die Lehrerin der Mama sagt, dass Mathe wohl nicht seine Stärke sei. Alles, worauf man sich als die ganz große Spezialbegabung versteift, kann als Einzelfähigkeit zu großen Einbrüchen in das Selbstvertrauen führen, wenn sie in anderem Zusammenhang oder zu einer anderen Zeit eben doch nicht mehr so sehr gut bewertet wird.
- Lernen Sie als Eltern, Ihr Kind **konstruktiv und aufbauend zu kritisieren** – für Dinge, die es besser machen könnte. Das ist nicht immer einfach. Denn viele Kinder sind schon im Vorschulalter kritikempfindlich wie kleine Mimosen. Manche Schulkinder setzen sich auch selbst extrem unter Leistungsdruck und sind wirklich zutiefst enttäuscht, wenn ihnen etwas nicht gut gelingt. Das ist zwar im Moment schlimm, aber Sie als Eltern können das positiv als Ehrgeiz und Lernmotivation werten, Ihr Kind **für sein Bemühen loben**, und es **trösten, aufmuntern, ermutigen.**

Sie können versuchen, durch eine Kultur der wirklichen **Fehlerfreundlichkeit** einer kleinen Niederlage die Spitze zu nehmen – glücklicherweise gibt es Fehler. Wir alle lernen durch Fehler, weil sich durch sie der Inhalt vertiefen im Gehirn einprägt.

Auch ist es unterstützend, wenn **Eltern immer wieder erzählen, wo sie überall Fehler gemacht haben** oder machen, dass Fehler und Pannen dazugehören usw.

Die Mama kann erzählen, was sie einfach nicht schafft, was ihr nicht gelingt – und auch Papa kann zugeben, dass er vieles nicht kann, was er gern können würde.

Kritik ist etwas sehr Intimes

Mit Kritik dringt man ja in den Persönlichkeitsbereich des anderen ein. Deswegen kann man Kritik auch am besten von Menschen annehmen, die einen gern mögen und grundsätzlich wertschätzen. Von Menschen, die einen nicht mögen, kann man oft auch berechtigtes Feedback nicht annehmen. Für den, der kritisiert ist konstruktive, sensible Kritik ein Kraftaufwand. Meist kritisiert man daher nur Menschen, die einem wirklich am Herzen liegen. In manchen Fällen empfiehlt es sich zu fragen, ob der andere die Rückmeldung hören will. Recht unsinnig ist dabei die Floskel, er soll es nicht persönlich nehmen. Ja – wie denn dann? Auch wenn es etwas Sachliches ist, so gefällt doch die Sache nicht, wie man selbst sie als Person ausgeführt hat. Emotionen lassen sich dabei nicht abspalten.

Wichtig ist also auch, dass man lernt, **sich gegen unqualifizierte oder „böse" Kritik abzugrenzen.** Das ist für Kinder sehr schwer. Worte haben Macht. *„Der Maxi ist blöd, der Maxi ist blöd!", „Die Elena stinkt, stinkt, stinkt."* Ihr 5-Jähriges – die Zielscheibe dieser Kritik – ist den ganzen Nachmittag tödlich getroffen und traurig. **Es kann konstruktiv gemeinte Kritik nicht von Ärgern-wollen, Frechheiten, Gemeinheiten unterscheiden und darüber lachen.** Hier müssen Sie als Eltern Ihr Kind aufmuntern, mit ihm darüber reden, eventuell kurz die Betroffenheit ansprechen. Dann aber sollten Sie es auch bagatellisieren: *„Ich glaube, der Tommi hat das nicht so gemeint. Vielleicht hat er sich über irgendwas anderes geärgert. Und du hast den ganzen Ärger abgekriegt.", „Die Jasmin hat sicher nur Spaß gemacht. Sie hat gar nicht gemerkt, dass sie dir damit weh tut."*

Und denken Sie selbst immer daran: Kritik kann noch so konstruktiv gemeint sein – wenn Formulierungen und Tonfall negativ sind, empfindet Ihr Kind sie auch als negativ.

Auch **über Kritik kann man wieder metakommunizieren** – darüber reden, wie man sich in der Familie kritisiert. Fragen Sie Ihre Kinder einmal, ob sie sich zu viel kritisiert oder zu viel gelobt fühlen. Fragen Sie, in welcher Form Sie ihnen sagen sollen, wenn Ihnen als Mama/Papa etwas nicht gefällt usw.

Zum Weiterlesen
Liebich: „**Mit Kindern richtig reden**", Herder • Gordon: „**Familienkonferenz**", Heyne • Liebich: „**So klappt's mit dem Familienleben**", Oberstebrink

KRITIKFÄHIGKEIT

ELTERNAUFGABE

Bitte versuchen Sie, diese Du-Botschaften in Ich-Botschaften umzuformulieren. Sagen Sie etwas von sich, ein Gefühl, eine Empfindung, vielleicht auch einen Wunsch.

Du-Botschaft	Ich-Botschaft
„Du bist zu klein dafür."	„Ich habe Angst dass du das noch nicht ganz schaffst."
„Du nervst."	„Es stört mich. Ich möchte, dass du damit aufhörst."
„Du bist aber auch zu dumm."	
„Wie kann man denn so ungeschickt sein wie du?"	
„Das hast du ganz falsch gemacht!"	
„Du schaffst das immer noch nicht, da bin ich mir sicher."	
„Du kannst einfach nicht rechnen."	
„Du wirst schon sehen, du lernst das Klavierspielen nie."	
„Du bist einfach rücksichtslos."	
„Du bist und bleibst einfach ein Raufbold."	
„Du bist sehr hübsch."	
„Du bist ein toller Junge."	

LE LERNMETHODISCHE KOMPETENZ

WAS BEDEUTET LERNMETHODISCHE KOMPETENZ?

Der Begriff beschreibt die Fähigkeit, Lernen zu lernen. Es geht darum, dass ich mir als Kind bewusst werde, wie ich mir Wissen und Kompetenzen erwerbe und – nächster Schritt – dieses Lernen selbst steuern kann. Diese Kompetenz baut auf vielen anderen Kompetenzen auf, wie zum Beispiel Gedächtnis, logische Denkfähigkeit sowie kontextuelles Denken (in Zusammenhängen denken). Auch Motivation, Kreativität, Selbstregulierung, Problemlösungsfähigkeit und die Begabung, mich zu organisieren, wenn ich mir Wissen oder neue Fertigkeiten aneignen möchte, gehören dazu. Lernmethodische Kompetenz bündelt und verknüpft Methoden-Kompetenzen, um zum bewussten, reflektierten Lernen zu gelangen.

WARUM ES WICHTIG IST, DIESE KOMPETENZ BEI KINDERN ZU FÖRDERN

Es ist heute nachgewiesen, dass nicht nur Kinder, sondern auch Erwachsene umso effizienter lernen können, je genauer und deutlicher sie sich darüber im Klaren sind, *wie* sie am leichtesten verstehen, am besten behalten, am effektivsten üben – was sie tun müssen, um sich in effektiver Weise neue praktische oder theoretische Kenntnisse anzueignen. Neurobiologisch geht es darum, Verbindungen und Verknüpfungen im Gehirn herzustellen und durch das Gespräch darüber (Metakommunikation) und durch Wiederholung das Erlernte anwendbar und aktiv nutzbar zu machen. Es ist wichtig zu verstehen, dass Lernen ein aktiver Prozess ist, der nichts damit zu tun hat, einem Kind Wissen „einzutrichtern". Auch eine „Dressur", beruhend auf Belohnungen und Strafen, mit der Absicht dem Umfeld ein „Super-Kind" zu präsentieren, klappt nicht. In dem Moment, wo die Belohnungen oder Strafen wegfallen, wird es nichts mehr lernen wollen. Das hat nichts mit Lernmethodik zu tun.

Wie Sie lernmethodische Kompetenz in der Familie fördern können

Zunächst einmal sollen Kinder – auch schon Kindergartenkinder – begreifen, dass **das Gehirn eine eigene Instanz** ist. Dass man damit nachdenken kann, sich Sachen merken kann, lernen kann. Kinder können begreifen, dass man mit dem Gehirn auch darüber nachdenken kann, *wie* man lernt – und was man tun kann, um besonders gut zu lernen und das Gehirn besonders effektiv aktiv zu nutzen (Metakognition).

Das geschieht hauptsächlich dadurch, dass Sie als **Eltern sowohl theoretisch mit Ihrem Kind darüber sprechen, wofür das Gehirn da ist – und dann nachbesprechen, was es bei einem beliebigen Lernprozess getan und dadurch gelernt hat.** Es ist also sinnvoll, wenn der Erwachsene durch Fragen das Kind selbst den Prozess beschreiben lässt und ihm ab und zu seine Gedanken dabei spiegelt. So verankert sich das Tun im Gehirn des Kindes.

Ein solches Gespräch kann zum Beispiel so laufen:

- **Mama:** *„Was hast du gemacht?"* **Kind:** *„Eine Räuberhöhle gebaut."*
- **Mama:** *„Und wie hast du das gemacht?"* **Kind:** *„Den Tisch abgeräumt und die große Decke aus dem Schlafzimmer drüber gebreitet."*
- **Mama:** *„Wie hast du denn geschafft, dass du sie drüber legen konntest? Die ist ja sehr groß."* **Kind:** *„Ich hab immer wieder gezogen und geschubst und hin- und hergelegt. Und dann ist sie wieder runtergerutscht, wenn es auf einer Seite zu schwer war."*
- **Mama:** *„Du hast also gelernt, dass die Decke runterrutscht, wenn sie nicht auf jeder Seite im Gleichgewicht ist."* **Kind:** *„Ja, weil der blöde Tisch so glatt ist."*
- **Mama:** *„Klasse, dass du es trotzdem weiterprobiert hast. Und was hast du dann gemacht, damit sie doch gehalten hat?"* **Kind:** *„Ich hab die Bücher draufgelegt. Die sind so schwer und haben sie festgehalten."*
- **Mama:** *„Supergute Idee! Etwas Schweres kann sie festhalten. Wie bist Du denn darauf gekommen?"* **Kind:** *„Das machst du doch auch immer so im Sommer, wenn Wind auf der Terrasse ist und es die Tischdecke weg weht. Dann legst du was Schweres drauf."*
- **Mama:** *„Ich bin wirklich begeistert, Basti, was du dir alles merkst. Und siehst du, wie viel du schon gelernt hast? Aber ich sehe, du hast sie ja noch besser befestigt. Was hast du dir denn da einfallen lassen? Wie bist du darauf gekom-*

men?" **Kind:** „*Ich hab Schnüre um die Ecken gewickelt und sie am Schrank und an der Heizung und an Stühlen fest gemacht. So macht das der Papi immer im Sommer mit dem Zelt. Ich meine, der schlägt diese spitzen Dinger in den Boden, aber ich konnte ja nicht ...*"
- **Mama:** „*Gut, dass du nicht! Ich find`s phantastisch! Jetzt hast du ganz allein eine ganz geschlossene Höhle gebaut. Soll ich uns dahin jetzt ein Räuberessen bringen?*"

Um das Erlernte noch mehr zu sichern, könnte man Sebastian zur Wiederholung den Prozess noch mal abends seinem Vater beschreiben lassen. Oder die Höhle von ihm selbst(!) fotografieren oder abmalen lassen.

Auch weitere Gespräche oder Überlegungen dazu fördern das Denken und Lernen in Zusammenhängen. Das kann den Vorgang **im Gehirn des Kindes noch intensiver vernetzen und verankern.** Gehen Sie dabei wieder möglichst **fragend** vor. Schütten Sie nicht gleich Ihr ganzes Erwachsenenwissen über dem Kind aus. Mögliche Fragen: Wie viele Kinder passen da wohl hinein? Was könnte man alles darin spielen? Was wäre gefährlich, in der Höhle zu tun? Vor was könnte die Höhle einen schützen – auch wenn sie im Freien stünde? Wo und wie kann man sonst noch gut Höhlen bauen? Welche Höhlen kennen wir sonst noch? Welche Tiere kennen wir, die in Höhlen leben? etc.

Gelerntes lässt sich auch immer gut mit einem Medium vertiefen: Schauen Sie ein **Bilderbuch oder Lexikon an,** in dem Höhlenmenschen abgebildet sind. Betrachten Sie Höhlenmalereien in Fotobänden. Besorgen Sie sich die DVD von Fred Feuerstein etc.

Lernen ist ein aktiver, ja kreativer Akt des Gehirns. Es ist sogar möglich, beim Lernen über das Gehirn „Luststoffe" (Dopantin) zu produzieren.

Lernen kann also wirklich Spaß machen – wenn der Lernprozess ...
- über eine Person läuft, zu der das Kind eine intensive und positive Bindung hat
- interaktiv – also wechselnd, aktiv aufeinander bezogen – ist
- angstfrei gestaltet ist
- eine Struktur und Ordnung hat, in der sowohl die Lern-Teile als auch das Ganze erkennbar sind
- geplant und reflektiert wird

- aktive kreative Teile enthält, bei denen man etwas selbst tut und darüber spricht
- viele Beispiele und Analogien (Ähnlichkeiten mit gleichen Aspekten) enthält und so besser verstanden werden kann
- so gestaltet ist, dass die Inhalte geübt und wiederholt werden – bestenfalls in einem anderen Zusammenhang (als Lied, als Gedicht, in einer Geschichte)

Alles das sind Ergebnisse aus der Gehirn- und Lernforschung.

Die Eltern, die Erzieherinnen und Lehrer sind im Lernprozess neben der „Ordnung" des Lernstoffes das wichtigste „Instrument". Es ist hilfreich, wenn sie ...
- Freude am Kontakt mit dem Kind haben
- sich für den Inhalt begeistern können
- sich in jedem Fall anerkennend und wertschätzend verhalten (förderliches Kommunikationsverhalten)
- andere Zugangsweisen, Sichtweisen oder Vorerfahrungen des Kindes zulassen, ja neugierig auf sie sind, um vielleicht selbst dabei Neues zu lernen
- fachliche und vor allem didaktische Kompetenz besitzen (Motto: Wie können wir uns zusammen neues Wissen erarbeiten?)

„Verkehrte" Welt

Es gibt einen interessanten, sehr erfolgreichen Lernversuch aus einer Schule in Kanada, bei dem die Fachlehrer ihr Unterrichtsfach tauschen. Der Mathelehrer gibt Biologie, der Biologielehrer Englisch, der Englischlehrer Chemie, der Chemielehrer Latein etc. Die Klassen müssen sich nun gemeinsam mit dem „Nicht-Experten" den Lernstoff erarbeiten. So erwerben die Kinder lernmethodische Kompetenzen.

Lernmethodische Kompetenz kann entstehen ...
- indem man den gesamten strukturierten Prozess miteinander bespricht
- indem man bewusst reflektiert: Was, wie, mit welchen Mitteln lerne ich am

besten? Woher kenne ich das? Was war damals die Lösung? Was kann ich tun, um das Gelernte zu behalten? Wenn Probleme da waren, wie fand ich selbst eine Lösung? Welche Mittel und Medien habe ich benutzt?
- wenn Kinder die Quellen kennen, aus denen man Wissen schöpfen kann: Bücher, Lexika, das Internet, TV, Beobachtung und Befragungen von anderen Menschen (älteren Kindern oder Erwachsenen, die das Fachgebiet kennen könnten), direkt, per Mail, Brief oder Anruf
- wenn Eltern ihren Kindern kleine Lern-Aufgaben geben: *„Such doch mal selbst in deinem Bilderlexikon die Höhlenmenschen heraus. Ich lese Dir dann vor."*
- wenn **Eltern selbst nicht zu viel wissen,** sondern sich **gemeinsam mit ihrem Kind etwas erarbeiten.** Man kann und muss heute nicht mehr alles wissen. Aber es ist gut, wenn man weiß, wie man es sich erarbeiten kann. Reflektierte Lernwege prägen sich auf Dauer ein. Ihr Kind lernt, wie es persönlich am besten lernt. Es entsteht „Methodenkompetenz".
- wenn man weiß, welcher „Lerntyp" man ist
- wenn man weiß, wann man sein persönliches tägliches Leistungshoch und das Leistungstief hat (oft nach dem Mittagessen)

Weitere wichtige Elemente und Aspekte für das Lernen:
- **Kindgerechtheit** (Inhalte und Methoden, die zum Alter passen).
- **Den Stoff** nicht nur hören oder sehen (also nur konsumieren), sondern ihn **selbst erarbeiten und formulieren.**
- **Anstrengung:** Kinder können ruhig wissen, dass Lernen selbstverständlich auch Anstrengung bedeutet. Diese muss benannt und anerkannt werden.
- **Den Inhalt verstehen können:** Versuchen Sie als Erwachsener, kindgerecht zu erklären. Oft erklären Kinder sich gegenseitig besser.
- **Den Stoff schrittweise erarbeiten.** Zu viel auf einmal demotiviert. Auch Teilerfolge sind Erfolge.
- **Wiederholung ist unerlässlich.** Günstig sind Wiederholungen auch in einem anderen Zusammenhang.
- **Vernetzung des Inhalts mit Randgebieten**
- **Den Lerninhalt visualisieren.** Wenn irgendwie möglich, ist es hilfreich, dazu bewusst **Bilder im Kopf zu schaffen.** Abbildungen zeigen, selbst skizzieren, malen lassen oder durch das beschreibende Gespräch darüber ein Bild im Kopf entstehen lassen.

- Beim Lernen in der Schule **nachprüfbare Ziele** setzen
- Eine wichtige Erkenntnis aus der Gehirnforschung (siehe Spitzer in 4) ist, dass **durch Musik die Lernfähigkeit erheblich gesteigert** wird. Das bedeutet, dass Eltern Ihrem Kind unbedingt in irgendeiner Form musikalische Erziehung bieten sollten. Am besten ist es natürlich, das Kind ein Instrument lernen zu lassen, viel mit ihm zu singen und zu tanzen, in jedem Fall aber ihm viel Musik vorzuspielen – von klassischer Musik über alte und neue Kinderlieder, Volksmusik bis zur modernen Musik. Durch Musik wird interessanterweise das logisch-mathematische Denken angeregt und die Konzentrationsfähigkeit gesteigert.

KONKRETE LERNMETHODEN UND PRAXISTIPPS

- Checklisten, Zeitpläne, Lernkartei
- Mind-Map-Technik (siehe in 14)
- Tabellen oder andere Ordnungssysteme
- Merkzettel, Spickzettel
- Karteikarten
- Praktische Versuche, beispielsweise Wiegen, Abmessen
- Wortkärtchen wie beim Vokabellernen
- Ein Merkheft, in das ich mir wichtige Dinge, Worte schreibe oder male
- Ordner, Alben
- Medien: PC, Tonband, Internet
- Befragungen, Interviews mit kompetenten Leuten
- Eselsbrücken und Merkverse
- Brainstorming in der Gruppe (Zusammentragen von Wissen, ohne die Beiträge zu gewichten oder zu bewerten)

Wie lernen Kinder in welchem Alter?

Das Wichtigste ist, dass Sie Ihr Kind nicht wie ein „Trichterkind" mit „Wissen und Fertigkeiten" anfüllen wollen. Es organisiert sich sein Lernen selbst. Ab der Geburt haben Kinder eine hohe Selbstbildungskompetenz. Es geht also darum, schon früh viele Anreize zu bieten und alles aufzugreifen, wofür Ihr Kind im Moment Lernbereitschaft zeigt.

- **Babys** lernen durch jede **sinnliche Erfahrung**: durch Sehen, Hören, Riechen, Schmecken, „Be-greifen". Das Gehirn speichert jede sinnliche Erfahrung im Gedächtnis, verbindet sie mit anderen und belegt diese mit positiven Emotionen: *„Die Mama hat einen Busen, von dem gibt es etwas zu trinken. Sie riecht so und fasst mich auf jene Weise an."*

- **Das Kleinkind** lernt durch **Versuch und Irrtum**: das sogenannte sensomotorische Spiel, bei dem ein Kind wieder und wieder die gleiche Handlung, die gleiche Bewegung ausführt, um sie so fest im Gehirn zu verankern. Es räumt die Tupper-Deckel aus der Schublade aus, räumt sie ein, räumt sie aus, lutscht daran, schmeißt sie etwas herum, klopft damit an den Schrank, räumt sie ein, räumt sie aus – es „arbeitet" und lernt dabei.

    Parallel dazu beginnt die nächste Form, das ist das **Nachahmen**. Das fängt mit der Nachahmung von Lauten an: *„Papapapa", „Ja", „Gut", „Papa, Papa"*. Es geht weiter mit Beschäftigungen, die nachgeahmt werden. Von Haushaltstätigkeiten bis zur Körperpflege. Eltern werden rührende Versuche beobachten können, sich die Haare zu kämmen, sich einzucremen usw. Dadurch, dass wir es loben und bestätigen, verfestigt sich der Lernprozess..

- **Kindergarten-Kindern** sind durch den Spracherwerb **erste differenziertere, abstrakte Denkprozesse** möglich. Sie lernen aber trotzdem noch hauptsächlich **über „selbst Tun"** und durch möglichst viele **sinnliche Erfahrungen**. Ihr Kind lernt, wie ein Apfel aussieht, wie er sich anfühlt, wie er riecht, schmeckt und wie man ihn knirschend zerbeißen oder zerschneiden kann. Wenn Sie sogar einen „Zauberapfel" schneiden können, sind auch noch Freude und Verwunderung als Emotionen beteiligt. So lernt man schnell und sicher, was ein Apfel ist.

    Vorgänge oder abstrakte Begriffe muss man selbst getan oder gespürt haben – zum Beispiel eine Höhle gebaut, einen Schneemann geformt, Plätzchen gebacken haben. Eine theoretische Erklärung, wie das gemacht wird, versteht

ein 3- bis 4-Jähriges nicht. Auch Abstrakta wie den Begriff „Angst" muss man erlebt haben, um ihn zu verstehen. Hilfsbereitschaft muss man selbst erfahren oder aktiv gezeigt haben.
- **Vorschulkinder** beginnen **über eigenes Tun, über Bewegung und sinnliche Erfahrungen**, erstes abstraktes Wissen zu speichern (Beispiel: Kaulquappen fangen und deren Wachstum beobachten). Die Bedeutung von Zahlen lernt man durch erste kleine Rechenaufgaben. Versuche aus den Naturwissenschaften können sinnliche Erfahrungen sein, die das Lernen fördern. Je mehr Sinne beteiligt sind, umso leichter versteht ein Kind, umso intensiver verankert sich die Erfahrung im Gehirn.
- **Schulkinder sagen:** *„Je netter die Lehrerin ist, umso lieber lerne ich."* Kleine Schulkinder und Jugendliche lernen immer am besten **von Menschen, zu denen sie eine gute Beziehung haben**. In der Schule beginnen Kinder theoretische Erklärungen ohne praktische Demonstration zu verstehen (Beispiel: Rechnen, ohne die Finger zu benutzen). Die Abstraktionsfähigkeit im Gehirn erweitert sich ständig. Erst mit 12 bis 13 Jahren ist sie abgeschlossen. Erst jetzt kann man sagen, ob das Kind logisch-mathematisch wirklich begabt ist. Erst jetzt wird es theoretische Rechtschreib- und Grammatik-Regeln wirklich generalisieren und anwenden können.

Es gelten jetzt die allgemeinen Regeln, unter denen man lernt:
- Innere Motivation
- Konzentration
- Verstehen
- Vernetzen mit anderem Wissen
- Wiederholung (eventuell in anderem Zusammenhang)

Zum Weiterlesen:
Aust-Claus/Hammer: **„Auch das Lernen kann man lernen"**, Oberstebrink • Beck-Textor: **„Was in Kindern alles steckt"**, Herder • Buchner: **„Kluge Kinder fallen nicht vom Himmel"**, Herder • Dreher/Spindler: **„Kybernetische Methode im Kindergarten"**, Rottenburger • Feuerlein: **„Du kannst es – erfolgreich lernen mit Kinesiologie"**, Herder • Liebich: **„Mit Kindern richtig lernen"**, Herder • Meixner/Tumpold: **„Kinder aufs Lernen vorbereiten"**, Knaur, (Edu-Kinestetik) • Montessori: **„Lernen ohne Druck"**, Herder • Von Schnurbein: **„Lernen mit Freude und Erfolg"**, Onken • Vorländer: **„Unser Kind kommt in die Schule"**, Onken

ELTERNAUFGABE

Wie lernen Sie selbst am besten?

- Bitte kreuzen Sie Ihre sechs favorisierten Lernmethoden an. Wie lernen Sie Neues am besten? Und was tun Sie, um es im Gehirn zu verankern?

    O   Ich höre Radio oder Kassette
    O   Ich lese den Lernstoff
    O   Ich arbeite mit verschiedenen Büchern und Medien
    O   Ich sehe neuen Lernstoff im Fernsehen an
    O   Ich bewege mich in jedem Fall dabei (iPod, Walkman)
    O   Ich erarbeite mir den Inhalt im Gespräch mit anderen
    O   Ich erzähle den Stoff, wenn ich ihn gelernt habe, weiter
    O   Ich höre mir Vorträge an
    O   Ich höre und schreibe mit
    O   Ich skizziere Bilder dazu
    O   Ich übe das neu Gelernte
    O   Ich versuche es praktisch durch „Tun"
    O   Ich liebe Lernen durch Versuch und Irrtum
    O   Ich lese und schreibe parallel das Wichtige heraus
    O   Ich lese und markiere, unterstreiche, setze Zeichen an die Seite
    O   Ich arbeite Übungen dazu durch und höre gleichzeitig Musik
    O   Es muss sehr ordentlich um mich herum sein, wenn ich lerne
    O   Ich muss es selbst immer wieder tun
    O   Sonstiges:

    _____

    _____

- Beobachten Sie, wie Ihr Kind am besten lernt:

    _____

    _____

    _____

Moralische Urteilsbildung

EM
KO

Was bedeutet moralische Urteilsbildung?

Als Moral bezeichnet man die Summe der wichtigen Normen, Werte, sozialen Regeln, Ge- und Verbote eines Kulturraumes (Lateinisch: moralis = die Sitten betreffend). Durch ihre Anerkennung durch die Mitglieder dieser Gesellschaft bilden sie die Grundlage für das Zusammenleben in der Gemeinschaft. Durch sie werden Recht und Unrecht, Richtig und Falsch definiert. Die wichtigsten dieser Gebote entstammen meist der Religion der entsprechenden Gesellschaft.
Zum Beispiel: Ehrlichkeit, Treue, Zuverlässigkeit, Genauigkeit, das Recht auf Eigentum, die Art, wie kommuniziert wird, welche Regeln für das allgemeine Benehmen gelten etc.

Warum es wichtig ist, diese Kompetenz bei Kindern zu fördern

Die Entwicklung von Moral ermöglicht dem Menschen Orientierung. Sie macht den Menschen „menschlich". Sie ermöglicht das Einordnen des eigenen Handelns in Richtig oder Falsch, Gut und Böse, Recht und Unrecht. Ohne Moralentwicklung fällt eine Gesellschaft in barbarische Zeiten zurück.

Wie Sie die moralische Urteilsbildung in der Familie fördern können

Die moralische Entwicklung beginnt in der Familie. Später übernehmen auch andere „Peer-groups" (Gruppen von Gleichaltrigen) zusätzlich die Vermittlung von moralischen Werten und informellen Regeln: Was ist gut und böse? Was ist richtig und falsch?
Erst mit ungefähr 9 Jahren ist moralisches Verhalten sicher gelernt, verstanden und kann umgesetzt werden. Erst jetzt können sich Kinder auf der moralischen Ebene zum Beispiel fair, solidarisch, ehrlich usw. verhalten. Erst jetzt können sie wahrnehmen, wenn sie selbst oder andere das nicht tun.

Normen, also moralische Inhalte, werden **durch klassische Lerntheorien** vermittelt: durch Lob, Belohnung und Strafen, durch Identifikation mit den Eltern, der Erzieherin, der Lehrerin, später durch andere Vorbilder und Medien. Auch durch Beobachtung von anderen Personen oder Gruppendruck entstehen Verhaltensweisen, die als moralisch oder unmoralisch bezeichnet werden. Das wird an den oben beschriebenen gesellschaftlichen Moralvorstellungen gemessen. Die Familie ist dabei das Lernmodell.

Ein wichtiger Aspekt ist dabei **der Erziehungsstil,** der in der Familie praktiziert wird. Man weiß: Ein sehr autoritäres, **machtbetontes Erziehungsverhalten verhindert die Übernahme von Normen** und Werten. Die Eltern werden nicht als wirkliche Vorbilder anerkannt, nicht wirklich respektiert. Vielen Eltern ist dieser Zusammenhang nicht klar. **Je weniger sie ihr Kind respektieren, sich autoritär und strafend verhalten, umso weniger Respekt wird das Kind letztlich vor ihnen haben.** Die Gebote und Befehle der Familie werden bestenfalls aus Angst vor Strafe befolgt (Vermeidungsverhalten). Bewusst setzt diese Distanzierung von den Eltern mit etwa 7 bis 8 Jahren ein (kritischer Realismus). Es wird formulierbar: *„Mein Papa ist zu streng, ungerecht, laut, befehlend, er macht mir Angst." „Meine Mama ist unberechenbar, hilflos, schreit, gibt zu viele Strafen, kränkt mich."* etc. Für Vorschul-Kinder ist es nur als diffuses Empfinden spürbar, weil sie noch zu sehr mit Vater und Mutter identifiziert sind.

Andererseits aber versäumen es die Eltern oft durch ein **Zuviel an Liberalität**, einen Laissez-faire-Stil (gewähren lassen), Grenzen, Regeln und moralische Normen zu setzen. **So lernen die Kinder nicht, eine Orientierung in der Welt zu finden.**

Es geht also darum, eine **Balance zwischen den beiden extremen Formen** zu finden. Der heute viel diskutierte **autoritative Erziehungsstil** (Diana Baumrind) wird hierzu empfohlen (nach 14).

Autoritativ erziehende Eltern verhalten sich gegenüber ihren Kindern aufmerksam, freundlich, zugewandt und emotional nah. Die Kinder bekommen jedoch einen klaren Handlungsspielraum, der durch Regeln, Grenzen, Normen und Anforderungen festgelegt wird. **Die Eltern fordern, ohne zu überfordern. Die Kinder werden klar, aber freundlich mit Grenz- und Regelverletzungen konfrontiert.** Es wird über moralische Verhaltensnormen in der Gesellschaft und in der Familie gesprochen.

Zum Beispiel allgemeine Normen:
- Man spricht fremde Leute mit „*Sie*" an.
- Man darf nichts mitnehmen, was einem nicht gehört.
- Man betrügt nicht.
- Man darf andere Leute nicht verletzen.
- Man verhält sich rücksichtsvoll in öffentlichen Gebäuden oder Verkehrsmitteln.
- etc.

Zum Beispiel Normen in der Familie:
- Wir schlagen uns nicht, benennen uns nicht mit Schimpfworten und beschämen uns nicht.
- Wir glauben an einen lieben Gott (oder auch nicht).
- Bei uns ist Harmonie das Wichtigste, es gibt keine Konflikte (oder wir lösen Konflikte).
- Wir belügen uns nicht.
- Jeder in der Familie ist wichtig.
- Über Sexualität wird gesprochen (oder nicht).
- Wir helfen uns gegenseitig (oder auch nicht).
- etc.

Man erreicht eine angemessene moralische Entwicklung bei Kindern neben der **Vorbildhaltung** dadurch, dass man **Ge-** und **Verbote erklärt**, **Regeln** mit den **Kindern diskutiert**, sie selbst anteilig **mitentscheiden** lässt, und dadurch erreicht, dass sie sich damit identifizieren können. Im Idealfall lernen sie dabei sogar, Normen und Werte flexibel je nach Situation unterschiedlich auszulegen – zum Beispiel, dass Ehrlichkeit ein wichtiges Gebot ist, dass man aber der aufdringlichen, unangenehmen Verkäuferin im Supermarkt, die einen immer streicheln will, nicht sagen muss, dass es einem zu eklig ist, sondern bestenfalls, dass man nicht gern angefasst werden mag.

Bereits 4-Jährige können moralische Motivation aufbauen – besonders wenn sie über die Basiskompetenzen der Perspektive-Übernahme und Empathie verfügen. Man weiß aus Untersuchungen, dass schon 4-Jährige moralisches Verhalten von Erwachsenen wahrnehmen und positiv besetzen.

Mit 4 bis 6 Jahren kennen Kinder alle Normen ihres Umfeldes. Das Kind ist diesbezüglich aber noch im sogenannten **„Pumuckl-Stadium".** Es weiß, was man darf und was nicht – aber es passieren ihm ständig schlimme Dinge, die es dann zu vertuschen sucht. Wichtig ist für Eltern zu wissen dass es keine „Lügen" sind, wenn es behauptet, das nicht gewesen zu sein, die zerbrochene Tasse strikt leugnet. Es beschuldigt eventuell jemand anderen, die kleine Schwester, den Hund, den Pumuckl o. Ä. Aufgrund seiner eigenen Moralentwicklung, seines Selbstbildes, darf es einfach nicht wahr sein, was ihm da passiert ist. Dringen Sie nicht zu sehr in Ihr Kind. Schimpfen Sie nicht wegen des Schwindelns. Es will unbedingt gut sein, groß sein, alles richtig machen – und das schafft es manchmal halt nicht ganz. Eben wie der rothaarige Kobold.

Die Erkenntnis, dass eigenes Tun negative Wirkungen für andere haben kann und dass man selbst von anderen schlecht bewertet werden könnte, unterstützt die Entwicklung von moralischem Verhalten.

Es gibt zahlreiche Bilderbücher und Geschichten, die moralisches Verhalten „lehren" und Grundlagen für Diskussionen darüber in der Familie bieten.

Sehr geeignet sind hierzu auch die alten Volksmärchen. Sie stellen deutlich dar, was gut und was böse ist: *„Und die Moral von der Geschicht' ..."*

Kinderbücher, die moralische Kategorien besonders thematisieren
Dahl: **„Mathilda"**, Wunderlich • Grimm (Gebrüder): **„Volks- und Hausmärchen"**, Insel • Lindgren: **„Madita"**, Oetinger • Milne: **„Pu der Bär"**, Dressler

ELTERNAUFGABE

Moralische Sprüche:

Folgende Beispiele kennen Sie bestimmt:

- *„Vögel, die morgens zwitschern, holt abends die Katz'."*
  Moralische Botschaft: Wer zu viel gute Laune hat, sich zu viel freut, wird später einen Dämpfer bekommen oder sogar umkommen. Sei nicht unbedarft, unvorsichtig. Es ist gefährlich, zu froh in den Tag hineinzuleben. Appell: Sei kritisch, vorsichtig ernst, bedacht.

- *„Mit dem Hut in der Hand kommt man durch das ganze Land."*
  Moralische Botschaft: Wenn du höflich bist und den anderen mit Respekt und Achtung begegnest, wird das auf dich zurückfallen, dir alle Türen öffnen, dein Horizont wird sich vergrößern. Andere Menschen werden dir auch so begegnen.

Vielleicht haben Sie Lust, einmal zu überlegen, welche Sprüche es in Ihrer Herkunftsfamilie gab und welche moralische Botschaft sie enthielten. Wie sind sie mit Ihren heutigen Haltungen und Sprüchen zu vergleichen? Haben Sie die alten Sprüche übernommen oder leben Sie nach neuen, eigenen?

Sprüche aus meiner Kindheit:

- _____

- _____

- _____

ICH LE

MOTIVATION

WAS BEDEUTET MOTIVATION?

Der Begriff Motivation (auch Leistungsmotivation, Ehrgeiz) wird im Allgemeinen für alle inneren und äußeren Faktoren verwendet, die das menschliche Handeln zu einem bestimmten Zeitpunkt beeinflussen (Lateinisch: movere = bewegen). Motivation wird beschrieben als die Summe aller Beweggründe für Handlungen, Verhalten und Entscheidungen. Motivation bedeutet weiter, das Handeln zu aktivieren oder auch zu schwächen (nach Keller/Nowak, 15). In diesem Kapitel geht es vor allem um „Selbstmotivation": darum, wie Kinder lernen können, sich selbst immer wieder zu motivieren. Es geht nicht darum, wie man andere motiviert.

Wenn Eltern und Erzieherinnen motivieren wollen, befinden sie sich auf einer Gratwanderung zwischen „Manipulation" und „Demotivierung". Als Manipulation bezeichnet man Motivationsversuche, bei denen das Kind, das motiviert werden soll, eigentlich keine eigene Entscheidungsmöglichkeit hat – zum Beispiel, wenn die versprochene Belohnung wesentlich höher ist als der Gegenwert (das Kind also kaum „*Nein*" sagen kann). Demotivierend ist dagegen eine kaum allein lösbare Aufgabe – auch wenn die Belohnung sehr hoch ist.

WARUM ES WICHTIG IST, DIESE KOMPETENZ BEI KINDERN ZU FÖRDERN

Prof. Dr Annelie Keil (3) sagt: *„Um leben zu lernen, brauchen wir kognitive, emotionale und soziale Kompetenzen und vor allem die tiefe Leidenschaft der Neugier, uns dem großen Spiel zu stellen, das Leben heißt. Kleine Kinder sind, mehr als Erwachsene, von einem unermüdlichen Forschungsdrang erfüllte ‚Privatgelehrte'."*

Während die Erwachsenen im Erziehungsalltag oft und oft mühsam versuchen, Kinder zu verschiedenen Aktivitäten anzuregen, besteht im Kind bereits eine Art grundlegende, intensive Selbstmotivation. Diese lässt schon Kleinstkinder lernen, aktiv werden, freiwillig Dinge anpacken. Diesen **Selbstbildungswillen gilt es zu erhalten**. Unterstützen Sie Ihr Kind unbedingt dabei. Die angeborene Lern- und Leistungsmotivation macht Kinder wissbegierig, neugierig, kompetent und erfolgreich.

Motivation bestimmt die Art und Intensität der Aufnahme jeglichen Lernstoffes im Gehirn. Eltern können noch so engagiert versuchen, ihrem Kind etwas über Zahlen, moderne Kunst oder Fische beizubringen – wenn die grundsätzliche Motivation nicht gegeben ist, wird das Gehirn nicht speichern. Einem Kind Wissen „einzutrichtern", ist also verschenkte Mühe. Die gehörten theoretischen Inhalte fließen wieder ab, als wäre ein Stöpsel herausgezogen worden.

WIE SIE SELBST-MOTIVATION IN DER FAMILIE FÖRDERN KÖNNEN

Man könnte sagen, es geht hauptsächlich darum, den **vorhandenen Selbstbildungswillen** des Kindes zu erhalten und auszubauen. Es bedeutet, sein Interesse an etwas wahrzunehmen und umgehend aufzugreifen. Dabei unterscheidet man zwischen **Aufgabenorientierung und Zielorientierung.**

- Die **Aufgabenorientierung** ist immer eine **intrinsische,** das heißt von innen kommende Motivation. Das Kind ist aus innerer Überzeugung und persönlichem Interesse und Willen an der Erledigung, am Verstehen, Erforschen einer Sache interessiert. Am besten motiviert ist daher das Kind, das sich selbst belohnen kann. Zum Beispiel dadurch, dass es zufrieden ist mit sich und seiner Leistung, die Aufgabe gelungen ist. Der hohe Turm steht, die Sandburg ist gebaut, die Ritter stehen spielbereit um die Ritterburg. Motiviert ist das Kind, wenn es gelernt hat, dass Wissen und Geschicklichkeit Spaß machen können, dass ihm die Sache selbst Spaß gemacht hat. Man kann beobachten, mit welch rührender Begeisterung schon kleine Kinder laut lachen vor Freude und sich beklatschen, wenn sie etwas Tolles geschafft haben.
- **Zielorientierung** ergänzt diese innere Leistungsbereitschaft. Das ist zum Beispiel dann gegeben, wenn noch Anerkennung (als Ziel) von außen dazu kommt. Sie ergänzt die Freude und den Stolz über die Leistung. Auch das Ziel, jetzt gleich mit dem Freund „Ritterburg" zu spielen, ist erreicht. Er wird beeindruckt sein.

Weitere Formen der äußeren, also auf ein Ziel gerichteten Motivation

Hier einige Beispiele für äußere Motivation: materielle Belohnung, Lob, eine lachende Sonne unter dem Diktat, den Schlitten den Berg hinaufziehen, um dann runterfahren zu können. Schwimmen zu lernen, um mit auf das kippelige Boot zu dürfen, etc.

Anreize zwischen innerer und äußerer Motivation

Es gibt aber auch zwischen innerer und äußerer Motivation liegende Anreize – zum Beispiel, dass die Eltern stolz sind, dass meine Freunde mich mögen, ich geliebt und anerkannt werde. Zielorientierte Motivation regt auch zu Aktivitäten an, ist aber meist nur von kurzer Dauer.

- Äußere Motivation: Wenn Mama Luisa verspricht, sie darf abends einen interessanten Film im Fernsehen anschauen, wenn sie die etwas krakelige Hausaufgabe noch mal schöner schreibt, wird sie das vielleicht tun, aber morgen wieder krakelig schreiben.
- Innere Motivation: Anders, wenn sie bereits selbst das stolze Gefühl erlebt hat, die schönste Schrift der Klasse zu haben – und deswegen den Klassenbrief an „Die Sendung mit der Maus" schreiben zu dürfen.
- Mischung: Wenn Luisa so schön schreibt, dass Mama stolz ist, sie sich geliebt und anerkannt fühlt, es aber eigentlich (innerlich) der geliebten, verehrten Lehrerin zuliebe macht.

Innere und äußere Motivation gehen eventuell also ineinander über. Das ist auch bei Erwachsenen so. Wir arbeiten, weil wir Geld brauchen (äußere Motivation). Wir arbeiten besser, wenn wir dafür Anerkennung bekommen (äußere Motivation). Und wir arbeiten am besten, wenn wir gerne arbeiten und die Tätigkeit uns Spaß macht (innere Motivation). Dann werden wir auch noch Erfolg, eventuell großen Erfolg damit haben, was weiterhin unsere innere Motivation verstärken wird, noch mehr und noch besser zu arbeiten.

Entwicklungsaspekte

Wichtig zu wissen ist, dass eine Wechselwirkung zwischen (Leistungs-)Motivation und Bindungsverhalten nachgewiesen wurde. Das kindliche „Erkundungssystem" tritt nur dann in Aktion, wenn das „Bindungssystem" gesättigt ist. Das bedeutet, dass nur sicher gebundene Kinder, die sich der Liebe und Geborgenheit bei ihren Eltern ganz sicher sind, Neugier und Erkundungsverhalten entwickeln. Nur so kann auch Angst beziehungsweise die Furcht vor Neuem

überwunden werden. Durch sein Entdeckerverhalten erlebt das Kind natürlich außerdem seine Autonomie („Ich kann selbständig handeln") und seine Kompetenz. Das wiederum fördert weiterhin die Motivation.
Bereits zum Ende des ersten Lebensjahres tritt die Freude am Effekt auf. Das „Selbst machen wollen" beginnt. Das Kleinkind lernt: Es kann etwas tun und dadurch meist etwas bewirken. Den Lichtschalter an- und ausmachen. Den Wasserhahn auf- und zudrehen etc. Es ist stolz darauf und will dafür gelobt werden.

Benedikt

Schon der 9-monatige Benedikt robbt vier bis fünf Mal auf die antike Kommode zu, streichelt mit winziger Babyspeck-Hand über die Lackierung, betastet die barocken Messinggriffe, klopft ein, zwei Mal, später rhythmisch an das Holz, leckt daran, untersucht mit spitzem Zeigefinger die eingearbeitete Muschel und lässt ab. Zu anstrengend ist diese gleichzeitige Turnübung, teilweise auch in Seitenlage ausgeführt, für Bauch und Rückenmuskulatur. Ein Minute Pause, in der er die umsitzenden Erwachsenen froh anlächelt. Dann – etwa einen Meter zurück zur Kommode gerobbt – dasselbe Spiel wieder und wieder.
Wichtigster Tipp: Lassen Sie Ihr Kind gewähren. Loben Sie es.

So entstehen Neugier, Motivation und Konzentration – und die Erwachsenen können in Ruhe Tee trinken.
Die Wurzel allen Interesses ist das angeborene kindliche Neugierverhalten. Fast alle neu wahrgenommenen Gegenstände haben starken Anreiz für Kleinkinder, großen Aufforderungscharakter an sich. Eltern können beobachten, mit welcher Ausdauer und Konzentration schon Krabbelkinder in der Lage sind, sich mit neuen Gegenständen zu beschäftigen.
Die Hauptentwicklungsphase für Motivation ist aber die Selbstbestimmungsphase (das „Trotzalter"), in der für das Kind in seinen täglichen Auseinandersetzungen mit der Mama die Frage beantwortet wird: Darf ich einen eigenen Willen, eine eigene Motivation entwickeln? Darf ich selbständig handeln? Wenn diese Impulse jetzt bestraft, verboten, oder ständig eingeschränkt werden, wird die Selbstmotivation stark behindert.

Die **Entwicklung der Motivation verläuft sehr vielschichtig.**
Ungefähr ab 3 Jahren, nach dem „Trotzalter", kann ein Kind in seiner Wahrnehmung ein Handlungsergebnis, beispielsweise einen komplizierten Lego-Turm, mit der eigenen Tüchtigkeit verknüpfen. Es entstehen Stolz, Freude und Glück. Natürlich gibt es auch die andere Seite, das Nichtgelingen. Das geht mit Gefühlen von Scham, Enttäuschung und Minderwertigkeit einher. Es hängt sehr mit der **Bewertung des sozialen Umfeldes** zusammen – im einzelnen aktuellen Moment zum Beispiel, wie die umstehenden Kinder und Erwachsenen auf den kippenden Turm reagieren: schimpfen, kritisieren, belehren, auslachen, trösten, neu motivieren, ablenken, bagatellisieren oder Ähnliches. Welche Gefühle ein Nichtgelingen auslöst, hängt also davon ab, wie das Kind sich bereits im Laufe des 2. Lebensjahres in der Bewertung zu diesem Sachverhalt orientiert hat. Lego-Türme bauen ist ihm vielleicht gar nicht so wichtig, wichtiger mag sein, dass man es schafft, einen Purzelbaum zu machen, ein kleines Lied allein zu singen oder Ähnliches.

Weitere förderliche Aspekte – vor allem auch für Schulkinder

- **Ausprobieren dürfen**
  Eltern können vor allem schon im Kleinkindalter darauf achten, **nicht** einen zu großen Teil der **Initiativen, die das Kind ergreift, zu kappen.** Wenn es etwas ablecken will – wenn möglich, es nicht wegnehmen. Wenn es etwas anfassen will, ihm nicht auf die Finger klopfen. Wenn es einen Schalter betätigen will: nicht verbieten. Natürlich ist ein Verbot manchmal nötig, aber oft könnte man es einfach zulassen.
- **Es selbst tun dürfen**
  Bei allen Aktionen gefördert und **unterstützt zu werden – es selbst zu tun – ist wichtig für Ihr Kind.**
- **Vielfalt**
  Ihr Kind sollte vieles angeboten und gezeigt bekommen. Gut ist, wenn Kinder verschiedene Sportarten ausprobieren dürfen, viele Anregungen bekommen, das Neugierverhalten gestärkt wird.
- **Vorbild**
  Auch hier ist **das Vorbild** von Bedeutung: Eltern, die selbst ständig weiterlernen, sich bilden, darüber sprechen, welches Wissen sie sich noch aneignen wollen, sind ein gutes Lern- und Motivationsvorbild.

- **Angemessene Anforderungen**
  Wichtig ist auch ein angemessenes **ausgeglichenes Maß an Über- und Unterforderungen** bei allem, zu dem motiviert werden soll. Egal ob Aufräumen des Zimmers oder Lesen üben. Zeit und Umfang der Aufgabe müssen genau abgewägt sein. Es beginnt damit, einem 5-Jährigen einen Baukasten für 5-Jährige (bestenfalls 6-Jährige) zu schenken und nicht für 9-Jährige. Und es endet mit der Wahl der für dieses Kind richtigen Schule.
- **Erfolg**
  Die beste Art, Selbstmotivation zu stärken, ist Erfolg. Kinder, die gut rechnen, wollen auch auf der Reise im Auto ständig Rechenspiele machen – selten Lesen üben.

  Eltern können also immer wieder darauf achten, dass ihre Kinder Erfolgserlebnisse haben – egal auf welchem Gebiet. In Gebieten, wo ein Kind weniger erfolgreich ist, kann man schrittweise winzige Erfolgsmöglichkeiten suchen.
- **Selbstorganisation**
  Geben Sie Ihrem Kind die Chance, sich in der Aufgabe selbst zu organisieren – zum Beispiel bei den Hausaufgaben Zeit, Ort, Lage selbst zu bestimmen, die Unterlagen selbst herrichten zu dürfen.
- **Anerkennung**
  Ihr Kind braucht **Anerkennung und Wertschätzung** von verschiedensten Seiten, am besten nicht nur für das Ergebnis, sondern **auch bereits für den intensiven Versuch.**
- **Glaubwürdigkeit**
  Für jedes Kind ist es wichtig, gerecht beurteilt zu werden. Übertriebenes Lob bewirkt nichts mehr. Zu kritische Bewertung entmutigt.
- **Fehlerfreundlichkeit**
  Sehr wesentlich ist eine Kultur der **Fehlerfreundlichkeit in der Familie.** Annelie Keil (in 1): *„Für Kinder sind Fehler zunächst nichts anderes als Umwege in der Erkenntnis und erst Erwachsene machen aus Fehlern den beschämenden Richterspruch, falsch zu liegen ..."* Eine gute, hilfreiche Fehlerkultur unterstützt die Motivation entscheidend. Fehler können als Lerngelegenheit verstanden werden. Fehler regen zum Denken und zur Problemlösung an. Fehler sind eine Chance, den „berichtigten" Inhalt durch Überdenken besonders fest im Gehirn zu verankern.

- **Anregungen**
  Auch viel und anregendes, schönes, Material motiviert. Egal ob eine Auswahl an spannenden Büchern oder schönen Farben oder duftender Ton – man bekommt Lust, etwas damit zu machen.
- **Wettbewerbsfähigkeit**
  Ungefähr ab dem Schulalter entsteht so etwas wie Wettbewerbsfähigkeit beim Kind. Es wird wichtig, wer der Beste, der Schnellste, der Stärkste in einer Disziplin ist. Das Kind beginnt in Gewinner-Verlierer-Kategorien zu handeln. Es misst seine Leistungen an den Leistungen der Gleichaltrigen. Auch daraus kann Motivation erwachsen. Vielleicht ist es sinnvoll, das als Eltern etwas im Rahmen zu halten. Vergleichen Sie Ihr Kind in seinen Leistungen am besten mit sich selbst, damit es nicht allzu sehr zum Rivalen, zum Streber, sprich nicht zu ehrgeizig wird.
- **Über Motivation sprechen**
  Über die eigene Motivation und gegebenenfalls auch über die Demotivation sollten Sie mit Ihrem Kind sprechen (Metakommunikation). Reden Sie mit Ihrem Kind darüber, dass man auch einen inneren Antrieb haben kann. Sie können es fragen, was sein innerer Antrieb ist. Was es selbst gern tun oder lernen würde. Zu was es Lust hat, was es gern üben würde usw. Aber auch, was es blockiert, was es braucht, um wieder Spaß am Lesen, am Zeichnen zu bekommen.
- **Erwartungen reflektieren**
  Wichtig ist hierzu auch, als Eltern **die eigenen Erwartungen an sein Kind zu reflektieren**. Passt das, was Sie so gern möchten, zu diesem Kind? Zum Beispiel, dass es ein großer Sportler werden soll, obwohl es ein phantasievolles, ruhiges, eher verträumtes Kind ist.

ELTERNAUFGABE

Überprüfen Sie Ihr Verhalten

Sätze, die motivieren können:
- „Ich bin sicher, du schaffst das!"
- „Ich bin soooo stolz auf Dich!"
- „Wenn du weiter so viel übst, kannst du es bald viel besser als ich (als Papa)."
- „Ich finde, du kannst es schon viel besser als letzte Woche."
- „Es ist unglaublich, wie du dich entwickelt hast. Jetzt schaffst du schon drei Bahnen."
- „Ich bewundere dich so, dass du nicht die Flinte ins Korn wirfst, sondern immer weiter probierst ... phantastisch!"
- „Hast du nicht mal Lust, es selbst zu probieren?"
- „Schön, dass du fragst."
- „Ich bin ganz begeistert, mit wie viel Ausdauer du das machst."
- „Ja, probier das."
- „Ich finde super, wie dir das gelingt!"
- „Unglaublich, wie du das geschafft hast!"

Nehmen Sie sich vor, täglich drei dieser (oder ähnliche) Sätze zu sagen.

Sätze, die Sie sich besser verkneifen sollten:
- „Das war aber jetzt wirklich schlecht! Du lernst das nie."
- „Also, so toll fand ich das jetzt auch wieder nicht. Dein Bruder hat in dem Alter ..."
- „Woher habe ich nur dieses faule und nichtsnutzige Kind?"
- „Du bist und bleibst einfach dumm!"
- „Sei doch nicht so neugierig!"
- „Du machst mich fertig mit deinen dauernden Fragen/Aktivitäten/Ideen!"
- „Das kann ich dir noch nicht erklären, dazu bist du noch viel zu klein."
- „Was tust du denn da schon wieder? Das kann ja nicht wahr sein!"
- „Endlich ist der Groschen gefallen!"

Motivations- und Blockade-Diagnose

Vielleicht haben Sie Lust, die Motivationen oder Blockaden herauszufinden, die Ihr Kind gegenüber beliebigen Lerninhalten hat (das „Mathebuch" ist hier nur ein Beispiel). Nur dann können Sie adäquat reagieren.

Kind	Zugang	offen oder blockiert	Mathebuch	Haltung	Was ist zu tun?
☺	♥♥♥→		📖	„Ich liebe Mathe! Mathe ist das Spannendste, was es gibt. Ich will der beste Rechner der Klasse sein – und bin es auch."	Seien Sie stolz!
☺	→		📖	„Mathe ist okay. Es fällt mir meist leicht. Ich freue mich, dass Papa stolz auf mich ist und dass die Lehrerin mich lobt – aber Fußball und Sachkunde interessieren mich mehr."	Sie könnten die Motivation durch Spezial-Angebote (zum Beispiel das Buch „Der Zahlenteufel", Rechenspiele) noch verstärken.
☹	→	|	📖	„Mathe interessiert mich überhaupt nicht. Man braucht komplizierte Aufgaben zu nichts. Ein bisschen Addieren und Subtrahieren genügt. Mathe ist einfach doof."	Winzige Teilschritte, kleine Erfolge und Beispiele an lebenspraktischen Situationen zeigen. Eventuell von einem anderen Kind neue Rechenarten erklären lassen. Abwarten, Zeit lassen. Eventuell ist das nur eine Phase.

MOTIVATION

Kind	Zugang	offen oder blockiert	Mathe-buch	Haltung	Was ist zu tun?
☹	→		📖	„Mathe verstehe ich überhaupt nicht. Rechnen ist schrecklich! Alles mache ich immer falsch. Ich hasse Zahlen und Mathe!"	Jemand anderes (eventuell ein Kind) soll es erklären. Praktische Beispiele, kleine Teilschritte. Winzige Erfolge loben. Mathe-Spiele anbieten. Nie schimpfen – Strafen vermitteln, dass das Kind nicht rechnen kann. Es hat keine Lust dazu, es zu lernen.
☹	✱?✗		📖	Ärger, Zoff, Strenge, Kälte, Probleme, Sorgen zu Hause oder in der Schule verhindern jegliches Interesse und Konzentrations-Möglichkeit. Äußere Konflikte überlagern alles.	Besprechen oder beseitigen Sie so weit wie möglich diese äußerlichen Lern- und Konzentrations-Hindernisse.
😣	〰️		📖	„Das Chaos in mir hindert mich daran, mich auf irgendetwas wie Mathe konzentrieren zu können." ADS, andere Krankheit, Überforderung, Pubertät, Probleme, Dyskalkulie usw. behindern jeglichen Zugang.	Sie brauchen wahrscheinlich Hilfe von einem Fachmann. Mehr zu lernen oder zu üben, bringt nichts. Das Kind muss erst zu sich kommen, sich stabilisieren.

(Liebich)

Von der extrinsischen zur intrinsischen Motivation

Externale (auswärtig, fremd, von außen kommende) Regulation der Motivation:
Maxi (8 Jahre alt) muss mit der Familie auf die Berg-Wander- und Klettertour am Wochenende, weil er nicht allein zu Hause bleiben darf.

Introjektion der Motivation:
Simon geht mit auf die Bergwanderung (obwohl er auch bei Oma bleiben könnte), weil er neue, coole Bergstiefel und endlich den Rucksack, den er sich so lange wünscht, dafür bekommt. Auch sein Taschenmesser darf er mitnehmen.

Identifikation mit der Unternehmung:
Die Familie von Anja liebt es, Bergtouren zu machen. Anja fühlt sich zugehörig, deswegen liebt sie auch Bergtouren. Sie mag die Natur, und deshalb geht sie gern mit.

Integration der Unternehmung:
Das Schönste, was es gibt, sind für Alex Bergtouren. Mit Papa, der sonst wenig Zeit hat, an der Hand zu wandern. Und oft erzählt er ihm dabei Geschichten. Alex weiß viel über die Berge. Es gibt Picknicks. Und eine Übernachtung im Heu auf der Hütte. Das Spannendste ist das Klettern am Seil. Wie eine Großer fühlt man sich da. Für Alex sind Bergtouren mit der Familie das Beste, was es gibt. Er möchte auch mal ein großer Bergsteiger werden.

(Vier Stufen der Regulation nach Deci und Ryan, in BEP)

Navigationskompetenz KO

Was bedeutet Navigationskompetenz?

Navigationskompetenz (Franz Röll, in 16) beschreibt die Fähigkeit, sich zwischen dem realen Alltag und den digitalen Welten zu bewegen. Zwischen „Sinnenreich und Cyberspace" (Zacharias u. A., 17).

- Einerseits bedeutet das zum Beispiel, ein neues Handy sofort bedienen zu können, ohne vorher die Gebrauchsanleitung gelesen zu haben. Jeder, der fitte Jugendliche um sich hat, kennt dieses Phänomen. Es bedeutet also, sich selbst den Umgang mit Medien-Angeboten in nutzbringender Weise kompetent erarbeiten zu können. Das ist die „Medienkompetenz".
- Andererseits bedeutet Navigationskompetenz, sich zwischen den zahlreichen heutigen „Kinderwelten" und Lernwelten zu bewegen (zu Hause, Kindertagesstätte, Schule, Neigungskurse, Spielplatz, Sportverein, Freundeskreis). Medien angemessen und kompetent – und gleichzeitig ergänzend, selbständig und vielfältig zu nutzen. Dieser Anspruch ist etwas völlig Neues – etwas, das es früher noch nie gab. Man spricht auch von „blended learning" als der Integration (Zusammenführung) von virtuellem Lernen und „Präsenzlernen" (Lernen mit körperlicher Anwesenheit).

Alle Lebensbereiche unterliegen heute dem ständigen Wandel, so auch die Lebenswelten unserer Kinder. Das heutige Stichwort „Medienkindheit" beschreibt eine der größten Veränderungen zu Kindheiten noch vor 25 Jahren. Davor kann man die Augen nicht verschließen. Bereits die Medienwelten kleiner Kinder sind so vielfältig und dominant wie noch nie zuvor. Von Bilderbüchern und Zeitschriften, vom Radio, Kassettenrekorder und CD-Player, zu Hörspiel und TV-(Kinder-Sendungen), vom Handy bis zur Gameboy-Konsole, vom Kinder-Computer bis zum ans Internet angeschlossenen Multimedia-Computer – schon 2- bis 3-Jährige leben heute inmitten dieser Medienflut. Vorschulkinder surfen, chatten, mailen, navigieren. Das Besondere aller älteren und neuen Medien besteht darin, dass sie über Hören und Sehen oder in audiovisueller Kombination vielfach verbundene neue Symbolsysteme komplexer Art bereitstellen, die parallel und quer zu allen realen lebensweltlichen Vorgängen allgemein gegenwärtig erscheinen (nach D. Baacke, 1). Heftig umstritten ist außerdem natürlich, ab wann man Kindern Zugang zu welchem Medium gewähren soll.

In der Wissenschaft wird das Phänomen ambivalent diskutiert. Es gibt im kulturpädagogischen Feld sehr viele Befürworter der Unterstützung und Einführung bereits kleiner Kinder in diese Technik-Welten. Die Argumentation lautet: Medien sind heute so allgegenwärtig, dass die einzige Chance darin besteht, Kinder von klein auf auf den konstruktiven Umgang damit vorzubereiten.
Es gibt jedoch auch noch erbitterte Gegner, zum Beispiel aus der Neurobiologie.

Warum es wichtig ist, diese Kompetenz bei Kindern zu fördern

Man weiß heute schon, dass, wer früh den Umgang mit Medien und deren Symbolsystemen erlernt, später bessere Chancen hat. Das gilt zum Beispiel dafür, weiterführende Schulen zu besuchen, an Informationen zu gelangen, einen Arbeitsplatz zu finden. Die Fähigkeit, technische Medien souverän zu nutzen, bestimmt zunehmend die intellektuelle und damit soziale Verortung von jungen Menschen (nach Claudia Albers in 2).

Medien gibt es in den Wohnungen der Familien in Kinderzimmern. Sie begleiten das Kind beim Alleinsein und im Kontakt mit anderen. Längst sind auch Kindertagesstätten medienpädagogisch ausgerüstet. Es gibt keinen Ort, an dem technische Medien mit ihren unterschiedlichen Zeichensystemen nicht auch schon sehr kleine Kinder beanspruchen und herausfordern.

Das Ziel ist kann also nur sein, Kinder so weit wie möglich von Anfang an an sinnvolle, förderliche Mediennutzung heranzuführen.

Medien- und navigationskompetente, autonome Kinder nutzen technische Geräte in ihren vielfachen Funktionen als Informations- und Kommunikationsmöglichkeit, zum Spiel und zur Entspannung, zum Konzentrationstraining, zur Reaktionsschulung, zur Wissensvermittlung, zum kreativen Gestalten, zur Sprachentwicklung und einfach zur Unterhaltung. Im Gegensatz dazu kann man beobachten, das Kinder, die nicht bereits früh und in sinnvoller Weise an diesen „Mediendschungel" herangeführt werden, in nur einem bis zwei Nutzungsschemata verharren, die meist nur der Unterhaltung dienen. Sie sind nicht in der Lage, die vielfältigen Lernmöglichkeiten und kompetenzerweiternden Funktionen zu nutzen. *„Die intellektuelle und danach soziale Kluft zwischen den mediengebildeten Menschen und den weniger gebildeten Mediennut-*

zer/innen, welche dadurch zunehmend von den Errungenschaften unserer Gesellschaft ausgeschlossen werden, wird stetig größer." (nach Claudia Albers in 2) Es geht also darum, dieser „Wissenskluft" schon früh in der Familie entgegenzuwirken und **trotzdem in der realen, sinnlichen Umwelt verankert zu sein.** Das ist Navigationskompetenz.

WIE SIE NAVIGATIONSKOMPETENZ IN DER FAMILIE FÖRDERN KÖNNEN

Medienerziehung in der frühen Kindheit bedeutet in erster Linie, Kindern eine **reiche Erfahrung aus erster Hand** zu ermöglichen – das heißt, sie mit vielfältigen Anregungen reale Erfahrungen machen zu lassen (Museum, Bauernhof, Streichel-Zoo, Jahrmarkt, Zirkus, Bewegung, Tanz, Theater etc., etc.). Medien machen erst Sinn, wenn sie – etwa den Kindergarten-Kindern – eine Erweiterung ihres realen Gestaltungsspielraumes bieten. Nach G. Schäfer (in 3) sollen Kinder ihre realen Welterfahrungen selbst mit Medien ausgestalten lernen.

Man beginnt im Allgemeinen im Alter von 1 bis 3 Jahren mit dem Bilderbuch als greifbarem Medium, eventuell auch mit Kassetten oder CDs. Etwa ab dem 3. Jahr kann der Umgang nach und nach auf weitere elektronische Medien ausgebaut werden. Wie viele und welche Medien Kinder sich wünschen, entscheidet meist wieder das **familiäre Vorbild im Umgang** damit.

Möglichst vier Voraussetzungen müssen vorliegen, damit Kleinkinder Film-Medienangebote überhaupt aufnehmen können (nach Prof. Dr. M. Charlton, Univ. Freiburg Medien Tagung 2006):

- Die Kinder müssen die Fähigkeit haben, fremde Symbole zu verstehen, die etwas repräsentieren (ca. 2½ bis 3 Jahre).
- Sie müssen sich in andere Personen (oder Tiere) hineinversetzen können (in Anfängen ab dem Babyalter; wirklich erst ab der Mitte des 4. Lebensjahres).
- Sie müssen die Fähigkeit haben, Geschichten, also Abläufe, auch mit verschiedenen Personen und Handlungssträngen zu verstehen.
- Wichtig wäre es, die kommunikative Absicht von TV-Sendungen zu erkennen – also den Zweck, die Intention. Kleine Kinder verstehen noch nicht, ob ein Film werben, unterhalten, Spannung und Emotion erzeugen, informieren, oder lehren soll (Sendung mit der Maus). Sie erkennen erst ab etwa 10 Jah-

ren, dass man bei Werbefilmen zum Beispiel das Produkt kaufen soll. Hier müssen Eltern unterstützend dabei sein. Vor allem bei kleineren Kindern.

Eltern fördern Navigationskompetenz meist zunächst dadurch, dass sie ihren Kindern im Kindergartenalter **neben guter kognitiver und überwiegend sinnlicher Förderung Zugang zu allen möglichen Medien** gewähren, sie dabei **anleiten** und auch selbständig damit umgehen lassen.
Der Pädagogik-Wissenschaftler Prof. Dr. Dieter Baacke (1) empfiehlt sogar auch **vorausgreifende Medienerfahrungen** (z. B. zur Sprachentwicklung). Das bedeutet, Kindern zum Beispiel auch Geschichten oder Filmausschnitte zu zeigen, die sie noch etwas überfordern. Dabei geschieht wichtige Wahrnehmungsförderung. Wir sind der Meinung, dass das erst ab ca. 5 bis 6 Jahren sinnvoll ist. Wichtig ist natürlich, dass man **als Erwachsener erläuternd dabei bleibt.**
Die heutigen Möglichkeiten mit Kassetten, DVDs und Videos ermöglichen **vielfältigen Umgang.** Man kann sie abschnittweise betrachten, man kann sie immer wieder wiederholen, man kann sie besprechen, nacherzählen lassen, nachspielen, Szenen daraus malen etc., etc. In vielen kulturpädagogischen Projekten und Kindertagesstätten wird reine Medienkompetenz in dieser Weise gefördert.
Alle Filmmedien sind sinnvollerweise erst ab etwa 4 Jahren empfehlenswert. Vorher hat jedes stehende Bild geeigneteren Lerncharakter, wird intensiver aufgenommen.
Kinder nehmen durch den Hörkanal besonders intensiv wahr. Schon während der Schwangerschaft im Uterus der Mutter lernt ein Kind hören. Der Hörkanal hat dadurch für die meisten Kinder stärkere Wirkung als das Bild. Dadurch verstärken sich leicht Ängste und Unverständnis. Im Medium passen oft Geräusche, Musik, Stimmen, nicht optimal zum Bild (siehe Rogge in 18).
Den Umgang mit Fotoapparat und Videokamera können schon Kindergartenkinder lernen und dabei erleben, dass Bilder und Filme *gemacht* werden und *nicht Realität* sind.
Sie lernen, dass, wenn man im Karneval in seinem Piratenkostüm gefilmt wird und den Film anschließend betrachtet, jetzt kein Pirat im Wohnzimmer sein Schwert herumschwingt. Durch aktive Medienarbeit lernen Kinder, sich vom Filmgeschehen zu distanzieren. Sie lernen, Beobachter zu sein, sich nicht mehr völlig mit Emotionen und Darstellern zu identifizieren. Das ist aber ein hoch

komplexer Lernprozess, der erst im Vorschulalter wirklich beginnt.

Wichtig zu wissen ist, dass **kleine Kinder anderes als beängstigend erleben als Erwachsene.** Während Schmerz, Krankheit und Tod Kindergartenkindern weniger Angst machen, sind „Monster" und Missgeschicke kleiner Tiere (zum Beispiel „Pu, der Bär", der im Honigtopf steckt) für sie – entsprechend ihrem magischen Erleben recht erschreckend. Hier sind Einfühlung und begleitendes Verstehen durch die Eltern gefragt.

Zur Zeitdauer, die Kinder täglich vor dem TV, dem Gameboy oder dem PC sitzen sollten beziehungsweise dürfen, gibt es kaum eindeutige Aussagen.

Hier **Empfehlungen zur täglichen Fernsehzeit:**
- Große Kindergarten-Kinder 20-40 Minuten;
- kleine Schulkinder 30-60 Minuten

Wichtiger als die Zeit sind jedoch der **Inhalt und die Qualität** des Gesehenen und die **Begleitung durch die Eltern,** kognitiv und emotional.

Außerdem kann man sich, wie bei vielem in der Erziehung, daran halten, dass auch der **Medienkonsum eine Frage von Maß im Verhältnis zu anderen Beschäftigungen** sein sollte. Das selbständig zu gestalten, gehört zur Navigationskompetenz. Wer Fußball spielt, mit dem Hund herumtobt, Rad fährt, Bücher liest, Klavier spielt, sich mit Freunden trifft, der kann, ja soll sich selbstverständlich auch mit Gameboy, Computer, TV und Co. beschäftigen.

Alles, was im Kinderalltag über längere Zeiten fast ausschließlich betrieben wird, sollte man hinterfragen. Wenn ein Kind zum Beispiel über Monate ausschließlich liest oder nur Fußball spielt, sich nur mit Freunden beschäftigen kann, ausschließlich mit Pistolen herumballert, nur vor der Gameboy-Konsole sitzt etc., dann ist das wahrscheinlich nicht mehr förderlich. Natürlich gibt es Phasen, in denen die eine oder andere Beschäftigung über längere Zeit im Vordergrund steht. In der Regel gehen die aber nach einiger Zeit von selbst wieder vorbei – und eine andere Beschäftigung rückt wieder in den Vordergrund.

Zwischen Sinnenreich und Mediendschungel

Hier einige Ideen, wie Sie das Navigieren zwischen realer Welt und Medienwelt konkret fördern können:

- Filmen und fotografieren Sie sich gegenseitig bei sinnlichen Beschäftigungen.
- Lehren Sie Ihr Kind, Ungewöhnliches, Details und Ausschnitte zu fotografieren, indem Sie selbst solche Fotos machen, Fotobücher betrachten, in Fotoausstellungen gehen.
- Sehen Sie sich mit Ihrem Kind vor und nach dem Bauernhof-Besuch (oder dem Ausflug in die Großstadt) ein Bilderbuch zu Bauernhof (oder Großstadt) an.
- Zeigen Sie Ihrem 5- bis 6-Jährigen, wie man sich Wissen aus dem Internet beschaffen kann.
- Lassen Sie Ihr Kind Interviews zu verschiedenen Informationen auf Video oder Kassettenrekorder aufzeichnen. Zum Beispiel kann es im Urlaubshotel oder auf dem Campingplatz Leute befragen, was sie über den Ferienort wissen.
- Ihr Kind kann mit Ihrer Hilfe bei einem Ausflug Geräusche auf ein Tonband aufnehmen. Zu Hause raten Sie gemeinsam, was das war, wann das Geräusch zu hören war, wie es aussah, wozu es da ist etc.
- Legen Sie eine CD ein und malen dazu, tanzen dazu, spielen eine Pantomime dazu, entspannen dazu.
- Organisieren Sie eine Rallye als Geburtstagsevent. Die Zweier- oder Dreiergruppen, die starten, kommunizieren bei einer oder zwei Kommunikationsaufgaben mit dem Handy oder einem Funkgerät.
- Lassen sie den Fernseher nicht immer unkontrolliert laufen. Sehen sie sich bewusst interessante Sendungen oder Filme an, und schalten Sie anschließend wieder aus. Machen Sie „genüssliche Events" daraus – aneinander gekuschelt auf dem Sofa, in gemütlichen Klamotten, mit Eis, Obst und Nüssen und Ähnlichem.

Die Gegenposition

Ein vehementer Gegner von TV- und Computerkonsum bei Kindern ist Prof. Manfred Spitzer (siehe 4). Hier seine Hauptargumente:

- Die Tatsache, dass Bild und Ton oft aus unterschiedlichen Richtungen und oft nicht zeitgleich erscheinen, verhindern eine Strukturbildung in den Nervenverbindungen des Gehirns, also die Art, wie das Gehirn eigentlich lernt. Zusätzlich werden die vorhandenen Strukturen durch die ankommende „Bild- und Klangsauce" verwischt.
- Da bereits 2-Jährige heute im Durchschnitt zwei Stunden fernsehen (20 % ihrer wachen Zeit!), zeigen sie bereits im Vorschulalter ADS-Symptome (Studie aus 2004).
- Weiterhin beobachtet man, dass im kleinen Schulalter (6-10 Jahre) die Menge des Fernsehkonsums mit der Neigung zu Lese-Rechtschreibschwäche zusammenhängt. Also: Je mehr Fernsehzeit, umso mehr und intensivere Legasthenie-Tendenz.
- Mehr und mehr Dickleibigkeit wird schon bei kleinen Schulkindern beobachtet und zu großen Teilen auf den hohen TV- und PC-Konsum zurückgeführt.
- Thema Gewalttätigkeit: Man weiß, dass heute kleine Schulkinder im Durchschnitt 3 Stunden und 20 Minuten täglich fernsehen und zusätzlich ca. 2 Stunden am PC sitzen. Mit 18 Jahren haben sie dabei ca. 40.000 Morde und 200.000 Gewalttaten gesehen.
- Die Art, wie die Gewalt dargestellt ist, zeigt den Kindern: Es gibt viel Gewalt. Es gibt keine alternativen Konfliktlösungsformen. Gewalt tut nicht besonders weh. Der Täter kommt meistens davon.

Prof. Spitzer: *„Sind wir verrückt, dass wir unseren Kindern Derartiges beibringen?"*

- Gegen die Attraktivität dieser Filme und PC-Spiele, die die Kinder und Jugendlichen in der Freizeit sehen und konsumieren, hat kein Lehrer eine Chance. Jeder Unterricht ist langweilig.

Prof. Spitzer: *„Wenn wir den Kopf vermüllenden Medienkonsum nicht in den Griff bekommen, werden wir in 15 Jahren die T-Shirts für China und Thailand nähen."*

Fazit:
Die elektronischen Medien sind aus der heutigen Welt nicht mehr wegzudenken. Wir können sie nicht ignorieren und unsere Kinder an der Medienwelt „vorbeierziehen". Wir können ihnen aber den sinnvollen Gebrauch von Medien beibringen, ihn zeitlich im Rahmen halten und ihnen zeigen, wie und wofür sie welche Medien fürs Lernen und ihre Entwicklung nutzen können. Außerdem sollten wir ihnen klarmachen, dass die Medienwelt nicht nur aus elektronischen Medien besteht. Begeistern Sie Ihr Kind auch für die gedruckten Medien, fördern Sie seine Lust am Lesen – nicht nur von Bilderbüchern und Fantasy-Geschichten, sondern auch von Wissensbüchern, Lexika, Zeitschriften und Zeitungen. Dadurch können Sie auch seinen Spaß am Schreiben fördern. Entscheidend ist, dass Ihr Kind die Medienwelt nicht mit Elektronik gleichsetzt, sondern die ganze Medienvielfalt kennt und nutzt. Entsprechend ausgewogen werden seine Bewertung der unterschiedlichen Medien und sein Umgang damit sein. Das stärkt seine Navigationskompetenz.

Zum Weiterlesen:
Rogge: **„Kinder dürfen fernsehen"**, Reinbeck • Rogge: **„Computer-Kids und ihre Eltern"**, in: Medien und Erziehung 1997 • Baake: **„Die 0-5-Jährigen"**, Beltz • Charlton/Neuman: **„Medienkindheit"**, KoPäd • Zacharias: **„Interaktiv, Medienökologie zwischen Sinnenreich und Cyberspace"**, KoPäd • Zehender/Filker: **„So bringen Sie Ihr Kind sicher durch die Medienflut"**, Onken

ICH
KO

NEUGIER-VERHALTEN

WAS BEDEUTET NEUGIER-VERHALTEN?

Neugier ist die Tendenz, Neuem oder Fremdartigem kurzfristig Aufmerksamkeit zu schenken. Neugier-Verhalten hat drei Aspekte:
- Den Antrieb, sich etwas Neuem zuzuwenden, Interesse an einem neuen Reiz
- Die kognitive Komponente, also die Suche nach neuen Informationen, die aus bekannten Wahrnehmungsinhalten herausgelöst werden
- Neugier ist die Grundlage für jede Motivation

(nach Berg und Sternberg)

Warum es wichtig ist, diese Kompetenz bei Kindern zu fördern

"Was Kinder für den Prozess der Erforschung ihres beginnenden Lebens brauchen, ist die Hoffnung und die Gewissheit, dass Lernen Sinn macht und Zukunft hat. Neugier und die daraus gewonnene Erkenntnis sind Kinder der Freiheit und Voraussetzung für die lebenslange Bildung des Selbst. Die Lust auf Leben bedarf für das Kind zu großen Teilen der Lust auf Bildung." (nach Dr. Annelie Keil, in 3)

Ohne Neugier kann die Lust zum Lernen, zum Verstehen der Welt nur recht eingeschränkt vorhanden sein. Und ohne die Lust zu unendlichem Lernen hat man in unserer Zeit kaum eine Chance. Ohne Neugier sind die Kreativität und das Problemlöseverhalten erheblich reduziert. Die Intelligenz, die Denkfähigkeit können ohne Neugier-Verhalten nie gut und vollständig entwickelt werden. Ebenso hängt Neugier mit Aufmerksamkeit und Konzentrationsfähigkeit zusammen.

Wie Sie Neugier-Verhalten in der Familie fördern können

Neugier-Verhalten zeigen bereits Babys durch ein ständiges interessiertes Erkunden der Umwelt. Bei kleinen **Säuglingen** führt bereits ein geringer Reizwechsel zur Aufmerksamkeit (Spitzer).

Später – nach positiven emotionalen Erfahrungen und sicherer Bindung – wird sich das **Kleinkind** mit viel Aufmerksamkeit allem Neuen zuwenden.

Man kann sein Kind **möglichst viel versuchen und ausprobieren lassen.** Das Baby und Kleinkind hantiert mit Dingen, es „begreift", es „erfasst" neugierig seine Umwelt – natürlich zuallererst seinen eigenen Körper. In der nächsten Phase steckt es alles in den Mund. Man kann auch das – wenn es nicht gefährlich oder wirklich unhygienisch ist – zulassen. Der Tast- und der Geschmackssinn sind in diesem Alter sehr bedeutsam.

Im Funktionsspiel (sensomotorisches Spiel) erarbeitet es sich selbst – mit unendlicher Ausdauer und Lernmotivation weitere Eigenschaften seiner Umwelt. Das Kind bewegt dabei meist einen Gegenstand mit einer von ihm gestalteten Bewegung. Es verändert damit etwas und erlebt sich als „selbstwirksam". Schublade auf und zu, auf und zu, Radioschalter ein und aus, ein und aus, Deckel auf und zu.

Ein paar peinliche Neugier-Fragen zur Auswahl

Was sagen Sie, wenn ...? Hier ein paar Antwortvorschläge:

- **Frage** (im Bus in mittlerer Lautstärke und mit wichtigem Gesichtchen): *„Ist das dort eine Hexe, Mami?"* oder *„Warum ist denn dieser Mann so hässlich?"* **Antwort:** *„Nein, das ist sicher eine ganz liebe ältere Frau", „Ich glaube, er ist gar nicht hässlich, er macht nur so ein ernstes Gesicht."*
- **Frage:** *„Hat die Frau dort mit dem dicken Bauch auch Sex gehabt? Also, du weißt schon ..."* (zweideutige Fingerbewegungen). Besonders peinlich, wenn die Frau nur sehr dick und nicht schwanger ist.
  Antwort: *„Das weiß ich nicht, mein Schatz."* oder *„Ja, natürlich. Sonst wäre ja kein Baby in dem Bauch."* Wissendes Lächeln Ihrer 6-Jährigen.
- **Frage:** *„Mama, wie ist denn dieses Baby eigentlich in Tante Claras Bauch gekommen?"*
  Antwort: *„Das ist eine interessante Frage, ich erkläre sie dir zu Hause. Darüber mag ich im Bus nicht sprechen."*
- **Frage:** *„Mama, hat dieser große Mann dort auch einen Pimmel wie der Papa?"* **Antwort:** *„Ja natürlich, den haben alle Männer."*
- **Frage** an die freundliche Verkäuferin im Bäckerladen: *„Hast du auch einen Mann und ein Kind? Sagt dein Mann auch immer Mauseschwänzchen zu dir?"* **Antwort:** *„Julia, ehrlich gesagt geht uns das nichts an"*
- **Frage:** *„Warum hat sie denn kein schöneres Kleid an?"*
  Antwort: *„Das ist eben ein praktisches Arbeitskleid.."*

Grundsätzlich gilt: Maßregeln Sie Ihr Kind nicht vor den Leuten, sondern antworten Sie locker und wahrheitsgemäß. Wenn Sie das Gefühl haben, dass der- oder diejenige selbst antworten will, lassen Sie das natürlich zu.

Wenn der Betreffende die Frage wahrscheinlich verstanden hat, sollte er auch Ihre Antwort verstehen können.

Wenn Fragen aus dem Sexualbereich kommen, kann man ohne weiteres – auch so laut, dass andere es hören – sagen, dass man hier nicht darüber reden möchte. Kinder sollen auch lernen, dass Sexualität etwas mit Intimität zu tun hat.

Das Kind betastet Knöpfe, sortiert sie nach uns unerkenntlichen Kategorien in verschiedene Schachteln, scheppert damit, lutscht daran, klopft damit aufeinander, wirft sie umher, es riecht daran und wühlt einfach in der Schachtel herum. Dann weiß es, was ein Knopf ist. Es fühlt, wie sich Plastik, Holz, Metall, Hirschhorn anfühlen.

Loben Sie Ihr Kind für all diese Aktivitäten, Sie können **wohlwollend, aber nicht aufdringlich zuschauen**, es erarbeitet sich Basiswissen gern allein. Es lernt dabei ununterbrochen. Vielleicht zeigen Sie ihm im Anschluss daran die Knöpfe auf seiner Jacke, benennen sie und wiederholen immer wieder das Wort: Knopf (schwer auszusprechen für Kleinkinder). Ein blauer Knopf. Ein ganz großer dicker Knopf ...

Weiter beginnt in diesem Alter (1½ bis 2½ Jahre) die erste Fragephase: *„Is'n das?"* Gut ist wenn Eltern hier **nicht müde werden, diese Fragen zu beantworten, zu loben.** *„Das ist eine kleine Miezekatze."* - *„Wauwau."* - *„Eine Miezekatze, sie macht miau."* Ihr Kind strahlt Sie an: *„Wauwau"* - *„Eine Katze, sie macht Miau Miau ..."* - *„tate..iau.."* - *„Jaaa! Super, Emma! Die Katze macht miau."* Diese Art Gespräche werden in dieser Zeit vielleicht ihre Tage füllen. Auch spätere differenzierte **Fragen wollen geduldig beantwortet sein.** *„Warum? Wieso? Wozu? Papa, sag mal ..."*

Eltern können ihren Kindern **die Welt erklären. So spannend wie möglich.** Man kann fast jedes Phänomen spannend oder langweilig erklären. Das hat etwas mit Stimmodulation, Mimik, Körpersprache, Humor, eigener Begeisterung usw. zu tun.

- Versuchen Sie, sensibel zu werden, wofür Ihr Kind gerade Neugier und Interesse entwickelt. Das können Sie dann aufgreifen und mit Ihrem Kind gemeinsam mit Inhalten füllen.

Kilian (4½)

Kilian: „Mama, ich will ein Feuerwehrauto. So eines wie der Moritz hat. Da ist eine Leiter und so eine Glocke und ein richtiges Spritzding. Bitte, bitte, bitte kaufst du mir eins?"

Mama: „Interessieren dich die Feuerwehrleute auch oder nur das Auto?"

Kilian: „Mich interessiert dieses große Auto und dieses Gebrenne und so. Das

Feuer, das ist immer so schön, und dann mit dem Wasser spritzen und schschsch – schon ist es aus."
Mama: *„Das Spritzen ist lustig."*
Kilian: *„Und das ist auch gefährlich, weil das Feuer ... schschsch ..."*
Mama:: *„Ich finde toll, dass dich das so interessiert. Vielleicht baust du mit den Legos erst mal ein Feuerwehrauto, und dann sehen wir mal ..."*
Kilian: *„In dem Buch vom Fabian ist ein Feuerwehrauto drin. Da kann ich dir das zeigen."*
Mama: *„Such's mal raus. Oder wir leihen uns noch eins in der Bibliothek aus."*
Nun hat die Mutter für die nächsten Tage eine reichhaltiges Nachmittagsprogramm vor sich. Sie kann sich mit ihrem kleinen Sohn mit dem Thema Feuerwehr beschäftigen.

Man kann auch immer mal wieder selbst behutsam neue inhaltliche **Bereiche anbieten:** Indianer, Ritter, Krankenhaus etc., über die man dann eventuell eine Zeitlang spielen und lesen, singen, basteln, malen kann – wenn das Kind Neugier und Interesse dafür zeigt.

Sinnvoll ist auch, **den Begriff „Geheimnis" zu erklären.** Geheimnisse sind etwas Wunderbares, um Neugier zu schüren.

Kindergartenkindern können Sie **Rätsel und Ratespiele** anbieten. Sie sprechen die Neugier direkt an.

Optimismus, Lebensfreude

EM
PSY
RE

Was bedeutet Optimismus?

Optimismus (Lateinisch: optimum = das Beste) bedeutet Lebensbejahung, Zuversichtlichkeit. Der Begriff geht auf die Leibniz`sche Lehre zurück, dass *„diese Welt die beste aller Welten"* sei. Daraus leitet sich die heutige Bedeutung ab, die ein Vertrauen auf Gutes oder Besserung meint. Optimistische Kinder sprühen vor Lebenslust und Lebendigkeit, sind voller Neugier auf sich und das Leben.

Warum es wichtig ist, diese Kompetenz bei Kindern zu fördern

Das Leben bietet heute sehr viele Probleme – auch schon für Kinder. Ohne ein gewisses Maß an Lebensbejahung, an Hoffnung, Fröhlichkeit, Zuversicht und an positivem Interesse werden unsere Kinder kaum in der Lage, kaum bereit dazu sein, das Leben anzupacken. Und zwar trotz aller Mühen, Frustrationen, Konflikte und trotz zahlreicher beängstigender Faktoren, wie Umweltverschmutzung und Kriege überall in der Welt. Es gibt in allen gesellschaftlichen Bereichen für die nächsten Generationen sehr viel zu tun.

Nur mit viel Lebensbejahung, der Lust zum Lernen und zu kreativer Lösungsfindung wird die „Null-Bock"-Haltung uns nicht das endgültige Aus bringen. Auch diese optimistische Lebenshaltung lernt man fast ausschließlich in der „Primärgruppe", der Familie.

Wie Sie Optimismus und Lebensfreude in der Familie fördern können

Wie bei vielen Basiskompetenzen ist auch hier natürlich **das Vorleben, das Vorbild** durch die Eltern, auch die Großeltern von entscheidender Bedeutung. Es ist sehr belastend für Kinder, in Familien zu leben, in denen schlechte Stimmung, Kälte und Härte, Unzufriedenheit oder gar Depressionen gelebt werden.

Versuchen Sie, wenn Sie mit kleinen Kindern zusammen leben, ihnen einen zufriedenen, **ausgeglichenen Alltag** zu bereiten. Einen Alltag, der immer wieder durch **Höhepunkte** unterbrochen wird: Feste, Ausflüge, Reisen, die vermitteln: *„Das Leben ist schön! Die Welt ist groß und wunderbar – und sie wartet auf mich."*

Überlegen Sie immer wieder: Auf was können wir uns in nächster Zeit freuen? Sehr hilfreich ist es, wenn die **Eltern selbst eine gewisse Frustrationstoleranz** haben, sich also stimmungsmäßig nicht allzu sehr gehen lassen, und selbst in schwierigen Phasen im Leben positiv denken.

Eltern sind wichtig. Für jedes Kind. Vor allem doppelt belastete Mütter sollten wirklich **gut für sich sorgen**. Das steht ihnen zu. Nur wenn es ihnen selbst gut geht, sie ausgeglichen, freundlich und humorvoll sein können, sind sie „gute

Mütter". **Suchen Sie sich Tankstellen** – Orte, Situationen, Personen, bei denen Sie Kraft tanken können. Jeder kann selbst spüren, durch was er neue Kraft bekommt. Der Alltag mit kleinen Kindern kann anstrengend sein. Was baut Sie wieder auf? Was macht Sie ausgeglichen und fröhlich? (siehe Elternaufgabe) Versuchen Sie, **mit Ihren Kindern Spaß zu haben**. Machen Sie Unsinn mit ihnen, lachen und toben Sie mit ihnen, reagieren Sie humorvoll auf misslungene Alltagssituationen.

Mit Kindern kann man das Jahr durch **viele wundervolle Dinge wieder tun,** die man als Erwachsener fast vergessen hatte – zum Beispiel:

Schlitten fahren, einen Schneeberg runterrollen, Ostereier anmalen und verstecken, Blumenkränze fürs Haar flechten, im Wasser toben, Muschelbilder legen, Lakritze und Brausestäbchen lutschen, im Herbstlaub herumwirbeln, durch den Wind rennen, Laternen-Umzüge begleiten, ehrfürchtig dem Nikolaus lauschen, Weihnachtslieder singen, Plätzchen backen, Wunschzettel schreiben, Nachtwanderungen mit Taschenlampen oder Fackeln machen, Sandburgen bauen, Geheimnisse haben ... etc.

Genießen Sie wirklich die biografisch so kurze Zeit mit Ihren kleinen Kindern!

STATEMENT ZUM OPTIMISMUS
NACH EINEM INTERVIEW MIT ALBERT EINSTEIN

„Wir müssen entscheiden, dass die Welt und das Universum freundlich sind. Wenn wir entscheiden, dass sie unfreundlich sind, benutzen wir unsere Kräfte, unser Wissen, unsere Kontrolle, um Werkzeuge und Mittel zu entwickeln, um all das Unfreundliche zu bekämpfen. Wir bauen Mauern, Atombomben und Ähnliches. Wenn wir entscheiden, dass die Welt nur Zufall ist, dann fühlen wir uns als Opfer und machen selbst nicht sehr viel. Wenn wir entscheiden, dass die Welt und das Universum freundlich sind, benutzen wir unser Wissen, unsere Fähigkeiten und unsere Kontrolle, um Werkzeuge und Mittel zu entwickeln, die die Welt und das Universum in all ihrer wunderbaren Einzigartigkeit, Schönheit und Freude am Leben erhalten."

- **Versuchen Sie nicht alles mit zu viel Kraft, Strenge, Rigidität zu machen.** Versuchen Sie, so gut wie möglich gelassen zu bleiben, locker und tolerant.
- **Loben und unterstützen** Sie Ihr Kind angemessen. **Spiegeln Sie** Ihrem Kind (verbal) immer wieder, was es schon kann, wie seine Entwicklungsfortschritte sind und wie sehr sie sich darüber freuen: *„Ich finde super, dass du heute geschafft hast, ..."*
- **Pflegen Sie Rituale mit Ihrem Kind.** Der „Rohkost-Teller" beim Fernsehen vor dem Abendessen; „Gute-Nacht"-Rituale; das überkreuzte Zusammenklatschen der Handflächen und Küsschen, bevor Papi ins Büro geht etc.
- **Geben Sie ihm Hoffnung** in scheinbar aussichtslosen Situationen. Durch Mut machen, das Positive sehen, Hilfsmöglichkeiten und Ressourcen überlegen. Was kennt Ihr Kind aus anderen Situationen, was es ganz gut kann? Was hat schon früher mal geholfen? Wie können wir es schaffen, eine Lösung zu finden? Was ist wirklich wichtig für uns?
- Wichtig ist in der Kommunikation, **auf die eigene Körpersprache und Mimik zu achten.** Sie wirkt um achtmal mehr als das gesprochene Wort! Das bedeutet, sich um Freundlichkeit zu bemühen, um einen offenen, zugewandten Blick, wenn Sie Ihr Kind ansehen. Erzählen Sie dem Kind ruhig, wenn es Ihnen mal nicht gut geht oder weshalb Sie gestresst sind oder auch Sorgen haben. Wenn sie nichts erklärt bekommen, beziehen Kinder schnell alles auf sich und das belastet sie.
- **Erzählen Sie heitere Geschichten, lesen Sie lustige Bücher vor,** erzählen Sie sich gegenseitig Witze. Sogenannte „Anti-Märchen" oder Bilderbücher mit negativem Ausgang sind frühestens ab 9-10 Jahren geeignet. Sie zerstören in Kinderseelen das „Prinzip Hoffnung".
- Es gibt **wunderbare Kinderlieder,** die Kinder und Erwachsene fröhlich machen: Zum Beispiel von Sternschnuppe, Taxi Maxi, Brezenbeißer-Bande oder die Lieder von Rolf Zuckowski oder Dorothe Kreusch Jacob. Laut aufdrehen und dazu tanzen.
- **Machen Sie Ihr Kind neugierig auf die Welt. Zeigen Sie ihm kleine, wundervolle Dinge** – gerade aufgeblühte Blumen, Tautropfen am Morgen, Reif auf den Bäumen, glitzerndes Wasser, faszinierende Tiere im Zoo, fremde Länder und Menschen auf Bildern und in Filmen. Die Botschaft sollte sein: Die Welt ist schön und spannend. Es lohnt sich, sie zu entdecken! Auch wenn im Moment viele Probleme vorhanden sind – fast alles lässt sich lösen und zum Guten wenden.

- So kann man zum Beispiel auch in wirklichen **Problemsituationen überlegen, was gut daran ist**. Was man irgendwo auch davon hat, was man daraus lernt, wie einen die Lösung weiterbringt, welche zunächst eventuell unbewussten Vorteile die Problematik auch mit sich bringt.

ELTERNAUFGABE

Sammeln Sie Positives

Entdecken Sie, wie viel Positives Sie tagtäglich erleben. Sammeln Sie es – und machen Sie es sich immer wider neu bewusst.
- Jeden Abend am Bett Ihres Kindes: Was war heute schön und lustig? Was hat uns gut gefallen?
- Jeder legt eine „Tankstellen"-Liste an, die gut sichtbar in der Wohnung aufgehängt wird. Überschrift: **Alles, was mich freut und mir Kraft gibt** (Beispiele:) Konzerte, Sport, Hobbys, Reisen, Gespräche mit … etc. Führen Sie die Liste in Schrift und Bild
- Kinder-Listen: Sammeln Sie mit Ihrem Kind …
- … alles, was mich freut.
- … alles, was ich kann.
- … alles, was ich in meinem Leben gern machen würde

Aus diesen Sammlungen können Sie zum Beispiel mit Ihrem Kind Collagen machen, die immer wieder ergänzt werden können.
- Mamas Liste:
- Worüber habe ich mich heute gefreut?
- Was hat mir heute Kraft gegeben?

Solche Listen wirken oft Wunder! Einmal, weil Sie sich das Positive in Ihrem Leben selbst bewusst machen, zum zweiten, weil auch andere nachlesen können, wie man Ihnen eine Freude machen kann.

Diese Listen sind keine einmalige Aktion. Machen Sie eine Dauereinrichtung für die ganze Familie daraus, die täglich ergänzt wird. Beim Ergänzen werden Sie automatisch wieder sehen, was vorher schon auf der Liste drauf war. So tanken Sie jeden Tag eine geballte Ladung Optimismus.

Kinderbücher:
Lindgren: **"Wir Kinder aus Bullerbü"**, Oetinger • Lindgren: **"Pippi Langstrumpf"**, Oetinger • Milne: **"Pu der Bär"**, Dressler • de Saint-Exupéry: **"Der kleine Prinz"**, Karl Rauch Verlag

Perspektive-Übernahme

KO
SO

Was bedeutet Perspektive-Übernahme?

Es bedeutet die Fähigkeit, Vorgänge aus der Perspektive von anderen zu sehen. Wie der Begriff der Empathie die emotionale Einfühlung in andere Menschen meint, so beschreibt das Wort Perspektive-Übernahme die kognitive Fähigkeit, sich in andere Menschen hineinzudenken – ihren Blickwinkel, ihre Meinungen, ihre Argumente vorher zu überlegen. Natürlich besteht bei Perspektive-Übernahme nicht der Anspruch auf völlige „Korrektheit". Auch hier sind Wahrnehmungen und Vorerfahrungen natürlich ausschlaggebend: was ich denke, wie das Gegenüber die Sache möglicherweise sieht etc.

Warum es wichtig ist, diese Fähigkeit bei Kindern zu fördern

Das Entwicklungsfenster für Perspektive-Übernahme und auch Empathie liegt in der frühen Kindheit und ist mit etwa 7 Jahren zunächst abgeschlossen. Es ist relativ schwierig, diese Kompetenz nachträglich als Erwachsener zu erwerben. Die Kinder entdecken dabei, dass andere Menschen andere Sichtweisen haben. Sie lernen zu erkennen, was andere wahrscheinlich denken, fühlen, welcher Meinung sie sind. Interessant ist, dass bereits vor Ende des 1. Lebensjahres beobachtet werden kann, dass Babys fähig sind, der Blickrichtung von jemand anderem zu folgen. So können sie feststellen, welchem Objekt die Aufmerksamkeit des anderen gilt. Das kann als Zeichen dafür gewertet werden, dass es die Bereitschaft gibt, sich mit den Absichten und Interessen eines anderen zu befassen. Perspektive-Übernahme ist die wichtigste Voraussetzung für Konfliktfähigkeit und Gewaltlosigkeit. Man weiß aus der Forschung: Wenn jemand nicht in der Lage ist, in Auseinandersetzungen die andere Seite zu reflektieren, andere Sichtweisen einzunehmen, die Argumente des anderen mitzudenken, den anderen zu verstehen, kann er Konflikte nicht konstruktiv lösen und wird dann auch keine Hemmung vor Gewalt jeglicher Art haben. Er wird nicht wissen und nicht spüren, was er mit der Gewalt dem anderen antut. Man weiß aus Untersuchungen, dass Jugendliche, denen diese Fähigkeit fehlt, wesentlich konfliktunfähiger und gewaltbereiter sind als andere Kinder und Jugendliche (Thea Bauriedl).

Die Schwierigkeit ist, dass dieses Lernfenster wirklich nur relativ kurz „offen" ist. Wenn Kinder diese Fähigkeit nicht frühzeitig gelernt haben, muss sie eventuell in langen therapeutischen Prozessen später nachträglich entwickelt werden.

Wie Sie Perspektive-Übernahme in der Familie fördern können

Es geht hier darum, die Fähigkeit zu entwickeln, sich in andere Personen hineinzudenken. Es geht darum dass die Kinder lernen, das Handeln anderer Menschen zu verstehen, sich ein Bild von ihren Absichten und Motiven zu machen.

- Die hauptsächliche Fördermöglichkeit ist das **Gespräch**. Geben Sie Ihrem Kind immer wieder Beispiele, wie man **sich in andere hineinversetzt** – etwa so:

    „Ich denke, dass der Papa, wenn er heute so spät aus dem Büro kommt, zu müde sein wird, gleich mit dir Fußball spielen zu gehen ...", *„Ich glaube, die Oma macht sich ganz große Sorgen, dass ..."*

- Gut geeignet sind auch alle **Bilderbücher** und andere Medien dafür. Sie können Ihr Kind zum Beispiel **fragen,** was es glaubt, **wie sich die Figuren fühlen, was sie denken, was sie beabsichtigen.** Auch beim Geschichtenerzählen können Sie Fragen einschieben: *„Was denkst du, was sich der kleine Hase jetzt denkt?", „Glaubst du, das kleine Mädchen denkt das Gleiche wie seine Mami?", „Glaubst du, dass der kleine Junge auch diese Meinung hat?", „Was könnte der Baggerführer sich dabei denken?"*

- Direkt förderlich für Perspektive-Übernahme können konstruktive **Konfliktgespräche** sein. Ein Elternteil „moderiert". So oder ähnlich könnte das aussehen:

Mama: *„Was war los, dass dein Bruder hier weinend in der Ecke liegt?"*
Kind 1: *„Er wollte mir das Polizeiauto nicht mehr geben, und dann ist er hingefallen."*
Kind 2: *„Der Blöde hat mich geschubst!"*
Kind 1: *„Hab ich gar nicht, du hast gezogen."*
Mama zu Kind 1: *„Du brauchtest also unbedingt das Polizeiauto, mit dem gerade dein Bruder spielt?"*
Kind 1: *„Ja, der hatte es schon sooo lange."*
Mama: *„Was denkst du denn, wie das für ihn ist, wenn du es ihm mitten in seinem Spiel einfach so wegreißen willst?"*
Kind 1: *„Der ärgert sich,. weil er`s noch behalten will und ich meistens stärker bin."*
Mama: *„Was könntest du noch machen, außer es ihm wegzureißen?"*
Kind 1: *„Ihm sagen, dass ich es unbedingt will. Sonst hau ich ihn."*
Mama: *„Das zu sagen, finde ich gut, dass du androhst, ihn zu hauen, finde ich nicht in Ordnung."*
Kind 1: *„Er gibt's mir ja nicht!"*
Mama zu Kind 2: *„Was könntest du denn machen, wenn du hörst, dass dein Bruder jetzt mal das Auto haben will? Was glaubst du, wie das für ihn ist?"*
Kind 2: *„Er ist auch sauer. Aber ich glaube, Mama, er braucht es nicht so nötig wie ich, denn ich spiele ja gerade Räuber fangen. Er spielt ja nur Parkgarage."*
Mama zu Kind 1: *„Wie ist es für dich?"*
Kind 1: *„Das stimmt, aber vor der Parkgarage sollte ein Polizeiauto stehen, weil da auch oft Räuber drin sind."*
Mama: *„Was für einen Kompromiss könntet ihr finden? Ihr habt doch immer so gute Ideen."*
Kind 1: *„Ich könnte mit deinem silbernen Metallstift, auf den grünen Laster POLIZEI schreiben. Dann haben wir sogar zwei. Vielleicht können wir dann zusammen Räuber fangen."*
Kind 2: *„Du meinst die in der Parkgarage."*
Die Mama kann sich jetzt diskret zurückziehen.

Besonders lehrreich für den Erwerb von Perspektive-Übernahme sind also Konflikte beziehungsweise **Konfliktlösungsprozesse**. Das Wesen eines Konflikts besteht nämlich meist darin, dass jeder Konflikt-Partner denkt, er sei im Recht.

Sich des anderen Sichtweise vorzustellen, die Perspektive-Übernahme, ist also der erste Schritt zu jeglicher Konfliktlösung.

Auch nicht selbst am Konflikt beteiligte Kinder kann man nach ihrer Meinung zu den Beweggründen und dem Verhalten der am Streit Beteiligten befragen.

Eine weitere, praktisch **„automatische Lernsituation"** für Perspektive-Übernahme geschieht in **Rollenspielen:** „Vater, Mutter, Kind," oder „Kaufladen" oder „Schule" oder „Krankenhaus". Hier erspürt man praktisch, wie es wäre, aus Mamas Situation heraus zu argumentieren etc. Theaterspielen hat dieselbe Funktion.

ELTERNAUFGABE

Übungen zur Perspektive-Übernahme gibt es auch laufend im Alltag

Überlegen Sie mit Ihrem Kind:
- Tante Helga hat 40. Geburtstag, Sie ist die Patentante. Über was würde sie sich freuen?
- Ihr Kind hat über ein ausgeliehenes Buch eine Saftflasche ausgeschüttet. Was wird dein Freund dazu sagen?
- Ihr Kind hat mit Papas Sonnenbrille gespielt. Dabei ist sie kaputt gegangen. Was wird er tun?
- Was wird deine Schwester sagen, wenn sie sieht, dass du das neue T-Shirt von ihr ungefragt angezogen hast?
- Was wird die Lehrerin sagen, wenn du die Hausaufgabe so scheußlich geschrieben abgibst?
- Was wird Oma sagen, wenn du ihr diesen schönen selbst gepflückten Blumenstrauß mitbringst?
- Was wird dein Freund sagen, wenn du das Wochenende doch nicht mit ihm verbringen kannst?
- Was wird Papa sagen, wenn du ihn bittest, dass er dich zu deinem Freund fährt?

Problemlösefähigkeit

KO

Was bedeutet Problemlösefähigkeit?

Diese Kompetenz gehört zur kognitiven Entwicklung (Lateinisch: cognito = ich erkenne). Sie beschreibt die Fähigkeit, Fragestellungen, Probleme oder auch nur neue Situationen zu analysieren und verschiedene Lösungsalternativen dafür zu suchen. Weiter gilt es, sich für eine Lösungsmöglichkeit zu entscheiden, eine Strategie zur Lösung zu überlegen und diese umzusetzen. Das ist ein sehr komplexer Vorgang.

Warum es wichtig ist, diese Fähigkeit bei Kindern zu fördern

Die kognitiven Fähigkeiten eines Menschen entwickeln sich im frühen Kindesalter und prägen natürlich entscheidend die gesamte Persönlichkeit. Abstrakte Denkfähigkeit – in den Kategorien: Begriffsbildung, Logisches Erkennen, Gedächtnis, Problemlösung und Kreativität – ist das, was den Menschen, soviel wir heute wissen, neben der verbalen Sprache vom Tier unterscheidet. Im Kleinkind- und Kindergartenalter denken Kinder zunächst ausschließlich anschaulich. Denkvorgänge, ohne etwas zu sehen oder anfassen zu können, sind nur sehr eingeschränkt möglich. Das Kind denkt egozentrisch, es „vermenschlicht" Dinge, es „denkt" magisch – und zieht dadurch oft für den Erwachsenen nicht nachvollziehbare Schlüsse. Weil es Faktoren miteinander verbindet, die eigentlich nichts miteinander zu tun haben. Beispiel: *„Nudeln schmecken mir so gut, weil sie gelb sind, und Gelb ist meine Lieblingsfarbe. Alles Gelbe schmeckt gut: Pommes, Pfirsiche, Vanillepudding, Mirabellenmarmelade, gelbe Äpfel und Gummibärchen."*

Eine altersgemäße Förderung der Logik, die sich an der entsprechenden Abstraktionsfähigkeit orientiert, ist daher die Grundvoraussetzung für die Entwicklung der anspruchsvollen Kompetenz Problemlösefähigkeit.

Wie Sie Problemlösefähigkeit in der Familie fördern können

Grundsätzlich unterscheidet man drei Bereiche:
- Den sozialen, zwischenmenschlichen Problembereich: Konflikte untereinander
- Den sachlichen Problembereich: zum Beispiel das Problem, eine stabile Parkgarage zu bauen
- Den abstrakten Bereich: zu ergründen, warum der Himmel blau ist, woher der Wind kommt etc.

Das Grundprinzip bei der Förderung der Problemlösefähigkeit Ihres Kindes ist: Nehmen Sie Ihrem Kind **nicht zu viele Problemlösungen ab.** Und geben Sie ihm nicht zu viele Lösungsansätze vor.
Überlegen Sie lieber gemeinsam, wie man ein Problem angehen kann. Natürlich werden Sie dazu nicht immer Zeit, Lust und Muße haben. Versuchen Sie es, so oft sie daran denken.
Es gibt **aufeinander aufbauende Schritte,** in denen man Probleme angehen kann. Führen Sie Ihr Kind schrittweise mit Fragen zur Lösung. So beteiligen Sie es aktiv am Problemlösungsprozess. Dabei lernt es am meisten.

- **Beispiel 1:**
  Eine Spinne sitzt auf dem Tisch im Kinderzimmer. Natürlich können Sie sie auf ein Blatt Papier laufen lassen, sie auf den Balkon oder des Fensterbrett setzen – und fertig. Aber sinnvoller ist es, Ihr Kind selbst eine Lösung finden zu lassen – zum Beispiel so:
  1) **Analyse: erkennen, wahrnehmen:**
     – Was könnte das bedeuten? Dass es trocken und gemütlich ist im Kinderzimmer, dass irgendwo ein kleines Spinnennetz sein muss, dass sie sich verlaufen hat usw.
     – Wie sieht sie aus? Was macht sie? Wie verhält sie sich? Kennen wir ihren Namen?
  2) **Bewertung:**
     Ist sie gefährlich? Ist sie schön oder hässlich? Was glaubst du, wie sie sich fühlt?

3) Beurteilung:
Möchtest du sie noch beobachten, behalten, oder sollen wir sie wegtun?

4) Alternativen überlegen:
Was könntest du alles mit ihr machen? Wie könntest du sie wegräumen? (Alternativen sammeln: Sie mit einem Taschentuch in den Garten bringen, sie einfach sitzen lassen, sie in ein Glas tun und weiter beobachten, sie abmalen, sie totmachen etc.)

5) Entscheiden und eine Strategie wählen:
Was willst du? Was ist am sinnvollsten? Und: Welchen Weg, welche Art der Umsetzung wählen wir: Papier, Taschentuch, ein kleine Schaufel etc.?

6) Ausführung:
Ein Taschentuch holen, ein geeignetes Glas suchen etc.

- **Beispiel 2:**
Marietta (5) hat ein Problem, weil ihre Martins-Laterne, die sie im Kindergarten gebastelt hat, so scheußlich geworden ist, dass sie sie nicht mehr haben möchte. Die Erzieherin hat gesagt, dass sie so bleiben soll – die Bastelaktion sei jetzt endgültig abgeschlossen.

1) Analyse:
Um was geht es? (Erkennen, auf den Punkt bringen) Würdest du gern eine neue Laterne basteln? Hättest du gern eine ganz andere? Würdest du die jetzige gern umarbeiten? Ärgerst du dich über die Erzieherin, die es verbietet, dass du eine neue machst? Was ist denn so scheußlich daran? Haben die andern Kinder dich ausgelacht? Was ist der Punkt? (Zum Beispiel die große Peinlichkeit der scheußlichen Laterne.)

Für Eltern wichtig: Wahrnehmen: Was will Marietta? Was hat sie gesagt? Was ist ihr Bedürfnis (zum Beispiel noch mal basteln)? Was möchte die Erzieherin? Was hindert sie, es zu erlauben?

2) Bewertung:
Wie traurig bist du darüber? Welche Chancen gibt es, noch mal mit ihr zu reden? Ist sie deiner Meinung nach sehr ärgerlich?

3) Beurteilung:
Wie wichtig ist es dir? Wie groß sind die Erfolgschancen für eine Lösung, mit der du zufrieden bist?

4) Alternative Lösungsmöglichkeiten suchen:
Ihr Kind fragt die Erzieherin, ob sie die Laterne noch mal verändern oder neu machen kann. Sie fragt, ob sie den Lampion mit nach Hause nehmen darf zum Verschönern. Sie fragt, ob sie die Laterne zu Hause noch mal basteln kann – oder ob sie zum Laternenumzug die von letztem Jahr benutzen kann. Die Mama soll mit ihr reden. Sie nimmt am 11. November einfach die Laterne von ihrer Schwester, sie geht nicht auf den Martinsumzug mit, sie bittet Nico, dem das mehr egal ist, ob sie die Laternen tauschen können usw.

5) Entscheiden und eine Strategie wählen:
Was ist das Beste? Was ist durchführbar? Was sage ich zur Erzieherin? Welche Argumente wird sie bringen, und was sage ich dann? (Perspektive-Übernahme). Welche weiteren Vorschläge könnte ich ihr machen? Was mache ich, wenn sie weiter ablehnt?

6) Sonst noch:
Brauchst du Hilfe von mir? Wofür? Was kann ich noch für dich tun?

7) Ausführung:
Es umsetzen.

Praktische Probleme können Sie als Eltern auch kleinere **Kinder unbedingt selbst lösen lassen:** Wie man einen Deckel auf ein Gläschen schraubt, einen Schlüssel in ein Schlüsselloch steckt etc. Der Erwachsene sollte hierbei immer nur **in winzigen Ansätzen,** in ganz kleinen Schritten **helfen.** Es gilt der Satz von Maria Montessori: *„Hilf mir, es selbst zu tun."*
Es geht praktisch immer darum, das Kind bewusst in einen Denk- und Handlungsprozess zu bringen und ihm diesen bewusst zu machen. Die obigen Beispiele gelten bereits für 4- bis 5-Jährige.

Bilderbücher zum Thema Problemlösefähigkeit
Lionni: **„Tillie und die Mauer",** Middelhauve • Merz/Gotzen-Beck: **„Lea Wirbelwind und der Streit im Kindergarten",** Kerle-Herder • Weninger/Tharlet Pauli: **„Streit mit Edi",** Neugebauer Verlag

Elternaufgabe

Vielleicht haben Sie Lust, sich an kleine oder größere Probleme im Familienalltag einmal mit einem Auszug aus den vielleicht zunächst ungewöhnlichen systemischen Fragestellungen anzunähern:

- Geben Sie dem Problem einen Namen (höchstens 2-3 Worte):

  _____

- Wer ist der Problemauslöser, und wie verhält er sich konkret?

  _____

- Für wen ist es ein Problem, wer ist der Problembesitzer?

  _____

- Gibt es jemanden in der Familie, für den dieses Problem kein Problem ist oder sogar jemanden, der einen Vorteil hat?

  _____

- Was ist der „gute Grund" für den Problemauslöser, sich so zu verhalten? Wozu tut er das? Was bekommt er durch dieses Verhalten?

  _____

  _____

- Gibt es etwas, das Sie tun könnten, damit das Problem noch heftiger auftritt?

  _____

Manchmal wird durch diese – teilweise paradoxen – Fragestellungen etwas über das Problem und seine Lösungs-Möglichkeiten oder -Unmöglichkeiten deutlich.

ICH
LE

REGELN EINHALTEN

WAS BEDEUTET ES,
REGELN ZU LERNEN UND EINZUHALTEN?

Synonyme für das Wort Regel sind „Richtschnur, Norm, Richtlinie, Vorschrift". Es geht auf das lateinische Wort „regula" (Richtholz, Maßstab) zurück. Auch der Begriff „regieren" (Lateinisch: regere) ist damit verbunden. Der Begriff kommt aus dem Klosterleben.

Aus dem zunächst gar nicht so offensichtlichen Zusammenhang zum Begriff „regieren" kann man sehen, dass Regeln etwas mit Autorität zu tun haben. Eltern setzen Regeln für ihre Kinder. Aus ihren Erwartungen und Grenzen leiten sich die Regeln in einer Familie ab. Interessant ist, dass es in allen Familien offizielle Regeln gibt, die formuliert und benennbar sind: *„Bei uns wird immer um halb sieben zu Abend gegessen – und da sind möglichst alle dabei!"* Oder *„Die Schuhe werden immer gleich an der Haustür ausgezogen und ins Schuhregal gestellt."*

Und es gibt informelle Regeln: *„Bei uns darf nie gestritten werden.", „In Erziehungsfragen entscheidet immer die Mama."* oder Ähnliches. Es gibt hier wenig „Richtig" oder „Falsch". Meist übernehmen wir Regeln aus unserer eignen Kindheit. Versuchen Sie herauszufinden, welche Regeln sinnvoll und hilfreich für das Zusammenleben in Ihrer jetzigen Familie sind.

WARUM ES WICHTIG IST,
DIESE KOMPETENZ BEI KINDERN ZU FÖRDERN

Die Kinder übernehmen beide Arten von Regeln fast automatisch im Laufe der Zeit von den Eltern (Modell-Lernen) und verinnerlichen sie. Regeln sind in jedem Zusammenleben unverzichtbar. Es ist wichtig, das Zusammenleben zu „regeln", um Ordnung, Orientierung und „geregelte" Abläufe zu schaffen. In manchen Familien mehr, in manchen weniger. Durch Regeln erfährt ein Kind den Rahmen, in dem es sich bewegen kann. Das gibt ihm Orientierung und Sicherheit.

Stellen Sie sich vor, Sie sind in einem dunklen fremden Raum. Was tun Sie? Wahrscheinlich werden Sie den Boden entlang tasten, bis sie zu einer Wand kommen und die Wand entlang tasten bis Sie zu Tür oder Fenster gelangen. So schaffen Sie sich Orientierung. Diesen Orientierungsrahmen bieten Regeln. Wichtig ist allerdings immer, dass Regeln nicht zu starr und rigide gehandhabt werden. Dass Flexibilität und Diskussionen darüber möglich sind. In Familienbeziehungen lässt sich nämlich nicht alles mit „Richtschnüren" festlegen. Viele Dinge erfordern wiederholte Auseinandersetzungen. Beziehungen verlaufen in Wellenlinien. Man tut gut daran, nicht zu versuchen, ein Lineal daran anzulegen.

Wie Sie das Lernen und Einhalten von Regeln in der Familie fördern können

Kinder lernen aus der Erfahrung, die sie täglich machen, dass es Regeln bereits im Babyalter gibt. Im Alter zwischen 1 und etwa 4 Jahren lernen sie, sich selbst bewusst nach Regeln zu verhalten. Zum Beispiel: Es geht nicht, anderen Kindern etwas aus der Hand zu reißen, sie zu schubsen. Die Hydrokultur der Zimmerpflanze ist tabu. Der Küchenherd ist tabu. Ein Kind ist dazu ungefähr mit 3 Jahren zuverlässig fähig, wenn es nicht zu viele Regeln gibt, die es verwirren.

Zwölf Regeln zum Thema „Regeln":
- **Leben Sie** die Richtlinien in der Familie positiv (freundlich, humorvoll, erklärend) **vor.**
- Ihr Kind sollte wissen, dass die **Regeln in der Familie aus Liebe und Schutzbedürfnis,** aus dem Bedürfnis nach Ordnung, Regelmäßigkeit und Zuverlässigkeit entstanden sind – und nicht aus einem Machtbedürfnis der Eltern.
- **Formulieren Sie Regeln klar und kurz und erklären ihren Sinn**: *„Ich möchte gern immer wissen wo du bist, und dass du weißt, wo ich bin. Dann bin ich ruhig und sicher, dass es dir gut geht."*
- **Sie können als Eltern auch versuchen, gelegentlich (nicht immer natürlich) über die Beziehung zu argumentieren:** *„Bitte mach es mir zuliebe. Ich möchte es gern so."* Sie können auch, anders herum, Ihrem Kind immer mal wieder sagen: *„Okay, wir machen das dir zuliebe – weil ich dich so lieb habe. (... gehe ich jetzt noch mal mit dir dahin, gibt es heute ausnahmsweise ein*

zweites Eis" etc.) Das Sprechen über Ihre Beziehung ist neben allen Regeln immer wieder wichtig.
- **Sprechen Sie in Ich-Botschaften.** „*Ich möchte dass du hier im Treppenhaus nicht so herumschreist.*" Vermitteln Sie Ihrem Kind, was Sie empfinden, was Sie möchten und erwarten. Das kommt besser an als „*Man tut das nicht!*" oder „*Das ist böse.*" oder Ähnliches.
- **Stellen Sie keine zu hohen Erwartungen** an Regeleinhaltung bei einem kleinen Kind. Sie werden Ihr Kind immer und immer wieder auffordern müssen. Sie werden 15-mal freundlich bitten müssen, die Schuhe wegzuräumen, vor dem Essen die Hände zu waschen – und dann noch mal. Kinder „vergessen" Alltagsregeln oft auch einfach. Wenn Sie sich davon provoziert fühlen, können Sie das ansprechen. „*Jan, möchtest du mich eigentlich ärgern, dass du wieder ...?*" Sie können sicher sein, in den meisten Fällen sind derartige **kleine „Regelverletzungen" nicht als Provokation gemeint**. Meist ist es einfach kindliche Nachlässigkeit.
- **Übertragen Sie Ihrem Kind Verantwortung für Regeleinhaltung.** Oft klappt das zuverlässiger, als wenn Sie noch dreimal nachkontrollieren. „*Ich verlasse mich drauf, dass du, wenn deine Sendung zu Ende ist, den Fernseher wieder ausmachst. Okay?*" (Gehen Sie dabei nah an Ihr Kind heran, auf Augenhöhe, am besten mit Körperkontakt – und lassen Sie es sich bestätigen.) Also gut im Kontakt, nicht nur zwischen Tür und Angel. Dann können Sie ihr 5-Jähriges ruhig mal mit dem Fernseher eine Stunde lang allein lassen. Fragen Sie anschließend, ob es geklappt hat – und vertrauen sie Ihrem kleinen Sohn.
- **Sagen Sie Ihrem Kind, dass Sie sich freuen, dass Sie sich auf es verlassen können.**
- Das Thema „**Konsequenzen bei Nichteinhaltung von Regeln**" ist nicht leicht. Einesteils ist es wichtig, Konsequenzen vorher klarzumachen und dann auch durchzuziehen. Andererseits empfehlen wir Ihnen, das nicht zu starr zu handhaben. Reagieren Sie, wenn möglich, flexibel, humorvoll, erklärend. Fragen Sie Ihr Kind, was war, dass es nicht geklappt hat. Überdenken Sie evtl. gemeinsam mit Ihrem Kind den Sinn dieser Regel.
- Außerdem: **Das Übertreten von Grenzen und Regeln gehört zum Großwerden.** Es ist wichtig für die **eigene Entwicklung** und ist nur **in den seltensten Fällen dazu da, die Eltern zu ärgern.** Wenn doch – dann ist es klug, nicht über die Regelübertretung, sondern über den Ärger zu sprechen.

- Zeigen Sie ihrem Kind Regelspiele: „Schwarzer Peter", Lotto, Memory etc. Auch dadurch lernt man spielend, Regeln einzuhalten.
- **Überdenken Sie Ihre Familienregeln** immer wieder einmal. Was ist Ihnen wirklich wichtig? Vor allem: Zu viele Regeln verwirren. Bei zu wenigen Regeln fehlt der Sicherheit gebende Rahmen.

> ELTERNAUFGABE
>
> - Sprechen Sie mit Ihrem Partner über die formellen und informellen Regeln Ihrer Herkunftsfamilie. Wer hat sie festgesetzt? Waren sie sinnvoll oder eher hinderlich? Bewerten Sie sie im Nachhinein. Was haben Sie selbst übernommen?
> - Überdenken Sie nun die formellen und informellen Regeln in Ihrer jetzigen Familie. Was ist wirklich sinnvoll? Was könnte man verändern? Wer setzt bei Ihnen die Regeln?

Zum Weiterlesen:
Jansen: **„Kinder brauchen Klarheit"**, Herder • Liebich: **„Mit Kindern richtig reden"**, Herder • Rogge: **„Kinder brauchen Grenzen"**, rororo • Rohr: **„Freiheit lassen – Grenzen setzen"**, Herder • Wichtmann: **„Kinder brauchen Orientierung"** (nach Montessori), Herder

Resilienz, Unverletzbarkeit

Was bedeutet Resilienz?

EM
ICH
RE

Die Übersetzung aus dem Lateinischen heißt: Abprallen, nicht anhaften, im weiteren Sinne: Unverletzbarkeit. Die Bedeutung im Englischen ist Elastizität, Spannkraft.
Resilienz ist also zugleich physische und psychische Stärke, die es dem Kind ermöglicht, Lebenskrisen ohne langfristige Störungen oder Beeinträchtigungen

zu meistern und sich altersgemäß zu entwickeln. Man nennt sie auch: **Bewältigungskompetenz**.
Wichtig: Sie ist nicht angeboren, sondern muss erlernt und entwickelt werden. Sie kann sich im Laufe des Lebens verschieden stark zeigen.
Es geht um die Bewältigung von großen und kleinen traumatischen Erlebnissen – zum Beispiel Tod eines Elternteils, Gewalterfahrung, aber auch der Tod eines geliebten Haustieres oder das Wegziehen des besten Freundes.

WARUM ES WICHTIG IST, RESILIENZ BEI KINDERN ZU FÖRDERN

Unsere gesamte Gesellschaft befindet sich in Veränderung und Umbruch. Alle Lebensbereiche werden schneller, größer, technisierter, alles wird zahlreicher. Der Soziologe Richard Sennet beschreibt: „Das große moderne Tabu" ist das Scheitern vieler Menschen an diesem Umbruch. Die Frage bleibt, wie wir mit diesem Scheitern zurechtkommen.

Die Erforschung und bewusste Förderung der Resilienz bereits bei kleinen Kindern ist eventuell ein erster Schritt, dieses Tabu zu brechen.

Wir müssen erkennen, dass Wandel und Wechsel heute das „Normale" sind. Das gilt für Beziehungen, Lebensräume und berufliche Wege. Jeder, der heute eine berufliche Stellung annimmt, muss damit rechnen, dass er diese Stellung nicht für immer hat. Wir müssen unseren Kindern beibringen, mit Brüchen umzugehen, unstete Verhältnisse auszuhalten – nicht daran zu zerbrechen.

Schon kleine Kinder werden heute mit vielen mühsamen Aufgaben und Schicksalsfragen konfrontiert. Sie müssen zahlreiche Probleme lösen und Herausforderungen meistern. Heile-Welt-Phantasien, wie Barbie und die Teletubbies sie niedlich zeigen, lösen sich schon in der frühen realen Kindheit schnell auf. Es gibt sie nicht und es hat sie auch nie gegeben. Diese Erkenntnis ist nicht neu. Aber die Situation wird heute durch die Sozialforschung transparenter und damit für alle benennbar und sichtbar.

Für Sie als Eltern ist es wichtig zu wissen, dass nicht nur große Katastrophen, sondern auch kleine, für uns Erwachsene nebensächliche Vorfälle eine Kinderseele schwer erschüttern können. Ein kleiner Autounfall, ein Umzug aus der vertrauten Umgebung in eine andere Stadt, die Geburt eines Geschwisterchens etc.

Eltern können ihren Kindern helfen zu lernen, stark, kompetent und auch gewaltfrei damit umzugehen. Vielleicht lässt sich aus diesem Hintergrund der von Jugendlichen geprägte Ausdruck „cool sein" sinnvoll interpretieren.

Wie Sie Resilienz in der Familie fördern können

Eine gezielte wissenschaftliche Forschung darüber, wie sich Resilienz entwickelt, gibt es erst seit jüngster Zeit. Die wichtigsten Ergebnisse:

Kinder brauchen ...
- **Eine starke Bezugsperson**
  Kinder, die schlimme und schlimmste Erlebnisse positiv verarbeitet haben, ja letztlich daran gewachsen sind, hatten alle mindestens eine gesunde, starke, optimistische Bezugsperson. Eine Person, die das betreffende Kind unvoreingenommen **geliebt, beschützt und angenommen** hat, ihm **Liebe und Wertschätzung** zukommen ließ. Kinder brauchen ein „großes Mutter-/Vater-Tier", das es an die Hand nimmt und positiv und souverän in die Welt hineinführt.
- **Ein positives Rollenmodell**,
  an dem sie sich orientieren können und das sie für sich adaptieren können.
- **Regelmäßigkeit und Struktur**
  Dazu gehört ein Alltag mit einem Gerüst wiederkehrender Rituale (zum Beispiel feste gemeinsame Essenszeiten) und wiedererkennbarer Strukturen, die dem Kind Sicherheit und Geborgenheit geben. Auch sind wichtig: Körperkontakt und Zärtlichkeit.
- **Den Schutz der Eltern**
  Zeigen Sie Ihrem Kind immer wieder, **wie wichtig es Ihnen ist, dass es ihm gut geht.** Es soll wissen, dass seine Eltern darauf achten, dass es körperlich und seelisch gesund ist. Die Botschaft, die ankommt, heißt: *„Ich bin wichtig."*
- **Selbständigkeit und Selbstwirksamkeit**
  Starke Kinder sind selbständig. Und sie sind sich ihrer Selbstwirksamkeit bewusst. Das macht sie widerstandsfähig.

Die drei zentralen Aspekte bei Kindern, die gelernt haben, Traumata zu bewältigen:
- **Sie haben gelernt, die Krise und die damit verbundenen Gefühle zu akzeptieren und wahrzunehmen.**

  Sie haben erlebt, dass die entstehenden Emotionen Platz haben dürfen und nicht bewertet werden. Vor allem Angst, Wut, Trauer, Eifersucht, Hilflosigkeit, Neid.

  Wichtig ist hier, dass das Kind lernt, **Empfindungen mit Worten auszudrücken.** Gefühle zu verbalisieren, kann man üben und sich von Mama und Papa abschauen. Gut also, wenn man erleben kann, dass in der Familie über Emotionen gesprochen und diese gelebt werden können (Modellfunktion). Man kann auch schon kleine Kinder dazu anhalten, nicht um sich zu schlagen, sondern zu sagen: *„Ich muss mich so furchtbar ärgern!"*

  Formulierungen, wie Sie Ihrem Kind **Emotionen spiegeln** können sind zum Beispiel: *„Das hört sich an, als wenn es dir Angst macht.", „Ich verstehe gut, dass Du wütend bist, Isabell, aber bitte ...!", „Wein nur mein Schatz. Ich kann dich so gut verstehen.", „Ich hab das Gefühl, es macht dich einfach traurig wenn du siehst, dass die Lisa das besser kann."*

  Außerdem, sollte das Kind lernen, **sich für das Missgeschick, das Trauma nicht zu schämen.** Ob Trennungen, Unfälle, Krankheiten, Verlust des Arbeitsplatzes – alles kann heute jedem passieren. Damit ein Kind sich für so etwas nicht mitverantwortlich fühlt, schämt oder gar schuldig fühlt, braucht es einfühlsame Gespräche.

- **Sie sind gefordert worden.**

  Man kann und soll Kinder wirklich fordern! Das beginnt damit, dass Eltern ihnen zum Beispiel immer wieder **kleine Aufgaben** geben, die auch die Kleinen gerade schaffen können. Dazu gehört auch, ihnen die **Verantwortung für eventuelle Fehler** zu übertragen.

Marietta und Jan

Wenn Marietta zum Beispiel mit 5 Jahren die Aufgabe bekommen hat, im Garten Blumen für Tante Klaras Geburtstag zu schneiden und diese völlig ungleich lang geraten sind, kann das Mädchen selbst die Aufgabe übernehmen, sie noch mal

zu beschneiden und zu einem ansehnlichen, in einer Hand transportierbaren Blumenstrauß zusammenzustellen.
Wenn Jan beim Tischdecken die Löffel vergessen hat, geht er selbst, auch wenn alle anderen schon am Tisch sitzen, holt sie aus der Küche und verteilt sie.

Durch solche kleinen Aufgaben entstehen **Erfolgserlebnisse**. Konkret vermitteln sie dem Kind: *„Ich kann das!", „Ich bin wichtig, man traut mir etwas zu, ich gehöre dazu!"* Erfolg haben, wo auch immer, also **eigene Kompetenz zu erleben**, ist die wichtigste Voraussetzung für **ein positives Selbstwertgefühl**. Und das ist unerlässlich für Resilienz.
Durch die Fähigkeiten der Selbstwirksamkeit und des Selbstvertrauens ist das Kind in der Lage, **Verpflichtungen einzugehen**. Durch diese Aufgaben setzt es sich ein Ziel und strengt sich an, es zu erreichen (zum Beispiel Grabpflege nach einem Todesfall, Besuche wenn der Opa ins Altenheim muss). Verpflichtungen haben auf diese Weise eine stressreduzierende, ablenkende und leistungsmotivierende Wirkung. In Krisenzeiten kann eine derartige zielorientierte Perspektive ein Kind entlasten. Dazu gehört auch die ablenkende Planung dieser Aufgaben.

- **Sie haben Problemlösungs-Kompetenz entwickelt.**

Außer täglichen kleinen Aufgaben ist fast das Wichtigste das Entwickeln einer ersten **Problemlösungs-Kompetenz. Bewahren Sie Ihr Kind nicht vor alltäglichen, kleinen, zu lösenden Schwierigkeiten.** Helfen Sie beratend und bei der Lösungssuche, lassen Sie es aber unbedingt selbst **aktiv gestalten**. Sie als Eltern können Ihr Kind schrittweise dazu hinführen, zum Beispiel kleine Konflikte mit Mama oder Papa, einer Freundin, der Erzieherin, der Lehrerin selbst zu lösen. Kind und Erwachsene überlegen als erstes gemeinsam Lösungsschritte, damit das Problem eine Struktur bekommt. Sie können das Kind dann fragend dabei begleiten, eine Strategie zu entwickeln: *„Was könntest du tun? Was glaubst du wäre gut? Wie könnte das aussehen? Welche Möglichkeiten gäbe es noch? Was würde alles nur schlimmer machen? Was, glaubst du, wird der Problempartner tun? Was denkt der, was wird der sagen? Welche Hilfe bräuchtest du von mir?"* (siehe: Problemlösungs-Kompetenz)

Konkrete Bewältigungs-Strategien

Auch kleinen Kindern können Sie schon **konkrete Bewältigungs-Strategien** an die Hand geben.

- Besonders eignen sich **Märchen und Geschichten.** Viele von den alten Volksmärchen (Grimm) bieten zum Beispiel gute Vorbilder. Im Mittelpunkt steht immer die Lösung eines Problems, eine komplizierte Aufgabe. Immer ist es die Hauptperson selbst, welche die Lösung findet. Er/sie schafft es, durch Klugheit, durch Hilfe von Freunden, durch mehrmalige Anläufe, (Ausdauer, Frustrationstoleranz), durch ein positives Selbstbild und Nutzung der eigenen natürlichen Stärken.
- Es gibt aber auch viele hervorragende moderne Kinderbücher, die diese Fähigkeiten beschreiben (siehe: Zum Weiterlesen).
- „Ich geh jetzt nicht mehr unter", erzählte der 4-jährige schüchterne Michi stolz, als er schwimmen gelernt hatte. Auch **Sportarten,** die Stärke, , Selbstausdruck und Körperkoordination fördern, unterstützen Resilienz. Zum Beispiel: Judo, Boxen, Kinder-Tanz, Turnen, Schwimmen, Fußball, Handball.
- Welche fast therapeutischen Möglichkeiten Pferde, also der Reitsport, bieten, ist hinlänglich bekannt.
- Ebenso können **Haustiere** Freundesersatz und Ablenkung schaffen. Sie bieten eine eigene Aufgabe und geben Gelegenheit, Verantwortung zu erlernen. Mit ihnen kann man auch zärtlich und verschmust sein, ohne seine „Coolness" zu verlieren. Sie fungieren als Gesprächs- und Entlastungspartner bei Problemen. Sie sind geduldiger Zuhörer, die nicht gleich pädagogische Ratschläge und Tipps parat haben.
- **Intensive Hobbys und Interessen** (Indianer, Ritter, Angeln und Fische, das Weltall, Käfer, Technik etc.), die man als Eltern in jedem Fall fördern und unterstützen sollte, ermöglichen auch nach schrecklichen Erlebnissen eine ablenkende intellektuelle Beschäftigung, um wieder ins Lot zu kommen.
- **Die intensivsten Gefühle** – dazu gehören zum Beispiel, Angst, Trauer oder Wut – können außer durch Sport auch **durch Emotionen freisetzende Beschäftigungen** (zum Beispiel, Kneten, Trommeln, Malen, Kissenschlachten) ein anderes konstruktives Ventil finden und leichter bewältigt werden.

- **Musik** ist eine wunderbare Bewältigungsmöglichkeit. Singen, tanzen ein Instrument zu beherrschen, sind wahre „Anti-Depressiva" – auch für Kinder.
- Spiritualität und religiöse Vorbilder (der liebe Gott, mein persönlicher Schutzengel) bieten vor allem Kindern bis ins kleine Schulalter (7-8 Jahre) gute Geborgenheit, Sicherheit und Sinn, das Gefühl eingebettet zu sein in dieser riesigen Welt – auch wenn alles um einen herum zusammenfällt.
- **Gespräche über den Tod** sind wichtig. Er ist, wenn auch unsäglich traurig, natürlich. Und wir können und müssen damit leben. Vielleicht brauchen Sie Literatur dazu (siehe: Zum Weiterlesen), um wirklich intensive, fragende, fast philosophische Gespräche mit Ihrem Kind dazu zu führen.
- **Auch Rituale helfen.** Zum Beispiel nach Tod oder Trennungen: Jeden Sonntag nach dem Frühstück das Grab besuchen. Jeden Samstag gemeinsam einen kleinen Brief an den Verstorbenen oder Weggegangenen in ein kleines Tagebuch schreiben, Bilder von ihm aufhängen oder regelmäßig anschauen. Sein Lieblingsessen kochen. Über ihn reden (*„Was hätte er dazu gesagt?"*). In jedem Fall ihn liebevoll im Herzen integrieren.
- **Auch kleine Meditationen** und andere Entspannungstechniken kann man Kindern schon im Kindergartenalter anbieten (siehe: Zum Weiterlesen).
- **Talismane und Stoff-Schmusetiere** sind bei kleinen Kindern ein unumgängliches Requisit zur Angst-, Stress- und Frustbewältigung.
- Im Kindergarten oder in der Schule finden Kinder nach schlimmen Ereignissen „Inseln", wo alles normal ist. Es ist normal – und Eltern sollten das unbedingt respektieren – wenn das Kind nicht ständig von dem Vorfall sprechen möchte. Es verlangt Sensibilität von den Erwachsenen, es nicht zu sehr bedrängen.
- Die Situation zu verändern oder ihr auszuweichen, ist natürlich nicht immer möglich. Die Veränderung muss vom Erwachsenen eingeleitet werden (Auszug, Umzug etc.).
- Wissen und Informationen zur Situation: Ehrlichkeit ist hier von großer Bedeutung. Was Sie davon nach außen kommunizieren, können Sie gemeinsam besprechen. Zum Beispiel sollte aber auch ein 5-Jähriger wissen, dass sein Papa im Gefängnis ist und nicht auf Ibiza.
- Dazu gehört auch das ehrliche Vermitteln und das Kind verstehen lassen, welche Umstände zu der Inhaftierung geführt haben. Sehr häufig geschehen hier Ursachenzuschreibungen (Attributionen), die falsch beziehungsweise nicht kindgerecht sind und das Kind sehr belasten.

In dem Film *„Wer früher stirbt, ist länger tot"* (Marcus Rosenmüller) werden zum Beispiel dem 9-Jährigen massive Schuldgefühle gemacht, weil ihm nicht eindeutig gesagt wird, dass er wirklich weder am Tod seiner Mutter noch später am Tod der alten Frau schuld ist. Es ist wirklich wichtig, dass Kinder den realistischen eigenen Anteil (beziehungsweise Nicht-Anteil) an Krisen kennen.

- Wenn es Ihrem Kind nach einem traumatischen Erlebnis sehr schlecht geht und Sie gar nicht mehr wissen, wie Sie Ihrem kleinen Sohn oder Ihrer Tochter helfen können, sollten Sie nicht zögern, sich selbst und dem Kind **professionelle Hilfe zu holen**. Bei der Erzieherin, dem Beratungslehrer, einer Familienberatungsstelle oder einem Kinderpsychologen.

Fazit:
Damit Ihr Kind Resilienz entwickeln kann – also widerstandsfähig und unverletzbar wird – sollten Sie sich bei allen Maßnahmen an **den Stärken und Ressourcen Ihres Kindes orientieren** und die Grundhaltung einnehmen: **Das Kind ist der aktive Mitgestalter seines Lebens!**
Eltern dürfen und sollten ihrem Kind **Optimismus, Hoffnung und Zukunftsglauben vermitteln**. Gerade auch in harten Zeiten. *„Also, ich denke sicher, mein Schatz: Wir schaffen das! Du kannst dieses so gut und ich kann jenes so gut und zusammen kommen wir da durch! Und in ein paar Monaten machen wir zusammen etwas, was uns beiden richtig gut tut ..."* usw.
Ermutigen Sie Ihr Kind, **positiv zu denken** – also auch in Problemen den positiven Anteil zu erkennen. Was hat Ihr Kind gelernt dadurch? Welche neuen Erfahrungen und Qualitäten hat es gewonnen? Zeigen Sie Ihrem intelligenten Kind, dass man problematische Situationen auch als Herausforderung sehen kann – und zur Not auch mit ihnen leben kann! Oft heilt die Zeit alle Wunden.

Zum Weiterlesen:
Brocher: **„Wenn Kinder trauern"**, Krenz • Büttner: **„Trennungen"**, Beltz • Diller-Murschall/Peschke: **„Eltern-Kompass 3 – 6 Jahre"**, Oberstebrink • Dörner: **„Auf einmal geht alles wie von selbst"**, Herder • Haug-Schnabel: **„Wie man Kinder von Anfang an stark macht"**, Oberstebrink • Liebich: **„So klappt's mit dem Familienleben"**, Oberstebrink • Liebich: **„Mit Kindern richtig reden"**, Herder • Matthews: **„Philosophische Gespräche mit Kindern"**, Freese • Schoenaker/Seeler-Kreimeyer:

„**Die Antwortfee und andere Ermutigungsgeschichten**", Herder • Sedivy: „**Über Gott und Gummibärchen. Überraschende Geschichten und tiefe Gedanken**", Herder • Tausch-Flammer/Bickel: „**Wenn Kinder nach dem Sterben fragen**", Herder

Für Kinder:
Grimm: „**Haus- und Volksmärchen**", Insel • Kaldhol: „**Abschied von Rune**", Ellermann • Weninger/Tharlet: „**Kind ist Kind – Trennung Abschied Neubeginn**", Neugebauer

„ASCHENPUTTEL" – DAS RESILIENZ-MÄRCHEN

Ein kleines Mädchen erlebt durch den Tod der Mutter ein schweres Trauma. Der Vater verheiratet sich wieder. Durch die Stiefmutter und die Stiefschwestern wird sie zum „Aschenputtel" degradiert. Sie erlebt Spott und Hohn, wird vom Vater verraten und im Stich gelassen und muss die schwerste, demütigende Hausarbeit verrichten. Wo immer es geht, schikanieren die drei neuen Frauen der Familie das Mädchen. Es gelingt ihr, diese schwere Zeit durchzustehen und am Ende den schönen Prinzen zu heiraten.
Wie hat sie das geschafft?

- Zunächst erfüllt sie den Auftrag der Mutter: *„Bleib fromm und gut. So wird dir der liebe Gott immer beistehen, und ich will vom Himmel auf dich herabblicken und um dich sein."* Sie bleibt fromm und gut und vertraut auf die Mutter, erhält eine innere Verbindung zu ihr.
- Sie übernimmt die Aufgabe der Pflege des Grabes.
- Sie lässt die Gefühle zu. Sie trauert und weint: *„Aschenputtel ging alle Tage dreimal dahin und weinte und betete."*
- Sie vertritt ihre Interessen – kämpft darum, auf das Fest gehen zu dürfen.
- Sie holt sich Hilfe durch Freunde (aus der Natur, die Vögel).
- Sie wird selbst aktiv und vertraut auf natürliche Kräfte (die Täubchen, das Reisig, das zum Bäumchen auf dem Grab der Mutter heranwächst).
- Sie spricht Träume und Wünsche und Sehnsüchte aus. So kann Zuversicht entstehen.
- Sie will „schön" zum Fest gehen, erhält die Schönheit (das Kleid) vom Grab der Mutter.

ELTERNAUFGABE

Machen Sie hier eine persönliche Bestandsaufnahme, wie hoch Ihre eigene Resilienz ist und wie stark und widerstandsfähig Ihr Kind ist.

Wie hoch ist meine eigene Resilienz?
- Wann in meinem Leben ging es mir schon mal wirklich schlecht (Krankheit, Tod, Trennung, kranke Eltern, Armut und Ähnliches)?
- Wie ging es mir damit?
- Was hat mir in dieser Situation (egal ob vor 30 Jahren oder vor einem halben Jahr) geholfen?
- Was waren meine Stärken in dieser Situation, und wie bin ich vorgegangen?
- Was hat mich gestärkt?
- Was hat mich eher noch entmutigt?
- Was hätte ich noch mehr gebraucht?
- Was habe ich später an der schlimmen Situation als positiv erkannt?
- Was habe ich daraus gelernt?

Wie groß ist die Widerstandsfähigkeit meines Kindes?
- Welchen Belastungen ist mein Kind zurzeit ausgesetzt?
- Was hat mein Kind zu bewältigen?
- Wie nehme ich die Situation für das Kind wahr, und wie bewerte ich sie?
- Welche weitere, vertraute, für es wichtige Bezugspersonen hat mein Kind eventuell auch außerhalb der Familie)?
- Welche Stärken hat mein Kind?
- Wie sind vorhandene Stärken noch ausbaubar?
- Welche Stärken wären besonders nutzbar, um mein Kind zu stabilisieren?
- Welche Dinge muss mein Kind noch lernen?

Bräuchten Sie Informationen oder zusätzliche Unterstützung, zum Beispiel von Kita oder Schule?
Vielleicht nehmen Sie diese Liste und sprechen einmal mit der Erzieherin oder Lehrerin Ihres Kindes darüber.

Respekt, Rücksichtnahme

ICH
SO

Was bedeuten Respekt und Rücksichtnahme?

Der Begriff kommt aus dem Lateinischen (respectare = zurückblicken, sich umsehen). Heute bedeutet er so viel wie Ehrerbietung, Achtung, auch Ehrfurcht. Gemeint war damals das Sich-umsehen der oberen Feldherren nach hinten – um die Untergebenen auch wahrzunehmen, ihre Verfassung zu „berücksichtigen". Respekt wird heute im Grunde immer von „unten nach oben" erwartet: Kinder sollen Respekt vor Erwachsenen haben, Angestellte vor dem Chef. Um diese Kompetenz geht es auch hier – das respektvolle Verhalten von Kindern. Die ursprüngliche Wortbedeutung jedoch war andersherum gemeint: Die „Überlegenen" sollten die „Unterlegenen" berücksichtigen sollen – „Rück-Sicht" auf sie nehmen, Respekt vor ihnen haben.

Die Erfahrung lehrt uns: Respekt und Rücksichtnahme funktionieren nie einseitig, sondern immer nur gegenseitig. **Ihr Kind wird immer nur so viel Respekt vor Ihnen haben wie Sie vor Ihrem Kind. Egal, ob es 2, 5, 15 oder 25 Jahre alt ist.**

Warum es wichtig ist, diese Kompetenzen bei Kindern zu fördern

Eine respektvolle Haltung vor den Menschen, den Tieren, den Pflanzen, der Natur – praktisch dem Leben gegenüber – ist eine der wichtigsten Grundhaltungen des Menschen. Leider gibt es heute sehr viele Tendenzen, die dem entgegenstehen. Wenn wir unsere Kinder nicht anhalten, diese Kompetenz, diese Einstellung wieder verstärkt zu leben, werden die Gewalttätigkeit und die Unmenschlichkeit in unserer Gesellschaft immer mehr zunehmen.

Wie Sie Respekt und Rücksichtnahme in der Familie fördern können

Das Wichtigste ist auch hier wieder **das Modell der Eltern**: Mit welchem Respekt begegnen sich die Partner untereinander – und wie viel Respekt bringen sie ihrem Kind entgegen?

Eltern, die ihre Kinder täglich beschimpfen, demütigen, immer wieder strafen, keine Rücksicht auf ihre Bedürfnisse nehmen, sie belügen, können nicht erwarten, dass sie selbst von ihren Kindern respektiert werden. Kinder lernen so, dass das scheinbar der angemessene Umgang miteinander ist.

Das Modellverhalten der Eltern wirkt natürlich auch, wenn Kinder mitbekommen, wie Eltern in wüsten Worten über andere Leute schimpfen, sich lautstark und mit Kraftausdrücken mit anderen Erwachsenen streiten. Auch das lernt ein Kind mit großem Interesse.

Respekt vor den Eltern

Überlegen Sie einmal selbst, wann Sie eine Person respektieren. Sie muss doch zum Beispiel sicher klug, souverän und vor allem wertschätzend Ihnen gegenüber sein. Derjenige muss Sie bestätigen und Sie müssen wissen, wie viel Sie ihm bedeuten (vielleicht hatten Sie mal so einen Vorgesetzten).

Aus Angst vor Macht, Strafen, oder Demütigungen entsteht kein wirklicher Respekt. Im Gegenteil, man wird zum Lügen und Betrügen animiert, man hintergeht denjenigen und redet bei anderen schlecht über ihn.

Wenn Sie wollen, dass Ihr Kind Sie respektiert, dann respektieren Sie Ihr Kind.

Ihr oberstes Gebot: Treten Sie liebevoll und souverän auf, wertschätzen Sie Ihr Kind und beschämen es nie. Ihr Kind sollte Gebote und Verbote nicht aus Angst vor Ihnen und vor Strafen befolgen. Wichtig ist auch, dass Ihr Kind den Inhalt Ihrer Anordnungen versteht – oder aber, wenn es sie nicht genau versteht, zumindest sicher weiß:

- Mami will nur das Richtige für mich.
- Es gibt nur so viele Gebote wie unbedingt nötig.

Wenn Ihr Kind sich dessen sicher ist, wird es Ihre Gebote auch Ihnen zuliebe befolgen.

Natürlich gibt es wieder die Möglichkeit der **Metakommunikation** über Ihr gegenseitiges Verhalten. Das bedeutet müssen Sie Ihrem Kind eventuell deutlich vermitteln, wie Sie angesprochen und behandelt werden möchten – und wie nicht. Sie können ganz klar und eindeutig formulieren, was Sie akzeptieren können – und was nicht. Dazu gehört aber auch, das eigene Verhalten zu besprechen: *„Tut mir leid, dass ich so laut geworden bin, aber ..."*, oder *„Lisa,*

manchmal weiß ich wirklich nicht mehr, was ich tun soll. Ich kann das nicht ..."
Setzen Sie also **auch Grenzen**. *„Das möchte ich nicht, Hannes.", „Hier ist jetzt Schluss!"* Kurz, knapp und klar – und vor allem freundlich.
Über die Wortbedeutung von Respekt können Sie mit Ihrem Kind am besten anhand beobachteter Beispiele von respektvollem oder respektlosem Verhalten **sprechen**.

Respekt anderen gegenüber

Eltern können ihren Kindern erste **Höflichkeitsregeln** beibringen. Höflichkeit kann Respekt ausdrücken. Dazu gehört auch, dass ältere Menschen, in einer unausgesprochenen Rangfolge, vor Jüngeren kommen. Die Jüngeren haben andere Privilegien und werden ja schließlich selbst auch älter.
Auch zu einem gewissen Maß an **Rücksichtnahme muss man Kinder bewusst auffordern**. Machen Sie Ihrem Kind klar, ...
- dass man Menschen, die man kennt, grüßt, auf welche Weise auch immer
- dass man Rücksicht nimmt auf die alte Dame mit dem Gehwagen, dass man sie nicht anstößt oder umrennt
- dass man leise sein sollte, wenn andere schlafen wollen
- dass man jemandem, der mit Tüten bepackt ist, die Tür aufhält
- dass wir langsamer gehen, wenn das jüngste Geschwisterchen sonst nicht mehr mitkommt
- etc.

Eltern können ihren Kindern auch helfen, ein gewisses Gefühl für **Distanz und Nähe** zu anderen Menschen zu entwickeln. Es gibt Kinder, die trauen sich an keinen Menschen heran. Andere setzen sich jedem Fremden auf den Schoß. Darüber muss man mit ihnen immer wieder reden.
Wenn Ihr Kind sich respektlos auch anderen Menschen gegenüber verhält, müssen Sie Grenzen setzen! Egal ob es jemandem Grimassen schneidet oder Vater, Mutter oder andere Erwachsene mit üblen Schimpfworten beschimpft – das geht nicht! Nehmen Sie es kurz zur Seite, gehen Sie auf Augenhöhe in Blickkontakt, fassen es eventuell am Arm und sagen Sie mit strenger Stimme knapp und kurz zum Beispiel: *„Sven, das geht nicht! Ich möchte das nicht! Es ist mir unangenehm, so ein freches, unhöfliches Kind zu haben."* Dann können Sie es los- bzw. stehen lassen. Keine langen Diskussionen, keine Strafen, nicht

nachtragend sein, aber sagen Sie deutlich und nachdrücklich was Sie von ihm wollen.

Mütter und Väter sollten auch **mit ihren Kindern darüber reden**, wie es dem anderen wohl geht, wenn man ihn auslacht, ihm spöttische Namen gibt, ihn nicht begrüßt usw.

FALSCH VERSTANDENE COOLNESS?

Man muss sich heute oft sehr wundern, wie sich viele große Schulkinder (9-18 Jahre) in der Schule benehmen. Hier ist nicht gemeint, dass sie unruhig sind, schwätzen, Unsinn machen, „keinen Bock" haben, sich nicht konzentrieren können, nicht aufpassen. Es ist auch klar, dass es vielerorts noch wirklich langweiligen Unterricht gibt – aber wirklich verwunderlich ist, wie teilweise erschreckend wenig Respekt vor Erwachsenen bei vielen Jugendlichen – egal bei welchem Schultypus – zu beobachten ist. Woher kommt dieses distanzlose, respektlose Verhalten, ganz unabhängig von dem empfundenen „Unterrichts-Niveau"? Man hat den Eindruck, Lehrer brauchen teilweise eine Raubtier-Dompteur-Ausbildung, um mit unseren 13- bis 17-Jährigen „klarzukommen". Wie kann es sein, dass Kinder aus „guten" Elternhäusern ihre Lehrer als „*Wichser*", „*Spasti*", oder einfach als „*Du alter Depp!*" beschimpfen, „*Sie spinnen doch ...*", „*Was will'n der Assi ...*" etc. zu ihnen sagen? Sie schminken sich im Unterricht, telefonieren, essen, feilen sich die Fingernägel.

Das hat nichts mehr mit lustigen „Schulstreichen", wie wir sie alle kennen, zu tun. Alles was die Würde anderer Menschen betrifft bzw. beleidigt, geht gar nicht! Hat es mit dem allgemeinen Werte-Verfall zu tun, mit den Medien, die allerdings wirklich Respektlosigkeiten als Vorbilder bieten? Es scheint eine Mischung aus falsch verstandenem Selbstbewusstsein, der Coolness der Pubertät und jahrelangen Beobachtungen darüber zu sein, wie Erwachsene miteinander umgehen.

Wir Eltern sollten wirklich eindeutige, strenge Grenzen setzen, um unseren Kindern respektvolle Distanz zu anderen Menschen beizubringen.

Die Grundlagen dazu legen sich jedenfalls bereits im Vorschulalter.

> **ELTERNAUFGABE**
>
> Um Ihrem Kind zu vermitteln, was „Respekt" im täglichen Leben bedeutet, können Sie – nachdem sie die Wortbedeutung erklärt haben – mit Ihrem Kind (ca. ab 4-5 Jahren) gelegentlich eine Collage zum Thema „Respekt" und „Respektlosigkeit" malen und kleben. Nehmen Sie einen großen Bogen Packpapier, und beginnen Sie mit allen Bildern, die Sie in alten Zeitschriften zu diesem abstrakten Thema finden. Das kann mit respektlosen Abbildungen von Menschen beginnen – bis zu einem Erwachsenen, der einem Kind aufmerksam zuhört, einem kleinen Tier oder Pflänzchen, das beschützt wird (und Ähnliches). Sie brauchen das Bild nicht an einem Tag fertig zu machen, sondern können immer wieder etwas dazukleben.

SELBSTÄNDIGKEIT

ICH

WAS BEDEUTET SELBSTÄNDIGKEIT?

Selbständig sein kommt aus dem Mittelhochdeutschen „Für sich bestehen" und meint heute die Fähigkeit, das Leben ohne Hilfe leben zu können. Man sagt, der Mensch sei eine „physiologische Frühgeburt" (mit anderen Säugetieren verglichen). Er kann nach der Geburt noch nicht gleich aufstehen und bei seiner Mutter trinken, wie zum Beispiel kleine Kälber oder Fohlen. Jeder kleine Schritt zur Selbständigkeit muss vom Menschenkind voll Mühe erlernt werden.

WARUM ES WICHTIG IST, DIESE KOMPETENZ BEI KINDERN ZU FÖRDERN

Jeder Mensch muss natürlich selbständig werden. Die Symbiose mit der Mutter gibt es nur in den ersten Lebensmonaten. Danach muss man sein Leben allein leben – eine für Kleinkinder oft angstmachende Erkenntnis. Gelingende Selbständigkeit wirkt daher angstmindernd und fördert das Selbstvertrauen.

Je selbständiger ein Kind wird, umso besser kann es Entwicklungs- und Lernschritte vollziehen. Beispiel: Um in die Schule zu kommen, muss man sich ganz an- und ausziehen können, die Schultasche ein- und auspacken, seine Sachen kennen usw. Mit jeder Altersstufe werden neue Herausforderungen an die Selbständigkeit verlangt.

WIE SIE SELBSTÄNDIGKEIT IN DER FAMILIE FÖRDERN KÖNNEN

Grundsatz Nr. 1: Nicht unnötig beschleunigen. Eltern können ruhig jedem Kind für jeden Schritt seine Zeit lassen. *„Es dauert, so lange es dauert"*, sagt Konfuzius – und das ist ein kluger Spruch. Es gibt Tabellen, die zeigen, in welchem Alter ein Kind normalerweise welche Fähigkeiten hat. Diese Tabellen liefern aber nur Durchschnittswerte – also grobe Anhaltspunkte, die für Ihr Kind längst nicht in allen Punkten zutreffen müssen. Es sind Fähigkeiten, die Ihr Kind den beschriebenen Altersphasen schon haben *kann* – aber *nicht muss*. Wenn Ihr Kind auch mit 4 Jahren ausschließlich mit dem Löffel essen möchte, oder noch mit 5 unbedingt bei Ihnen einschlafen muss, um zur Ruhe zu kommen, gewähren Sie ihm das ruhig. Es wird noch mindestens 80 Jahre lang mit Messer und Gabel essen und noch 80 Jahre lang im eigenen Bett einschlafen. Es ist egal, ob das einige Monate früher oder später beginnt. Überlegen Sie sich, ob Sie nicht zu viel Kraft auf Dinge verwenden, die gar nicht so notwendig sind.

Das heißt aber nicht, dass Sie als Eltern auf die Selbständigkeitserziehung verzichten sollten oder sie vernachlässigen können. Die Förderung von Autonomie, Selbstbewusstsein, Sozialkompetenz und eben Selbständigkeit ist Grundvoraussetzung für alles Weitere.

Eine Erzieherin erzählt

„Wir erleben heute Kinder, die sich mit 4 oder gar 5 Jahren nicht die Jacke anziehen können, die sich nicht allein den Po abputzen können, die kaum mit einer Gabel essen können und alles verschütten, wenn sie aus einer Tasse trinken. Sie müssen aber montags den Englischkursus, dienstags den Orff-Musik-Kursus be-

suchen, donnerstags ins Kinder-Ballett und freitags mit Mami zum Mutter-Kind-Töpferkursus.
Das ist wirklich nicht sinnvoll! Ein gewisses Maß an Selbständigkeit ist Voraussetzung für jedes weitere Lernen und vor allem, um in der Gruppe zu agieren."

Für Sie als Eltern ist es wichtig, **genau zu beobachten,** wann Ihr Kind für die **Entwicklung welchen Verhaltens bereit ist.**

- Wenn Ihr Kind zum Beispiel gern allen Familienmitgliedern beim Pipimachen zusieht, wenn es den Bär auf den Topf setzt, wenn es versucht, sich die Hose allein herunterzuziehen, gern und ausgiebig die Toilettenschüssel untersuchen möchte – dann können Sie versuchen, es auch auf die Toilette zu setzen.
- Wenn Sie beobachten, dass Ihr Kind versucht, aus der stehenden Tasse zu trinken oder dem Bären den Becher an die Bärenschnauze hält, darf es auch selbst üben, aus Tasse oder Becher zu trinken.
- Wenn es anfängt, alle Buchstaben wiederzuerkennen – das „B" von Benni erkennt es bei BMW wieder, beim Bäcker, bei Baumarkt, Butter und FC Bayern – dann können Sie als Eltern dieses Interesse aufgreifen und damit anfangen, weitere Buchstaben zu üben und schließlich mit Leseübungen beginnen. Egal ob es 4½ oder 6 Jahre alt ist.

Wichtig ist auch hier: **Zulassen und behutsam in kleinen Schritten weiterhelfen.** Ihr Kind zeigt Ihnen deutlich, wann es was lernen möchte.
Lassen Sie Ihr Kind mit den Kleidern spielen, zuerst sich die Hose auf den Kopf setzen, den kleinen runden Arm in die Stumpfhose stopfen und gedankenverloren am Hemdärmel lutschen. Das sind die ersten Schritte, wenn es lernt, sich selbst anzuziehen. Erste Erfolgserlebnisse bringen hier Mützen, Unterhosen oder kurze Hosen und Socken.
Lassen Sie es die Bordsteinkante selbst hinaufklettern, die zwei kleinen Stufen vor der Haustür, aufs Sofa, auf den Tripp-trapp-Stuhl – anfangs mühevoll, später immer geschickter.
Wenn es etwas nicht schafft, wird ihr 2-Jähriges wahrscheinlich wütend werden, *„Neni belber!", „Nein, nein, belber!"* rufen und sich verzweifelt schimpfend mit dem Wasserhahn abmühen. Formulieren Sie seinen Ärger: *„Der Wasserhahn ist aber sehr fest zu. Da muss man auch ganz wütend werden."* Und Sie

helfen Neni, ihn ein ganz kleines Stück zu lockern. Dann fordern Sie sie auf, es noch mal zu versuchen. Sie brauchen sich nicht zu wundern und nicht zu schimpfen – es wird höchstwahrscheinlich spritzen und sie beide ein wenig nass werden.

Das Prinzip ist im Grunde ganz einfach:
- Machen lassen
- Schrittweise unterstützen
- Wohlwollend formulieren, was es tut und was es gelernt hat
- Loben

Gut, wenn es Müttern und Vätern gelingt, ihren **Perfektionismus etwas zurückzuhalten.** Ihr 4-Jähriger platzt vor Stolz über die schief zugeknöpfte Jacke. Leicht zu erraten, was das Ungeschickteste wäre, was Sie jetzt tun könnten ...
Gut, wenn es Eltern gelingt, den **Leistungsanspruch herunterzuschrauben.** Es reicht, wenn Anna mit fünf Jahren schwimmen lernt. Es erst mit sechs Jahren schafft, bei der Freundin zu übernachten, aber schon ohne Sie allein Brötchen holen kann.
Was Sie Ihrem Kind an selbständigem Handeln auch beibringen möchten, tun Sie es immer in sehr kleinen Schritten und mit Geduld. Wahrscheinlich hat es schon oft bei jemand anderem zugeschaut und hat den Vorgang schon im Kopf. Wenn nicht: **Schritt für Schritt üben** und durchsprechen. Ihr Kind **auffordern, es selbst zu versuchen.**
- Beispiel Strumpfhose:
    1) Zusehen lassen
    2) Sich hinsetzen
    3) Die Stumpfhose vor Ihr Kind auf den Boden legen
    4) Es auffordern, den Bundgummi in die Hände zu nehmen
    5) Erst ein Bein hineinstecken lassen
    6) Im Beinbereich etwas nachziehen. Krempeln kann es noch nicht.
    7) Warten, bis der Fuß angekommen ist
    8) Den Strumpf ein Stückchen heraufziehen
    9) Jetzt das andere Bein ebenso
    10) Aufstehen
    11) Und nun die ganze Hose hochziehen.
    12) *„Bravo! Super gemacht!"*

So selbständig kann ein Kindergarten-Kind sein

- Es isst und trinkt selbständig.
- Es zieht sich ohne Hilfe aus. Zum Anziehen braucht und will es meist Hilfe.
- Es bürstet seine Zähne selbst.
- Es geht von selbst zur Toilette (meistens), putzt sich allein den Po, allerdings manchmal nicht ganz erfolgreich.
- Es will oft selbst entscheiden, was es anzieht – mit Vorliebe für und Abneigung gegen gewisse Kleidungsstücke.
- Es macht Konversation bei Mahlzeiten, ohne sich beim Essen stören zu lassen.
- Es unterscheidet links und rechts an sich selbst sicher richtig (5-6 Jahre).
- Es wählt seine Kleidung nach Wetter aus.
- Es beherrscht sicher den Umgang mit Messer und Gabel.
- Es versorgt kleine Wunden selbst.
- Es bindet Schleifen selbständig, beherrscht ebenso Reißverschlüsse, Knöpfe und andere Verschlüsse.
- Es übernimmt zuverlässig kleine Aufgaben im Haushalt.

Weitere wichtige Aspekte, die Sie als Eltern beachten sollten: **Vorsicht vor Überforderung von älteren Geschwistern** – auf jeder Ebene: praktisch, geistig, emotional. Ein 2½- oder 3-Jähriges, das ein kleines Geschwisterchen bekommt, ist noch ein wirklich kleines Kind – auch wenn es jetzt **die Rolle der „Großen" übernehmen** muss.

Denken Sie immer daran: Es ist normal, dass **ein Kind gestern etwas gekonnt hat, was es morgen noch mal nicht kann oder schafft**. Einmal war Leon (5) allein beim Bäcker einkaufen. Am Tag danach klappt es nicht mehr. Er hat Angst, möchte es nicht versuchen.

Vor allem bei jüngsten Kindern, Nesthäkchen, sollten Sie wirklich bewusst darauf achten, die **Selbständigkeitserziehung nicht zu sehr zu vernachlässigen**. Dazu neigen viele Eltern. Schließlich will eigentlich keiner in der Familie, dass die kleine süße Maus wirklich groß wird. **Vorsicht vor Überbehütung** und davor, dem Kind alles abzunehmen.

Bleiben Sie sensibel, für das was Ihr Kind gern selbst machen oder lernen möchte.

Seien Sie sich auch klar darüber, dass Kinder gelegentlich, wenn sie **einen Entwicklungsschritt machen, auf anderem Gebiet zurückfallen**. Sie schaffen souverän den Vormittag im Kindergarten, möchten aber zu Hause (sicher nur für ein paar Wochen) noch mal den Frühstückskakao aus der Flasche trinken. Oder sie schaffen das allein Einschlafen nicht mehr so ganz. Oder Ihr Kind macht gerade einen ganz großen Schub in der Sprachentwicklung, möchte aber gerne wieder am liebsten von Mama gefüttert werden. Sie sollten auch in diesen Dingen liebevoll und großzügig sein. So etwas ist normal und wird bald wieder verschwinden.

ELTERNAUFGABE

Machen Sie eine Liste als persönliches Entwicklungsprotokoll zur Selbständigkeit:

Tragen Sie ein, was Ihr Kind an welchem Tag selbständig Neues geschafft hat.

Heute geschafft	**Datum**	**Text/Bild/Foto/Collage**

Selbstwertgefühl, Selbstkonzept   Ich

Was bedeuten Selbstwertgefühl und Selbstkonzept?

Das Selbstwertgefühl und ein positives Selbstkonzept gehen ineinander über. Aus einem positiven Selbstkonzept und einem guten Selbstwertgefühl entstehen Selbstbewusstsein (sich seiner selbst bewusst sein) und Selbstvertrauen.
Das **Selbstkonzept** ist zunächst alles (unbewertete) Wissen über die eigene Person. Es bezieht sich auf verschiedene Bereiche – zum Beispiel, wie man mit anderen Personen zurechtkommt, welche Emotionen in welchen Situationen entstehen (zum Beispiel, wovor man Angst hat, was einen wütend macht), wie leistungsfähig, wie körperlich fit, gesund und schön man sich findet, gehört dazu. Die Wurzeln des Selbstkonzeptes entstehen durch den familiären und kulturellen Hintergrund eines Menschen. Durch sie entsteht auch eine kulturelle Identität. Die eigene Einschätzung all dieser Faktoren ist das „Selbstkonzept".
Als **Selbstwertgefühl** bezeichnet man, wie ein Mensch seine Fähigkeiten und Eigenschaften selbst bewertet. Es ist somit die Voraussetzung zur Entwicklung von Vertrauen in sich selbst. Anfänglich entwickelt es sich durch die Reaktionen der Umwelt – durch die Widerspiegelung der Person und ihres Verhaltens.

Warum es wichtig ist, diese Kompetenzen bei Kindern zu fördern

Weil nur Menschen, also natürlich auch Kinder, mit einem guten Selbstbewusstsein sich glücklich, zufrieden und in sich ruhend optimal entwickeln können. Weil nur selbstbewusste Kinder auch mit negativen Geschehnissen und Emotionen gut umgehen können. Weil das Leben leichter ist, wenn man ein gutes Selbstwertgefühl hat. Und weil man nur, wenn man sich selbst okay fühlt, andere Menschen okay finden und sich ihnen gegenüber entsprechend verhalten kann.
Viele Erwachsene haben kein besonders gutes Selbstwertgefühl. Und das erweist sich als ein fruchtbarer Boden für Sucht, Perfektionismus, Depressionen, Ess-Störungen oder den Glauben daran, sich erst mit Hilfe der Schönheitschirurgie besser zu fühlen.

Sehr wichtig ist es heute, eine wirkliche kulturelle Identität zu besitzen. Denn erst dann kann man, im Zeitalter der Globalisierung, offene und tolerante interkulturelle Kompetenzen entwickeln.

Wie Sie das Selbstbewusstsein in der Familie fördern können

Allgemeine Aspekte:
Der erste und wesentliche Punkt ist, dafür zu sorgen, dass sich das **Kind in seinem ganzen Wesen, und nicht an Bedingungen geknüpft, geliebt und angenommen fühlt.** Das bedeutet liebevolles, freundliches und respektvolles Verhalten. Es darf wissen und soll spüren, dass es absolute Priorität in Ihrem Leben hat, dass es der wichtigste Mensch für die Mama und den Papa ist.
Bei Baby und Kleinkind bedeutet das, möglichst seine **Bedürfnisse wahrzunehmen und zu erfüllen.** Wenn es weint, nachzusehen, was los ist. Wenn es Gesellschaft will, es bei sich sein zu lassen, wenn es Hunger hat, es füttern, wenn es Durst hat, ihm Tee anzubieten. So entsteht „**Urvertrauen**".
Schon das Kleinkind spürt sehr deutlich, wie und in welcher Intensität es wahrgenommen wird. Es sollte **erleben, dass es in seiner Familie gesehen und gehört wird.**
Außerdem brauchen Kinder das sichere Gefühl, dass ihnen nichts passieren kann. Sie sollen wissen, **dass sie** – was immer auch geschieht – so gut es geht **beschützt werden.** Dass die Eltern ihnen nicht jede Gefahr, nicht alle Unbill aus dem Weg räumen können, das lernen schon Kleinkinder sowieso an jedem Tag.
Es ist gut, wenn Kinder in dem **Bewusstsein aufwachsen, dass die Welt ein sicherer, schöner und unglaublich spannender Ort ist** (siehe: Optimismus). Kinder, die ein positives Selbstkonzept haben, können auch an unangenehmen Erfahrungen wachsen.
Ein weiterer wichtiger Punkt heißt: **Nehmen Sie die Gefühle Ihres Kindes ernst** – besonders **Ängste**, die in den verschiedenen Entwicklungsphasen auftreten. Ihr Kind sollte wissen, dass Sie Verständnis dafür haben, dass zum Beispiel Trennung von der Mama, Dunkelheit, Einschlafen, große fremde Gruppen und Ähnliches Angst machen können. Es sollte sicher sein, dass es nicht allein gelassen ist, die Mami da ist und mit ihm die Angstsituation bewältigt.

Dass man nicht – wie noch in den 50er-Jahren – mit **Angstmachen** erzieht, zum Beispiel mit Monstern, dem Nikolaus oder dem dunklen Keller droht, sollte heute selbstverständlich sein.

Das Selbstbewusstsein wird natürlich auch gefördert, wenn Kinder **wissen, dass sie erfolgreich sein können.** Dass sie etwas können, etwas leisten.

Eltern können bewusst differenziert, aber natürlich nicht inflationär (also zu viel) **loben, wertschätzen**, alles, was die Kinder gut machen, bestätigen. Es ist wichtig für Ihr Kind, **seine Kompetenz zu erleben** und darin wahrgenommen zu werden. Sie als Eltern sollten immer wieder benennen, was Ihr Kind schon alles kann. Gerade in anstrengenden Erziehungsphasen neigt man als Eltern gelegentlich dazu, nur noch alles Schwierige am kindlichen Verhalten wahrzunehmen – nicht mehr, was es alles sehr gut macht.

Eltern können – und sollten – immer ehrlich sein, **sich immer authentisch verhalten**. Ihr Kind weiß sowieso seismographisch genau, wie es Ihnen geht. Vielleicht ist das eine der bedeutsamsten Erziehungsregeln.

Julius

Julius (gerade 3 Jahre alt) schläft nicht allein ein, er trotzt und schimpft den ganzen Tag lang. Er ist launenhaft, macht ständig Unordnung, nichts ist vor ihm sicher. Dabei hängt er an Mamas Rockzipfel, lässt sich von niemand anderem anfassen oder beschäftigen. Außerdem macht der Kleine auch viele wirklich tolle Sachen. Er schmust und kuschelt leidenschaftlich gern, er isst gut allein – auch Nahrungsmittel, die Kleinkinder sonst ablehnen. Er spricht fast perfekt – wenn er möchte. Er kann turnen und klettern, weit seinem Alter voraus. Gestern hat er allein, seine eigene Idee, in wiederholt mühsamer Arbeit eine Reihe aus seinen 23 aufgeklappten Bilderbüchern im Gang aufgestellt, wie bei „Domino-day" das erste angeschubst, so dass alle nacheinander umfallen. Das hat er konzentriert fast eine Stunde lang wieder und wieder begeistert gespielt.

Tommy

Vielleicht haben Sie Lust, mal gezielt zu beobachten, wie oft am Tag man Gelegenheiten versäumt, seinem Kind etwas Anerkennendes zu sagen. Beispiel: Tommy

(5 Jahre alt) schmeißt ein Stöckchen für den Hund: „Super, wie weit du schon werfen kannst", könnte die Mutter sagen. „Ich glaube, du wirfst schon weiter als ich." Statt (so war es in Wirklichkeit): „Hey, pass auf, dass du nicht über dein offenes Schuhbändel fällst und die Hose dreckig machst in dem Matsch hier, alter Schlamper."

Selbstkonzept:
Bestärken Sie Ihr Kind darin, selbst zu handeln

- Selbst handeln – das heißt zum Beipiel: Lassen sie Ihr Kind beim Doktor selbst sagen, was ihm weh tut, im Restaurant selbst bestellen, seine Blumen selbst gießen – auch wenn immer ein wenig Wasser daneben pritschelt. Sie können Ihr Kind immer wieder **ermutigen, Dinge allein zu machen** – auch Konflikte, Probleme, Schwierigkeiten selbständig zu lösen. Es bekommt Hilfe dazu von Ihnen als Moderator, an den Stellen, wo es nötig ist.
- **Bilder** und Bastelarbeiten kann man an (auch für Besuch) gut sichtbarer Stelle **aufhängen** oder aufstellen. Allerdings nur die wirklich schönsten Arbeiten. Ihr Kind lernt: *„Ich bin wichtig, ich kann etwas – wenn ich mich anstrenge!"*
- Sie können auch mit Ihrem Kind **darüber sprechen, was es kann und noch nicht kann.** Das ist ein guter Weg, zu einem „Sich-seiner-selbst-bewusst-Sein" zu gelangen. *„Ich finde super, wie gut du dich jetzt schon selbst anziehen kannst, sogar die schwierige Stumpfhose schaffst du. Das hilft mir sehr, wenn morgens alles schnell gehen muss. Aber beim Haare waschen und Nägel schneiden möchte ich dir gern noch helfen. Das ist wohl einfach noch zu schwierig."*
- Achten Sie auch darauf, Ihr Kind **nie mit einem anderen zu vergleichen**, sondern nur mit sich selbst (das tut es ab etwa 5 Jahren von selbst, und das kann schmerzhaft genug sein).
- Sie können Ihrem Kind **wirklich vertrauen.** Ein Sprichwort sagt: *„Nichts stärkt einen Menschen so sehr wie das Vertrauen, das man ihm entgegenbringt."* Vertrauen Sie!
- Man kann Kinder **bei vielen Dingen mitentscheiden lassen** oder sie in kleineren Dingen um **ihren Rat und ihre Meinung fragen.** Einige Dinge in der Familie können sie gut selbst bestimmen. Das ist eine wichtige Erfahrung.

- Sie können mit Ihrem Kind **über Macht sprechen**. Fragen Sie Ihr Kind einmal, wie es die Kontrollverhältnisse in Ihrer Familie einschätzt. Wer denn bei Ihnen der „Bestimmer" ist. Sie können dann selbstverständlich sagen, dass Sie als Eltern die Bestimmer sind. Aber auch: *„Was könntest du denn mal bestimmen?"* (siehe: Demokratie). Sehen Sie hier, was kleine Kinder manchmal schon so alles bestimmen können – wenn man sie lässt und sie sogar dazu ermutigt:
  - Was es heute zum Abendessen geben soll
  - Was wir am Sonntag alle zusammen nach dem Essen machen
  - Welchen Schlafanzug ich anziehe
  - In welcher Farbe mein Kinderzimmer angemalt wird
  - Wer meine Freunde sind
  - Welche meiner Spielsachen ich an meinen kleinen Bruder weitergebe
  - Für was ich mein Taschengeld ausgebe (ab 5 Jahren)
  - Welche Spielsachen auf den Speicher geräumt werden
  - Welche Mal- und Bastelarbeiten aufgehoben werden
- Wichtig für ein gutes Selbstkonzept ist auch, wie ich mit anderen zurechtkomme. Die Fähigkeit, **sich Freunde zu machen** und diese Freundschaften zu erhalten, ist ein wichtiger Aspekt dafür, wie man sich selbst erlebt. Helfen Sie Ihrem Kind dabei (siehe: Beziehungsfähigkeit). Etwa ab dem Schulkindalter werden Eltern den Eindruck haben, dass Freunde mindestens so wichtig werden wie die eigene Familie. Das täuscht natürlich. Lassen Sie diese Abgrenzung, diesen ersten Fuß, den Ihr Kind unsicher aus dem Nest streckt, zu. Es braucht Mama und Papa noch sehr lange! Aber mit 7, 8 Jahren beginnen die ersten selbständigen holprigen Schritte aus dem Nest.
- Lassen Sie Mädchen **Mädchen-Spiele** spielen (und mit Mädchenspielzeug) und Jungen **Jungen-Spiele** (mit Bubenspielzeug) Zwischen 3½ und 7 gehört das zur Identifikation mit dem eigenen Geschlecht. Die eigene Geschlechtsidentität wiederum ist wichtig für ein positives Selbstkonzept. Das bedeutet für Mädchen zum Beispiel Barbie, Prinzessin Lilly-Fee, Mutter-Kind-Rollenspiele, für Buben Spielzeugwaffen, He-man, Dinosaurier, die wilden Fußball-Kerle. Es kann ja alles in Maßen bleiben. Der kleine Junge sollte lernen: Es ist in Ordnung, manchmal ein wenig mit dem Cowboy-Gewehr herumzuballern, cool mit seinem Blinkschwert durch die Gegend zu rennen. Und fast jedes kleine Mädchen will mindestens einmal in seiner Kindheit als Ballerina

oder die schönste Prinzessin auf dem Kinderfasching gewesen sein – ohne dass es deswegen von der Familie als „Zicke" oder „Tussi" verlacht wird.
- Über Hand- und Fingerpuppen oder Bücher und Geschichten geschieht eine **Identifikation mit dem Protagonisten (der Hauptperson)**: dem Kasperl, der Prinzessin, dem Helden (dem Ich-Ideal). Das fördert das Selbstkonzept.
- Eltern können für jedes ihrer Kinder – natürlich neben einem eigenen Fotoalbum und eigenen Videofilmen – **ein kleines „Ich-Museum" anlegen** – zum Beispiel eine bunt beklebte Schachtel, in der wichtige Dinge aus den verschiedenen Entwicklungsphasen aufgehoben werden: der letzte Schnuller, die ersten Jeans, ein selbst gebasteltes Mobile, das über dem Babybettchen hing, die Lieblingsspieluhr, besonders schöne Bilder aus verschiedenen Phasen, Lieblings-T-Shirts. Das freut einen auch später noch. Und wenn man die Gegenstände immer mal wieder betrachtet, wird einem seine eigene Geschichte bewusst. Man lernt: „Ich bin wichtig!" Und: „Ich bin dabei, groß zu werden." Sie werden beobachten, wie Ihr Kind bald selbst Dinge anbringt, die ins „Museum" sollen.
- Zum Thema „Positives Selbstkonzept" gehört auch, dass Sie Ihrem Kind vermitteln, dass **es stolz auf seine Herkunft** (Land) seine Familie, seine Religion sein kann. Dass es gut und richtig ist, in dieser Kultur aufzuwachsen und dazuzugehören.

Selbstwertgefühl:
Geben Sie Ihrem Kind das Gefühl, wichtig und wertvoll zu sein

- **Man muss nicht immerzu kritisieren.** Man kann großzügig über kleine Missgeschicke oder Ungeschicklichkeiten hinwegsehen. Wenn Ihr Kind etwas nicht richtig macht, kann es das vielleicht einfach wirklich noch nicht.
- **Bei Kritik** sollten Sie **positive, motivierende Formulierungen** benutzen: „Komm, Julia, versuch's noch mal.", „Bist du zufrieden, oder versuchst du es noch mal?", „Ich denke dass du das noch ein wenig besser kannst." Solche Formulierungen stärken das Selbstwertgefühl – im Gegensatz zu solchen: „Bist du aber ungeschickt.", „Du kapierst auch gar nichts."
- Sprechen Sie bei Kritik und Rückmeldungen aller Art in **Ich-Botschaften:** „Ich bin so stolz", „Ich freue mich so", oder auch „Ich habe Sorge, dass ...", „Ich habe Angst, dass ...", „Ich bin ärgerlich, weil ...", „Mir gefällt nicht, dass ...",

„Mir würde besser gefallen, wenn ..."
- **Vermeiden Sie möglichst Formulierungen wie:** *„Du bist schlecht, dumm, faul, unkonzentriert, zu klein"* etc. Das wirkt abwertend und stigmatisierend. Und **achten Sie auf die eigene Körpersprache.** Mimik, Gestik, Haltung, Stimmlage wirken stark und sind uns oft nicht bewusst.
Beispiel:
Jana: *„Ich will das nicht!"* Sie stampft mit dem Fuß auf.
Mama: *„Ich hab doch gar nichts gesagt, Jana."*
Jana: *„Hast Du doch! Du schaust soo böse, Mama, dass ich richtig Angst habe."*
Gesichtsausdrücke und körperliche Haltungen (wir erscheinen für Kleinkinder riesig groß) können oft viel bedrohlicher und abwertender sein als die Sätze, die wir sprechen. Fast 90 % dessen, was man wahrnimmt im Gespräch mit anderen, ist dessen Körpersprache – also der Klang der Stimme, die Mimik, die Gestik.
- Das Wichtigste ist: **Beschämen Sie Ihr Kind nie.** Achten Sie bei Kritik und Konflikten darauf, dass Ihr Kind nicht sein Gesicht verliert und sich nicht kleingemacht und minderwertig fühlt.
- Väter und Mütter sollten ihren Kindern **zeigen, dass sie sie verstehen** – auch, wenn es manchmal schwerfällt. Kinder leben in Phantasiewelten, in ihre Emotionen und in kindliche Gedankengänge verstrickt, die für uns Erwachsene häufig schwer nachvollziehbar sind. Weshalb man dem Lieblingsteddy Beine und Arme abmontieren muss, ist für Eltern schwer verständlich. Es geht hier nicht darum, Konflikte und Schwächen unter den Teppich zu kehren und jedes Verhalten grenzenlos zu tolerieren. Es ist aber wirklich hilfreich, Verständnis zu zeigen, sich einzufühlen und beratend zur Seite zu stehen. Kinder denken und fühlen eben anders. Der Satz *„Ich versteh dich nicht"* wirkt lieblos und entmutigend.
- Eine andere Möglichkeit, das Selbstwertgefühl zu steigern, ist ein **gutes Körpergefühl und das Gefühl, „schön" zu sein.** Das liest sich vielleicht im ersten Moment befremdlich, ist aber in unserer heutigen Zeit ein wesentlicher Wert, an dem man kaum vorbeikommt (Warum sollte man auch?). Wenn Sie das bei Ihrem Kind vermeiden, ignorieren oder unterdrücken möchten, wird es sich seine Bestätigung bei anderen Instanzen (Freunde, Medien) holen. Eltern können ihren Kindern immer wieder sagen, dass sie sie schön finden.

Und zwar im Detail und konkret: Dass Marie schöne Augen hat, Mamas Nase, die witzigen Sommersprossen und ihren schönen vollen Mund von Tante Margret. Dass sie dieselben schönen braunen Augen wie Papa und seine lustigen Locken hat.

Der kleingemachte Prinz

Es war einmal ein Ehepaar, das liebte sich und wünschte sich ein Kind. Sie bekamen eins, und es wurde wirklich ein kleiner Prinz.
Das Kind fühlte sich zunächst auch als Prinz. Doch bald schon nach seiner Geburt wurde sein Leben etwas schwieriger: Es musste auf sein Essen warten. Oft war ihm zu warm oder zu kalt. Es musste überhaupt viel warten. Wenn es dann so allein war, fühlte es sich verlassen und rief nach seiner Mutter. Aber sie machte einfach die Tür zu und sagte: *„Er brüllt immer nach dem Essen"* oder *„Ich verstehe das Kind einfach nicht."*
Sein Vater wurde eifersüchtig, weil die Mutter keine Zeit mehr für ihn hatte. Auch durfte er zu Hause nicht mehr so herumbrüllen, wenn er etwas haben wollte. Das beunruhigte das Baby.
Die Prinzenkrone begann zu wackeln.
Die Eltern wollten alles richtig machen und lehrten es früh laufen, ließen ihm keine Zeit zum Krabbeln.
Als er einmal so lange auf dem Topf sitzen musste, bis er das tat, was Mama von ihm wollte, verlor er seine Prinzenkrone zum ersten Mal. Er fühlte sich kleingemacht und merkte, wie schwierig es ist, die natürliche Krone aufzubehalten, wenn er immer das tat, was die Eltern wollten.
Er musste sich entscheiden, ob er seine Krone aufbehalten oder im guten Einvernehmen mit Mama und Papa leben wollte.
Da er ohne seine Eltern nicht leben konnte und sie ihm sehr mächtig und gut erschienen, entschied er sich, wie sie zu werden. Damit verlor er seine Krone endgültig und begann, sich weniger wie ein Prinz, sondern wie ein Frosch zu fühlen.

(nach Gabor von Varga, 29)

- **Absolut verboten**, in jedem Alter, sind alle (wenn auch lustig gemeinten) **negativen Aussagen, die den Körper** Ihres Kindes direkt betreffen: *„Du hast ja total abstehende Ohren"* (siehe Dumbo-Geschichte). *„Du bist viel zu klein für dein Alter.", „Du mit deinen schrecklichen krausen Haaren."* und Ähnliches.
- *„Ich geh jetzt nicht mehr unter"*, erzählte der kleine schüchterne Michael und wedelte mit seinem Seepferdchen-Abzeichen. **Machen Sie Sport** mit Mädchen und Jungen. Das hält die Figur gesund und fit. Körperliche Fitness verstärkt schon bei kleinen Kindern immer das Selbstwertgefühl und Kompetenzerleben.

BESCHÄFTIGUNGEN, DIE EIN GUTES SELBSTVERTRAUEN STEIGERN

- Körper abmalen, Hände oder Füße drucken
- Auf einen hohen Baum oder einen Jägerhochstand klettern
- Vom Drei- oder sogar Fünf-Meter-Brett springen
- Interviews mit fremden Leuten und Kassettenrekorder zu irgendeinem Thema machen, zum Beispiel auf dem Campingplatz, auf einem großen Fest
- Raufspiele mit den Eltern, bei denen ich „gewinnen" darf
- Namenbuch anlegen. Zu jedem Buchstaben des eigenen Namens eine positive Eigenschaft suchen. Bild oder Collage dazu machen. Das geht auch als Poster.
- Theater vorspielen oder jede Form von Auftritten, Musik, Tanzen, Singen, Vorlesen, Gedicht aufsagen etc.
- Bei einem Zirkus mitmachen, egal mit welcher Fähigkeit
- Etwas selbst backen und stolz die Plätzchen servieren oder verschenken
- Zaubertricks lernen und vorführen
- Ein besonders schönes Bild schön einrahmen und im Wohnzimmer aufhängen
- Fahrradabzeichen schaffen
- 1x1-Führerschein (eine Idee einer Grundschullehrerin)
- Der „Kinderbandenchef" werden
- *„Nur du darfst ..., weil du es so gut machst"* – zum Beispiel den Hund bürsten, die Servietten falten, zu Weihnachten die Krippe aufbauen, Ostereier bemalen (möglichst darauf achten, dass jeder in der Familie etwas „gut kann").

ELTERNAUFGABE

Überprüfen Sie das Selbstbewusstsein Ihres Kindes

Kreuzen Sie bei jedem Punkt auf einer Skala von 1 bis 10 an, wie Sie Ihr Kind momentan einschätzen (1 = trifft gar nicht zu. 10 = trifft total zu). Es ist gut möglich dass es vieles bereits sehr gut macht und anderes gar nicht. Zum Beispiel, dass es sich gut und sicher bewegt, deut ich sagt, was es möchte – aber „Auftritte" vor Gruppen strikt ablehnt. Das ist ganz normal, lassen Sie ihm seine Zeit.

- Es kann deutlich sagen, was es will und fühlt   1 2 3 4 5 6 7 8 9 10
- Es ist neugierig und traut sich etwas zu   1 2 3 4 5 6 7 8 9 10
- Es bewegt sich fröhlich und locker, auch in
  neuen Situationen oder vor Gruppen   1 2 3 4 5 6 7 8 9 10
- Es lässt sich bei kleinen Pannen und Miss-
  geschicken nicht gleich entmutigen   1 2 3 4 5 6 7 8 9 10
- Es entscheidet selbständig   1 2 3 4 5 6 7 8 9 10
- Es kann zu sich stehen, auch wenn es etwas
  falsch gemacht hat   1 2 3 4 5 6 7 8 9 10
- Es spricht frei und mit Blickkontakt, auch
  mit fremden Erwachsenen   1 2 3 4 5 6 7 8 9 10
- Es verhält sich wenig aggressiv anderen
  Kindern gegenüber   1 2 3 4 5 6 7 8 9 10
- Es kann gut einmal zurückstehen, ertragen dass
  ein anderer mehr Aufmerksamkeit bekommt   1 2 3 4 5 6 7 8 9 10
- Wenn es sich von Erwachsenen ungerecht
  behandelt fühlt, traut es sich das zu sagen   1 2 3 4 5 6 7 8 9 10

Ergebnis:

10-30 Punkte: Es wäre gut, wenn Sie viel für das Selbstvertrauen Ihres Kindes tun könnten. Sein Selbstwertgefühl ist noch recht gering

30-60 Punkte: Vielen Kindergartenkindern fehlt es noch sehr an Selbstvertrauen. Nutzen sie die obigen Tipps, um Ihr Kind zu fördern

60-90 Punkte: Gratuliere; Ihr Kind ist sehr fit.

90-100 Punkte: Ihr Kind ist wirklich sehr selbstbewusst. Das ist wirklich sehr schön.

Zum Weiterlesen:
Berne/Savary: **"Kinder brauchen Selbstvertrauen"**, Herder • Erkert: **"Liebe Schnecke komm heraus"**, Spiele und Anregungen zur Förderung des Selbstwertgefühls, Ökotopia • Haug –Schnabel **"Wie man Kinder von Anfang an stark macht"**, Oberstebrink • Liebich: **"So klappt's mit dem Familienleben"**, Oberstebrink • Waibel: **"Erziehung zum Selbstwert. Persönlichkeitsförderung als zentrales pädagogisches Anliegen"**, Auer

Selbstwirksamkeit, Selbstregulation

EM
ICH

Was bedeuten Selbstwirksamkeit und Selbstregulation?

Das Wort **Selbstwirksamkeit** beschreibt die Fähigkeit eines Kindes, zu realisieren und wahrzunehmen, dass es selbst Dinge in seiner Umwelt verändern kann. Dass es etwas veranlassen oder bewirken kann. Es beginnt schon im Säuglingsalter: *"Wenn ich weine, kommt ganz sicher die Mama."* Wenn man diese Kompetenz erworben hat, ist man der Überzeugung, alle Probleme aufgrund eigener Fähigkeiten bewältigen zu können.

Das Konzept der Selbstwirksamkeit wurde bereits 1977 von Bandura beschrieben, als *"die Überzeugung einer Person, das zur Erlangung eines Handlungsergebnisses erforderliche Verhalten erfolgreich ausführen zu können"*. Es geht dabei sowohl um *"die Einschätzung eigener Fähigkeiten als auch um die Beurteilung situativer Gegebenheiten"*.

Die Selbstwirksamkeit ist also, *"die Gesamtheit der Bewertungen der Merkmale, Eigenschaften und Fähigkeiten, die ein Kind sich selbst zuschreibt"* (Barbara Moschner in 20). Daraus resultiert später – nach der Bewertung der Eigenschaften – das Selbstwertgefühl.

Unter **Selbstregulation** versteht man die Fähigkeit des Kindes, sein Verhalten und seine Emotionen selbst zu beobachten, zu bewerten und es dann, im letzten Schritt, zu steuern. Selbstregulation geht also teilweise aus der Fähigkeit der Selbstwirksamkeit hervor und führt dahin, dass das Kind sein Verhalten selbst planen, wahrnehmen und regeln kann und gegebenenfalls etwas bewusst damit bewirken kann. Auch der bewusste Umgang mit Ärger, Enttäuschung, Ehrgeiz, Motivation, Traurigkeit etc. gehört dazu, wenn man sich selbst „steuert", sein Verhalten selbst reguliert.

Warum es wichtig ist, diese Kompetenzen bei Kindern zu fördern

Selbstwirksamkeit und Selbstregulationsfähigkeit sind – etwas vereinfacht gesagt – Kompetenzen zur Entwicklung von Selbstvertrauen und Zuversichtlichkeit. Kinder gelangen zu der Überzeugung, dass sie das, was sie sich vornehmen, auch schaffen können. Wenn mein bewusst gestaltetes Verhalten Erfolg hat, wird das Kind seinen eigenen Gütemaßstab, seinen Anspruch an sich selbst erhöhen, mehr von sich selbst erwarten. Diese Kompetenz ist unter anderem die Grundlage für Lernmotivation, Ehrgeiz und Freude an Leistung und Erfolg.

Wie Sie Selbstwirksamkeit und Selbstregulation in der Familie fördern können

Diese Kompetenzen sind sehr anspruchsvoll und müssen langsam und behutsam gelernt werden. Meist sind erst die 4- bis 5-Jährigen ansatzweise dazu in der Lage.
Beide Kompetenzen werden dadurch gefördert, dass Kinder **altersgemäße Aufgaben gestellt bekommen.** Die Balance zwischen Über- und Unterforderung ist sehr wichtig. Sich bewusst zu machen, was man alles noch nicht kann, demotiviert. Und andererseits enttäuscht auch, wenn alles viel zu „babyleicht" ist.
Sie können auch neue oder schwierige **Handlungsabläufe kommentieren**. Sowohl bei Ihrem eigenen Handeln als auch begleitend zur Tätigkeit Ihres Kindes. Dadurch strukturieren Sie den Ablauf der Handlung.

- **Beispiel:**
  „Der Markus klettert auf den kleinen Hocker – du kannst schon gut klettern –, dann nimmt er den Zahnputzbecher und füllt Wasser hinein. Huch, das spritzt! Da müssen wir beide lachen. Dann die Zahnbürste aus dem Halter nehmen und aus der Tube einen kleinen Klecks auf die Bürste drücken. Das machst du alles

schon ganz fantastisch! Die Mami schraubt die Tube wieder zu und der Markus putzt die Zähne. Ich bin begeistert, wie du das schon alles kannst."

Natürlich machen Sie dieses **"laute Denken"** nicht immer und ständig. Aber dies ist der sicherste Weg für Ihr Kind, sich der Fähigkeit der Selbstwirksamkeit bewusst zu werden und dadurch Selbstregulation zu erlernen. Das geschieht dadurch, dass man sich immer wieder bewusst macht, was man gerade tut, was man aufgrund dessen bewirkt, welche Emotionen entstehen – und was man beim nächsten Mal wieder so tun oder besser lassen sollte (Selbstregulation).

Sicher kennen viele Leser/innen die TV-Werbung „Fruchtalarm". Das kleine Mädchen macht genau das oben Beschriebene: Sie kommentiert das, was sie macht und sagt daraufhin auch noch niedlicherweise: *„Ich weiß genau, was ich tue."* Außerdem wird durch das laute Denken die Sprachfähigkeit gefördert.

Selbstwirksamkeit

- Schon **Babys haben erste Eindrücke von Selbstwirksamkeit**, wenn sie ein Glöckchen am Bett anschubsen, das daraufhin klingelt, und wenn Musik spielt, weil sie an dem Bändel der Spieluhr ziehen. Krabbel- und Kleinkinder erleben sich durch ihr Nachzieh-Spielzeug oder spielen stundenlang „Turm umwerfen". Es ist zu spannend, was man dadurch alles auslöst.
- Kinder können Selbstwirksamkeit natürlich dann am besten entwickeln, **wenn auf bestimmtes Verhalten vorhersehbare Reaktionen folgen**: *„Wenn ich dies mache, schimpft Mama", „Wenn ich das mache, lacht sie", „Wenn ich jenes mache, knuddelt sie mit mir"*, etc. **Auch klare Regeln** helfen hier weiter – nach dem Prinzip *„Wenn – dann"*.
- Ein Kind muss **erleben** können, **dass sowohl Personen als auch die Umwelt auf es reagieren**. Sie können Ihr Kind schon als 3- bis 4-Jähriges mit kleinen Aufgaben am Familienalltag mitwirken lassen: Die Frühstücksbrösel in das Vogelhäuschen schütten, das Hundefutter in seinen Fressnapf füllen, das eingekaufte Obst waschen oder alle dunklen Klamotten in die Waschmaschine stopfen etc.
- Sie können Ihr Kind **ermuntern, über immer neue Ideen nachzudenken und Unbekanntes auszuprobieren**. Auch wenn etwas nicht gleich klappt,

beispielsweise den Wasserhahn aufzudrehen, um der Puppe die Haare zu waschen. Fordern Sie Ihr Kind auf, Ihnen zu **erzählen, was es vorgehabt hatte,** und wie es diese Aktion geplant hatte.
- Wenn Sie **als Erwachsener Ihrem Kind sein Verhalten spiegeln**, empfiehlt es sich, dies möglichst wertfrei, sachlich und unvorwurfsvoll zu tun. Zum Beispiel so wie hier:
Kim putzt mit dem Spültuch für das Geschirr ihre Schuhe. *„Toll, dass du deine Schuhe selbst putzt. Aber bitte nimm nächstes Mal das braune Schuhputztuch und nicht das Spültuch. Es ist sonst zu grauslich, das Essgeschirr wieder damit zu waschen."*
- **Halten Sie sich möglichst zurück mit Kritik oder allzu guten Ratschlägen.** Sie sollten Ihr Kind selbst Erfahrungen machen lassen. Helfen Sie, den Wasserhahn etwas zu lockern, geben Sie ihm den Shampoo-Rest in einer Flasche, und kommentieren Sie eventuell: *„Ich bin ja neugierig, wie du das schaffen wirst."* und dann gehen Sie. Danach könnten Sie fragen: *„Erzähl mir mal, wie du das hingekriegt hast. Ich find´s toll, Lena."*
- Auch **die Bewertung dessen, was man getan hat,** gehört hier dazu. Dabei hilft wieder das **Modell der Eltern.** Der Papa sagt vor sich hin: *„Verdammt, ich schaffe es einfach nicht. Diese blöde Schraube hier. Ich muss es anders versuchen."* Auf diese Weise lernt Ihr Kind dann, dass man trotzdem dranbleiben muss.
- Man sollte sich auch mal selbst unterstützend sagen: *„Das hab ich aber wirklich gut gemacht."* Oder auch: *„Oh, das hat noch nicht so ganz geklappt."*
- Selbstwirksamkeit erlebt ein Kind auch **über Sprache**: Zum Beispiel, indem es unpassende Worte laut und gut gelaunt in die Runde wirft: *„Blödes Schwein, blödes Schwein."* oder *„Du Wichser, Wichser."* Worte besitzen Macht. Denn irgendwas wird jetzt passieren …
- Auch **körperliche, sportliche Erfahrungen** steigern das Erleben von Selbstwirksamkeit. Zum Beispiel kann Ihr Kind den Wäschekorb wegschleppen. Es klettert hoch auf die Sprossenwand hinauf (Veränderung der Perspektive). Es wirft Kegel um. Oder auch den Turm, den der Bruder gebaut hatte. Immer lernt es: *„Ich handle, und daraus erfolgt etwas."*

Selbstregulation

Selbstregulationsfähigkeit entsteht durch:
- Metakommunikation: Sie besprechen mit Ihrem Kind sein Verhaltens.
- Grenzen setzen
- Spiegeln, was Sie wahrnehmen
- Verhaltensmöglichkeiten anbieten, Ideen geben, zum Beispiel: *„Jan, ich möchte keine neuen Stifte kaufen, weil du sie aus Wut zerbrochen hast. Hör bitte sofort auf damit! Wenn du magst, hau auf deinen Box-Sack ein oder erzähl mir, über was du dich gerade so sehr ärgern musst."*

Tipps und Beispiele für Selbstregulation:
- Seline ist mit Abstand die Jüngste im Kindergarten. Die Kinder sollen ein Haus malen. Seline kann sehr gut malen, aber natürlich entspricht ihr Haus nicht den Bildern der 6-Jährigen. Sie wird von den Kindern ausgelacht. Daraufhin setzt sie sich den ganzen Nachmittag, Abend und nächsten Morgen hin und übt Häuser malen. So lange, bis ihr Haus so ähnlich aussieht, wie das der Großen. Das ist Selbstregulationsfähigkeit (und Frustrationstoleranz). Motivieren Sie Ihr Kind dazu.
- Jenny verzweifelt beim Erlernen eines Klavierstücks. Während Jenny wütend zu weinen beginnt und ihr die Tränen der Frustration über die Wangen laufen, verlangt die Klavierlehrerin streng: *„Du musst über das Klavier herrschen, Jenny – nicht das Klavier über dich!"* Das hat Jenny begriffen. Sie entwickelt den Ehrgeiz, das Klavier zu beherrschen. Auch das ist Selbstregulationsfähigkeit.

Selbstwirksamkeit und Selbstregulation können nur immer wieder angeregt werden. Besonders wichtig sind diese Kompetenzen auch für ADS-Kinder.

Elternaufgabe

Übungen

Lassen Sie Ihr Kind einmal am Tag eine beliebige Handlung selbst erläutern beziehungsweise kommentieren – zum Beispiel: allein die Hosen anziehen, allein Zähne putzen, einen Obstsalat „schnibbeln", einen Kakao kochen, den Hund baden etc.

Gehen Sie in drei Schritten vor:
- Davor: *„Wie willst du das machen?"*
- Dabei: *„Erzähle, was du gerade machst?"*
- Danach: *„Wie hast du das gemacht?"*

In den ersten zwei Wochen können Sie Ihrem Kind noch beim Formulieren helfen. Dann lassen Sie es mehr und mehr selbst formulieren.

Sie werden merken, wie schnell Ihr Kind dadurch erlebt, was es bewirken kann und wie es lernt, sein Tun allmählich immer strukturierter anzugehen.

(nach BEP, 19)

Beobachtungen

Beobachten Sie mal die Selbstregulationsfähigkeit Ihres Kindes (Vor- und Grundschulalter) und kreuzen Sie an, was es alles schon schafft:
- ○ Kind wartet, bis es an der Reihe ist.
- ○ Es kann ein Telefonat abwarten.
- ○ Es respektiert Grenzen und Wünsche anderer Kinder.
- ○ Es ist betroffen, wenn es einem anderen Kind weh getan hat oder ihm etwas kaputt gemacht hat.
- ○ Es zeigt Verständnis für die Situation und Stimmung von Erwachsenen (zum Beispiel, wenn die Mama Kopfschmerzen hat).
- ○ Es respektiert Verbote zuverlässig.
- ○ Es kann sich mit anderen freuen, beispielsweise über Geschenke.

(nach Mayr und Ulrich, 30)

Die Geheimbotschaft – eine Phantasiereise (ca. ab 5 Jahren)

Vielleicht hat Ihr Kind mal Lust auf eine Phantasiereise statt einer Gute-Nacht-Geschichte. Bitten Sie Ihr Kind, es sich möglichst bequem zu machen, eventuell mit leichtem Körperkontakt zu Ihnen.

Sie können ihm sagen, dass man im Kopf zaubern kann, wenn man die Augen zumacht. Sprechen Sie mit leiser, warmer, Stimme. Lesen Sie den Text langsam und mit Pausen, damit sich Bilder im Kopf einstellen können.

„Mach bitte die Augen zu ... Stell dir vor, du bist an deinem Lieblingsplatz, in einem Wald (im Park) ... Die Sonne scheint, und alles ist hell und freundlich. Während du über den weichen Waldweg gehst, hörst Du nur das Zwitschern der Vögel und den Wind in den Bäumen. Auf einmal fällt ein besonders schöner Sonnenstrahl vor dir auf den Weg. Du siehst genauer hin und erkennst, dass da ein Briefumschlag liegt. Du hebst ihn auf und darauf steht dein Name: _____ _____ Deswegen öffnest Du ihn vorsichtig und findest einen goldenen Zettel darin. Er ist wunderschön bemalt und verziert. Und in Geheimschrift, die du schon lesen kannst, steht darauf eine geheime Botschaft für dich. (Sehr langsam jetzt:) Es ist etwas, was dir immer hilft, dass es dir gut geht, dass du dich stark und glücklich fühlst. Du liest es langsam und froh. Es steht das darauf, womit du dich selbst fröhlich machen kannst.

Darunter steht noch etwas: Es ist eine Liste. Eine lange Reihe von Dingen, die du gut und manche sogar sehr gut kannst. Alles, worauf du und deine Mama und dein Papa so stolz sind. Du liest alles genau durch ... Das macht dich ganz fröhlich und stark.

Dann steckst du den goldenen Zettel in die Hosentasche und läufst nach Hause zurück.

Und jetzt kannst du die Augen wieder aufmachen, dich recken und strecken ..."

(nach Seyffert, 25)

Wenn Ihr Kind möchte, kann es sich diesen Zettel jetzt selbst schreiben oder schreiben lassen, und ihn tatsächlich in der Hosentasche mit sich herumtragen.

ELTERNAUFGABE

Alle Menschen bekommen in der Kindheit in der Familie Botschaften darüber vermittelt, wie es gut gelingt, den Alltag und das Leben zu meistern. Diese Botschaften wurden von Harris und Berne in der Transaktionsanalyse beschrieben. Die Autoren bezeichneten sie als „die fünf Antreiber". Sie vermitteln sich verbal und nonverbal, bewusst und unbewusst.

Vielleicht haben Sie Lust, einmal zu überlegen, welche davon (meist ein oder zwei) bei Ihnen selbst dominieren beziehungsweise ganz schwach ausgeprägt sind. Und was Sie denken, was Sie heute Ihrem Kind weitergeben.

1) **„Sei stark."** – „Jungen weinen nicht, reiß dich zusammen, zeig keine Gefühle, sei nicht so kindisch, sei cool! Hab Distanz zu anderen und zu dir selbst! Sei nicht, wer du bist!"

2) **„Mach schnell, beeil Dich."** – „Schon wieder vergeudest du Zeit, die Zeit ist immer knapp, wir müssen hetzen. Hab keinen Spaß! Zeit nicht zu nutzen, ist schlimm! Gönn dir nie zu viel Zeit."

3) **„Sei perfekt."** – „Mach keine halben Sachen! Es dürfen keine Fehler sein! Du kannst das noch besser! Sei nicht wer du bist, sei besser! Du schaffst es nie optimal! Denk nie, du bist fertig! Man darf nie mit sich zufrieden sein!"

4) **„Sei gefällig – mach's allen recht."** – „Sei ein gutes Mädchen! Sei nicht kindisch; sei nicht schwierig! Sei ein nettes Kind! Tu was andere von dir wollen! Entscheide dich nicht für deine Bedürfnisse, sondern für das, was andere von dir wollen. Sonst mögen Sie dich nicht! Sag niemals nein! Die Meinung anderer Leute ist sehr wichtig!"

5) **Tu dein Bestes, gib dir Mühe."** – „Streng dich mehr an! Du kannst mehr schaffen! Viel ist es nicht, was du kannst. Hab ein schlechtes Gewissen, wenn du nicht alles gegeben hast."

Was sind Ihre persönlichen Antreiber? Was ist Ihnen eher fremd?
Was glauben Sie an Ihr Kind weiterzugeben?

Botschaft	Ausprägung bei mir			Weitergabe an mein Kind		
	stark	mittel	schwach	weniger	stark	Durch was? Was mache ich konkret?
1) „Sei stark"						
2) „Mach schnell"						
3) „Sei perfekt"						
4) „Mach's allen recht"						
5) „Tu dein Bestes"						

Wenn Sie Lust dazu haben, besprechen Sie diese Übung auch mit Ihrem Partner.

Sinnlichkeit, Genussfähigkeit

Was bedeuten Sinnlichkeit und Genussfähigkeit?

Es bedeutet, mit allen Sinnen genießen zu können, mit allen Sinnen den eigenen Körper zu spüren. Es bedeutet wahrnehmungsfähig zu sein – auch aus vergleichbar unspektakulären, kleinen Momenten durch bewusste Sinneswahrnehmung Genuss ziehen zu können, positive Empfindungen zu spüren, Freude zu erleben.
Sehen, Hören, Schmecken, Riechen, Tasten, Bewegungen, Hautempfindungen können große Befriedigung, Lust und Glücksgefühle auslösen. Schon als

ICH
KÖ

kleines Kind kann man das lernen und damit eine unglaubliche Fähigkeit für das ganze Leben gewinnen: sich selbst mit eigenen einfachen Möglichkeiten in gute Stimmung zu bringen.

Warum es wichtig ist, diese Kompetenzen bei Kindern zu fördern

Die Fähigkeit zur Wahrnehmung mit den „fünf Sinnen" bedingt entscheidend die Intelligenzentwicklung, Kreativität, Sensibilität und natürlich die Kommunikationsfähigkeit eines Menschen. *„Denken, das aus den Sinnesorganen kommt, ist die Grundlage allen Denkens und Lernens."* (Prof. Gisela Schmeer, 21)
Sinnlichkeit und genießen Können sind daher mit die wichtigsten Voraussetzungen, um Intelligenz und lustvolles Interesse an der Welt zu entwickeln. Genussfähigkeit kann innere Ausgeglichenheit und Frustrationstoleranz entstehen lassen. Die ist zum Beispiel wichtig, um in der Pubertät einem massiven Drogenkonsum zu widerstehen.
Die Fähigkeit der sinnlichen Wahrnehmung ist die Grundkompetenz für alles: Man „kostet das Leben", man kann jemanden „nicht riechen", man muss etwas „ausbaden", man fühlt sich „an der Nase herumgeführt" oder „aufs Glatteis gelockt." Man „verbrennt sich den Mund" und hört die „Nachtigall trapsen". Man „riecht Lunte", man schmeckt den „Geschmack der Freiheit". Es „klingen einem die Ohren", oder jemand „fühlt einem auf den Zahn". Man „sieht etwas ein" und „schreibt es sich hinter die Ohren". Die Sinne leiten alle Erfahrungen.
Durch Genussfähigkeit lassen sich viele Probleme meistern. Man kann sich ablenken, entspannen, immer wieder selbst zu einem Wohlgefühl verhelfen. Die Wellness-Bewegung der letzten Jahre greift diese Fähigkeit auf. Sinnliche Vergnügen sollen Stress ausgleichen, die Arbeitskraft stabilisieren, Höchstleistungen generieren, ein neues Körper- und Gesundheitsbewusstsein entstehen lassen. Die bewusste Beschäftigung mit den Sinnen führt auch Erwachsene zum eigentlichen inneren Kern ihrer Persönlichkeit zurück.
Sinneserfahrungen merkt man sich im Gegensatz zu theoretischem Wissen sein ganzes Leben. Wissen Sie zum Beispiel noch, wann und mit welchem Ziel die Schlacht am Teutoburger Wald stattfand? Könnten Sie noch die fünf großen Seen Kanadas aufzählen? Wenn Sie nicht einmal darin gebadet, geplanscht, getaucht haben, die goldenen Sonnenuntergänge darauf beobachtet haben,

werden Sie wahrscheinlich nicht mehr wissen, was der Erdkundelehrer Ihnen damals erzählt hat.

Aber sicher wissen Sie noch, wie Schnee schmeckt, wie es Weihnachten aussah und roch, wie das Glöckchen geklungen hat, das einen ins strahlende Weihnachtszimmer eintreten ließ. Sie erinnern sich, wie es im Klassenzimmer gerochen hat – eine leicht strenge Mischung aus Bohnerwachs, Kreide und Kinderschweiß. Sie können es förmlich noch spüren, wie sich Magnesium auf der Hand anfühlt, bevor man im Turnunterricht ans Reck musste, und wie unangenehm manchmal die Kreide auf der Tafel quietschte. Sie spüren praktisch noch, wie Sie sich unendlich geborgen und sicher fühlten an Papas oder Onkels großer, warmer, trockener Hand, als Sie zum Beispiel beim Martinszug nachts durch den gruseligen, dunklen Park zurückgehen mussten. Wenn Sie auf dem Land groß geworden sind, erinnern Sie sich vielleicht an den Geruch von Pferden, Katzen, Hühnern, an den Duft und den Geschmack von Kartoffelfeuer-Kartoffeln, die man schwarz verkohlt, nur mit Salz, voller Lust und viel zu heiß, auf einen Stock gespießt, gegessen hat. Sie erinnern sich, welche herrliche, wirklich behagliche Wonne der Geruch in Mamas Bett hervorgerufen hat, wenn man nachts schlecht geträumt hatte und zu ihr kriechen durfte.

Sinnliche Erinnerungen sind ein unauslöschlicher Schatz fürs Leben. Und: Genussfähige Menschen sind heiter, ausgeglichen, ruhen in sich. *„Wer nicht genießen kann, wird ungenießbar."* (Redensart) Aus allen diesen Gründen ist es wichtig, Sinnlichkeit und Genussfähigkeit von Anfang an bei Ihrem Kind zu fördern.

Wie Sie Sinnlichkeit und Genussfähigkeit in der Familie fördern können

Kinder sind zunächst **von Natur aus sinnlich**. Das erkennt man, wenn man beobachtet, mit welchem Genuss sie in der Baby- und Kleinkindphase an allem saugen, nuckeln, schmatzen, lecken. Wie sie alles befühlen, ertasten, streicheln, reiben. Wie sie genussvoll die Nudeln durch die Hand ziehen, das Blumenkohlröschen in der kleinen speckigen Hand zerquetschen und gespannt zuschauen, wie der weiße Brei rechts und links heraus quillt. Sie malen Bäche und Wege durch den Kartoffelbrei, die mit Ketchup oder Sauce zu Flüssen aufgefüllt werden. Spargelspitzen werden schmatzend ausgelutscht, der Löffel klatschend in den Spinat geklopft, woraufhin alles in einem Meter Umkreis, was nicht sicher abgedeckt ist, von einem grünen Regen bedeckt ist – herrlich! Konzentriert wird beobachtet, wie der Matchbox-Laster durch den Griesbreiklecks fahren kann und die Reifen den Brei glitschig auf die Seite drücken.

Bereits viele Kleinkinder lauschen beglückt leiser, harmonischer Musik, hören voll Spannung auf das Klopfen von Regentropfen, lauschen fasziniert in große Muscheln, um das Meeresrauschen zu hören, und nichts ist schöner, als selbst Lärm zu machen. Kinder hören anders. Der Hörkanal dominiert bei vielen Kindern. Sie lieben es, mit den für uns ungewöhnlichsten Dingen Geräusche zu produzieren. Sie klappern und scheppern, klirren, klopfen, rieseln, knistern, knallen, hämmern, dröhnen, klatschen, rumsen, brummen – es ist wundervoll! Ihr Gehör nimmt neugieriger und lernbereiter auf als das von Erwachsenen – und sie haben nicht unsere schlechten Nerven.

Lange und ausgiebig lieben es Kleinkinder, am Waschbecken zu stehen und mit den Händen Seifenschaum zu produzieren. Sie reiben, schmieren, glitschen, streichen, ziehen Bahnen mit den Fingern, wischen, salben, cremen, spülen, spritzen.

Fast alles, was kleine Kinder tun, hat sinnlichen, genießerischen Charakter und ist auch aktives Gehirntraining.

- **Lassen Sie Ihr Kind genießen**
  Lassen Sie so viel wie Ihnen persönlich möglich ist, zu. Fördern Sie das, was Ihr Kind gerade genussvoll entdeckt und ausprobiert. Lassen Sie es matschen und planschen, schmieren und manschen, saugen und lutschen, lauschen, kuscheln und fühlen, wo immer es voll sinnlicher Neugier etwas erlernen will.

- **Loben Sie Ihr Kind für sinnliche Beschäftigungen**
  Loben Sie es auch für die Konzentration, die es dabei an den Tag legt. Machen Sie mit, lachen Sie mit ihm darüber. Genießen Sie mit ihm, Sinnenfreude macht glücklich.

- **Seien Sie ein sinnliches Vorbild**
  Viel zu häufig verdrängen wir Erwachsenen die Möglichkeiten, uns zum Beispiel durch „Gaumenkitzel", „Augenweiden" und „Ohren-Schmaus" Lust und kleine Vergnügen im Alltagstrott zu verschaffen. Sie können Ihrem Kind praktisch vorleben, dass es Mittel gibt, die helfen, mit Ärger und Alltagsstress

zurechtzukommen: Eine heiße duftende Badewanne, eine Massage, ein gemütliches Abendessen mit Kerzenlicht, eine Entspannungs-CD, eine halbe Stunde Klavierspielen, ein Waldspaziergang etc. Zeigen Sie, dass es etwas anderes als Bier und Zigaretten gibt, um zur inneren Ruhe zu finden.

- **Benutzen Sie selbstbewusst sinnliche Worte**
  Auch über Begrifflichkeiten entsteht ein „sinnliches Bewusstsein". Allgemeine Ausdrücke, die Sinnlichkeit beschreiben, sind z.B.: fühlen, einfühlen, spüren, ahnen, empfinden, zumute sein etc. und spezielle od. auch sehr lautmalerische Begriffe: planschen, platschen, matschen, schlittern, schnuppern schlecken, lutschen, knuddeln, liebkosen, nuckeln etc.

- **Suchen Sie sich gemeinsam mit Ihrem Kind sinnliche Beschäftigungen**
  - Animieren Sie es, mit Sand, Matsch, Finger- und Körperfarben auf großem Papier zu malen, zu streichen und zu schmieren.
  - Lassen Sie es genussvoll Teig kneten (Plätzchen-, Kuchen- oder auch Salzteig).
  - Fordern Sie es auf, bewusst an den verschiedenen Blumen im Garten oder auf dem Markt zu riechen.
  - Kleine Parfümproben kann man sammeln und vergleichen: Welcher Duft passt zu wem und für welche Gelegenheit?
  - An Speisen und Getränken, Säften, Wein können Sie gemeinsam riechen, bevor sie genossen werden.
  - Mit verbundenen Augen kann Ihr Kind versuchen, Gewürze zu erraten.
  - Pflegen Sie die Tradition von „Lieblingsessen". Wer in der Familie hat welches Lieblingsessen? Mit was kann man ihn verwöhnen?
  - Lassen Sie Ihr Kind immer mal wieder auch ausgefallene und luxuriösere Lebensmittel versuchen: Austern, Meeresfrüchte, Lachs, Trüffel, exotische Früchte, Gänseleberpastete etc. – natürlich als etwas Besonderes gekennzeichnet. Machen Sie Ihre Kinder zu Feinschmeckern! Wer immer nur Nudeln und Pommes isst, dessen Geschmacksnerven verkümmern.
  - Auch Süßigkeiten und Eis können Sie nicht ganz vorenthalten. Lassen Sie Ihr Kind den süßen Geschmack bewusst und voll Wonne wahrnehmen – und natürlich in Maßen genießen.
  - „Zelebrieren" Sie ein herrliches gemeinsames Öl- oder Schaumbad, mit leiser Musik und Kerzen, die das Badezimmerlicht ersetzen.

- Lassen Sie Ihr Kind mit verbundenen Augen verschiedene Düfte schnuppern und Geschmacksrichtungen testen, zum Beispiel Zitrone, Apfel, Johannisbeere, Traube, Banane. Danach kann es ordnen, welches am sauersten schmeckt usw.
- Lassen Sie es mit verbundenen Augen Geräusche erraten: mit einem Schlüssel klappern, Wasser in eine Kanne gießen, Finger schnalzen, Münzen schütteln usw.
- Lehren Sie es Farben und Farbabstufungen. Was ist alles rot? Was sind verwandte Farben von Rot? (Rosa, Lila, Orange, Auberginefarben etc.)
- *„Ich sehe was, was du nicht siehst. Es hat die Farbe Gelb."* Ein Lieblingsspiel über Jahre.
- Machen Sie Ihr Kind aufmerksam auf die Farben des Herbstlaubes, auch die Blütenfülle im Frühling. Zeigen Sie ihm die verschiedenen Farben des Meeres, das glitzert wie tausend Diamanten und Sterne, wenn das Sonnenlicht schräg darauf fällt. Machen Sie es auf weitere, faszinierende Spiegelungen im Wasser aufmerksam.
- Sie können mit ihm Feuerwerke bewundern und nachts im Süden, im noch warmen Sand, auf dem Rücken liegend, Sternschnuppen am dunklen Nachthimmel suchen.
- Zeigen Sie ihm Kaleidoskope und bunte Bilder (Expressionisten und im Vergleich dazu die Impressionisten), gehen Sie in Musicals und Konzerte und Theater. Auch Museen oder Kunstausstellungen faszinieren schon Kindergartenkinder.
- Auch Balancieren gehört zu den Sinneswahrnehmungen (Gleichgewichtssinn). Welches Kind liebt es nicht, im Wald auf gefällten Baumstämmen zu balancieren? Wenn es Zirkus spielen will, kann es auf einem am Boden liegenden Seil oder auf dem Weg zum Kindergarten auf dem Bordstein balancieren.
- Auch Schaukeln und Kettenkarussell bieten wichtige Sinneserlebnisse.
- Besuchen Sie mit Ihren Kindern Orte und Situationen, die ihre Sinne besonders anregen: zum Beispiel einen Obst-, Gemüse- und Kräutermarkt, einen Rummel oder ein Volksfest, den Christkindlmarkt, eine Sommerwiese, einen Wald, einen katholischen/evangelischen/etc. Gottesdienst an hohen Feiertagen oder andere Festivitäten. Was sehen, hören, riechen Sie dabei? Tauschen Sie die Wahrnehmungen aus.

– Ein paar bekannte Spiele, die sinnliche Wahrnehmungen fördern: Topfschlagen, Hänschen, piep einmal, Blinde Kuh, Stille Post
- **Pflegen Sie Ihre Esskultur**
Sowohl durch schön gedeckte und dekorierte Tische als auch durch die Schönheit der servierten Speisen. Das Auge isst mit, das gilt besonders auch für Kinder.
- **Nehmen Sie Schmerzen ernst**
Auch Schmerzen sind Sinneserfahrungen. Am besten sprechen Sie mit Ihrem Kind darüber beziehungsweise hören zu, streicheln und trösten es, lassen es darüber klagen und weinen, lassen sich den Schmerz beschreiben: Es hämmert oder pocht, es sticht, juckt oder zieht, es krampft oder bohrt, summt oder quetscht. Kinder haben bei Schmerzen die unterschiedlichsten Wahrnehmungen. Vielleicht redet der Papa beruhigend und ablenkend mit dem „stechend schmerzenden Bäuchlein", oder massiert den pochenden Knöchel.
- **Lassen Sie Ihrem Kind seine Farben**
Fast alle Kinder ab dem Vorschulalter haben „Lieblingsfarben". Lassen Sie Ihre Tochter oder Ihren Sohn die Farbigkeit des Zimmers und der Kleidung selbst auswählen – auch wenn alles in Rosa oder Gelb nicht unbedingt Ihrer Ästhetik entspricht. Farbvorlieben bestehen meist nur phasenweise.
- **Setzen Sie Ihr Kind ruhig den Naturerscheinungen aus**
Lassen Sie es im Regen herumtoben, barfuß in Pfützen patschen, über eine regennasse Wiese laufen, bei Schneegestöber draußen herumtollen, im etwas gruseligen Abendnebel sicher an Papas Hand wandern, sich in den Wind stellen, bis er einen fast umweht, im Herbstlaub toben, die heiße Sonne – natürlich gut eingecremt – auf der Haut spüren. Und nicht zu vergessen: Das Spannendste sind natürlich Nachtwanderungen mit Taschenlampen oder gar Fackeln.
- **Bieten Sie Ihrem Kind „Zeug zum Spielen"**
Eltern, denen die Sinneserfahrungen ihrer Kinder wichtig sind, kaufen auch nicht ausschließlich perfektes, fertiges Spielzeug, sondern fördern, dass die Kleinen sich wirklich auch mit sinnlichem „Zeug zum Spielen" beschäftigen. Solche Materialien sind zum Beispiel: Sand, Wasser, Matsch, Schnee, Kastanien, Tannenzapfen, Moos, Heu, runde Steine, Muscheln etc. Oder auch Knete, Teig, Watte, Wolle, Tücher, Federn, Holz, Ytong usw.

- **Lassen Sie Ihr Kind die Schönheit der Welt entdecken**
  Schärfen Sie sich und Ihrem Kind den **Blick für „kleine Wunder"**. Zum Beispiel, wie sich die Sahne in langsamen ästhetischen Schlieren im Kaffee verteilt, das spiegelnde, 1000-fach schimmernde Kristallglas in der schrägen Sonne, einen badenden Spatz, ein zwitscherndes Rotkehlchen, eine riesige neue Blüte am Hibiskus auf dem Balkon, das Seewasser in der Abendsonne, das wie eine goldene Straße glitzert, ein winziges Nest von Marienkäfereiern unter einem Blatt, ein kleine zarte weiß-gelb-blaue Vogelfeder auf dem Weg oder auch die grell funkelnden Neonleuchtreklamen in der nächtlichen Großstadt. Machen Sie mit Ihrer Familie ein Spiel: Jeder sucht jeden Tag „ein kleines Wunder". Am Abend erzählt man sich gegenseitig von seinem Wunder. Ein Sprichwort sagt: *„Suche jeden Tag ein kleines Wunder, und dein Leben wird wundervoll!"*

Unterstützen Sie Ihre Kinder bewusst bei dem, was sie von selbst tun. Regen Sie sie an, nicht nur mit den Augen und dem Gehirn zu lernen, sondern sich die Welt voller sinnlicher Neugier auch mit Ohr, Nase, Hand und vor allem mit dem Herzen zu erobern.

Zum Weiterlesen:
Löscher: **„Vom Sinn der Sinne"**, Don Bosco • Schmeer: **„Das sinnliche Kind"**, Klett-Cotta • Seitz: **„Mit offenen Augen durch die Welt"**, Kösel

Für Kinder:
Bezdek: **„Kinder in ihrem Element"**, Don Bosco • Bläsius: **„Mandalas mit allen Sinnen"**, Kösel • Binder/Blazejofsky: **„Fühl mal, was du siehst. Das Mitmachbuch der Sinne"**, Sauerländer

Sinnliche Erlebnis-Möglichkeiten statt Sinnestaumel

Wenn man seinen Kindern eine glanzlose, sinnesarme Kindheit bietet, entsteht die Frage: Ist dieses Kinder-Leben bloß ärmer oder auch gefährdeter? Unzählige Jugendliche suchen heute den Drogenrausch. Ein Drogenrausch ist ein extrem sinnliches Erlebnis, an dem alle Sinne teilhaben. Drogen zu konsumieren bedeutet also unter anderem, unbewusst, einen diesbezüglichen Mangel ausgleichen zu wollen.

Eines Tages, vor allem in der Altersphase der Pubertät, in der sich die Persönlichkeit völlig umstrukturiert, steigt in unseren mit Lernstoff überfütterten Jugendlichen eine unbestimmte Ahnung auf, dass es in ihrem Leben (in der Kindheit) mal einen Glanz und eine Farbigkeit, eine Wärme und Freude gegeben haben müsste. Begünstigt durch die Labilität, die sexuellen Phantasien, die Verführbarkeit während dieser Phase, gehen diese Jugendlichen oft im wiederholten Drogenrausch auf die Suche nach dem Glück und dem verlorenen Sinnesparadies. Da begegnen ihnen Feuerwerke und Regenbögen, die goldenen Kometen und blauen Grotten, die silbernen Brüste und die Muttermilchgerüche von einst. Sie tauchen in die Farbkleckse, das goldene Meerwasser, und die Weichheit von Tierfellen. Aber sie treffen bald auch auf brutale Fratzen, Horror-Szenarien, Strudel, offene Körper und Gehirne, explodierende Leiber. Sie, die nur den alles vergessen machenden Sinnestaumel suchten, begegnen dem Abgrund, erwachen in der psychiatrischen Klinik wieder. Es gibt Mittel, diesen zerstörerischen, tragischen Reaktionen auf unsere viele Frustrationen bergende, sinnesfeindliche, wissenschaftshörige Gesellschaft, vorzubeugen. Eines davon heißt: Sagen Sie ja, und unterstützen Sie, wo immer es für Sie geht, die sinnlichen Erlebnismöglichkeiten Ihrer Kinder. Von Anfang an.

(Nach G. Schmeer, 21)

Spielfähigkeit

Was bedeutet Spielfähigkeit?

Sie ist die Voraussetzung dafür, dass ein Kind in der Lage ist, sich altersentsprechend lange, allein oder mit anderen, auf einen Spielprozess einzulassen. Das Spiel ist die elementare eigenaktive Ausdrucksform des Kindes, über die sich Lebensbewältigung und Selbstbildung vollzieht (Vollmer, 5). Durch das Spiel geschieht das Bewusstwerden der eigenen Existenz. Es ist definiert als eine relativ freiwillige und zweckfreie, körperliche und/oder geistige Tätigkeit, die als lustvoll erlebt wird. Spielen bietet die Möglichkeit zur Beschäftigung, zum ganzheitlichen Lernen, zum Ausdruck, zur Verarbeitung von Konflikten, Problemen und Emotionen. Und es stellt die eigentliche, kindliche Form der Weltaneignung dar. Maria Montessori sagt, das Kind „arbeitet" im Spiel.
Merkmale des Spiels sind: Selbstzweck, intensive Gefühle dabei, Freiwilligkeit, Aktivität, Spontaneität, Wiederholungen und Wechsel der Realität.

Warum es wichtig ist, diese Kompetenz bei Kindern zu fördern

Es ist heute häufig zu beobachten, dass Kinder nicht mehr intensiv spielen können. Sie rennen herum, beginnen nervös mit irgendetwas, lassen es stehen, laufen woanders hin, beginnen etwas Zweites, brechen wieder ab, stören andere spielende Kinder, machen schnell im Vorbeilaufen die gestern gebastelten Kastanien-Männchen kaputt, rollen in einer Ecke herum, starren 2-3 Minuten lang in die Luft, um dann wieder eine unmotivierte Runde durch die Räume zu laufen. *„Mamaaaa, mir is sooo langweilig...!"* Da Spielfähigkeit eine große Bedeutung für die geistige und seelische Entwicklung hat (siehe die obige Definition), ist es wichtig für Eltern, darauf zu achten, dass ihr Kind in ein ruhiges (oder auch wildes), jedoch intensives Spiel findet.

Wie Sie Spielfähigkeit in der Familie fördern können

Um lustvoll und konzentriert, entspannt, freudig und phantasievoll spielen zu können, bedarf es **einiger Voraussetzungen:**
- Ruhe und Zeit (freie Zeit)
- Kreativität und Phantasie
- Konzentrationsfähigkeit
- Kooperationsfähigkeit
- Kommunikationsfähigkeit

Diese an anderer Stelle beschriebenen Kompetenzen sind Voraussetzung, um allein oder mit Freund(en) ein lustvoll angeregtes Spiel zu entwickeln.

Bevor ein Kind eigeninitiativ spielt, ahmt es nach. Es imitiert die Bewegungen, Handlungen und Laute der Bezugspersonen. Nachahmung ist somit ein wichtiger Kommunikationsbaustein. Die dadurch entstehenden Erfahrungsmuster setzt jedes Kind individuell im Gehirn neu zusammen. Neue Nervenverbindungen entstehen (nach M. Spitzer, 4).

Daher ist es wichtig zu wissen, dass **jede Tätigkeit des Kleinkindes für es selbst Spiel bedeutet**: ob es isst oder Zähne putzt, die Legos aufräumt oder versucht seine Turnschuhe anzuziehen. Ob es den Gurt im Autositz festzuschnallen versucht oder es seinen Bauch wäscht, ob es Blumen gießt oder beim Händewaschen mit Seife schmiert – alles ist lustvolles Spiel.

- Es ist empfehlenswert für Eltern, **dabei nicht ständig zu belehren,** zu kritisieren, gute Ratschläge zu geben oder gar zu versuchen, Zwang auszuüben. Das Kleinkind lernt alles selbst – und zwar spielend.
- Die Erwachsenen sollten **Ihr Kind loben, anerkennen**, ihm aufmunternd zunicken, wann immer es sich konzentriert mit etwas beschäftigt. Es muss nicht unbedingt eine Beschäftigung sein, die wir eindeutig „spielen" nennen würden. Vielleicht ordnet Ihr Kind konzentriert die Plastikdeckel der Lebensmitteldosen in einer Reihe, klopft damit am Tischbein, befingert aufmerksam die Hydrokultur-Kügelchen, verreibt scheinbar gedankenverloren Zahnpasta auf seinem Unterarm.
- Man muss Kinder **nicht immerzu „bespielen".** Auch gelegentliche „Langeweile" ist eine wichtige Phase der Regeneration, um wieder zu neuer Kreativität zu kommen. Ein Kind liebt es, sich seine Aktionen selbst zu suchen,

eigene Ideen zu entwickeln, sein eigenes Material zu wählen. Sie können **aufgreifen, was Ihr Kind** als Beschäftigungswunsch **anbietet**.
- Hilfreich zur Förderung von Spielfähigkeit ist es, wenn es **in der Wohnung Spielanregungen gibt** – die Räume nicht zu „edel und steril" sind. Keine Sorge, dass das Kind nichts Interessantes finden könnte, mit dem es sich selbst anregen und „bilden" möchte. Lassen Sie es – wenn irgend möglich – zu. „Irgend möglich" bedeutet, dass es sich nicht verletzen und den Gegenstand nicht beschädigen kann. Lassen Sie Ihr Kind die Schubladen auf- und zumachen, den Schlüssel ins Schlüsselloch stecken und wieder herausnehmen, Kataloge und Zeitschriften durchblättern und an einzelnen Seiten reißen, die Kochtöpfe umsortieren, mit den Kaffeelöffeln einen Schlange durchs Wohnzimmer legen, mit Decken und Tüchern Höhlen bauen, Stühle in Tunnels verwandeln ...
- **Räumen Sie Gegenstände**, von denen sie nicht möchten, dass sie von Ihrem wissbegierigen, cleveren Kleinkind untersucht werden, **einfach weg.** Dann müssen Sie Ihr Kind nicht ständig einschränken, zurückholen, es im Spiel stören.
- **Zeug zum Spielen – statt Spielzeug** – fördert Intelligenz und Kreativität. Selbst ausgedachte Spiele sind die schönsten. Natürlich können Eltern auch „fertige, gekaufte" Spiele anbieten: Memory, Lotto, Parkgarage, Zoo, usw. (auch davon könnte man allerdings einiges selbst basteln oder bauen). Wichtig ist eben, nicht ausschließlich und zu viele perfekte Ritterburgen, Puppenstuben, Barbie-Wohnmobile etc. anzubieten
- Sinnvoll ist es auch, **nicht zu viel Spielzeug** im Kinderzimmer anzuhäufen, sondern mit seinen Kindern gemeinsam zu entscheiden, was ausgesondert werden kann.
- **Aber anregendes Material** verhilft auch zu kreativen Spiel- oder Werkprozessen. Duftende Knete, schöne Farben und Papiere, ausreichend viele Bausteine, interessante Spielfiguren und Ähnliches.
- Eine Grundregel – und sicherlich auch die größte Schwierigkeit – beim Fördern von Spielfähigkeit ist, **das Kind anzuregen, ohne es zu „überfahren".**

Ungünstig sind: zu viele Vorschläge, zu viele Tipps, zu häufiges Eingreifen, zu viel selbst für das Kind machen, zu großer Perfektionismus, zu viel seine Hand führen, zu viele Dinge vorgeben u. Ä. **Besser ist es, sich sehr zu-**

rückzuhalten, immer zu warten, ob es selbst weiter macht, was es selbst aufgreift (auch wenn das Spiel in eine andere Richtung läuft, als die Mama sich das vorgestellt hat). Versuchen Sie, langsam eine eigene Sensibilität dafür zu entwickeln. Lernen Sie „passiv aktiv" zu sein.

Passive Aktivität

Ilona (4 Jahre alt) ist mit ihrer Mama bei Bekannten auf einem Bauernhof gewesen. Am nächsten Tag beim Frühstück:

Ilona: „Mama, fressen die Kühe nur? Oder spielen die Kühe auch?"
Mama: „Vielleicht spielen sie ja, wir haben das bloß nicht gesehen."
Ilona: „Mama, baust du mit mir einen Bauernhof auf?"
Mama: „Ich helfe dir dabei. Hol schon mal die Spielfiguren und den Baukasten".
Das bedeutet: Das Kind selbst alles herrichten lassen. Eventuell den ersten und zweiten Stein für das Bauernhaus hinlegen. Den 3. Bauklotz dem Kind hinhalten
Ilona: „Bau du weiter..."
Mama: „Nein du".
Ilona legt den Bauklotz hin. Mama hält den nächsten hin. Ilona nimmt auch den und legt ihn auf die „Baustelle".
Die Mama nickt ihr zu: „Super!" *Ilona legt einen nach dem anderen Stein auf- und nebeneinander, bis ein Blockbau entstanden ist.*
Ilona: „Baust du jetzt das Dach?"
Mama: „Was meinst du denn, wie wir das bauen könnten?"
Ilona: „..Hm ... ich weiß schon: Wir stellen das kleine Bilderbuch wie ein Dach drauf." (macht es)
Mama: „Eine klasse Idee! Was du alles kannst. Jetzt könnte man die Tiere aufstellen".
Ilona: „Nein, zuerst den Zaun. Die laufen doch sonst sofort alle weg." *Sie legt mit den Holzbausteinen einen Zaun.*
Mama: „Welche Tiere sollen drin sein?"
Ilona: „Die Giraffe, das Schweinchen und natürlich die Kuh. Ich glaube, dass sie nicht spielen will."
Mama: „Die Giraffe auf dem Bauernhof?" *(Die Bemerkung kann man sich als Erwachsender wahrscheinlich nicht verkneifen!)*
Ilona: „Natürlich. Es ist eine Bauernhofgiraffe."

Entwicklung der Spielformen

- **Funktionsspiel**, sensomotorisches Spiel (½ Jahr bis 2½. Lebensjahr). Es bezieht sich zunächst auf eigene Körperteile, dann auf Objekte, Gegenstände: an-aus, auf-zu, hin-her etc.
- **Informationsspiel:** Explorationsverhalten. Erkundungsfunktion von Gegenständen:
  - betasten
  - daran riechen
  - daran lecken
  - Zerlegen von Spielzeug

  (2.-3. Lebensjahr)
- **Konstruktionsspiel:** Gegenstände werden benutzt, um mit ihnen einen anderen Gegenstand herzustellen. Zum Beispiel Bausteine, um eine Straße zu bauen.
- **„Als-ob-Spiel":** Symbolspiel, Fiktionsspiel. Das ist die eigentlich kindliche Spielform. Das Kind deutet den Spielgegenstand und das auf ihn bezogene Handeln nach der eigenen Phantasie um – zum Beispiel in Puppenspiele. Höhepunkt in der Vorschulzeit, nimmt später wieder ab. Zum Beispiel: *„Der Stift soll ein Fieberthermometer sein, und du sollst die Krankenschwester sein ..."*
- **Rollenspiel** mit mehreren Personen, ab 4 Jahre aufwärts.
- **Regelspiel:** Hier muss nach festgelegten Regeln gehandelt werden. Die Unabdingbarkeit ist der Reiz des Spiels. Fast immer Wettkampfspiele, Sportspiele und Gesellschaftsspiele. Ab dem Vorschulalter. Vorsicht vor Überforderung mit zu früher Erwartung an Regeleinhaltung und die Frustrationstoleranz bezüglich der emotionalen Spannung (Gewinnen – Verlieren). „Mensch ärgere Dich nicht" und „Schwarzer Peter" sind für ein Kind nicht nur lustig.

(nach Oerter/Montada, 26)

ELTERNAUFGABE

Reflektieren und meditieren Sie ein wenig über eigene Spiele früher:

An welche Spiele aus Ihrer Kindheit erinnern Sie sich?
___

Was spielten sie gern in welchem Alter?
___

Was spielten Sie gern allein?
___

Was spielten Sie mit Freunden?
___

Welche Erinnerungen haben Sie an diese Spiele?
___

Was war angenehm? Welche Gefühle hatten Sie dabei?
___

Was war unangenehm? Was waren unangenehme Gefühle und Erfahrungen dabei?
___

Mit welchen und wie vielen Kindern spielten Sie am liebsten?
___

Womit spielten Sie am liebsten?
___

(Mit) Was spielen Sie heute gern?
___

KO **SPRACHLICHE KOMPETENZ**

WAS IST SPRACHLICHE KOMPETENZ?

Sprache strukturiert und erfasst die Welt. Sie ist durch ihre abstrakten Begriffe die Voraussetzung für alle Denkprozesse. Es gibt bis heute die Auffassung, dass Sprache das ist, was uns vom Tier unterscheidet. Sie erfüllt in Kombination von Sprechen, Körper- und Bildsprache das Bedürfnis nach differenzierter Kommunikationsmöglichkeit.

Verbale Sprache ist im Allgemeinverständnis ein Repertoire von Wörtern, Begriffen und Ausdrücken, mit denen Gegenstände, Abstrakta, Tätigkeiten, Gefühle, Sachverhalte und Vorgänge, Eigenschaften und alle Verbindungen dazwischen durch „artikulierte Symbole" gekennzeichnet werden. Sprachliche Kompetenz beschreibt dabei, im Gegensatz zu kommunikativer Kompetenz zum Beispiel:

- den Grad der Differenziertheit, mit der gesprochen wird
- die Anzahl der verwendeten Wörter und Begriffe
- die Richtigkeit der grammatikalischen Regeln
- die Flüssigkeit des Ausdrucks
- korrekte Kenntnis und passendes Empfinden der Wortbedeutungen

WARUM ES WICHTIG IST, DIESE KOMPETENZ BEI KINDERN ZU FÖRDERN

Sprache ist eine menschliche Grundkompetenz und Voraussetzung für jeden abstrakten Gedanken, für die gesamte Intelligenzentwicklung. Über Sprache wird der Mensch zum Menschen. Er äußert sich und stellt sich dar. *„Kann denn die Kinder keiner lehren, wie man spricht? Die Sprache macht den Menschen – seine Herkunft nicht"*, belehrt uns im Musical *„My Fair Lady"* bereits Professor Higgins und formuliert damit die immense Bedeutung, die die menschliche Sprache hat. Nach der Art, wie sich jemand ausdrückt, wird er beurteilt, sein sozialer Status eingeschätzt, mehr als durch Äußerlichkeiten. *„Jeder Ausdruck hinterlässt einen Eindruck."* Ohne Sprachfähigkeit isolieren sich Kinder, haben keine Chance, sinnvoll Kontakt aufzunehmen. Sie haben gerade für negative Emotionen wie Aggressionen oder Ängste dann nur körpersprachliche Ausdrucksmöglichkeiten (Weinen, Schlagen, Beißen). Die Sprache beeinflusst auch das Gedächtnis. Insgesamt ist die Sprache unser elementarstes Entwicklungsinstrument für alle Bereiche.

Wie Sie Sprache in der Familie fördern können

Die Fähigkeit zum differenzierten Sprachgebrauch wird bereits im Säuglingsalter im Gehirn angelegt. Voraussetzungen dafür sind: erbliche Anlagen, Hörfähigkeit, Gedächtnis, funktionierende Sprechorgane, eine sprechende Umgebung und soziale Beziehungen.

Vor allem im Kindergartenalter sollten sprachliche Förderung und differenzierte Sprachentwicklung durch Eltern und Erzieherinnen absolute Priorität haben.

Die meisten Kinder sprechen, wenn man sie fördert und lässt, sehr gern. Im Durchschnitt lernt ein Kind zwischen 1 und 6 Jahren alle 90 Minuten ein Wort. Das ist viel. Es gibt eine Phase, da hat das Sprechen an sich schon einen Zweck: Das kompetente Kind plaudert und schwatzt den ganzen Tag vor sich hin und fördert damit selbst seine Gehirnentwicklung. Unterstützen Sie es dabei. Meist ist der passive Wortschatz noch größer als der aktiv benutzte. Erwachsene kennen das aus dem Bereich der Fremdwörter: Man versteht zwar das Wort, würde es aber selbst nicht aktiv benutzen.

Ein anderer wichtiger Aspekt ist, dass Kinder den Sinn von Präpositionen oft später begreifen als Hauptwörter.

Lisa

Die Mami stillt das Baby. Das 2½-Jährige kommt dazu und will etwas trinken. Die Mama sagt: „Geh ins Kinderzimmer. Da steht deine Flasche mit Tee auf dem Tisch". Es läuft hinüber und kommt zurück „Nein, Lisa Flasche nicht da, komm, Mama. Mama komm!" Lisa zerrt an ihrer Bluse. „Doch, Lisa, die Flasche steht auf dem Tisch." „Neeieien!" (Schreien, Weinen). Was ist los? Eine Interpretation ist Eifersucht: Lisa möchte Aufmerksamkeit, möchte auch trinken, wenn das Baby trinkt. Die andere Möglichkeit ist: Lisa kennt die Präposition „auf" noch nicht. Sie sieht selbst noch nicht über die Tischkante, kommt aber deswegen nicht auf die Idee, auf den Stuhl zu klettern und nachzuschauen.

Wörter, die räumliche Verhältnisse beschreiben (über, unter, neben, bei, auf etc.) und die Raum-Wahrnehmung überhaupt sind für Kleinkinder noch sehr schwierig.

Praktische Anregungen zur Förderung verbaler Sprache

Reden Sie mit Ihrem Kind, vom Baby-Alter an. Sprechen sie häufig, aber **nicht zu schnell** und gebrauchen Sie keine zu langatmigen Sätze. Manchmal kann man beobachten, dass das Kind im Redeschwall der Eltern keine Chance hat, eigene Formulierungen zu finden.

Die erste Stufe der Sprachentwicklung geschieht durch reines Nachahmen verschiedener Laute: *„Na na, bu bu, tölölölö, ma ma ma."* Und die Bestätigung kommt von den Eltern: *„Ja, sag noch mal Mamamama."* Man kann diese, im Deutschen vorkommenden **Laute dann immer wieder aufgreifen und bestätigen** und neue Lautkombinationen dazu anbieten.

Man weiß seit langem, dass **Sprache nur über menschliche Beziehungen erlernt werden kann.** Die praktische Annahme, dass ein Kind durch TV-Konsum Spracherweiterung erfährt, konnte wissenschaftlich nicht belegt werden. Im Gegenteil: Es entsteht strukturlose Verwirrung im Gehirn (nach Prof. M. Spitzer). Nach dem ersten Lebensjahr ist es sinnvoller, **keine Babysprache mehr** zu sprechen. So hilfreich und förderlich diese „Ammensprache" für den Säugling auch ist (*„Heia, Heia", „Ham, ham"* etc.), ab etwa 1 Jahr können Sie wirklich in **kindgerechten kurzen Sätzen** mit Ihrem Kleinen reden: *„Tobias und die Mami fahren mit dem Auto. Wir holen den Papa ab.", „Schau, da kommt ein großer Hund.", „Der Hund macht Wauwau", „Er bellt: Wau wau wau."*

Wenn das Kind dann nachformuliert und es nicht korrekt ist, nicht schimpfend korrigieren sondern **das Wort nochmal richtig vorsprechen.** *„Da Mire tatze", „Genau! Gut! Da sitzt eine Mieze-Katze."*

Sie können **alles kommentieren**, was Sie tun: *„Jetzt hole ich den Kai aus dem Bettchen, und dann gehen wir zum Wickeltisch und knuddeln und knuddeln, und dann ziehen wir die Schlafanzug-Hose aus."*

Achten Sie auch darauf, dass Sie **freundlich, langsam und immer mal wieder wiederholend** sprechen.

Sinnvoll ist es auch, darauf zu achten, **nicht vorschnell auf Gesten zu reagie-**

ren, wenn Ihr Kind etwas haben möchte.** Sie können es freundlich auffordern zu sprechen, wenn es noch einen Becher Saft möchte.
Schon mit Krabbelbabys kann man **kleine Reime, Gedichte und Lieder,** die lautmalend und lustig sind, vorsagen und singen.
Fingerspiele sind wichtig. Sie wirken wie kleine Sprachtrainer. Es macht nichts, wenn es immer dieselben sind. Lassen Sie sich eventuell von Krabbelgruppen-Leiterinnen oder den Erzieherinnen der Krippe einige Finger- und Bewegungsspiele zeigen, oder besorgen Sie sich Literatur dazu.
Wirklich wichtig ist die Kombination mit Bewegung. Das Gehirn nimmt die Worte bei gleichzeitiger Bewegung intensiver und leichter auf.
Im Alter von etwa 2 Jahren können Sie **beginnen, ganz kleine Episoden zu erzählen.** Eventuell mit **einer Handpuppe,** die das Kind auf dem Schoß oder nah vor sich sitzend, hat.

- **Beispiel:**
  „Der Kasperl hat eine Brezel. Da kommt der Seppel und möchte sie ihm wegschnappen. Kasperl ruft: ‚Nein, nein, das ist meine.' und hält sie ganz fest. Da ist der Seppel traurig. Er bittet: ‚Gib mir doch ein Stückchen, ich esse soooo gerne Brezel.' Da gibt ihm der Kasperl die halbe Brezel, und sie essen sie gemütlich zusammen und hopsen dann im Kreis herum, im Kreis herum ..."

Ab etwa 3 Jahren heißt es: **Geschichten, Geschichten, Geschichten,** selbst erfundene, gemeinsam ausgedachte, abwechselnd erzählte usw. Vielleicht hat Ihr Kind auch Spaß daran **ein Geschichten-Buch anzulegen.**
Sie können Ihr Kind natürlich auch direkt **auffordern, mit Ihnen zu sprechen,** zu erzählen. Wenn Ihr Kind nicht gern erzählt, zum Beispiel aus dem Kindergarten, kann es sein, dass es einfach seinen eigenen Bereich haben will. Als zweite Möglichkeit sollten Sie sich überlegen, wie Sie selbst zuhören.
Sehr wichtig ist es auch, Ihrem Kind dabei **Zeit für Formulierungen zu lassen und es möglichst nicht zu unterbrechen.**
Bilderbücher sind natürlich ebenfalls unerlässlich für Sprachförderung.
Sie können selbst darauf achten, auch **ungewöhnlichere, ausgefallene Wörter** in Ihren Alltagssprachgebrauch einzubauen. Oft verwenden Erwachsene im Alltag nur ungefähr 500 Wörter.
Auch mit Märchen kann man ab etwa 3½ Jahren gut beginnen. **Kinder brauchen Märchen.** Sie haben eine wichtige Funktion in der Entwicklung. Sie machen keine Angst, sondern sie thematisieren bereits vorhandene, aktuelle Entwick-

lungsängste. So werden sie für Ihr Kind verarbeitbar. Auch den altmodischen Sprachduktus im Märchen brauchen Sie Ihrem Kind nicht vorzuenthalten.

Eltern können auch selbst **Sprachspiele** aller Art erfinden, mit Memory- oder Lottokarten, zum Beispiel. (Sortieren nach Oberbegriffen, ein Bild beschreiben und dann benennen lassen: *„Such mir mal das Tier mit vier dicken Beinen und einem Rüssel. Such mal alle Tiere mit zwei Beinen und einem Schnabel."*) Lassen Sie Ihr Kind Geschichten legen, den realen Gegenstand zum Bild in der Wohnung suchen etc. Seien Sie kreativ.

Mit Hand- oder Fingerpuppen können Sie **Zwiegespräche führen**. Oder Sie können am Kindertelefon sprechen üben.

Auf Autofahrten und Spaziergängen lassen sich Kinder auch sehr gut durch Sprachspiele unterhalten.

Neue, **unbekannte Wörter sollten Sie kindgerecht erklären** – mit einem Bild, einer kleinen Geschichte usw. Es hilft dem Kind auch oft, es den neuen Begriff wiederum am Abend dem Papa erklären zu lassen und das Wort in den nächsten Tagen öfter mal zu benutzen, wenn man dran denkt.

Fordern Sie zum Fragen auf: Tun Sie Fragen nicht ab, auch wenn sie oft im Moment lästig sind. Signalisieren Sie Ihrem Kind, dass es sehr gut ist, wenn es viel fragt.

Man weiß heute, dass es sehr sinnvoll ist, Kindern schon im Kleinkind- und Vorschulalter auch **fremdsprachige Lieder, Reime, Gedichte** beizubringen oder sie zumindest immer wieder anhören zu lassen. Auch afrikanische, chinesische, japanische Lieder kann man seine Kinder immer wieder anhören lassen. Kinder sollten auch schon zum Ende des 1. Lebensjahres mit anderen Sprachen oder der deutschen Sprache fremden Lauten in Kontakt kommen: Lieder, Gedichte, Reime, einzelne Wörter (*„Guten Tag, Danke, Bitte, Guten Appetit"*) in vielen Sprachen fördern das Sprachzentrum im Gehirn und die interkulturelle Kompetenz.

Wirklich unnötig ist es, noch vor dem Kindergarten, also im Vorschulalter zum Beispiel **einen Englischkursus** zu machen. Kinder dieses Alters sollen Deutsch lernen. Ihr Kind sollte jetzt ein grundlegendes Sprachgefühl entwickeln, mit dem differenziertere grammatikalische Regeln verinnerlicht und so viele Wörter und deren Bedeutung wie möglich erlernt werden. Dann wird Ihr Kind später auch spielend Fremdsprachen erlernen. Die Kursform ist wirklich noch nicht altersgemäß. Die wird es in der Schule neu lernen müssen. Einige

Gedichte, Lieder, Spiele in fremden Sprachen, bereichern natürlich auch schon in diesem Alter.

„Das Wort des Tages": Etwas, das vielen Kindern sehr viel Spaß macht, ist, ein **Wort-Buch**, einen Kalender, oder ein Poster anzulegen. Ihr Kind (z.B. ab 3½) kann dann selbst aus Zeitungen, Katalogen, Kalendern jeden Tag ein Bild, das ihm gefällt, ausschneiden und aufkleben. Sie erklären dazu noch ausführlich, was das ist, wozu es gebraucht wird, und geben sonstige vernetzte Hintergrund-Informationen. Auch den Inhalt eines solchen Buches beziehungsweise der Collagen etc. sollten Sie immer mal wieder wiederholen.

Zur **Frage des Dialektes:** Ein ausgeprägter Dialekt ist für Kinder wie eine Fremdsprache. Kinder, die mit Dialekt aufwachsen, erleben praktisch Zweisprachigkeit. Dialektpflege ist etwas durchaus Sinnvolles, weil sie die lebendige Sprache der Umgebung der Kinder ist, quasi die Muttersprache. Wichtig ist, dass Sie nicht ausschließlich im Dialekt sprechen, sondern darauf achten, dass Ihr Kind auch Hochdeutsch lernt. Durch Geschichten, Bücher, Kassetten zum Beispiel. Auch im Kindergarten wird darauf geachtet, denn sonst muss Ihr Kind in der Schule sehr viel neu lernen. Ein Schwabe erzählt: *„Ha, da han i grad g'wisst, wia a Mamutle ausschaut, dann hab i lerna misse, dass des Tia ‚Elefant' hoißt."*

LAUTE LERNEN

Alle Sprachen der Welt verfügen insgesamt über 70 verschiedene Laute. Das Neugeborene verfügt bis zum 8. Monat über die Fähigkeit, alle diese Lautkombinationen zu erlernen. Nach dem achten Monat hat es normalerweise nur die ca. 40 Laute der Muttersprache gespeichert. Es ist jetzt in der Lage, diese differenziert zu erlernen. Es gab einen Versuch, bei dem man Babys ab dem 8. bis 11. Monat Laute aus dem Chinesischen durch eine chinesische Lehrerin vermittelt hat. Der Versuch gelang. Jedoch nur über die Person, nicht über ein Bildschirm-Medium oder eine CD. Wenn so etwas gelingt, wird man auch später relativ leicht chinesisch lernen können.

Woran erkennt man gute Kinderbücher?

Über Geschmack lässt sich bekanntlich streiten. Oft lieben Kinder andere Bücher als Eltern. Das ist gut. Denn hier können Kinder sehr gut üben, die eigene Meinung zu vertreten. Sie lernen zu argumentieren.

Hier einige Auswahlkriterien:
- Die Bilder sollten klare Farben haben und möglichst nicht „kitschig" sein. Das Empfinden, was kitschig ist, ist natürlich für jeden Menschen unterschiedlich. Kinder sehen das oft ganz anders.
- Gut, wenn man auf den Bildern immer wieder Neues entdecken kann, sie sehr differenziert sind. (Vor allem bei sogenannten Kleinkind-Wimmelbüchern, die Benennungsfunktion haben.)
- Von Bildern, die „lieblos", oberflächlich wirken, sollte man absehen
- Je älter ein Kind ist, umso detaillierter dürfen die Bilder sein.
- Achten Sie auf die Textformulierungen: Lesen sie sich flüssig und entsprechen sie Ihrem Sprachstil?
- Welche Werte und Haltungen werden darin gezeigt? Stimmen sie mit denen unserer Familien überein (z.B. was die Frauenrolle betrifft)?
- Für kleine Kinder sind dialoglastige Texte noch ungeeignet. Es sei denn, die Eltern lesen mit sehr unterschiedlichen Stimmen vor. Sonst ist das vielleicht für 3-Jährige noch nicht verständlich.
- Man kann darauf achten, dass die Bilder möglichst parallel zum laufenden Text dargestellt sind. Kleinere Kinder können sonst der Geschichte schwer folgen, wenn sie etwas anderes sehen als hören. (Das Prinzip: Bild und Ton synchron)
- Alle Geschichten sollten einen guten Ausgang haben.
- Bieten Sie unterschiedlichste Arten von Bilderbüchern an. Schließlich ist das Bilderbuch wahrscheinlich eine der ersten Begegnungen Ihres Kindes mit Kunst. Daher ist auch die Qualität der Bilder wichtig.

Zum Thema Zweisprachigkeit: Es ist natürlich phantastisch, wenn ein Kind Gelegenheit hat, praktisch zwei Sprachen gleichzeitig zu erlernen. Es gibt aber sehr viele Kinder, die das grenzwertig überfordert. Das bedeutet meist entweder, dass alle anderen Lernbereiche zunächst etwas zurückbleiben oder die gesamte Sprachentwicklung sehr langsam geschieht. Das Kind braucht viel Ruhe, sonstige Regelmäßigkeit und ein ausgeglichenes, möglichst stressfreies Familienleben. Auch ist es günstig, wenn es in diesem Fall kein zu unruhiges, zappeliges Kind ist. Zwei Sprachen gleichzeitig könnten Nervosität intensivieren. Beim Vorgehen ist es entscheidend, auf eine für das Kind klar erkennbare Struktur zu achten: Man koppelt also entweder an Person (Papa - englisch, Mama - deutsch) oder an Situation: Zu Hause sprechen alle französisch, vor der Haustür alle deutsch. Von mehr als zwei Sprachen ist im Allgemeinen abzuraten.

Auch **erste Buchstaben können Sie schon 4- bis 6-Jährigen zeigen.** Das M von Mac Donalds oder das B bei BMW wird Ihr Kind bald wiedererkennen. Auch Akronyme wie DVD oder ADAC faszinieren durch ihre Einfachheit oft schon lange vor der Schule.

Zum Weiterlesen
Für Eltern:
Dümler/Jäcklein: „**Ich sag doch Lollmops**", Hilfen bei Sprachstörungen, Kösel • Montanari: „**Mit 2 Sprachen groß werden**", Kösel • Mini Spielothek: „**Sprachförderung**", Don Bosco

Für Kinder:
Guggenmos: „**Groß ist die Welt**", Gedichte, Beltz • Hengstler: „**Wer ruft denn da? Ein Bilderbuch in vier Sprachen**", edition billibri • Merz/Botzen-Beck: „**Lea Wirbelwind ...**" (Reihe), Herder Kerle • Scharff/Kniemeyer: „**Der große Ravensburger Liederschatz**", Ravensburger • Schontgens/Berner: „**Freche Lieder, liebe Leute**", Beltz • Unger: „**Das kleine oder das große Liederbuch**", Diogenes • Wiencirz: „**Lebe glücklich, lebe froh wie der Mops ... Schönste Gedichte für die ganze Familie**", ZORA

TOLERANZ

Was bedeutet Toleranz?

Toleranz kommt aus dem Lateinischen und bedeutet Entgegenkommen, Duldsamkeit. Gemeint ist hier auch Unvoreingenommenheit.
Toleranz ist nicht „leben und leben lassen", Gleichgültigkeit gegenüber allem anderen, anderen Meinungen und Haltungen. Sie beinhaltet Kenntnis und wohlwollende Abgrenzung. Insgesamt bedeutet Toleranz: Respekt vor jeglicher Andersartigkeit, nach intensiver Auseinandersetzung damit.

Warum es wichtig ist, diese Kompetenz bei Kindern zu fördern

In einer Zeit der Globalisierung und des Lebens in einer weltoffenen Gesellschaft (siehe BEP, 19) ist es unabdingbar, dass Kinder Menschen mit anderem Aussehen, anderen Werten, Einstellungen oder Sitten unvoreingenommen begegnen.
Einer der zentralsten Werte, die unseren Kindern „in Fleisch und Blut übergehen" müssen, ist die Achtung vor und das Interesse an der Andersartigkeit.

Wie Sie Toleranz in der Familie fördern können

Toleranz ist nicht mit einem Lernvorgang in der Kindheit abgeschlossen, sondern wird uns unser ganzes Leben lang begleiten. Das Thema Unvoreingenommenheit ist eine durchaus zwiespältige Kompetenz. Man muss selbst als Erwachsener heutzutage immer wieder an sich arbeiten und überlegen, was Toleranz bedeutet.
Die Eingliederung von anderen Kulturen, Hautfarben, anderen Lebensformen, chronischen Krankheiten und Behinderungen – Andersartigkeiten eben – in eine Gesellschaft gelingt nur, wenn wir beginnen, über die Unterschiede und Schwierigkeiten zu sprechen. **In diese politische Diskussion können Sie sich schon früh mit Ihrem Kind begeben.** Auch in den Kindertagesstätten wird dieses Thema heute intensiv bearbeitet. Zum Beispiel werden im Großraum München Kindertagesstätten von Kindern aus bis zu 14 verschiedenen Nationalitäten besucht.

Es ist wichtig und notwendig, kritisch zu reflektieren, offen zu bleiben und immer wieder zu überprüfen, weshalb man selbst ängstlich, ablehnend ist. Was macht die Blockade aus? Was bedingt den eigenen Ärger? Wo ist der eigene Anteil – wo der des „anderen"? Es gehört **Mut dazu, sich auf die Neuentdeckung des Fremden einzulassen.**

Um Toleranz und interkulturelle Kompetenzen zu entwickeln, müssen Kinder und Erwachsene die Fähigkeit erwerben, ...

- innere Spannung auszuhalten – zum Beispiel: Angst und Neugier; sich gleichzeitig angezogen und abgestoßen fühlen; Mitleid und Unsicherheit; Desinteresse und Konfrontation etc.
- eigene psychische Empfindlichkeiten im Umgang mit der anderen Kultur im Kopf zu trennen – zum Beispiel die andere Stellung der Frauen. Habe ich selbst als Mädchen oder Frau Diskriminierung erlebt? Könnte dass ein Aspekt sein, der mich ablehnend bis hasserfüllt gegenüber Kulturen macht, in denen Frauen – jedenfalls in unserer europäischen Wahrnehmung – unterdrückt werden?
- flexibel zu werden: Starre Lebenskonzepte und festgefahrene Haltungen zu überwinden

Toleranz kann also nur wachsen, wenn man **psychologisches Wissen** über sich selbst und auch über die eigene Kultur hat. Nur, wenn die eigenen Wurzeln, der eigene Hintergrund positiv besetzt und akzeptiert sind, kann man anderen neugierig und mit Offenheit begegnen.

Das Modell der Erwachsenen beeinflusst natürlich an dieser Stelle kleine Kinder wiederum mit am meisten. Die Art, wie in der Familie über Fremdes gesprochen wird, wie mit Fremdartigem umgegangen wird, prägt Kinder am intensivsten.

Was Sie noch Konkretes tun können

- Entdecken sie Fremdes und **Andersartigkeit,** erklären und diskutieren Sie gemeinsam anhand realer Begegnungen und Beispielen in Büchern, Filmen und im Internet. **Ausreichendes Wissen über „das Fremde" ist die erste Voraussetzung** für Toleranz, weil dadurch Ängste reduziert werden können.
- **Zeigen Sie Ihrem Kind Neues::** Lassen Sie es Läden und Restaurants kennenlernen. Besuche Sie mit ihm Ausstellungen und interkulturelle Feste. Gehen Sei mit ihm auf Messen, und lassen Sie sich dort überall „Fremdes" zeigen. Hören Sie bewusst internationale Musik mit Ihrem Kind.

- Kleine und große Reisen sind natürlich besondere Erlebnisse. Wichtig ist dabei zum Beispiel die Erfahrung, dort selbst der „Ausländer" zu sein. Oder wie Karl Valentin sagt: *„Fremd ist der Fremde nur in der Fremde."*
- Bereiten Sie Ihr Kind selbstverständlich **darauf vor, dass es auch in unserem Kulturkreis unterschiedliche Menschen gibt**: Männer und Frauen, Junge und Alte, Dicke und Dünne, Schönere und nicht so Schöne, Kranke und Gesunde, Große und Kleine etc. Je lockerer und selbstverständlicher Kinder bei ihren Erfahrungen begleitet und dadurch bereits solche „normalen" Unterschiede wohlwollend verstanden werden, umso leichter ist es, die weiteren Vielfältigkeiten der Menschen zu vermitteln.
- Die Grundhaltung kann sein: **Gut, dass es so viele unterschiedliche Völker und Lebensformen auf der Erde gibt.** Wir können so viel voneinander lernen und profitieren. **Gut, dass wir so viele Kinder aus anderen Ländern in der Kindertagesstätte haben.**
- **Wecken Sie Interesse** durch spannende Geschichten über andere Völker und Lebensweisen (früher zum Beispiel Karl May).
- **Fremde Sprachen „vermitteln"**: Lassen Sie Ihr Kind kleine Lieder daraus hören oder einzelne Worte daraus lernen – zum Beispiel von Kindern aus dem Kindergarten.
- **Lassen Sie Ihr Kind unterschiedliche Schriften** betrachten und nachmalen.
- **Lassen Sie Ihr Kind unterschiedliches Essen** und die Art zu essen (mit Fingern, mit Stäbchen) kennenlernen. Dazu gibt es heute viele Möglichkeiten.
- **Betrachten Sie mit ihm unterschiedliche Kunststile**: asiatische, amerikanische, afrikanische Kunstformen.
- **Grundlagen der interkulturellen Erziehung sind:**
  – Wissen über Fremdes erwerben
  – Nicht(s) lächerlich machen
  – Nicht(s) abwerten
  – Sich nicht darüber erheben
  – Ängste reflektieren

SPEZIELLE SPIELE, ÜBUNGEN UND BESCHÄFTIGUNGEN

- Ein Bild malen. Ihr Kind malt ein Bild mit Tieren oder Menschen, bei denen irgend etwas anders ist als bei anderen. Sie malen auch eins. Dann zeigen Sie sich gegenseitig Ihre Bilder und besprechen alles „Normale" und „Unnormale", das Ihnen auffällt – nach dem Motto: *„Das ist doch nicht normal!"* Was heißt überhaupt normal? Wie ist das Unnormalsein wohl für den/die/das „Andere(n)"? Was ist schlimm für ihn/sie/es daran?
- Wenn ein neues ausländisches Kind in den Kindergarten oder die Schule kommt, kann man sich mit dem eigenen Kind Fragen an dieses Kind überlegen – irgendetwas, das einen eben interessiert. So entsteht Kontakt. Das andere Kind freut sich sicherlich. *„Aus welchem Land kommst Du? Was spielst du am liebsten? Was isst du am liebsten? Magst du etwas mit mir spielen? Kannst du schwimmen oder radfahren? Hast du einen Bruder oder eine Schwester?"*
- Wenn ein neues Kind aus einem sehr fremden Land im Bekanntenkreis oder Kindergarten auftaucht, kann man versuchen, so viel wie möglich über diesen Kulturkreis herauszufinden (mit dem Atlas, im Lexikon, im Internet in TV-Sendungen).
- Schauen Sie mit Ihrem Kind Bilderbücher an, bei denen es zum Beispiel um Behinderungen, Krankheiten oder sonstige „Fremdartigkeiten" geht. Ganz wichtig: Sprechen Sie darüber. (*„Könnte so ein Kind ein Freund/eine Freundin von mir sein?", „Welche Kinder kenne ich, die auch eine Beeinträchtigung haben: eine Brille, eine starke Allergie oder Ähnliches?"*)
- Auch bei uns gibt es sehr, sehr unterschiedliche Menschen und jeder ist anders. Wenn Sie mit Ihrem Kind an einem Ort sind, wo es viele Menschen gibt, zum Beispiel in der Fußgängerzone, beobachten Sie einmal gemeinsam, wie verschieden „wir alle" sind. Was ist dabei normal, was ist ungewöhnlich, was ist nicht normal?
- Singen Sie mit Ihrem Kind Lieder aus aller Welt. Die finden Sie als Cassette, CD oder Liederbuch im Fachhandel.

Zum Weiterlesen für Eltern und Kinder
Baum: „**Mit dem spiel ich nicht**", Kösel • „**Auf den Spuren fremder Kulturen**", Ökotopia

Für Kinder:
Weninger/Thalet: „**Einer für alle – Alle für einen!**", Neugebauer • Rau: „**Kinder dieser Welt**", Dorling-Kindersley (London) • Fleming/Cooper: „**Sei nett zu Eddie**", Oldenburg (Thema Mongolismus) • Härtling: „**Das war der Hirbel**", Beltz • Reuter: „**Sohann, eine Geschichte vom Fremdsein**", Ellermann • Schröder/Reuter: „**Carla. Eine Geschichte über Epilepsie**", Ellermann • Velthuijs: „**Der Frosch und der Fremde**", Lentz • Andersen: „**Das hässliche junge Entlein**", Lempertz (in „Andersens Märchen") • Steinbach: „**Lendenica**", Middelhauve • Schul-Reiss: „**So lebt die Welt. Völkerverständnis für Kinder**", Loewe • Osborne: „**Im Land der ersten Siedler**", Loewe

ICH # ÜBERGÄNGE BEWÄLTIGEN

WAS BEDEUTET ÜBERGÄNGE BEWÄLTIGEN?

Übergänge sind zeitlich befristete Lebensabschnitte, in denen markante Veränderungen geschehen. Fast alle Basis-Kompetenzen eines Menschen sind gefordert. Besonders Lernmotivation, Selbstvertrauen, Flexibilität, Offenheit, Toleranz, die Fähigkeit mit Ängsten und Unsicherheiten umzugehen, Frustrationstoleranz, Neugier, Kontaktfähigkeit, Konfliktfähigkeit und vieles mehr. Daher zählt man die Bewältigung von Übergängen eigentlich auch zu den Übergreifenden Fähigkeiten. Wir finden jedoch, es ist heute eine Basis-Kompetenz.
Übergänge treten auf:
- In der Familie: Bei großen Umzügen, Hochzeit, Geburt eines Geschwister-Kindes, bei Auszug aus dem Elternhaus, bei Trennungen.
- In der Persönlichkeitsentwicklung: „Trotzalter", Beginn der Pubertät
- In der Bildungsbiographie: Eintritt in Krippe, Kindergarten, Schule, Berufsausbildung, Stellenwechsel etc.

Diese Ereignisse und deren Bewältigung können die persönliche Entwicklung sehr voranbringen, aber auch behindern.
Der Fachbegriff für Übergänge ist Transitionen.

Warum es wichtig ist, diese Kompetenz bei Kindern zu fördern

Übergänge sind immer Lebensphasen mit sehr hohen Anforderungen. Es geht oft um neue Identitätsfindung. Vom „Säugling zum Krippenkind" Von der „Krippe zum Kindergarten-Kind, zum Schulkind", vom Einzelkind, der „Prinzessin", zur „großen Schwester". Es ergibt sich bei Übergängen eine Häufung von Belastungsfaktoren. Zum Beispiel bei Umzug: eine neue Umgebung, Abschied von Freunden, neues Haus, neues Zimmer, neuer Kindergarten etc. Übergänge bringen oft auch Krisen mit sich. Das bedeutet Chancen, aber auch Gefahren. Damit Ihr Kind solche Übergänge gut bewältigen kann, ist es wichtig, diese Kompetenz zu fördern.

Wie Sie diese Kompetenz in der Familie fördern können

Jedes Kind bewältigt Übergänge in seinem eigenen Tempo und auch nach eigener Art. Es sind immer starke Gefühle beteiligt. Es ist hilfreich, wenn Raum dafür da ist, **über Empfindungen zu sprechen und sie auch auszuleben.** Man muss wütend und traurig und unsicher sein dürfen. Das erfordert bei den Eltern oft Geduld und Nerven.
Vor allem ist es wichtig, dass Sie auch die Trennung und **den Abschied Ihres Kindes von der vorherigen Situation wirklich wahrnehmen** und als Eltern begleiten.
Darüber hinaus sollten Sie versuchen, die positive Seite im Blick zu halten. Stellen Sie **weniger die Probleme als die Lernprozesse** und den Kompetenzgewinn in den Vordergrund.

Jan

Jan kommt mit 3½ in den Kindergarten. Er hat Probleme mit der Trennung von seiner Mutter. Was kann Mama jetzt tun?
- *Sie kann zum Beispiel immer wieder mit Jan **darüber reden und gemeinsam mit ihm Abschiedsrituale überlegen**, Hilfsmittel (Lieblingsstofftier oder ein*

kleines Schmusetuch, das nach Mama riecht in der Hosentasche) oder weitere Strategien, die die Lösung von der Mama leichter machen.
- Man kann **die Situation** auch mit Spielfiguren **nachspielen.** Dabei werden sensible Eltern sofort wahrnehmen, was der schwierigste Aspekt für das Kind dabei ist.
- Auch das alte **Kinderlied** „Hänschen klein ging allein in die weite Welt hinein ..." eignet sich gut zum Nachspielen.
- Sehen sie sich **Bilderbücher zum Thema Kindergarten** an.
- Es ist günstig, schon **außerhalb der Gruppe, zum Beispiel auf dem Spielplatz, Kinder kennengelernt zu haben,** die die Einrichtung oder besser noch dieselbe Gruppe besuchen.
- **Sprechen Sie nicht nur über die Trennungsängste,** sondern mehr über die spannenden und erfreulichen Dinge, die im Kindergarten gemacht werden. Über die lieben neuen Kinder, vielleicht gibt es schon einen Freund, über das riesige Klettergerüst, über die nette Erzieherin, die so schön singen kann und so tolle Spiele weiß usw.
- **Gehen Sie auch auf die Erzieherin zu,** bitten Sie sie, Ihre „Strategie" individuell zu unterstützen, in vielen Kitas ist das möglich (Abholzeiten, dableiben dürfen etc.) Bemühen Sie sich um einen guten Kontakt zu ihr, auch das ist wichtig für Ihr Kind.

Sehr wichtig für ein Kind und die Kindertageseinrichtung ist es, dass auch die Eltern in der Lage sind, **ihr Kind loszulassen.** Und das ist oft gar nicht einfach. Viele heimliche Müttertränen fließen die ersten Tage auf dem Heimweg, wenn man das geliebte Kind abgegeben hat.

Jedes Kind sollte sich sicher sein:
- Die Mami findet es gut, dass ich in die Kita gehe.
- Die Mami findet die Kita gut.
- Die Mami holt mich sicher wieder ab und freut sich dann auf mich.
- Die Mami bringt mich nicht deswegen hin, weil ich ihr zu Hause lästig bin, sondern weil ich groß werde.

Übertragen Sie **nicht eigene negative Erfahrungen** aus Kindergarten oder Schule auf Ihr Kind. Kinder spüren, wenn Eltern selbst skeptisch sind, negative Einstellungen dazu haben.

Halten Sie **guten Kontakt zu den Erzieherinnen** bzw. zur Lehrerin in der Schule.

Außerhalb der Krippe, dem Kindergarten, der Schule **wird Ihr Kind Sie brauchen**. Um darüber zu reden und darüber zu schweigen, zum Kuscheln und zum Zurückfallen in früheres Verhalten. Wenn ein großer Entwicklungsschritt gemacht wird, fallen Kinder oft auf anderem Gebiet in frühere Verhaltensweisen zurück: Noch mal ein wenig Nucki nuckeln, bei der Mama einschlafen, ganz viel kuscheln oder Ähnliches.

Zeit, Geduld und Einfühlungsvermögen sind von den Eltern hier gefordert. Nehmen Sie Ihr Kind mit Herz und Augen wahr. Sehen Sie es an: Wie geht es ihm? Was braucht es? Was sind seine Gefühle, Empfindungen? Welche Bedürfnisse hat es? Sie können dann darauf eingehen, darüber reden, ohne penetrant in Ihr Kind zu dringen. Manche Kinder wollen reden, manche ihre Erlebnisse für sich behalten.

Achten Sie auf Ihr eigenes Zuhörverhalten:. Hören Sie aktiv zu, das bedeutet: Halten Sie sich zunächst zurück mit eigenen Kommentaren – mit Trost, Ratschlägen, verhörartigen Fragen, Kritik oder Interpretationen.

Spiegeln Sie Ihrem Kind behutsam wider, was Sie wahrnehmen – und sprechen Sie in Ich-Botschaften.

Für Ihr Kind ist es wichtig zu wissen, wie die Mama, der Papa diesen Übergang erleben: *„Heute bist du aber ganz geschafft, nicht wahr? Ich bin so stolz, dass du den ganzen Vormittag so gut durchgehalten hast. Und es war ja auch lustig im Herbstlaub zu toben, oder? Die Erzieherin hat erzählt, das hätte dir ganz arg Spaß gemacht. Bist müde jetzt, gell? Mein großes Kind!"*

Sie können Ihrem Kind vermitteln, wie groß es jetzt schon ist, was es schon alles schafft – dass es einfach kein Baby mehr ist, sondern *„mein wundervolles großes Mädchen"*.

Wenn es unglücklich und traurig ist, **hören Sie Ihrem Kind zu und ermuntern Sie es**: *„Ich bin sicher, du schaffst das.", „Morgen spielt der Erik wieder mit dir.", „Morgen kannst du sicher wieder in die Puppenecke.", „Mir gefällt so gut, wie du das Körbchen gebastelt hast.", „Mich wundert, wie geschickt du jetzt schon bist."*

Teilweise wird Ihr Kind **Kontakthilfen** brauchen. Überlegen Sie gemeinsam, was es tun könnte, damit die kleine Lilly eine Freundin wird. Laden Sie neue Schul- oder Kindergarten-Freunde zum Spielen ein. Machen Sie kleine Unternehmungen miteinander. Nehmen Sie eventuell Kontakt mit den Eltern des begehrten Kindes auf. Wenn Ihr Kind Freunde gefunden hat, wird alles leichter. Sie dürfen Ihrem Kind große Anerkennung und **großes Lob schenken, wenn alles gut klappt.** Es ist wirklich eine große Leistung, sich in eine große Kindergruppe einzufinden!

ELTERNAUFGABE

Erinnern Sie sich an eigene Übergänge und Veränderungen in Ihrem Leben

- Um welche Situation ging es?
  _____

- Wer war beteiligt?
  _____

- Wo hat es stattgefunden?
  _____

- Wie alt waren Sie?
  _____

- An welche Gefühle dabei können Sie sich erinnern?
  _____

- Wie sind Sie damit umgegangen?
  _____

- Welche Schritte, Strategien haben Sie entwickelt, um diesen Übergang zu bewältigen?
  _____

- Was war davon wirklich hilfreich?
  _____

- Woran haben Sie konkret bemerkt, dass Sie den Übergang bewältigt haben?

- Welche positiven Aspekte sind Ihnen jetzt durch den zeitlichen Abstand zu dem Geschehen aufgefallen?

- Welchen Aspekt des Prozesses könnten Sie heute als hilfreiche Methode oder Strategie an Ihr Kind weitergeben?

Bilderbücher für Schul- und Kiga-Beginn:
Bröger: „**Hurra die Schule beginnt**", Omnibus • Schwarz/Richard/Funke: „**Schule ist klasse!**", Loewe • Goscinny/Sempé: „**Der kleine Nick und die Schule**", Diogenes • Voigt: „**Mein Tafelbuch von der Schule**", Lentz • „**Mein buntes tolles Schulstart-Buch**", Spiele Übungen, Christophorus

Für Eltern:
Brückner/Friauf: „**Ich freu mich auf die Schule**", Herder • Brückner/Friauf: „**Der Schritt in die weiterführende Schule**", Herder • Blickhan/Seidel: „**Mama, die Schule nervt mich!**", Herder

VERANTWORTUNGSÜBERNAHME

ICH SO

WAS BEDEUTET VERANTWORTUNGSÜBERNAHME?

Voraussetzung für Verantwortungsübernahme ist die Kompetenz der Selbstregulation. Es geht also darum, inwieweit das Kind in der Lage ist zu reflektieren, was es tut, wie es sich selbst verhält. Diese Fähigkeit beschreibt, dass das Kind sein Verhalten und Erleben wahrnehmen und kontrollieren kann. Erst dann kann es Verantwortung für sich selbst und sein Handeln übernehmen. Ein nächster Schritt ist dann: gegenüber Menschen, Dingen und der Umwelt verantwortungsbewusst zu sein.

Warum es wichtig ist, diese Kompetenz bei Kindern zu fördern

Jeder Mensch muss lernen, sein eigenes Verhalten zu kontrollieren. Weiter kann man lernen, sich für andere, besonders auch benachteiligte, kleinere oder zum Beispiel behinderte Kinder einzusetzen. Letztlich begegnen Kinder heute einer zunehmenden Gefährdung der Umwelt. Dafür ist es wichtig, dass sie schon früh eine Sensibilität für alle Lebewesen und die Natur entwickeln. Sie können begreifen, dass sie schon durch ihr eigenes Verhalten zum Schutz der Umwelt oder anderer Menschen oder Tiere beitragen können.

Wie Sie Verantwortungsübernahme in der Familie fördern können

Für kleine Kinder (bis 4-5 Jahre) ist Eigenverantwortlichkeit sehr schwierig. Zu emotional und spontan, zu egozentrisch und wenig sachorientiert leben sie noch in ihrer Welt. Viele übernehmen jedoch trotzdem Aufgaben, zum Beispiel für kleine Geschwister oder Haustiere. Bloß schaffen sie es meist noch nicht, zuverlässig zu sein. Das wäre eine Überforderung.

Die Eigenverantwortung

Für sich selbst Verantwortung zu übernehmen, lernen Kinder in der Familie hauptsächlich dadurch, **dass man ihnen etwas zutraut, sie selbstverantwortlich sein lässt.** Die vierjährige Marietta ist zum Beispiel in ihrer Familie dafür verantwortlich, dass immer Toilettenpapier in den beiden Toiletten aufgefüllt ist.

Andere Beispiele:
- *„Bitte geh jetzt deine Zähne putzen, damit deine Zähne schön bleiben und die Schokolade keine kleinen Löcher hineinfrisst."*

- „Bitte nimm die Medizin – auch, wenn sie schrecklich schmeckt. Sonst geht dein Schmerz nicht weg, und du möchtest doch wieder Fußball spielen, oder?"
- „Bitte mach nach der Sendung den Fernseher wieder aus."

Versuchen Sie mal, nach diesen Aufträgen einfach zu gehen. Überlassen Sie es der Verantwortung Ihres Kindes, ob es die bitteren Tropfen wirklich schluckt, ob es wirklich die Zähne geputzt hat. Kontrollieren sie nicht. Sagen Sie ihm eindringlich, dass Sie sich auf es verlassen.

Als nächstes ist wichtig, dass das Kind **weiß, welches Verhalten die Eltern gut finden,** zum Beispiel, dass es selbst sein Essen schneidet. Oder aber, was Sie als Eltern nicht mögen, beispielsweise, wenn es vor dem Essen eine halbe Tüte Gummibärchen isst. Oder was einfach sein muss – zum Beispiel, dass man morgens um sieben Uhr aufsteht, um pünktlich zu sein. Besprechen Sie Verhalten, das Sie nicht tolerieren, möglichst nicht vorwurfsvoll und erklären Sie, warum.

Natürlich sind Lob und Anerkennung aller Art für **verantwortliches Verhalten wichtig.**

Weiter sollten Sie Ihrem Kind beibringen, wie man **sich bei verschiedenen Menschen entschuldigt** – und sich gegebenenfalls selbst auch bei ihm entschuldigen. Manchmal passieren Kindern und Erwachsenen eben unangenehme Dinge.

Auch dadurch, dass man **lernt, über Verhalten, Handeln und Emotionen zu sprechen,** übt man, eigenes Verhalten zu reflektieren und letztlich zu verantworten. Das geschieht durch **verbales Spiegeln dessen, was man tut:** *„Zuerst hast du den ganzen Kasten Legosteine ausgeschüttet, dann hast du diese tolle Garage gebaut. Und jetzt möchte ich, dass wir die restlichen Steine wieder einräumen, damit ich morgen hier saugen kann! Welche Farbe möchtest du einräumen?"* (Ihr Kind soll das selbst bestimmen,) *„Okay, dann räume ich die weißen und die gelben in die Kiste. Und du die roten, okay? Ich verlasse mich darauf."* Sie können, nachdem Sie die gelben und die weißen Steine eingeräumt haben, gehen. Wenn Sie später nachsehen, reicht zum Beispiel ein anerkennendes Nicken: *„Super gemacht, mein Großer."*

Wie hier deutlich wird, ist es sehr wichtig, Kinder **nicht zu überfordern.** Alle Steine, der ganz große Haufen, hätte den Kleinen eventuell so entmutigt, dass er gar nicht erst angefangen hätte.

Verantwortung für andere und die Umwelt

Hier einige konkrete Tipps und Ideen:
- Bitten Sie Ihr Kind, Ihnen immer wieder ein wenig **bei der Babypflege zu helfen**, wenn es ein Geschwisterchen hat.
- Überlassen Sie Ihrem Kind **partielle Verantwortung für ein Haustier**. Die ganze Tierpflege wird es nicht schaffen. Aber zum Beispiel dem Meerschweinchen jeden Tag eine Karotte zu bringen, wird gelingen. Etwas später kann es auch noch die Wasserschüssel jeden Tag wechseln, dann das ganze Futter übernehmen etc.
- Sie können Ihr Kind **zu Hilfsbereitschaft auffordern** – am besten mit freundlichen Ich-Botschaften und *„Bitte"*.
- Daneben können Sie Ihrem Kind andere **altersgemäße kleine Aufgaben geben** und ihm deren Verantwortung wirklich überlassen. Wenn es den Biomülleimer zu einem Drittel neben die Tonne geschüttet hat, beseitigt nicht die Mama das alte Obst und die Gemüseschalen neben der Biotonne, sondern es muss selbst den Rest noch einsammeln und entsorgen. Wenn es beim Einkaufen zwei wichtige Dinge vergessen hat, geht nicht der Papa, sondern es läuft selbst noch einmal.
- Sie können Ihr Kind selbst **ein kleines Beet anlegen** oder in Blumentöpfen etwas aussäen lassn.
- Wichtig ist es auch, Ihrem Kind **Kenntnisse über Natur und Umwelt zu vermitteln** – ruhig bereits im Vorschulalter. Zeigen Sie ihm Bilder und Zeitungsberichte von problematischen Umwelt-Situationen. Und besprechen Sie die mit ihm. Dabei kommt es aber darauf an, ihm keine Angst zu machen, sondern Lösungswege aufzuzeigen.
- Verhalten Sie sich selbst in Umweltangelegenheiten „vorbildhaft". Gehen Sie zum Beispiel zu Fuß. Trennen Sie Müll und lassen Sie keinen Abfall liegen etc.

Wahrnehmungsfähigkeit

KO
KÖ

Was bedeutet Wahrnehmungsfähigkeit?

Unter Wahrnehmung versteht man den Prozess der Aufnahme von Sinneseindrücken durch die Sinnesorgane (Augen, Ohren, Nase, Mund, Haut) und durch Bewegung und die anschließende Verarbeitung im Gehirn. Diese Fähigkeit ist die Grundvoraussetzung für alles Lernen, Denken, Fühlen, die Motorik und das Verhalten.

Der Unterschied der Wahrnehmung zur reinen Sinnesempfindung ist also **die Interpretation der aufgenommenen Reize durch das Gehirn**. Das Wahrnehmungssystem im Gehirn kann die verschiedenen aufgenommenen Reize (Gesehenes, Geschmecktes, Gehörtes, Geruch, Gefühltes) zu einem Ganzen verbinden. Der Mensch kann dadurch lernen, Personen, Situationen, Dinge, Zustände, Emotionen einzuordnen und sich so in der Welt zurechtzufinden. Der Bereich der Sinneswahrnehmungen wird heute nicht mehr „musische Bildung", sondern „ästhetische Bildung und Erziehung" genannt.

Es gibt also kein Wahrnehmen als einfaches Abbild der Außenwelt, wie es beispielsweise eine Fotografie liefert, sondern Wahrnehmen heißt: auswählen, aktiv strukturieren, bewerten, fühlen, erinnern und sachlich kombinieren. Daher fällt sie bei jedem Menschen etwas anders aus.

Warum es wichtig ist, diese Kompetenz bei Kindern zu fördern

Wahrnehmung steht in engem Zusammenhang, bzw. ist die Grundvoraussetzung für die gesamte Entwicklung, besonders die Ausbildung des Gehirns. Die frühe Entwicklung von Wahrnehmungsfähigkeiten ist auf äußere Anregung, Reize angewiesen. Eine intensive Wahrnehmungsschulung ist mit das Wichtigste, was kleine Kinder – ab dem Säuglingsalter – brauchen. Zwar sind Kinder von ihrer Geburt an mit guten Fähigkeiten zur Wahrnehmung ausgestattet, sie lässt sich jedoch durch Anregungen, Reize, und Übung noch erheblich verstärken und ausdifferenzieren. Der Grad der Wahrnehmungs-Differenzierung hängt erheblich davon ab, welche Erfahrungen gemacht werden können. Eine anregende, vielfältige Umgebung im Alltag ist daher das A und O.

Wie Sie Wahrnehmungsfähigkeit in der Familie fördern können

Man sollte **der Entwicklung der Wahrnehmungsfähigkeit wirklich viel Aufmerksamkeit schenken.** Ohne Wahrnehmungsfähigkeiten kann sich nämlich auch die Intelligenz nicht entwickeln. Wahrnehmen zu lernen ist ein zunächst von selbst stattfindender, aber aktiver Prozess, bei dem sich das Kind mit allen Sinnen mit seiner Umwelt auseinandersetzt (Selbstbildungskompetenz). Es lernt, dass es Teil dieser Welt ist.

Wichtig zu wissen ist, dass **Wahrnehmung bei jedem Menschen unterschiedlich ist.** Jedes Gehirn nimmt anhand seiner persönlichen Vorerfahrungen anders wahr. Es hat eine spezifische Verarbeitungslogik und Muster, über die es wahrnimmt.

Zum Beispiel:
- Man hört Dinge nicht, die gesagt wurden.
- Man hört Dinge, die nicht gesagt wurden
- Man interpretiert Dinge, versteht etwas anders, als es gemeint war.

Wahrnehmung ist also niemals objektiv und „wirklich". Wenn Sie Ihrem Kind oder auch Ihrem Partner etwas erzählen, wissen Sie nie, was genau sie verstanden haben.

Die einzige Möglichkeit ist, sich darüber zu verständigen, wie bzw. was wir im Gespräch wahrnehmen und verstehen.

Wissen und Fertigkeiten „einzutrichtern", ist daher unsinnig. Zu 90 % wird es ungefiltert „abfließen".

Was man mit mehreren Sinnen wahrnehmen kann, behält man besser als das, was man nur mit einem oder zwei Sinnen aufnimmt. Das ist zum Beispiel ein Teil des Problems von Lerninhalten, die durch Medien vermittelt werden sollen. Man hört oder sieht und hört bestenfalls den Inhalt. Es fehlen Geruch, Gefühl, Geschmack, die Bewegung und das „Begreifen", was für kleine Kinder im Lernvorgang unerlässlich ist.

Das wichtigste Moment zur Förderung von Wahrnehmung ist **eine sinnlich anregende Umwelt.** Das bedeutet für zu Hause zum Beispiel:
- Bunte Farben im Kinderzimmer, ein Spielzeug über dem Babybett
- Musik, wechselnd in jeder Form – schon während der Schwangerschaft

- Viele, viele Möglichkeiten zur Bewegung bieten
- Verschiedene Ebenen im Raum: schräge Ebenen, wie kleine Abhänge, Teppichboden, Sofa, Tisch, Hochbett vermitteln verschiedene Perspektiven.
- Möglichkeiten des Fahrens erleben lassen: Kinderwagen, Schlitten, Boot, Seilbahn, Karussell etc.
- Kinder unterschiedliche Erfahrungen in der Natur machen lassen. Draußen sein, bei jedem Wetter. In der Stadt, auf dem Land, im Wald, im Park, am Wasser, am Meer etc.
- Bilder, Bilder, Bilder: Verschiedenste Arten von Fotos und Bildern aufhängen oder in Bilderbüchern, Ausstellungen etc. gemeinsam ansehen. Erinnern Sie sich an die Bilder, die in der Wohnung ihrer Kindheit hingen?
- Verschiedene Duft- und Geruchserfahrungen bewusst machen lassen: Ansprechen, wenn es irgendwo seltsam, gut oder ungewohnt streng riecht.
- Verschiedenste Lebensmittel probieren lassen: Nicht die Geschmacksnerven auf Nudeln, Pommes, Ketchup und Zucker festlegen.
- Usw. usw.

Gar nicht einfach ist es allerdings, hier die **Balance zwischen Überforderung und Förderung** hinzubekommen. Es gibt Kinder und individuelle Phasen in der Entwicklung, in denen eine „Reizüberflutung" nicht förderlich, sondern behindernd wirkt.

Im Allgemeinen sind neugierige Kinder ständig darauf aus, Sinneserfahrungen zu machen. Wichtig also auch hier wieder: **Zulassen, was das Kind sinnlich entdecken möchte.** Alles, was Sie ertragen oder verantworten können, sollten sie zulassen. Natürlich ist das auch abhängig vom Alter.

Hier Beispiele für Babys und Kleinkinder: Lassen Sie Ihr Kind ...
- Schubladen auf- und zuziehen
- die Schubladengriffe abschlecken
- Ihre Hausschlüssel befingern und den Anhänger in den Mund stecken
- Nudeln mit der Hand essen
- mit Tesafilm und Kleber spielen
- Steine aufeinander klopfen, Kastanien befühlen und daran riechen
- Eis und Heißes anfassen, im warmen und kalten Wasser planschen

Und vieles Ähnliche, bei dem Sie vielleicht anfangs denken *„Oh, was macht es da?"* Lassen Sie es zu.

Gefühle haben ebenfalls eine unverzichtbare Wahrnehmungs- und Orientierungsfunktion. Gefühle, die wir bewusst wahrnehmen, geben uns Auskunft über die Qualität von Beziehungen. Welches Gefühl löst ein Gegenüber oder eine Sache in uns aus? (Unsicherheit, Unbehagen, Angst, Neugier, Freude, Erleichterung, Ekel – was auch immer.) Gefühle zeigen uns, wie wir zu einer Person, einem Ding oder einem Sachverhalt stehen. Also gehört auch das bewusste Wahrnehmen und Thematisieren von Emotionen in diesen Lernprozess.

Hilfreich ist es, wenn Sie als Eltern wissen, dass **Kleinkinder Menschen und Gegenstände als gut oder böse wahrnehmen – und zwar immer auf sich selbst bezogen.** *„Der böse Stuhl wollte, dass ich runterfalle.", „Die Frau im Geschäft mag mich nicht; denn sie schaut immer so böse."* (siehe: Liebich, 12).

Auch die Sprachentwicklung beginnt mit der Entwicklung der differenziertesten Wahrnehmung über das Gehör. Es geht darum, dass das Gehör eines Kleinkinds so angelegt ist, sich selbst zu entwickeln. Dadurch ist das Kind in der Lage, die spezifischen Klänge, Satzmelodien und Wortbedeutungen seiner Muttersprache (und Dialekt) wiederzuerkennen, wahrzunehmen und zu benutzen. Eltern sollten viel mit ihren Kindern sprechen (zum Beispiel anfangs vor allem Gegenstände benennen) und möglichst viele Alltagshandlungen sprachlich begleiten.

Sehr wichtig ist es, die **physiologische Entwicklung** des Gehörs und die Sehfähigkeit laufend gründlich bei den Vorsorgeuntersuchungen vom Arzt testen zu lassen.

Eine neue Methode, die Wahrnehmung und auch die Bewegung zu fördern ist „die Kybernetische Methode" (beschrieben von Dreher-Spindler siehe unten). Der Begriff Kybernetik leitet sich ab vom griechischen Wort „kybernetes" = Steuermann. Kinder können im Umgang mit ihrem Körper und ihrer Wahrnehmung auch ihr eigener Steuermann werden. Das heißt: Sie lernen, ihre Wahrnehmungen und ihr Handeln selbst zu lenken. Ausgangspunkt dieser Methode ist die Förderung der Wahrnehmung und der Bewegung als Basisfähigkeiten für schulisches Lernen. Anhand besonderer Übungen verbessern die Kinder ihre Wahrnehmung und lernen ihre Hand- und Mundbewegungen bewusst zu steuern. Das trainiert zentrale Bereiche des Gehirns, die für Lernvorgänge weitere Schlüsselfunktionen haben.

Vielleicht haben Sie Interesse, sich näher über diese Methode zu informieren: http://www.kybernetische-methode.de/start.php

Kleine Übungen, die helfen, das Gehör zu entwickeln:
- Sprechen Sie gelegentlich in verschiedenen Lautstärken mit Ihrem Kind: raunen, murmeln, flüstern, leise sprechen, normal sprechen, laut und sehr laut sprechen, schreien, brüllen ...
- Lassen Sie es unterschiedliche Sprachen hören. Wenn möglich, auch Sprachen, die völlig „fremde" Laute beinhalten (Chinesisch, Slawische Sprachen, Afrikanisch etc. Nach Spitzer in 4 auch schon als ganz kleines Kind zwischen 7 und 24 Monaten hilfreich). Versuchen Sie gemeinsam, uns unbekannte Silben oder Laute daraus nachzusprechen.
- Sprechen Sie bewusst in unterschiedlichen Stimmklängen mit ihm: zärtlich, liebevoll, freundlich, mild, sachlich, streng, kalt, bedrohlich (zum Beispiel, wenn Sie Geschichten erzählen).
- Erraten Sie gemeinsam, was Sie gerade hören? (Die Straßenbahn rattert vorbei, ein Hund bellt in der Ferne, gedämpfte Musik aus dem Nebenzimmer, Papa, der sich im Bad rasiert, ein Bohrer, ...)
- Was klingt wie, wenn man mit einem Hölzchen daran klopft: ein Glas, eine Tischplatte, eine Zeitung, der eigene Körper, ein Stein, eine Blechdose ...
- Ideen sammeln, womit man Musik machen könnte
- Welche Geräusche kann man mit dem eigenen Körper machen, macht der eigene Körper selbst?
- Wie klingen verschiedene Musikinstrumente?
- Die Augen verbinden (geht oft erst im Vorschulalter), irgendwo im Raum ganz leise ein Geräusch machen (Glöckchen) und dem Geräusch nachgehen. (Spiel: Wecker verstecken)
- Die Suzuki-Methode im Musikunterricht vermittelt das Erlernen eines Instrumentes rein über das Gehör des Kindes. Das ist ab 3 Jahren möglich.

Kleine Übungen, um die genaue Beobachtung und Sehfähigkeit zu stärken:
- Optische Adjektive üben und benutzen: groß, klein, dick, dünn, schön, hässlich, bunt, einfarbig, dunkel, hell etc.
- Spiele wie *„Ich sehe was, was du nicht siehst ... – es hat die Farbe Blau."*
- Sich die Augen zuhalten und beschreiben, was man sieht: Punkte, Sterne, Linien

- Differenzierte Farben betrachten: von Rosa bis dunkel Weinrot, von Hellblau bis Blauschwarz
- Sich einzelne Dinge oder Personen, Tiere genau und detailliert beschreiben lassen
- In Bilderbüchern auf Kleinteiliges achten. Details suchen lassen („*Was hat denn der alte Mann neben dem Karussell in der Hand?*").
- Puzzles aller Art. Es gibt sie für jedes Alter.
- Mit Ihrem Vorschulkind können Sie beobachten, wie bei Dunkelheit die Pupillen größer werden, bei Sonnenlicht ganz klein.
- Man kann Kindern Bilder optischer Täuschungen zeigen.
- Übungen und Spiele zur genauen Wahrnehmung, zum Beispiel Original und Fälschung: zwei eigentlich gleiche Bilder – bei einem sind acht Dinge anders; Wimmelbilder: Wer findet die Maus? Und ähnliche Spiele.

Kleine Übungen, um den Raumorientierungs- und Bewegungssinn zu schulen:

- Balancieren lassen auf allem, was sich bietet. Ein Seil auf dem Boden dient als Balancierstange oder zum Seiltanz.
- Ein altes Polstermöbel, auf dem man springen darf (Trampolin)
- Schaukeln, auch Wippen, Hängematten, eine Schwingschaukel oder im Tuch von beiden Eltern geschaukelt werden
- Tobe-Parcours durch die Wohnung: vom Sessel unter den Tisch, um ein paar Flaschen Slalom laufen, Sprung aufs Sofa, Weitsprung auf den Teppich, aufs Parkett hopsen, unter zwei Stühlen durchrobben, auf die Truhe klettern und im Ziel auf das große Kissen springen
- „Fußgreifspiele": Tücher oder ganz kleine Gegenstände mit den nackten Füßen aufheben, an den nächsten weitergeben etc.
- Toben, rennen, hüpfen
- Seitlich einen Berg hinunter rollen
- Krabbeln, kleine Turnübungen wie Purzelbaum oder Brücke
- Tanzen – so viel Bewegung wie möglich.
- Sehr wichtig: Klettern lassen (auf Bäume, Leitern, Jäger-Hochstände, Kirchtürme) um andere Höhen-Perspektiven zu erleben
- Ebenfalls sehr wichtig ist auch, sich herunterzurollen auf schrägen Ebenen. Interessanterweise haben Neurobiologen nachgewiesen, dass dadurch das mathematische Gehirn angeregt wird.

Kleine Übungen, die den Tastsinn fördern:
- Streicheln, küssen, pusten, kitzeln, massieren
- Eine übrige Socke mit kleinen Gegenständen füllen: Schrauben, Büroklammern, Wattebausch, einem Tannenzapfen, einer Nuss, einem Stück Schmirgelpapier, einem Stückchen Seife etc. Die Kinder greifen in den Sack und erraten alles, was sie ertasten können.
- Dasselbe kann man auch machen, wenn man die Gegenstände (mehrere der gleichen Sorte) auf den Boden oder auf Tabletts legt und barfuß darüber läuft. Auch Füße können tasten.
- Eine Lego-Wand mit verbundenen Augen bauen
- So viel wie möglich betasten, begreifen lassen – und mit Worten benennen („*Das ist ganz kalt und hart, das fühlt sich weich und samtig an, das ist rau oder scharf.*").

Wenn ein Kind gelernt hat, differenziert wahrzunehmen, kann sich das „Denken" anhand dieser Wahrnehmungserfahrungen ausbilden. Mit Hilfe von Phantasie und Vorstellungen, Gedächtnis und Bildern und später ersten logischen Überlegungen wird sich Intelligenz entwickeln.

Die Wahrnehmungskanäle (nach NLP)

Welcher Wahrnehmungstyp ist mein Kind?
Nach der NLP-Methode (neurolinguistisches Programmieren) kann man beim Menschen Seh-, Hör-, Fühl- (auch Tasten und Bewegen), Schmeck- und Riechtypen unterscheiden.
Natürlich hat jeder Mensch „Antennen" für all diese Sinne. Bei den meisten Menschen jedoch dominieren ein bis zwei dieser Wahrnehmungskanäle (sagen die Neuroloinguistiker). Über diese sind sie besonders lern-, und aufnahmefähig (allerdings auch manipulierbar). Man kann Sie besonders gut damit ansprechen und motivieren. Beim Reden werden (meist unbewusst) überwiegend **Worte aus diesem Sinnesbereich** verwendet. Wichtig ist diese Erkenntnis auch für alle Lernvorgänge. Über welchen Kanal lernt Ihr Kind am effektivsten?

Hier zuerst ein kurzer Test für Sie selbst.
Sie haben einen Kindergarten besichtigt und sich um einen Platz darin beworben. Wie beschreiben Sie die Erfahrung jemandem Dritten?

- *„Was die Leiterin mir gesagt hat, klingt gut. Im ganzen Haus hört man angenehm ruhige, gedämpfte Geräusche. Es ist nicht besonders laut dort. Kein Geschrei und Getöse wie in der anderen Kindertagesstätte. Die ganze Einrichtung ist sehr ansprechend, alles ist harmonisch aufeinander abgestimmt. In einer Gruppe haben die Kinder gerade mit Klanginstrumenten Musik gemacht und ein Lied geübt, das war ein richtiger kleiner Ohrenschmaus. Es hörte sich so an, als wenn Miriam eine gute Chance hätte, einen Platz zu bekommen."* (So beschreibt der „Hörtyp".)

- *„Der ganze Kindergarten vermittelt irgendwie eine wohltuende Behaglichkeit. Der angenehme Eindruck entsteht auch durch den geräumigen Bau, der viel Bewegungsfreiheit für die Kinder lässt. Alles wirkt entspannt und gemütlich, warm und herzlich. Es hat mich richtig berührt, wie freundlich und einfühlsam die Erzieherinnen mit den Kindern umgehen. Meinem Gefühl nach wäre mein Kind hier gut aufgehoben. Ich hatte den Eindruck, es stimmte auch die Schwingung zwischen der Erzieherin und mir, und ich spüre, dass wir hier einen Platz bekommen können."* (So beschreibt der „Fühl- und Bewegungstyp".)

- *„Schon der moderne und kindgerechte Bau fällt einem sofort ins Auge. Alles sieht freundlich und sauber aus. Man erkennt auf den ersten Blick, dass hier umsichtig mit den Kindern umgegangen wird. Immer wieder kann man kleine Details entdecken, die zeigen, wie aufmerksam hier auf die Kinder geachtet wird, wie hier das Bild vom Kind ist. Es ist offensichtlich, dass die Erzieherinnen alle Kinder im Blick haben. Es schaut auch so aus, als wenn wir einen Platz bekommen könnten."* (So beschreibt der „optische Typ".)

Was ist Ihr Stil? Welchen Kindergarten würden Sie sich anhand der Beschreibungen ansehen? Beobachten Sie auch Ihr Kind. Auf welche Weise beschreibt es Vorgänge? Wie eignet es sich Fertigkeiten und Lernstoff an? Bei kleinen Kindern dominiert oft der Hörkanal und natürlich der Gefühls- und Bewegungsbereich. Wer das Buch oder den Film von Patrik Süßkind „Das Parfüm" kennt, weiß, dass es auch Menschen gibt – allerdings sehr selten – deren Geruchssinn sehr stark ausgebildet ist.

Lerntipps, die sich aus dem NLP-Ansatz ergeben
- **Wenn Ihr Kind ein Hörtyp ist:**
  Lernt Ihr Kind am besten über den akustischen Wahrnehmungskanal – oder zum Beispiel über Geschichten, die es erzählt oder vorgelesen bekommt? Wenn es selbst lesen gelernt hat, ist es sinnvoll, zum Beispiel bei Hausaufgaben laut zu lesen. Es kann gut zuhören, und vielleicht ist es auch sehr musikalisch. Diese Form ist sehr hilfreich in der Schule, da hier viel akustisch vermittelt wird. Es legt viel Wert auf Sprache, lernt leicht Sprachen und Dialekte und kann auch zwischen den Zeilen „hören". Der Klang und die Melodie einer Stimme wirken stark auf Sympathie oder Antipathie.
  Bei kleinen Kindern dominiert eine Zeitlang der Hörkanal. Der Gehör- und Geschmackssinn sind die Sinne, die sich schon im Mutterleib ausbilden.
  Wenn Sie Ihrem Kind beibringen möchten, dass „10 geteilt durch 2" 5 ergibt, können Sie ihm auf dem Klavier zum Beispiel 10 Töne vorspielen: 2xC, 2xD, 2xE, 2xF, 2xG. Das sind 5 Tonpaare. Das wird Ihr Kind verstehen und sich merken.
- **Wenn Ihr Kind ein Gefühlstyp ist (Fühlen, Tasten, auch Bewegung):**
  Dann lernt es am besten über Empfindungen, Intuition und in Bewegung. Es läuft immer wieder zwischen den Aufgaben herum, es liest oder hört im Gehen. Und es braucht allgemein täglich viel Bewegung. Die Beziehung zur Erzieherin/Lehrerin und die Atmosphäre in der Gruppe sind für den Lernvorgang entscheidend. Als Kleinkind lernt es vor allem über selber tun, handeln, „begreifen", praktische Erfahrungen. Gelegentlich werden eindeutige sachliche Botschaften übersehen oder überhört.
  Wenn Sie Ihrem Kind beibringen möchten dass „10 geteilt durch 2" 5 ergibt, können Sie Ihr Kind aus Ihrem Schuhschrank zehn Schuhe holen lassen (oder Sie holen sie) und sie auf dem Boden in eine Reihe stellen. Es werden fünf Paare sein. Das wird es verstehen und sich merken.
- **Wenn Ihr Kind ein Seh-Typ ist:**
  Dann erkennt es gut Details, liebt Bilder und Schrift, kann es sich alles Optische sehr gut einprägen. Um als kleines Kind zu lernen, schaut es zu. Es braucht Bilder, um zu verstehen. Es betrachtet am liebsten vielfältigste Zeichnungen, Skizzen, Grafiken. Jede kleine optische Veränderung an Wohnung, Kleidung, Person fällt ihm auf. Es legt viel Wert auf Schönheit in allen Bereichen. Beim Lernen in der Schule markiert es sich bunt im Buch wichtige

Sätze, es liebt das Lesen und das Fernsehen. Schon früh wird es fotografieren wollen. Seine Schrift ist oft schön, regelmäßig und die Hefteinträge ordentlich und übersichtlich.

Einfache akustische Aufforderungen, wie *„Komm doch mal her."*, überhört es eventuell, wenn es die Person und auffordernde Gesten dazu nicht sieht.

Wenn Sie Ihrem Kind beibringen möchten dass „10 geteilt durch 2" 5 ergibt, zeigen Sie ihm ein Bild mit 10 Äpfeln und lassen Sie es je zwei mit einem Stift umranden. Es kommen fünf Äpfelpaare heraus. Das wird es verstehen und sich merken.

Je älter man wird, mischen sich oft zwei Wahrnehmungs-Typen. Wenn man bemerkt, dass ein Typus wirklich sehr dominiert, kann man auf die besondere Schulung der anderen Kanäle achten, damit die Wahrnehmungsmöglichkeiten differenzierter werden.

Zum Weiterlesen für Eltern:
Bläsius: **„Wahrnehmung und Konzentration fördern"**, Herder • Diller-Murschall/Peschke: **„Eltern-Kompass 3 – 6 Jahre"**, Oberstebrink • Löscher: **„Wahrnehmungsspiele mit Alltagsmaterial"**, Don Bosco • Spindler/Dreher: **„Kybernetische Methode im Kindergarten"**, Rottenburger • Zimmer: **„Spiele zur Wahrnehmungsförderung"**, Herder

Für Kinder:
Irving/Hampton: **„Ein Geräusch, wie wenn einer versucht, kein Geräusch zu machen"**, Diogenes • Jonas: **„Wo steckt die kleine Maus? Das große Such- und Findebuch"**, cbj • Mitgutsch: Wimmelbücher **„Bei uns in den Bergen, bei uns in der Stadt"** etc., Ravensburger • Diogenes • Prokofjew: **„Peter und der Wolf"**, Beltz oder Hör-CD • **„Das magische Auge"**, Ars Edition

ICH # WERTE-BEWUSSTSEIN

WAS BEDEUTET WERTE-BEWUSSTSEIN?

Ein Wert ist (nach dtv lex) *„die Beschaffenheit von Dingen, Sachverhalten, Ideen, die sie zur Hochschätzung würdig machen"*. Sehr viele Werte begründen sich durch, oder lehnen sich an die jeweilige Religion einer Kultur an. Sie beschreiben damit das „Herz" einer Kultur, grundlegende Einstellungen zum Leben und zu anderen Menschen. Durch Werte unterscheiden sich Kulturen. Man bezeichnet sie auch als kollektive Grundhaltungen – zum Beispiel zu den Themen Tod, Sexualität, Gottverständnis, Krieg und Gewalt, Verhältnis der Geschlechter, Ökonomie, Umgang miteinander, Menschenrechten etc. In diesem Kapitel geht es darum, Ihrem Kind die Werte unseres Zusammenlebens so bewusst zu machen, dass es eine bewusste eigene Haltung und Einstellung zu diesen Werten gewinnt.

Warum es wichtig ist, diese Kompetenz bei Kindern zu fördern

Werte lernt beziehungsweise übernimmt man in den ersten 10 Lebensjahren durch familiäre Sozialisation. Aus den Haltungen, die in einer Familie gelebt werden, entstehen Leitbilder für Leben, Arbeit und Beziehungen. Besonders in Lebenskrisen, Konflikten, Entscheidungen, bei Veränderungen und in Beziehungen werden sie deutlich und relevant. Sie geben hier Orientierung, Sicherheit, Verhaltensrichtlinien. In unserer Zeit des schnellen Wertewandels und der Wertepluralität (zum Beispiel durch Globalisierung, Medien, Marktwirtschaft) kann eine klare Orientierung an einigen Grundwerten der eigenen Familie Ruhe, Zuversicht und Sicherheit geben. Werte binden Kinder und Erwachsene in die Welt ein. Zusätzlich prägen gelebte Werte die ganze Persönlichkeit. Sie machen große Teile der Ausstrahlung und des Auftretens aus.

Wie Sie Werte-Bewusstsein in der Familie fördern können

Jedes Kind hat ein grundlegendes Bedürfnis nach sozialer Zugehörigkeit. Dadurch **übernimmt es automatisch die Werte, die in seiner Familie gelebt werden** – ob bewusst oder nicht.

In Familien, in denen christliche Werte gelebt werden, gibt es einen relativ eindeutigen „Wertekatalog", stark orientiert an den 10 Geboten. Maria Montessori spricht als eine der wichtigsten Leitlinien für Eltern die Empfehlung aus: *„Man darf Kinder nicht um Gott betrügen."*

In der Tat geben die beiden christlichen Religionen unserer Kultur – wenn es Eltern gelingt, die positiven Aspekte dabei zu betonen – Kindern eine starke Sicherheit, ein Gefühl des Eingebunden-Seins, ein Geborgenheitsempfinden, einen spirituellen Sinn. Es ist nicht ganz einfach, sie durch andere Werte zu ersetzen. Wir glauben außerdem, dass man Kindern etwas nimmt, wenn man sie ohne die kulturellen Wurzeln unserer Gesellschaft, die schließlich bei uns die jüdische und christliche Religion sind – aufwachsen lässt. Selbst, wenn sie sich später aufgrund eigener Entscheidung wieder davon distanzieren.

Auch ein **humanistisches Menschenbild der Eltern gibt relativ klare Grundhaltungen** vor: Respekt vor anderen, Verantwortung füreinander, Hilfsbereitschaft, Toleranz, Fairness, Gewaltlosigkeit, Menschlichkeit, individuelle Entwicklungsmöglichkeiten.

In vielen Familien, die keinen bewussten geistigen Hintergrund pflegen – egal welches Bildungsniveau es in der jeweiligen Familie gibt – bilden sich heute unbewusst, ganz unauffällig, neue Haltungen aus, die später an die Kinder weitergegeben werden:

Freiheit, Individualität und Egoismus, „Ex und Hopp", Marken, Moden, Leistung, Konkurrenz, Technologisierung aller Lebensbereiche, unendliche Flexibilität, „Spaß und Fun", Schönheit, Jugend und Geld, Geld, Geld. (Geld ist laut Untersuchungen das „Thema Nummer eins" in Familien - zwischen den Partnern und auch zwischen Eltern und Kindern.)

Was sind die Werte unserer Familie?

Überlegen Sie einmal: Was leben wir Eltern, Großeltern, Tanten, Onkel, Cousinen unseren Kindern vor? Sie können sich auch fragen, was Ihre Erziehungsziele sind. Die Aspekte, die Eltern hierzu einfallen, entsprechen im Großen und Ganzen den Wertvorstellungen.

Viele der Haltungen die Ihnen einfallen, werden Sie hier in diesem Buch auch als „Basiskompetenzen" wiederfinden (zum Beispiel Respekt, Toleranz, Gewaltlosigkeit, Verantwortlichkeit). Unter diesen Punkten können Sie direkt nachlesen, was Sie zur Förderung dieser Kompetenzen tun können. Bei anderen Haltungen können Sie sich selbst überlegen, an welchen Stellen im Familienalltag Ihre Kinder zum Beispiel Wertschätzung, Humor, Religiosität, Treue, Ehrlichkeit etc. lernen.

Werte sind nicht immer eindeutig positiv.
Sie können als zweites versuchen, bei der Einschätzung Ihrer „Familien-Werte" **auch an die nicht eindeutig positiven Haltungen zu denken**, die in jeder Familie natürlich auch vermittelt werden. Wenn sie einem bewusst sind, lässt sich leichter damit umgehen. Dabei werden Sie zwei Dinge feststellen:
- Die meisten Werte rutschen, wenn sie übertrieben „gelebt" werden, aus dem positiven in den negativen Bereich. Zu viel Toleranz kann zum Beispiel zu Beliebigkeit oder Gleichgültigkeit werden. Menschen mit zu viel Freundlichkeit und Respekt werden schnell zum „Schleimer". Mit zu viel Aggressionslosigkeit werden Menschen zum passiven Angsthasen, mit zu viel Ruhe zur „Schlaftablette". Die Entwicklung eines Kindes zu sehr zu fördern, kann zum ungesunden Leistungsdruck führen etc.
- Es gibt überall auch sehr ambivalente (zwiespältige) Werte – zum Beispiel Fitness, Schönheit, sexuelle Freiheit, Schlankheit, Reichtum, Moden aller Art etc.

Zögern Sie nicht, sich auch über übertriebene oder ambivalente Haltungen ehrlich auszutauschen und nachzudenken, wie Sie in Ihrer Familie damit umgehen wollen.

Was Sie im Einzelnen tun können
Wer erziehen will, sollte unbedingt auch immer sich selbst erziehen! Eltern sein ist für fast alle Menschen die verantwortungsvollste Aufgabe im Leben. Viele Eltern denken im Zusammenhang mit ihren Kindern zum ersten Mal wirklich über sich selbst nach. Sie kommen zum ersten Mal bewusst mit ihren eigenen Empfindungen und Haltungen in Kontakt.
Kinder erfragen sich unvoreingenommen die Welt. Sie staunen über alles und **stellen Grundfragen** nach Anfang und Ende, nach Sinn und Wert. Kinder sind kleine Philosophen.
Versuchen Sie **so viel wie möglich davon aufzugreifen, anzuerkennen, mit ihnen zu staunen, zu fragen und zu überlegen**.
Sie können ab etwa 4 Jahren wirklich „**philosophische Gespräche**" mit Kindern über Gott und die Welt, über Tod und Leben führen. Viele Eltern staunen immer wieder über die klugen Gedanken, die Kinder selbst zu elementaren Themen bereits im Kopf haben.

Nicki *(5 Jahre alt)*

Nicki: „Aber Mami, wo ist der Opa denn jetzt?"
Mutter: „Du weißt ja, seinen Körper haben wir in die Erde gelegt. Und er selbst, seine Seele ist beim lieben Gott und den Engeln. Das glauben wir."
Nicki: „Was ist denn eine Seele?"
Mutter: „Er selbst. Alles, was nicht sein Körper war. Seine Gedanken und Gefühle, seine Liebe und Freundlichkeit und Lustigkeit, sein Wesen eben."
Nicki: „Auch, dass er immer auf mich aufgepasst hat, wenn ich Angst hatte? Ist das auch seine Seele?"
Mutter: „Ja, das gehört auch dazu."
Nicki: „Und wo sind die Engel? Also da, wo er jetzt ist?"
Mutter: „Ich weiß es nicht genau. Was denkst du denn, wo die sein könnten?"
Nicki: „Ich weiß es genau. Sie sind in Italien."
Mutter: „Ach ..."
Nicki: „Weil der Opa da am liebsten war und der Himmel da am schönsten ist und die Engel ja da auch nachts immer diese Sternschnuppen runterschubsen."
Mutter: „Da hast Du sicher recht. Da wird er jetzt sicher sein."

Sie können mit Ihrem Kind durchaus auch **theoretisch über Werthaltungen reden:** Was wichtig ist und auf was man verzichten könnte, was Glück und Traurigkeit ausmacht und was einen freut, ärgert und verletzt etc.

Des Weiteren können Sie schon Vorschul-Kindern erklären, dass es **einen Unterschied zwischen rein naturwissenschaftlicher Lebenssicht und einer eher philosophischen Sichtweise** gibt. Sie können ihm vermitteln, dass man auch nach der Bedeutung und dem Sinn, nach dem „Wozu", dem „Woher" und dem „Wohin" fragen kann.

Sehr hilfreich für Werte-Orientierungen in der Familie sind **Feste, Rituale, Begegnungen mit Zeichen und Symbolen**. Sie helfen, das Leben zu strukturieren und geben Sicherheit: der Christbaum, die Krippe, das Glockenläuten, das Schutzengel-Bild über dem Bett, der Geburtstagskranz, die Lebenslicht-Kerze, der Osterspaziergang mit vom Osterhasen verlorenen Schokoladeneiern, Abendrituale.

Das Hemd des glücklichen Menschen

Der Kalif lag sterbenskrank in seinem Kissen. Die Hakimus, die Ärzte des Landes, standen um ihn herum und waren sich einig, dass nur das Hemd eines glücklichen Menschen, das dem Kalifen unter den Kopf gelegt werden müsse, ihm noch Heilung bringen könne. Boten schwärmten aus und suchten in jeder Stadt, in jedem Dorf, jeder Hütte nach glücklichen Menschen. Doch alle, die sie nach Glück fragten, hatten nur Sorgen und Kummer. Endlich, als sie die Hoffnung schon aufgeben wollten, trafen sie einen Hirten, der lachend und singend seine Herde bewachte. Ob er glücklich sei, fragten sie ihn. *„Ich kann mir niemanden vorstellen, der glücklicher ist als ich"*, antwortete der Hirte lachend. *„Dann gib uns dein Hemd"*, riefen die Boten. Der Hirte antwortete: *„Seht mich an, ich habe keins."*

Diese Antwort, dass der einzig wirklich glückliche Mensch, den die Boten fanden, kein Hemd hatte, gab dem Kalifen Anlass zum Nachdenken. Drei Tage und drei Nächte lang durfte niemand zu ihm kommen. Am vierten ließ er all sein Gold, seine Seide und seine Edelsteine an sein Volk verteilen. Wie die Legende erzählt, war er von diesem Zeitpunkt an wieder gesund und glücklich.

(Aus N. Peseschkian, 31)

Weiter hilfreich für die Werteentwicklung sind für kleine Kinder die **deutlich schwarz-weiß malenden Bewertungen,** wie sie zum Beispiel in **Märchen** beschrieben werden. Sie beschreiben vereinfachend gut und böse, lieb und bedrohlich, schön und hässlich, groß und klein. Erst im Laufe der Vorschulzeit lassen sich diese „Klischees" durch Diskutieren und Hinterfragen differenzieren. Sie können Ihrem Kind **vermitteln, dass Fehler, Missverständnisse und Ärger vorkommen** und dass eine Kultur des Verzeihens und des Umkehrens auch zum Leben gehört.

Auch ein Kind kann schon lernen zu **akzeptieren, dass es Grenzen und Schwächen** in einem selbst **gibt**. Und es kann üben, mit den Schwächen anderer Kinder und Menschen generell umzugehen.

Kinder können über Gespräche und positive Erfahrungen lernen, **Unterschiede zwischen sich und anderen Menschen nicht als bedrohlich, sondern als wertvoll wahrzunehmen** (Thema Toleranz).

Ihr Kind kann lernen, an jedem Menschen und an jeder Situation **etwas Positives,** etwas Einzigartiges und Besonderes **zu erkennen** und daraus **wertschätzendes Verhalten zu entwickeln**.

Ihr Kind kann mit Ihrer Hilfe üben und lernen, **sich selbst zu bestimmen,** anstatt sich zum Beispiel von fremden Kindern anstacheln, aktivieren und bestimmen zu lassen.

SUBSISTENZ

Ein Begriff, der heute beim Thema „Wert" immer bedeutsamer wird, heißt **Subsistenz.** Er ist eine Bezeichnung für die „Dinge", von denen Menschen – außer Geld – eigentlich leben: die unmittelbare Versorgung, die Herstellung des Eigenen, das soziale Miteinander, die Beziehungen, die Gestaltung der Nahräume, die Fürsorge, das Engagement für andere. Auch Sehnsucht nach Sinn und einem Platz im Leben gehören dazu. Subsistenz gewinnt noch laufend an Bedeutung in dem Maße, in dem zum Beispiel erwerbsmäßige Arbeit immer rarer wird, die Sinnhaftigkeit des Lebens aus ganz anderen Hintergründen gewonnen werden muss. Subsistenzorientierung wird eine immer größere Rolle spielen, für Partizipation und Demokratie, für neue Formen des Lernens und des Gemeinschaftslebens. Sie wird wichtiger werden für die Gestaltung des öffentlichen Raumes, für kooperativere Ansätze in der Wirtschaft und selbstverständlich bessere ökologische Verträglichkeit.

Auch Kindergartenkinder werden sich in Zukunft bereits immer intensiver und bewusster diese Kompetenz erarbeiten müssen.

ELTERNAUFGABE

Bitte überlegen Sie (Partner getrennt, dann können Sie anschließend vergleichen): Was sind Ihre wichtigsten Lebensgrundsätze, Haltungen, Werte? Vielleicht hilft es sich vorzustellen, Sie schreiben Ihrem Kind einen Brief, in dem Sie ihm Ihre wichtigsten Ratschläge für das Leben geben.

- Was sind die fünf wichtigsten Dinge im Leben?

- Was ist meine Aufgabe, der Lebenssinn für mich hier auf diesem Planeten?

- Mit welchen Grundhaltungen kann man das Leben am besten meistern?

- Was motiviert mich?

- Was finde ich das Schlimmste, was es gibt?

- Wie müsste ich gelebt haben, um mit 85 Jahren einmal sagen zu können: *„Mein Leben hat sich gelohnt, es war gut und sinnvoll, dass ich hier war"*?

- Vielleicht fallen Ihnen zwei oder drei Leitsprüche zur Lebensbewältigung ein

Zum Weiterlesen:

Damm: **„Ist sieben viel?"**, Moritz • Freese: **„Kinder sind Philosophen"**, Belz • Frenkel: **„Kindern Werte mitgeben"**, Herder • Krenz: **„Kinderfragen gehen tiefer"**, Herder • Gellman/Hartmann: **„Wie buchstabiert man Gott?"**, Carlsen • Matthews: **„Denkproben. Philosophische Ideen junger Kinder"**, Freese • de Saint-Exupéry: **„Der kleine Prinz"**, Karl Rauch Verlag • Stocklin/Meier: **„Was im Leben wirklich zählt"**, Kösel • Zoller: **„Die kleinen Philosophen"**, Herder

ICH
SO

ZIVILCOURAGE

WAS BEDEUTET ZIVILCOURAGE?

Das Wort Zivil (Lateinisch: civilis = bürgerlich, gemeinschaftlich) bedeutet hier so viel wie „die normalen Bürger untereinander". Courage geht in seiner ursprünglichen Bedeutung auf das Wort „Herz" zurück. (Lateinisch: cor = das Herz) und bedeutet wörtlich übersetzt Mut, Beherztheit.
Somit ist Zivilcourage ein ethischer Begriff, dessen Wesen es ist, sich als Minderheit für einen anderen, der im sozialen Kontext unterlegen ist, öffentlich einzusetzen. Zivilcourage baut auf Selbstvertrauen und Autonomie, sie lebt durch Gerechtigkeit, Hilfsbereitschaft, Solidarität und Mut.

WARUM ES WICHTIG IST,
DIESE KOMPETENZ BEI KINDERN ZU FÖRDERN

In einer Demokratie und unter den Aspekten einer Werteorientierung sollten Solidarität und Zivilcourage wichtige Lernziele sein. Gerade in einer Zeit, in der Meldungen über Gewalt zum Beispiel an Schulen sich überschlagen. Zivilcourage wäre zum Beispiel, wenn sich in den ersten Anfängen eines Schulmobbing-Falles einige mutige Kinder den gewaltbereiten Mitschülern gegenüberstellten, um sie in ihre Schranken zu verweisen. Ohne einzelne Menschen, die bereit sind, sich gegen Ungerechtigkeit, Gewalt, Mobbing auch für andere zu wehren, für sie einzutreten wäre unsere Gesellschaft noch unmenschlicher.
Eine soziale oder humanistische Grundhaltung verlangt deutlich, dass Kinder, wenn sie die Kompetenz der Autonomie erlernt haben, auch lernen, sich für andere einzusetzen, sich öffentlich hilfsbereit und unterstützend zu verhalten. Insbesondere, wenn der andere weniger psychisch wie physisch kompetent und selbstbewusst auftreten kann.

WIE SIE ZIVILCOURAGE
IN DER FAMILIE FÖRDERN KÖNNEN

Als erstes müssen Kinder lernen, ihre **eigenen Bedürfnisse und Wünsche zu formulieren, sich** in sozial verträglicher Art um ihre eigenen Belange zu kümmern. Eltern sollten darin Vorbild sein und ihre Kinder unbedingt unterstützen.

Es geht dabei unter anderem um Empathie für andere, vor allem Schwächere – und um die Bereitschaft, Fürsorge zu übernehmenund hilfsbereit zu sein.

Das **Modell der Eltern** und der anderen Familienmitglieder ist dabei prägend.

Wenn ein Kind erlebt, dass Mama oder Papa sich zum Beispiel für einen ausländischen Mann einsetzen, der in einem Geschäft beschimpft wird, weil er angeblich etwas umgestoßen hat, oder wenn Mama einer alten Frau, die von Jugendlichen angepöbelt wird, zur Seite springt, lernen Kinder, dass Zivilcourage des Einzelnen ein notwendiges Phänomen in einer Gesellschaft ist.

Ungefähr im Vorschulalter kann man von Kindern **ein „Wir-Gefühl"** in der eigenen Gruppe oder Familie voraussetzen. Man kann erwarten, dass sie in der Familie oder der Kindergruppe zusammenhalten, sich gegebenenfalls gegen andere Kinder oder die Erwachsenen verbünden und einsetzen.

Zu Hause geschieht dies gewöhnlich auch in der Geschwisterreihe, wenn es den Eltern gelingt, dass sie **die Geschwister untereinander solidarisieren** (siehe Liebich, 22).

Fordern Sie Ihr Kind dazu auf, sich für andere couragiert einzusetzen.

- **Anerkennung, Lob, Veröffentlichung** (Herumerzählen im Bekanntenkreis), wenn sich Ihr Kind für jemanden anderen engagiert, ist natürlich unterstützend, um diese Kompetenz zu entwickeln. Sie können Ihrem Kind auch ausdrücklich sagen, wie stolz Sie auf es sind – wenn es zum Beispiel Klassensprecher geworden ist oder sich sonst für andere Kinder stark gemacht hat.
- Es gibt einige **Bücher, Geschichten und Filme,** in denen Kinder sich für andere einsetzen. Lesen Sie solche Bücher mit Ihrem Kind. Und besprechen Sie den Inhalt mit ihm. So machen Sie ihm bewusst, was Zivilcourage ist – und wie wichtig sie ist.
- **Motivierende Gespräche** über dieses Thema innerhalb der Familie fördern diese Kompetenz. Zum Beispiel anhand von Artikeln aus der Tagespresse. Oft werden hier „kleine Heldentaten" beschrieben. Erzählen Sie Ihrem Kind davon und diskutieren Sie mit ihm darüber. Allerdings gibt es hier einen wichtigen Unterschied: Eine Heldentat – zum Beispiel jemanden, der nicht

schwimmen kann, aus dem Wasser zu retten – ist sehr mutig, aber es ist etwas anderes als Zivilcourage.

Zivilcourage bedeutet immer, sich solidarisch mit einem Einzelnen oder einer Minderheit gegen einen überlegenen Einzelnen oder eine Gruppe zu stellen – also die Situation des Schwächeren zu unterstützen.

Es braucht Selbstvertrauen, Hilfsbereitschaft, so etwas wie Leidenschaft, Empathie, Toleranz und den christlichen Wert der Nächstenliebe, um diese Notwendigkeit der gegenseitigen Hilfe und Unterstützung zu erkennen und zu leben.

ELTERNAUFGABE

Eine Idee:
Diskutieren Sie doch mal im Freundes- und Bekanntenkreis:
- An welche Situation(en), die Zivilcourage erforderten, Sie sich persönlich erinnern.
- Wie haben Sie sich dabei verhalten?
- Welche Erfahrungen haben Sie damit gemacht?
- Wie würden Sie Ihren Einsatz, (oder auch Nicht-Einsatz) im Nachhinein bewerten?
- Wie würden Sie sich heute in derselben Situation verhalten?

Tipp:

Wenn Sie sich unter Zivilcourage wenig vorstellen können

- Lesen Sie doch mal:
  Biografien von Mahatma Gandhi, Martin Luther King, Jeanne d'Arc, Sophie Scholl
- Sehen Sie sich die Filme an (auf DVD):
  Die zwölf Geschworenen, Gandhi, Neger, Neger, Schornsteinfeger, Sophie Scholl, Wer die Nachtigall stört

Zum Weiterlesen und Vorlesen für Kinder:
Kästner: **„Pünktchen und Anton"**, Dressler • Lindgren: **„Pippi Langstrumpf"**, Oetinger • Lindgren: **„Die Brüder Löwenherz"**, Dressler • Shaw: „Der kleine Angsthase", Kinder Buch Verlag

ZUVERLÄSSIGKEIT

ICH

WAS BEDEUTET ZUVERLÄSSIGKEIT?

Synonyme für den Begriff „zuverlässig" sind „vertrauenswürdig", „gewissenhaft" und „sicher". Wenn jemand zuverlässig ist, kann man *„loslassen"*. In gewisser Weise ist es auch eine Art Überbegriff für Pünktlichkeit, Genauigkeit, Korrektheit, Ehrlichkeit, Verantwortungsbewusstsein. Grundsätzlich kann man sagen, dass diese Kompetenz keine spezifisch kindliche Fähigkeit ist. Sie muss Schritt für Schritt erlernt werden.

WARUM ES WICHTIG IST, DIESE KOMPETENZ BEI KINDERN ZU FÖRDERN

Zuverlässigkeit der Kinder entlastet Sie als Eltern. Sie wirkt stress- und angstmindernd für die Erwachsenen, denn Kinder schützen sich selbst dadurch. Außerdem ist es fast ein ethischer Wert, eine sogenannte „Primärtugend" für das soziale Miteinander. Sie ist Ausdruck von Wertschätzung und Achtung des Gegenübers. Zuverlässigkeit schafft Vertrauen. Deshalb sind zuverlässige Kinder beliebt und anerkannt. Man traut ihnen Dinge zu, überlässt ihnen Verantwortung, was ohne diese Fähigkeit nicht möglich wäre. Dadurch lernen sie mehr und mehr, und das Selbstvertrauen kann wachsen.

WIE SIE ZUVERLÄSSIGKEIT IN DER FAMILIE FÖRDERN KÖNNEN

Wichtig ist zu wissen, dass **Kinder vor dem Vorschulalter mit fast allen Arten von Zuverlässigkeit überfordert** sind. Ein 3- bis 4-Jähriges kann weder zuverlässig versprechen, dass es nachher bei Tante Helga brav sein wird, noch kann es sagen, dass es heute, wenn es den Eisbecher bekommt, trotzdem später das Gemüse aufessen wird. Alle zeitverzögerten „Versprechen" sind eine Überforderung. Aber auch sofortige Aufträge werden nicht immer zuverlässig erledigt.

Ein 4-jähriges Kind kann nicht versprechen, dass es sicher auf das Baby im Kinderwagen aufpassen wird, während Mama in dem Geschäft einkauft. Es wird die Wespe auf dem Gesichtchen des Säuglings, die sich daran macht, unter die Mütze zu kriechen, wahrscheinlich nicht bemerken, und evtl. die ganze Zeit mit dem kleinen niedlichen Hund spielen, der auch draußen warten muss. Vielleicht wird es sogar aus Versehen die Bremse lösen beim Versuch den Wagen etwas zur Seite zu schieben.

Mitten in der Stadt: Ein 3-Jähriger mit Papa und Kinderwagen und Baby an einer großen vierspurigen Kreuzung. Sie warten auf Grün. Der Papa sagt: *„Halt dich gut am Kinderwagen fest, wenn wir über die Straße gehen."* - *„Jaja"*, der Kleine nickt. Beide gehen los. Nach ca. 15 Metern erfasst ein kleiner Windstoß die blaue Schirmmütze des Jungen. Ohne eine Sekunde zu zögern, lässt er den Wagen los, läuft mitten auf die Kreuzung, dem anrollenden Verkehr entgegen, der Mütze nach. Ein gellender Schrei von Papa! Die Autos bremsen, es geht glimpflich aus. Der Junge wird fürchterlich ausgeschimpft.

Das kann Papa sich sparen. Es ist seine Schuld. Man muss kleine Kinder an der Hand festhalten im Straßenverkehr. Alles andere ist fahrlässig.

Die Entwicklung von Zuverlässigkeit verläuft sehr unterschiedlich – je nach Persönlichkeit und Temperament Ihres Kindes. Nur Sie kennen es.

Allgemein kann man sagen: Ab 5 Jahren beginnt sich so etwas wie Zeitgefühl und Zuverlässigkeit zu entwickeln.

- Ein 5-Jähriger kann zum Beispiel je nach Wetterlage allein seine Kleidung wählen.
- Ein 6-Jähriges kann um die Ecke etwas Kleines einkaufen gehen – ohne das Geld zu verlieren, etwas Falsches zu besorgen, es zweimal unterwegs aus der Tasche kullern zu lassen.
- Ein 7-Jähriges hat gelernt, dass es wirklich niemandem die Haustür öffnen darf, wenn die Eltern nicht da sind
- Ein 8-Jähriges kann schon mal sich selbst etwas Kleines kochen und zuverlässig ein Haustier versorgen.

- Ab etwa 9 Jahren können Kinder sich wirklich selbständig und zuverlässig verhalten. Sie wissen zum Beispiel, was zu tun ist, wenn sie mit anderen Kindern allein im Schwimmbad sind und sich jemand verletzt. Sie können fremde Erwachsene ansprechen, telefonieren, den Bademeister finden etc.

Man kann Kindern immer wieder **vielfältigste kleine Aufgaben geben**, damit sie sich immer wieder beweisen und ihre Zuverlässigkeit sozusagen trainieren können. Das macht selbstbewusst und zuverlässig. Sie dürfen Ihr Kind fordern, aber nicht zu verärgert reagieren, wenn es eben noch nicht klappt.
Vertrauen Sie Ihrem Kind. Fordern Sie es zu Dingen auf, die es selbstverantwortlich und ohne Mamas Kontrolle erledigen soll: den Computer dann und dann ausmachen, sich wirklich waschen, Teile der Hausaufgaben erledigen. Überlassen Sie den Kindern ruhig eigene Verantwortung – auch, wenn es gelegentlich „schief geht". Auf Dauer wird Ihr Kind das, was es als notwendig verstanden hat, erledigen. Vielleicht auch Ihnen zuliebe – gerade weil Sie es nicht kontrollieren.
Natürlich müssen Sie alles, was Sie Ihrem Kind an komplexeren neuen Aufgaben geben, ganz **genau vorher mit ihm durchsprechen.**
Wichtig ist, dass Sie sensibel dafür sind, was Ihr Kind wirklich verstanden hat. Verlassen Sie sich nicht unbedingt auf sein *„Jaja, is gut."* Lassen Sie es sich wiederholen. *„Also, was machst du? - Sehr gut und dann? - Genau. - Und als nächstes? Klasse! Glaubst du, du schaffst es? Brauchst du noch was von mir? Ich bin sicher, dass du das gut kannst. Ich verlasse mich drauf!"*
- Ihr Kind hat in den dunklen Wintermonaten eine Nachmittagsveranstaltung in der Schule: Überlegen Sie mit ihm, ob es den „normalen" kurzen Weg durch den Park heim radelt oder lieber den kleinen Umweg durch die beleben Straßen zu Fuß geht, oder ob Sie es abholen sollen, es mit einem Freund gehen kann oder Ähnliches. Besprechen Sie vorher alles mit ihm.
- Ihr 9-Jähriger weigert sich, allein in das Einkaufszentrum zu laufen, um ein neues Matheübungsbuch zu bestellen. Es kann sein, dass er noch nicht in der Lage ist, die wirkliche Angst oder Hemmung verbal auszudrücken – zum Beispiel vor der Begegnung mit Jugend- oder „Kinderbanden", oder davor von Erwachsenen angesprochen zu werden. Zeigen Sie Verständnis und nehmen Sie seine Weigerung ernst. Vielleicht wird Ihr Kind Ihnen viel später einmal sagen können, was es in dieser Situation gehemmt hat.

Sinnvoll ist es auch, sich gemeinsam **„Worst case"-Situationen vorher zu überlegen**: Was könnte im schlimmsten Fall schiefgehen – und was ist dann zu tun?

Wenn Ihr Kind glaubt, dass es etwas noch nicht kann – **seien Sie nicht enttäuscht**. Helfen Sie ihm diesmal, machen Sie die Sache noch mal gemeinsam. Das nächste Mal geht es wahrscheinlich schon allein (zum Besipiel: den Ärger mit der Lehrerin klären, das beschädigte Spielzeug umtauschen, sich bei der Nachbarin entschuldigen, die Flötenstunde bezahlen, der Mama von einem Schulkameraden ausrichten, dass ... usw.)

Durch Lob und Anerkennung fördern Sie zuverlässiges Verhalten jeder Art natürlich auch. Zuverlässigkeit ist ein Stück Erwachsen-werden, auf das Eltern und Kinder zu Recht **stolz sein können und das ihrem Kind auch vermitteln** sollten.

Machen Sie aber **keinen Druck.** Jedes Kind braucht seine Zeit.

Dass Eltern auch **im Punkt Zuverlässigkeit Vorbild sein** sollten, erklärt sich von selbst:

- Halten Sie gegebene Versprechen ein – auch wenn es Ihr Kind inzwischen vergessen hat. Wenn eine akute Situation Vorrang hat, sprechen Sie das an: *„Eigentlich wollte ich ja jetzt mit dir ..."*
- Seien Sie selbst pünktlich zu der Zeit da, die Sie verabredet haben.
- Machen Sie miteinander aus, dass Sie gegenseitig immer wissen sollten, wo und wie Sie zu erreichen sind.
- Beweisen Sie Ihrem Kind wieder und wieder, dass Sie, bei was auch immer, für es da sind, wenn es Sie braucht.
- Belügen Sie Ihr Kind nicht.
- Verhalten Sie sich solidarisch mit ihm.

Gespräche über wichtige, grundsätzliche Dinge sind sehr wichtig – zum Beispiel, dass man nicht zu Fremden ins Auto steigt; dass man Fremden nicht die Tür aufmacht, wenn man allein zu Hause ist; an wen man sich wendet, wenn man unterwegs Hilfe braucht, sich im Kaufhaus, auf dem Rummelplatz oder auf dem Campingplatz verloren hat usw. Klären Sie sowohl Verkehrsregeln und Verhalten an der Ampel und am Zebrastreifen als auch Regeln für die Sicherheit in der eigenen Wohnung (siehe auch Alltagsbewältigung).

Man kann sich auch einmal die alten autoritären Struwwelpeter-Geschichten anschauen (zum Beispiel der fliegende Robert, der trotz Verbot bei Sturm und Regen hinausgeht und wegfliegt. Oder Paulinchen mit dem Feuerzeug, die das ganze Haus anzündet.).

Es gibt eine Menge Märchen und Geschichten, in denen das Thema Zuverlässigkeit eine große Rolle spielt – zum Beispiel:
- Rotkäppchen, das „vom Wege abgegangen ist"
- Die sieben Geißlein, die dem Wolf trotz Verbot die Tür aufgemacht haben
- Die Prinzessin, die ihr Versprechen nicht einhalten wollte, das sie dem Frosch gegeben hatte
- „Tischlein, deck dich", wo der Vater den Söhnen nicht vertraut, sondern der hinterhältigen Ziege
- Goldmarie in Frau Holle erweist sich als ausgesprochen zuverlässiges Kind.

Vielleicht haben Sie Lust, diese Märchen ihren Kindern einmal vorzulesen (28).

Kleine Hilfen, mit denen Sie Zuverlässigkeit unterstützen können:

- Kleine Zettel mit Bildern oder Schrift zur Erinnerung, zum Beispiel an der Pinnwand oder in der Tasche
- Große Zettel auf dem Boden oder Küchentisch. Das Stichwort groß darauf geschrieben
- Kalender
- Pläne, auf denen Aufgaben aufgelistet sind
- Der sprichwörtliche „Knoten im Taschentuch"
- Bei etwas älteren Kindern ein Handy, mit dem sie mal kurz anklingeln können. Ein Kind sollte in jedem Fall im Vorschulalter Zahlen lesen und telefonieren können.
- Schenken Sie ihm eine Uhr und einen eigenen Wecker. Den kann man sich zum Beispiel auch für Hausaufgaben oder andere Beschäftigungen stellen.
- Checklisten, auf denen geschrieben steht, was alles zu erledigen ist

Ein Gleichnis

Es war einmal eine ganz kleine Schraube in einem riesigen Schiff. Sie verband mit einigen anderen Schrauben zwei große Stahlplatten miteinander. Auf einer langen Reise, mitten im indischen Ozean, fing sie an, sich etwas zu lockern. Sie hatte keine Lust mehr auf ihre Aufgabe. Sie schlingerte und wackelte hin und her und drohte ganz herauszufallen. Ihre Nachbarschrauben riefen ihr zu: *„Halt dich fest! Wenn du gehst, können wir auch nicht mehr halten, dann müssen wir auch gehen."* Und die vielen Nägel unten am Schiffskörper riefen: *„Wenn ihr nicht mehr festhaltet, lockern wir uns auch!"* Als die großen eisernen Rippen das hörten, riefen diese: *„Um Gottes Willen, bleibt! Haltet die Platten und den Rumpf fest! Wenn ihr nicht mehr haltet, dann ist es um uns geschehen!"*

Das Gerücht über das Vorhaben der ganz kleinen Schraube verbreitete sich wie ein Lauffeuer durch das ganze Schiff. Der Schiffskörper ächzte, bebte und stöhnte. Da beschlossen alle Rippen, Platten, Schrauben und auch die kleinsten Nägel und Scharniere, eine gemeinsame Botschaft an die kleine Schraube zu senden: Sie möge doch bleiben! Wenn sie nicht mehr halte, werde das ganze riesige Schiff bersten und keine von ihnen werde je die Heimat erreichen. Die ungeheure Bedeutung, die der ganz kleinen Schraube beigemessen wurde, schmeichelte ihr so sehr, dass sie sehr, sehr stolz und glücklich wurde. Sie nahm all ihre Kraft zusammen und ließ ausrichten, sie werde ganz fest sitzen bleiben und die Stahlplatten halten."

(nach Rudyard Kipling)

IHRE ROLLE ALS ELTERN

In diesem Kapitel erfahren Sie, ...

▶ wie wichtig Ihre elterliche Modellfunktion ist
▶ wie wichtig die emotionale Nähe zu Ihrem Kind und die Aufmerksamkeit für Ihr Kind sind
▶ wie wichtig es ist, Ihr Kind von Anfang an als vollwertigen Menschen zu respektieren
▶ dass eine gute Erziehung nur mit einer guten Beziehung zwischen Eltern und Kind gelingen kann
▶ warum Sie als Eltern möglichst wenig eingreifen, aber viele Anregungen und Impulse geben sollten

Wir haben gesehen, dass es nicht reicht, Kinder zu fördern und anzuregen. Jesper Juul sagt: *„Eltern müssen wie Leuchttürme sein – also Vorbilder, die den Weg weisen, Signale geben, Grenzen und Gefahren aufzeigen, die zuverlässig und klar sind. Mit diesen Hilfen können Kinder lernen, wie man navigiert."*

Das bedeutet:

1) Sie als Eltern haben immer **Modellfunktion**. Denn Ihr Kind identifiziert sich zu Teilen mit Ihnen. Sie müssen **die Elternrolle bewusst annehmen**. Das bedeutet auch: Sie sind (gutes oder weniger gutes) Modell in allem. Dies leider nicht nur in offensichtlichen Dingen, wie Tischmanieren, Art der Kleidung, Leseverhalten, Meinungen, Werte, sondern auch in viel subtileren, unbewussteren Anteilen, wie zum Beispiel Sprachverhalten, Konfliktverhalten, Optimismus oder eine depressive Weltsicht etc., die in der Familie gelebt werden. Man kann sagen, dass die Erziehung der Kinder praktisch ein Abbild oder zumindest eine Konsequenz aus dem ist, wie man in der Familie miteinander umgeht und wie man zusammen lebt.

   Alice Miller formulierte es in einem Gedicht:
   „Wenn man ein Kind erzieht – lernt es erziehen.
   Wenn man einem Kind Moral predigt – lernt es Moral predigen.
   Wenn man ein Kind ausschimpft – lernt es zu schimpfen.
   Wenn man ein Kind auslacht – lernt es auszulachen.
   Wenn man ein Kind demütigt – lernt es zu demütigen.
   Wenn man die Seele eines Kindes tötet – lernt es zu töten. Sich selbst,
   andere oder beides.
   Doch wenn man es respektiert, lernt es, andere, Schwächere zu respektieren.
   Wenn man versucht, sein Verhalten zu verstehen, fühlt es sich in Sicherheit
   und muss nicht mehr toben."

2) Pädagogen raten heute zu dem sogenannten **autoritativen Erziehungsstil**. Das bedeutet: emotionale Nähe zum Kind und Aufmerksamkeit für das Kind. Flexibilität, jedoch gleichzeitig: Grenzen, Regeln, Normen. Eltern fordern zwar, setzen sich aber demokratisch mit der Meinung der Kinder auseinander. Wichtig ist: Es geht in der Beziehung zwischen Ihnen und Ihrem Kind nicht

um Gleichberechtigung. *„Es geht nicht um die gleichen Rechte, sondern um die gleiche Würde!"* (nach Jesper Juul in 10). **Der gleiche Respekt vor dem Kind wie vor einem Erwachsenen – darauf basiert moderne Pädagogik.**

3) Wir wissen heute viel über Kinder, aber wenig Eindeutiges über den heutigen, unsicheren Job der Elternschaft. Die alten Erziehungsmittel Belohnung und Strafen, Tadel und Belehrungen, Drill und Dressur haben hoffentlich weitgehend ausgedient – und jeder muss selbst entscheiden, was er seinem Kind erlaubt und was nicht. Was ist richtig und falsch? Diese Begriffe sollten Sie im Zusammenhang mit dem Erziehungsalltag aus Ihrem Wortschatz streichen. Es geht um Beziehung. **„Erziehung ist Beziehung"** lautet ein alles erläuternder Satz Martin Bubers (Jüd. Religionsphilosoph 1879 - 1965). Alles, was die Beziehung zu den Kindern stärkt, ist sinnvoll, hilfreich und förderlich. Alles, was die Beziehung schwächt oder belastet, schadet.

4) **Zur Beziehung gehört der Dialog.** Wir empfehlen in diesem Buch oft das fragende, spiegelnde Zuhören, um dem Kind seine Bedürfnisse, seine Emotionen, sein Handeln, seine Lernformen zu verdeutlichen (Metakognition). Sie als Eltern sollten dabei unbedingt darauf achten, **nicht aus dem Dialog, nicht aus dem Kontakt zu Ihrem Kind zu gehen.** Dialog findet nur dann statt, wenn sich beide äußern. Deshalb ist auch die Meinung und Sichtweise des Erwachsenen gefragt: Der Fragende muss sich auch für Antworten zur Verfügung stellen. Es ist entscheidend, sich nicht wie ein Interviewer, ein Staatsanwalt, ein Reporter zu verhalten, der seine eigene Persönlichkeit heraushält. Das wäre der Beziehung und dem Kontakt abträglich.
Auch die Reflexion Ihrer eigenen Erwartungen an Ihr Kind sollten Sie bewusst üben: Was wünsche ich mir von meinem Kind? Und passt das zu ihm?

5) Wirklich empfehlenswert für alle Väter und Mütter ist **die Schulung der eigenen Wahrnehmung, der eigenen Einfühlungsfähigkeit.** Lernen Sie, wie Saint-Exupéry sagt, *„mit dem Herzen gut zu sehen".* Sie können üben, die Bedürfnisse, Emotionen Ihres Kindes zu spüren. Beobachten Sie aufmerksam seine Angebote, in denen es Neugier, Wissensdurst, Lernbereitschaft signalisiert. In der Bindungstheorie lernen wir, dass mit der Schulung der Einfühlungsfähigkeit der Eltern und Erzieherinnen – praktisch durch die

begegnende Antwort des Erwachsenen – das Kind Bindung entwickelt und gefördert wird (Responsivität).

6) Sie als Eltern können Ihr Kind **beratend unterstützen** bei seinen Entwicklungsschritten, bei seinen vielfältigen Lernversuchen, aber auch bei Angst und Unsicherheiten. Sie können Probleme aller Art *mit* Ihrem Kind gemeinsam lösen (nicht *für* es). Hier empfehlen wir eine Aufforderung, die Maria Montessori formulierte: *„Hilf mir, es selbst zu tun!"*

7) **Lassen!** Ihr Kind ist kompetent für seine Belange. Es ist hilfreich, wenn Sie als Elternteil möglichst wenig ins eigenständige Tun Ihres Kindes eingreifen. Kinder lernen begeistert aus Erfahrungen, die sie selbst machen dürfen. Man muss sich nicht immer einmischen, ihnen „vorspielen", sie „bespielen".

8) Sie können, ja sollen jedoch zusätzliche **Anregungen geben**. Sie können die Gehirnentwicklung Ihres Kindes in allen Bereichen durch anregende Erfahrungen anreichern, seine Neugier und sein Interesse an der Welt durch vielfältigste Reize stimulieren.

Fazit:
Die beschriebenen Basis-Kompetenzen sind der Grundstein für lebenslanges, bereitwilliges und erfolgreiches Lernen. Da Ihr Kind über erhebliche Selbstbildungsfähigkeit verfügt, brauchen Sie als Eltern es hauptsächlich nur lernen zu lassen. Ständige Anregungen und metakognitives Nachdenken über den eigenen Lernprozess stärken die Wurzeln des Bildungsprozesses (siehe Kapitel 2) und die erfolgreiche Entwicklung des kompetenten Kindes zum kompetenten Erwachsenen.

Ihre Rolle als Eltern beinhaltet also: Bedürfnisse zu erkennen, daraus resultierende, vielfältigste Impulse zu geben und Ihr Kind unterstützend zu begleiten.

In diesem Sinne hoffen wir, bei Ihnen, liebe Eltern (nach Heraklit), *„eine Flamme entzündet und nicht ein Fass gefüllt zu haben ..."*

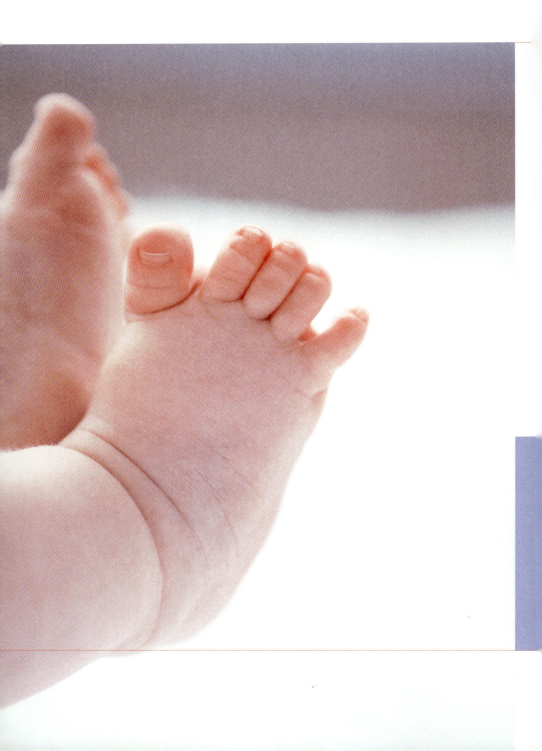

INFO-MAGAZIN

- Nützliche Adressen
- Literatur-Verzeichnis
- Stichwort-Verzeichnis

Nützliche Adressen

Deutschland

Arbeitsgemeinschaft freier Stillgruppen (AFS) Bundesverband
Rüngsdorfer Str. 17
D-53173 Bonn
Tel.: 0228/3503871
Fax: 02 28/3 50 38 72
E-Mail: geschaeftsstelle@afs-stillen.de
www.afs-stillen.de

Bayerischer Landesverband katholischer Tageseinrichtungen für Kinder e.V.
Maistraße 5
80337 München
Tel.: 0 89/53 07 25 0
Fax: 0 89/53 07 25-25
E-Mail: BayLVFobi@aol.com

Berufsverband der Kinder- und Jugendärzte e.V. (BVKJ)
Mielenforster Str. 2
D-51069 Köln
Tel.: 02 21/68 90 9-0
Fax: 02 21/68 32 04
www.bvkj.de

Berufsverband Deutscher Laktationsberaterinnen IBCLC e.V. (BDL)
Saarbrückener Str. 172
38116 Braunschweig
Tel.: 05 31/2 50 69 90
Fax: 05 31/2 50 69 91
E-Mail: bdl-sekretariat@t-online.de
www.bdl-stillen.de

Bund Deutscher Hebammen (BDH) Geschäftsstelle
Postfach 1724
D-76006 Karlsruhe
Tel.: 07 21/98 18 90
Fax: 07 21/98 18 920

Bundesarbeitsgemeinschaft Elterninitiativen e.V.
Einsteinstraße 111
D-81675 München
Tel.: 089/47 06-5 03
Fax: 089/41 90 28-38
E-Mail: bage.mitarbeit@t-online.de
www.bage.de

Bundesarbeitsgemeinschaft Familienbildung und Beratung e.V.
Hamburger Str. 137
25337 Elmshorn
Tel.: 0 41 21/43 80 63
Fax: 0 41 21/43 80 64
infos@familienbildung.de

Bundesarbeitsgemeinschaft Kinder- und Jugendschutz e.V.
Mühlendamm 3
D-10178 Berlin
Tel.: 0 30/4 00 40-3 00
Fax: 0 30/4 00 40-3 33
E-Mail: info@bag-jugendschutz.de
www.bag-jugendschutz.de

Bundesgeschäftsstelle des Verbandes berufstätiger Mütter
Postfach 29 04 26
D-50525 Köln
Tel.: 02 21/32 65-79
Fax: 0 12 12/56 78-0 38 41
E-Mail: info@berufstaetige-muetter.de
www.berufstaetige-muetter.de

Bundeskonferenz für Erziehungsberatung (bke)
Fachverband für Erziehungs-, Familien- und Jugendberatung
Herrnstraße 53
D-90763 Fürth
Tel.: 09 11/97 71 40
Auf der Website www.bke.de sind alle deutschen Erziehungsberatungsstellen abrufbar oder als Broschüre zu bestellen.

Bundesministerium für Familie, Senioren, Frauen und Jugend
D-11018 Berlin
Tel.: 0 30/2 06 55-0
Fax: 0 30/2 06 55-11 45
E-Mail: info@bmfsfjservice.bund.de
www.bmfsfj.de

Bundeszentrale für gesundheitliche Aufklärung (BzgA)
Ostmerheimer Straße 220
D-51109 Köln
Tel.: 02 21/89 92-0
Fax: 02 21/89 92-3 00
E-Mail: poststelle@bzga.de
www.bzga.de

Bund freiberuflicher Hebammen Deutschlands (BfHD)
Andrea Bolz
Kasseler Str. 1a
D-60486 Frankfurt/Main
Tel.: 0 69/79 53 49 71
Fax: 0 69/79 53 49 72
E-Mail: geschaeftsstelle@bfhd.de

Deutsche Gesellschaft für Ernährung e.V.
Godesberger Allee 18
D-53175 Bonn
Tel.: 02 28/3 77 66 00
www.dge.de

Deutsche Liga für das Kind
Chausseestraße 17
D-10115 Berlin
Tel.: 0 30/28 59 99 70
Unter www.Liga-kind.de finden
Eltern eine breite Palette wichtiger
Informationen über Kindheit und
Entwicklung

**Deutscher Kinderschutzbund
Bundesverband e.V.**
Hinüberstr. 8
D-30175 Hannover
Tel.: 05 11/3 04 85-0
Fax: 05 11/3 04 85-49
Auf der Website www.kinderschutz-bund.de kann man über den Menüpunkt „Verbandsdatenbank" direkt
auf Beratungssuche gehen.

La Leche Liga (LLL)
La Leche Liga Deutschland e.V.
Dannenkamp 25
D-32479 Hille
Tel.: 05 71/4 89 46
Fax: 05 71/4 04 94 80
E-Mail: beratung@lalecheliga.de
www.lalecheliga.de

Mütterzentren-Bundesverband
Müggenkampstr. 30 a
D-20257 Hamburg
Tel.: 0 40/40 17 06 06
Fax: 0 40/4 90 38 26

**Notmütterdienst
Familien- und Altenhilfe**
Sophienstr. 28
D-60487 Frankfurt / Main
Tel.: 0 69/77 90 81 oder 77 66 11
Fax: 0 69/77 90 83

**PEKIP e.V. –
Prager Eltern-Kind-Programm**
Heltorfer Str. 71
D-47269 Duisburg
Tel.: 02 02/71 23 30

Staatsinstitut für Frühpädagogik
Eckbau Nord
Winzererstraße 9
80797 München
Tel.: 0 89/9 98 25-19 00
Fax: 0 89/9 98 25-19 19

**Tagesmütter-Bundesverband für
Kinderbetreuung in Tagespflege**
Breite Str. 2
D-40670 Meerbusch
Tel.: 0 21 59/13 77
Fax: 0 21 59/20 20

**Verband alleinerziehender Mütter
und Väter, Bundesverband e.V.**
Hasenheide 70
10967 Berlin
Tel.: 0 30/69 59 78 6
Fax: 0 30/69 59 78 77
kontakt@vamv.de
www.vamv.de

Österreich

**Hebammenzentrum
(Verein freier Hebammen)**
Lazarettgasse 6, Stiege 2, Tür 1
A-1090 Wien
Tel.: 01/4 08 80 22

Mütterberatung – Amt der Salzburger Landesregierung
Postfach 527
A-5010 Salzburg
Tel.: 06 62/80 42 35 79
Fax: 06 62/80 42 32 02

**Österreichisches
Hebammengremium**
Spörlingasse 3-5, Tür 2
A-1060 Wien
Tel.: 01/5 97 14 04
Fax: 01/5 97 14 04
E-Mail: oehg@hebammen.at
www.hebammen.at

Schweiz

**Amt für Jugend- und Familienhilfe
Kleinkind-Beratung**
Schaffhauserstr. 78
CH-8090 Zürich
Tel.: 0 43/2 59 23 98
Fax: 0 43/59 51 34

Schweizerischer Hebammenverband Zentralsekretariat
Flurstr. 26
CH-3014 Bern
Tel.: 0 31/3 32 63 40
Fax: 0 31/3 32 76 19

**Verein Mütterhilfe
Beratungsstelle Mütterhilfe**
Badenerstr. 18
CH-8004 Zürich
Tel.: 01/2 41 63 43
Fax: 01/2 91 05 12

LITERATUR-VERZEICHNIS

IN DIESEM BUCH WURDE FOLGENDE LITERATUR VERWENDET UND ZITIERT:

1. Baacke: **„Die 0-5-Jährigen"**, Beltz
2. Hüther: **„Was Kinder brauchen – neue Erkenntnisse aus der Hirnforschung"**, Auditorium Netzwerk (DVD Seminaraufzeichnung)
3. Schäfer: **„Bildung beginnt mit der Geburt"**, Beltz
4. Spitzer: **„Lernen, Gehirnforschung und die Schule des Lebens"**, Spektrum, Akademischer Verlag
5. Vollmer: **„Fachwörterbuch für Erzieherinnen und pädagogische Fachkräfte"**, Herder
6. Elschenbroich: **„Weltwissen der Siebenjährigen"**, Kunstmann
7. Pöppel: **„Was ist Wissen?"**, Vortrag Uni München 2001
8. Schneider: **„Das Schlau-mach-Buch"**, Christophorus
9. **„Dtv-Lexikon"**, Brockhaus-Verlag
10. Gordon: **„Familienkonferenz"**, Heyne
11. Liebich: **„Mit Kindern richtig reden"**, Herder
12. Liebich: **„So klappt's mit dem Familienleben"**, Oberstebrink,
13. Baum: **„Da bin ich fast geplatzt"**, Kösel
14. Von Schnurbein: **„Lernen mit Freude und Erfolg"**, Onken
15. Keller/Nowak: **„Kleines Pädagogisches Wörterbuch"**, Herder Spektrum
16. Röll: **„Pädagogik der Navigation, Lernen durch neue Medien"**, Kopäd
17. Zacharias et al: **„Interaktiv – zwischen Sinnenreich und Cyberspace"**, KoPäd.
18. Rogge: **„Ängste machen Kinder stark"**, rororo
19. Staatsinstitut für Frühpädagogik: **„Bayerischer Bildungs- und Erziehungsplan für Kinder in Tageseinrichtungen bis zur Einschulung"**, (BEP) Beltz
20. Barbara Moschner: **„ Das Selbstkonzept"**, Uni Oldenburg/Bielefeld
21. Schmeer: **Das sinnliche Kind"**, Klett-Cotta
22. Diller-Murschall/Peschke: **„Eltern-Kompass, 3-6 Jahre"**, Oberstebrink
23. Liebich: **„Tauziehen um die Elternliebe"**, Herder
24. Juul: **„Eltern müssen wie Leuchttürme sein"**, (in Zeitschrift Emotion), Gruner & Jahr

25. Seyffert: **„Komm mit ins Regenbogenland, Phantasiereisen"**, Kösel
26. Oerter/Montada: **„Entwicklungspsychologie"**, Beltz PVU
27. Beller: **„Kuno Beller Entwicklungstabellen"**, Freie Universität Berlin
28. Gebr. Grimm: **„Kinder- und Hausmärchen"**, Insel Tb
29. von Varga: **„Ratschläge sind auch Schläge"**, Freundschaft mit Kindern – Förderkreis e.V., Münster
30. Mayr/Ullrich: **„Perik"**, Herder
31. Peseschkian: **„Der Kaufmann und der Papagei. Orientalische Geschichten in der positiven Psychotherapie"**, Fischer

- Fthenakis: **„Der Bildungsauftrag in Kindertageseinrichtungn: ein umstrittenes Terrain?"**, www.familienhandbuch.de
- Fthenakis: **„Bildung und Erziehung für Kinder unter sechs Jahren: Der bayerische Bildungs- und Erziehungsplan"**, www.ifp-bayern.de
- Fthenakis: **Elementarpädagogik nach PISA – Wie aus Kindertagesstätten Bildungseinrichtungen werden können"**, Herder

Stichwort-Verzeichnis

A

Abgrenzung 57, 58, 79, 96, 200, 287, 324
ADS (Kinder) 233, 241, 297,
Ästhetische Bildung/Erziehung 41, 337
Aggressivität 96, 133,
Anreize 91, 127, 216, 226,
Aufklärung 124, 129, 131, 373
Ausdauer 93, 116, 117, 138, 227, 231, 243, 268
Aussehen 43, 123, 151, 324
Autoritärer Erziehungsstil 83, 220
Autoritativer Erziehungsstil 220, 366

B

Baby 7, 48, 50, 51, 52, 57, 62, 67, 78, 79, 80, 82, 90, 109, 121, 129, 146, 147, 156, 169, 243, 244, 284, 290, 303, 317, 318, 331, 358
Belohnung 126, 199, 220, 224, 225, 367
Beschämen 289
Bewegung 61, 121, 124, 138, 139, 141, 142, 144, 164, 190, 216, 217, 237, 243, 302, 319, 337, 338, 339, 340, 342, 345
Bewegungsspiele 144, 145, 319, 378
Bindung 78, 79, 80, 82, 93, 212, 243, 368
Blockade 232, 325
Bonding 78
Botschaften 84, 95, 102, 163, 170, 178, 204, 209, 262, 288, 300, 331, 336, 345, 378

D

Denken 87, 88, 92, 119, 121, 190, 210, 212, 215, 229, 281, 295, 302, 337, 343
Depression 103
Dialekt 321, 340
Distanz 42, 71, 163, 184, 275, 276, 300
Doktorspiele 124
Drogen 309
Du-Botschaften 84, 102, 170, 209
Durchsetzungsvermögen

E

Egoismus 145, 348
Egozentrismus 87
Einfühlungsvermögen (Empathie) 7, 12, 19, 80, 82, 90, 101, 102, 103, 104, 145, 331
Entwicklungsfenster 251
Erfolgserlebnisse 46, 171, 173, 229, 267, 279
Ernährung 82, 122, 125, 191, 373
Erzieherin 220, 257, 258, 267, 270, 272, 278, 330, 331, 344, 345
Erziehungsziele 348

F

Fehler 45, 73, 113, 114, 117, 170, 207, 229, 266, 300, 351
Fehlerfreundlichkeit 46, 116, 207, 229
Flexibilität 45, 46, 261, 328, 348, 366
Fremdbild 166, 203
Freundschaften 32, 73, 181, 287
Funktionsspiel 243, 314

G

Geduld 110, 140, 280, 329, 331
Gefühle 32, 34, 81, 88, 92, 93, 94, 95, 96, 97, 98, 99, 100, 101, 102, 103, 123, 129, 132, 134, 137, 147, 160, 167, 168, 175, 178, 179, 188, 228, 266, 268, 271, 284, 300, 310, 315, 316, 329, 331, 332, 340, 350
Gehirn 10, 30, 38, 39, 42, 50, 55, 87, 88, 89, 90, 91, 109, 114, 118, 119, 121, 138, 141, 145, 188, 190, 191, 207, 210, 211, 212, 213, 216, 217, 218, 225, 229, 241, 308, 311, 317, 318, 319, 320, 337, 338, 342
Gehirnforschung 30, 38, 39, 171, 215, 376
Gelassenheit 19, 46, 96, 187, 201
Grenzen 59, 63, 65, 73, 84, 94, 135, 199, 220, 260, 262, 263, 275, 276, 297, 298, 351, 366

H

Höflichkeit 69, 146, 161, 275
Humor 32, 46, 73, 201, 205, 245, 348

I

Ich-Botschaften 84, 95, 204, 209, 262, 288, 331, 336
Ich-Entwicklung 57, 101
Ich-Findung 96
Identifikation 164, 220, 234, 287, 288
Intrinsische Motivation (innere Motivation) 226

J

Jugendliche 50, 64, 153, 180, 186, 200, 217, 235, 252, 309

K

Kernproblematik 178
Kindgerechtheit 214
Kindergarten 35, 40, 52, 59, 68, 72, 76, 78, 86, 91, 108, 127, 137, 139, 140, 146, 156, 158, 165, 173, 183, 216, 217, 237, 239, 257, 258, 269, 281, 282, 297, 306, 319, 320, 321, 326, 327, 328, 329, 330, 331, 344, 346
Körperliches Wachstum 25, 217 379
Körpersprache 151, 162, 163, 164, 168, 245, 249, 289
Kompromiss 49, 176, 253
Konflikt 134, 172, 178, 179, 253, 254
Konsequenz 84, 366
Kontakt 72, 75, 94, 95, 98, 100, 134, 149, 151, 159, 164, 167, 168, 180, 181, 182, 183, 185, 213, 236, 262, 316, 320, 327, 330, 331, 349, 367
Kontrolle 93, 96, 142, 248, 359
Konzentration 108, 122, 138, 141, 162, 165, 187, 188, 189, 190, 191, 192, 194, 217, 227, 304, 346
Krippe 291, 319, 328, 329, 331, 350
Kulturtechniken 24, 44, 109
Kybernetische Methode 217, 340, 346

L

Laissez-faire-Stil 220
Langeweile 66, 92, 106, 181, 200, 311
Leistung 50, 53, 169, 174, 225, 294, 332, 348
Leistungsbereitschaft 93, 225
Lernschritte 45, 278
Lerntyp 214
Loben 46, 170, 227, 245, 249, 280, 304
Logik 89, 255
Lügen 222, 274

M

Macht 53, 57, 62, 72, 73, 83, 84, 102, 135, 142, 149, 180, 207, 274, 287, 296
Märchen 55, 56, 146, 149, 249, 268, 271, 319, 320, 328, 351, 361
Magische Weltsicht 366
Medien-Kindheit 235
Meditationen 107, 267
Metakognition 19, 59, 161, 211, 367
Metakommunikation 62, 159, 210, 230, 274, 297
Methodenkompetenz 214
Modell-Lernen 56, 68, 74, 95, 204, 260
Motivation 13, 188, 210, 217, 221, 224, 225, 226, 227, 228, 229, 230, 231, 232, 233, 234, 242, 294
Muster 10, 119, 338

N

Naiver Realismus 54, 87, 220
Neugier (-Verhalten) 11, 13, 24, 39, 43, 93, 224, 226, 227, 242, 243, 244, 245, 246, 304, 308, 325, 328, 340, 367, 368
Neurodidaktik 38
NLP (neurolinguistisches Programmieren) 343, 345

O

Onanie 70, 129

P

Persönlichkeit 58, 72, 73, 83, 101, 181, 255, 302, 309, 347, 358, 367
Philosophie(ren) (157)
Pinzettengriff 109
Pubertät 233, 276, 302, 309, 328
Pumuckl-Stadium 222

R

Regeln 10, 13, 30, 38, 43, 46, 49, 70, 90, 124, 136, 177, 178, 191, 197, 217, 219, 220, 221, 260, 261, 262, 263, 295, 314, 316, 320, 360, 366
Respekt 6, 13, 59, 60, 72, 73, 103, 123, 127, 128, 203, 220, 223, 273, 274, 275, 276, 277, 324, 348, 349, 367
Responsivität 78, 82
Ressourcen 54, 155, 173, 249, 270
Rituale 43, 55, 156, 249, 265, 269, 350
Rückmeldungen 200, 202, 203, 204, 205, 288

S

Säugling 8, 19, 79, 82, 318, 329
Schulkind 19, 50, 61, 174, 193, 329
Schimpfen 51, 115, 222
Selbstbewusstsein 18, 45, 54, 57, 81, 109, 117, 123, 134, 138, 145, 147, 150, 165, 169, 276, 278, 283, 284, 285, 292
Selbstbild 81, 145, 166, 169, 206, 268
Selbstbildungskompetenz 216, 338
Selbstvertrauen 19, 68, 117, 154, 206, 277, 283, 291, 292, 293, 294, 328, 354, 356, 357
Sensible Phase 164
Sexualität 129, 150, 221, 244, 347
Sicherheit 7, 8, 45, 51, 52, 61, 68, 81, 154, 260, 263, 265, 269, 347, 348, 350, 360, 366
Sinnlichkeit 13, 34, 87, 301, 302, 303, 305, 307, 309
Skills 203
Sozial(es)-Verhalten (137)
Spielregeln 189, 194, 198

Spielzeug (Zeug zum Spielen) 53, 67, 110, 197, 198, 295, 307, 312, 314, 338, 360
Spielzeugwaffen 53, 287
Sport 33, 139, 145, 152, 250, 268, 291
Sprachentwicklung 30, 87, 88, 98, 109, 110, 118, 236, 238, 282, 317, 318, 323, 340
Sprachzentrum 320
Strafen 51, 84, 210, 220, 233, 274, 275, 367
Streit 48, 75, 85, 96, 254, 258
Stress-Management 381
Subsistenz 352
Suchtprävention 93, 106
Symbiose 56, 79, 277

T

Tagesablauf 34, 156, 191
Tagesmütter 374
Teamfähigkeit 145, 193
Teilschritte 232, 233
Teilziele 170
Temperament 358
Tod 55, 100, 129, 157, 239, 264, 269, 270, 271, 272, 347, 349
Transaktionsanalyse 300
Trotz 58, 61, 96, 137, 173
Trotz(alter) 58, 61, 96, 137, 173
Turnen 190, 268

U

Überforderung 84, 133, 139, 164, 171, 233, 281, 314, 334, 339, 358
Unterforderung 84, 171, 294
Urvertrauen 79, 284

V

Vernetzung 91, 121, 214
Versuch 381
Versuch und Irrtum (lernen durch) 64, 116, 216, 218
Visionen 189
Vorbild(funktion) 85, 131, 146, 228, 237, 247, 304, 355, 360
Vorschulalter 33, 39, 85, 92, 111, 112, 113, 147, 170, 206, 239, 241, 276, 307, 314, 320, 336, 341, 355, 357, 361

W

Wahrnehmung 41, 62, 63, 88, 90, 92, 95, 103, 104, 123, 152, 171, 228, 302, 318, 325, 337, 338, 340, 342, 346, 367
Werte 14, 59, 73, 145, 219, 221, 276, 322, 324, 346, 347, 348, 349, 350, 351, 353, 366
Wertschätzung 59, 72, 73, 101, 103, 170, 188, 203, 229, 265, 348, 357
Wettbewerbsfähigkeit 230
Wiederholung 89, 210, 212, 214, 217
Wissen(sgebiete) 19, 24, 26, 38, 39, 40, 41, 43, 44, 47, 54, 73, 90, 122, 124, 129, 130, 150, 152, 157, 168, 188, 197, 210, 213, 214, 215, 216, 217, 225, 228, 240, 248, 269, 283, 302, 325, 326, 338, 376

Z

Zärtlichkeit 73, 265
Zeitgefühl 358
Zielorientierung 225
Zuhören 159, 367
Zweisprachigkeit 321, 323

Die richtigen Eltern-Ratgeber für die wichtigen Jahre

Entwicklung und Erziehung

978-3-934333-33-8

978-3-934333-34-5

978-3-934333-35-2

978-3-934333-22-2

Gesundheit

978-3-934333-11-6

978-3-934333-07-9

978-3-934333-28-4

978-3-934333-29-1

978-3-934333-13-0

978-3-934333-14-7

978-3-934333-08-6

978-3-934333-05-5

OBERSTEBRINK
ELTERN-BIBLIOTHEK

Kindergarten und Schule

978-3-934333-19-2

978-3-934333-12-3

978-3-9804493-2-8

978-3-934333-16-1

Familie

978-3-9804493-6-6

978-3-934333-32-1

978-3-934333-26-0

978-3-934333-27-7

978-3-934333-01-7

978-3-934333-06-2